JOSÉ T. BOYANO

Eso no estaba en mi libro de Historia de la Psicología

ALMUZARA

© José T. Boyano, 2022
© Editorial Almuzara, s.l., 2022

Primera edición en Almuzara: enero de 2022

Editorial Almuzara • Colección Historia

Director editorial: Antonio E. Cuesta López
Editora: Ángeles López
Diseño y maquetación: Joaquín Treviño
www.editorialalmuzara.com
pedidos@almuzaralibros.com - info@almuzaralibros.com

Imprime: Romanyà Valls

ISBN: 978-84-18952-83-8
Depósito Legal: CO-986-2021
Hecho e impreso en España - *Made and printed in Spain*

Para Capilla, primera lectora, con amor...
y para quienes, con amor, saben escuchar...

Índice

DE ALIENADOS A HOMBRES

Pinel, el libertador de alienados

En el Siglo de las Luces abundaban las sombras. A finales del XVIII, el médico Philippe Pinel comprobó que los enfermos mentales se agrupaban en asilos siniestros, donde se mezclaban con criminales y vagabundos, sin ninguna asistencia ni control, ajenos a cualquier trato humano. La falta de diagnósticos, terapias y las nefastas condiciones higiénicas derivaban en escenas que recordaban al infierno de Dante.

Hacia 1793, Pinel comenzó su labor en el Hospital Bicêtre para enfermos mentales, donde fue nombrado director médico. En su juventud, había estudiado en un internado religioso en Lavaur, allí se doctoró en teología y se dice que recibió la tonsura. En el último momento, justo antes de ser ordenado sacerdote, se echó atrás y decidió a estudiar medicina, oficio que ejerció durante largo tiempo en provincias. Finalmente llegó a París, coincidiendo con el auge de la Revolución francesa. Ya era un hombre maduro y, por algún motivo, al bueno de Pinel se le había quedado grabada la expresión de cura de pueblo.

EL HORROR EN LOS HOSPITALES PSIQUIÁTRICOS

En Bicêtre, el teólogo, doctor y medio cura Pinel quedó petrificado por un horror nuevo, un horror que no había conocido en sus años de médico provinciano, un horror con mayúsculas. Los gritos, una especie de lamento apagado, insistente, le llegaban desde muy lejos, sin perder un ápice de su dolor. «¿De dónde proceden?», preguntaba. «Son los alienados», le contestaban. Mientras recorría el hospital, dirigiéndose a las salas más alejadas, él oía alaridos esporádicos, llantos, quejas lastimeras. Resultaba difícil distinguir si aquellos sonidos procedían de animales o de personas.

Cruzó las celdas de los asesinos y las prostitutas, la zona de los mendigos, hasta que, al final, como colofón a todas las miserias humanas, vio cómo se almacenaba a los alienados en las galerías más profundas. En salas corrompidas por la humedad, entre un hedor difícilmente soportable, los locos se hacinaban revolcándose en la suciedad y el frío.

Al acercarse, Pinel observó que los enfermos mentales más agitados estaban encadenados. Los llamaban los enajenados del espíritu, los *alienados*. Eran los otros, los excluidos del género humano.

Philippe Pinel (1745 - 1826).

«¿Cómo pueden vivir en tales condiciones?», se preguntó. Le dijeron que ya no se les podía considerar seres humanos. No sentían ni padecían ya apenas nada, reducidos a la condición de entes desposeídos de alma, como los animales. Sin alma, decía Descartes, no podía existir el sufrimiento, como tampoco lo había en los animales. Los alienados eran máquinas inservibles, amontonadas en un basurero. Los que se ocupaban de ellos eran los *alienistas*.

PANDEMÓNIUM DE LOCOS ENCADENADOS

Dentro de la exclusión, también había clases. Los más nerviosos molestaban al resto con voces altas. Cada poco tiempo, se organizaba un fenomenal pandemónium. ¿Por qué están encadenados? Es el método más efectivo, respondían. Así, los locos agitados no perturban a los pacíficos. Hay que encadenarlos y encerrarlos en un zulo.

Pinel creía tener la fortaleza necesaria para superar todos los horrores, aunque, esta vez, había llegado al límite de lo soportable. La Revolución francesa, abanderada de la fraternidad universal, se había olvidado de los más desgraciados. Se preguntó si podría dormir con aquellas imágenes rondando su cabeza, con las amortiguadas lamentaciones en sus oídos.

A pesar de todo, al llegar Pinel a Bicêtre la situación había mejorado. Desde hacía algún tiempo, el supervisor Pussin, otro individuo humanitario, había ido liberando de cadenas a los enfermos pacíficos; ahora, en los casos de necesidad, se utilizaban camisas de fuerza. Estas camisas tenían las mangas muy largas y permitían inmovilizar a los enfermos en una cama. Aun así, la sensibilidad de Pinel le empujaba a ir más allá de lo que había ido Pussin.

EL LOCO QUE PASÓ DE GENERAL
A PERRO GUARDIÁN

Entre los cautivos, un famoso liberado fue Chevigné, un soldado francés de la Guardia. Este militar, violento y bebedor, en sus periodos de delirio se creía un general y se liaba a golpes si alguien le llevaba la contraria. Fue encadenado diez años en Bicêtre, lo cual no aminoró sus delirios. Los carceleros que, por descuido, se ponían al alcance del gigante Chevigné se veían marcados por sus cadenazos. Frente a la jaula de un tigre, uno debe andar vigilante. Un día, Pinel se acercó al hombre al que nadie se atrevía a acercarse. Los sirvientes, temerosos, quedaron rezagados y le pidieron que no se acercara más.

—Te veo como un hombre adecuado para hacer el bien —le dijo Pinel—. Para probar mi confianza en ti, me ayudarás a liberar a estos otros infortunados que, como tú, están cargados de cadenas.

El soldado se le quedó mirando, sin creerle. En el hospital, todos le temían y lo trataban como a una fiera; aquello sería algún truco del médico para engañarle.

—Si te comportas como espero, te tomaré a mi servicio y nunca me abandonarás —insistió el persuasivo Pinel.

Y así fue, Pinel se doctoró como profeta. Durante los años que siguieron, Chevigné se convirtió en el guardaespaldas de Pinel. Le seguía por todos lados, pendiente de sus movimientos, con la lealtad de un perro guardián. En una ocasión le salvó la vida: una turba de revolucionarios perseguía a Pinel y, gracias al gigante, el médico se libró de aquella furia.

LAS DUCHAS FRÍAS, EL I+D+I

Desde la Edad Media, en los hospitales que atendían a los enfermos mentales, a los *alienados*, se utilizaban métodos muy diversos. El médico Jean-Baptiste van Helmont ideó la solución más curiosa. Se podían destruir los delirios y las ideas extrañas, asustándolas. Esta gran innovación se originó en los Países Bajos españoles. Todo empezó cerca de Bruselas, donde tenía su origen una famosa estirpe de químicos, los van Helmont. El más innovador, Jean-Baptiste, propuso una nueva forma de tratar a los pacientes con locura delirante, había que someterlos a baños fríos por sorpresa. Con la cabeza bajo el agua, se llevaba al alienado hasta una situación de ahogamiento, muy cerca de la muerte. Al parecer, esta idea se le ocurrió a Jean-Baptiste cuando oyó una curiosa historia.

Un pobre loco era trasladado de una prisión a otra e iba encadenado en la parte trasera de un carro, junto a otras criaturas desgraciadas. En mitad del camino, se dejó llevar por el impulso de escapar a pesar de ir cargado de cadenas. El pobre se olvidó de este detalle; ya dijimos que estaba loco. Al saltar, rodó sobre un terraplén y cayó a un lago medio congelado, el hielo se rompió y el fugitivo se hundió, pero la misericordia llevó a sus captores a rescatarlo. Al salir del agua, el hombre se mostraba tranquilo y agradecido, se había recuperado de sus ataques de locura. Sorprendentemente, parecía curado.

El agua helada resultaba milagrosa, de modo que la noticia corrió como la pólvora y la terapia se hizo muy popular. Ni corto ni perezoso, en Oxford, en el siglo XVII, el prestigioso médico Thomas Willis tiró a una joven desnuda al río y la mantuvo en el agua un cuarto de hora. Willis no tenía escrúpulos. Si esto no daba resultado, le abría al paciente un agujero en el cráneo, y de esta forma dejaba salir los humores acumulados. Con tales métodos, no es extraño que los pacientes colaboraran mucho; de hecho, hacían todo lo posible por curarse con rapidez y perder de vista a estos doctores.

EL PRIMER PSIQUIATRA Y LA COMUNA DE PARÍS

Frente a tanto desahogado, el piadoso Pinel aconsejaba una utilización muy selectiva de estos métodos de choque. Reservaba las duchas heladas para casos incurables, una vez demostrada la ineficacia de baños más cálidos que relajaran al paciente y, además, desechó el uso generalizado de las sangrías y de las drogas.

La sensibilidad psicológica de Pinel le llevó a proponer métodos más civilizados. El abordaje de la enfermedad mental debía basarse en la comprensión de la persona enferma. En primer lugar, Pinel consideraba conveniente empezar por una observación cuidadosa; a continuación, se tomaba nota de los comportamientos del paciente y la evolución de los trastornos; luego, valiéndose de una conversación bien preparada y estructurada, el médico podía llegar a comprender los sentimientos del individuo enajenado. Las habilidades que Pinel había adquirido en su juventud como guía espiritual le fueron muy útiles y le sirvieron para favorecer una relación a largo plazo con la persona enferma, extraviada. ¿Observar, conversar, comprender al enfermo? ¿A un hombre que ya no poseía un alma humana? ¿No era perder el tiempo? Lo más práctico era un buen sofocón con agua helada, le decían. El método de Pinel era demasiado novedoso.

Suponía un cambio en el rol del propio médico, que iba más allá de la mera prescripción.

En suma, Pinel apostó por la comprensión de la aflicción y el dolor. El uso de las cadenas solo servía para incrementar la furia, y los castigos empujaban a los enfermos al resentimiento y a la venganza. Convencido de ello, Pinel presentó su solicitud a la Comuna de París, con mayor calor que nunca, y reclamó un trato más humano para los enfermos mentales. Los funcionarios de la Revolución, los miles de pequeños Robespierre, temían que Pinel, tras todo aquel discurso humanitario, ocultara intenciones contrarrevolucionarias. ¿No era acaso un antiguo cura? ¿Tal vez quería excarcelar a los realistas con el pretexto del humanitarismo?

PINEL COQUETEA CON LA GUILLOTINA

Tropezó con Couthon, uno de los miembros de la Comuna revolucionaria, que desconfiaba de las intenciones de Pinel. Quizás este médico provinciano de aspecto inofensivo los estaba engañando o tal vez era un agente de Luis XVII con la misión de liberar a los enemigos de la Revolución, ocultándolos entre presuntos enfermos.

—Ciudadano, mañana visitaré el hospital de Bicêtre —le advirtió Couthon.

El revolucionario Couthon no se andaba con chiquitas y se paseó por las salas donde languidecían los pacientes privados de sus miembros inferiores, deformes. Los locos le llamaban con tonos agudos y femeninos en una sucesión de imprecaciones. Algunos solicitaban alivio mientras arrastraban las cadenas por el suelo; otros, la muerte... No tardó mucho Couthon en convencerse, se trataba de locos reales y su tipo de locura era poco peligrosa, al menos para los intereses políticos de la Revolución. Fatigado con el recorrido, Couthon expuso a Pinel sus objeciones.

—Pinel, ¡es usted mismo un loco! ¿De verdad queréis liberar a estos desdichados de sus cadenas?

—Sí, estoy convencido de que estos lunáticos son inofensivos. Solo son intratables por estar privados de aire y libertad. Yo espero mucho de una nueva actitud.

—Bien —respondió Couthon, resignado—, os dejo con ellos. Solo temo que seáis víctima de vuestra propia presunción.

LA PRUEBA DEL ALGODÓN: EL PRIMER
LIBERADO DE MONSIEUR PINEL

Como buen político, Couthon se había lavado las manos. Era, al fin y al cabo, un tema irrelevante para él y sus correligionarios. Según contó después el hijo mayor de Pinel, su heredero intelectual, nuestro médico liberó en primer lugar a un capitán inglés encadenado durante 40 años. Había matado a uno de los sirvientes golpeándolo con sus grilletes en la cabeza. Pinel entró muy tranquilo en la celda.

—Capitán, si yo rompiera sus cadenas y le liberara... ¿me promete ser racional y no herir a nadie?

—Sí. Pero os burláis de mí —le dijo el inglés—. Nunca me liberaréis. Me tienen demasiado miedo.

Como ocurría siempre, los encadenados no creían ya en los buenos sentimientos de nadie. Al principio, el alienado parecía adoptar la actitud del pájaro que, tras pasar toda su vida en la jaula, no se atreve a volar. Pinel tuvo que emplearse a fondo, él sabía infundir confianza.

—Os aseguro que no. ¡Creedme, os daré libertad! Si me permitís sustituir estas cadenas por una chaqueta de fuerza... Empezaremos por ahí.

En varias ocasiones, el capitán cayó al suelo al intentar levantarse, ya que había perdido la fuerza en las piernas. Pasaron varias horas antes de que lograra cruzar las puertas abiertas de su celda y, al salir al patio, miró al cielo y exclamó: «¡Qué belleza!». Corrió, subió y bajó escaleras mientras repetía frases de asombro: «¡Qué bello, qué bueno!». Con el tiempo, el capitán fue dominando sus accesos de furia. De nuevo, Pinel confirmó su profecía de bondad: el capitán inglés, el antiguo asesino, se convirtió en un superintendente muy respetado entre los internos.

LA PINTURA CONSOLIDÓ LA LEYENDA DE PINEL

En 1795, nombraron a Pinel director de la Salpêtrière. Allí prosiguió con su costumbre de dedicar mucho tiempo a la observación de los enfermos, pues quería entender cómo habían llegado a esa situación y cómo se sentían. Entre sus rasgos de carácter destacaba uno, una cualidad que le ayudaba en esta relación terapéutica: su extraordinaria amabilidad.

El mito de Pinel fue creciendo en las décadas iniciales del siglo xix. En primer lugar, su hijo Scipion Pinel escribió artículos y detallados informes donde describía en términos elogiosos la liberación de los enfermos encadenados. Pinel se fue convirtiendo en una leyenda y, a lo largo de todo el siglo, el mito continuó embelleciéndose. Algún tiempo después, cuando la Academia de Medicina francesa eligió una nueva sede, la decoración fue encargada a diversos artistas. En sus pinturas, debían materializar las hazañas de los héroes. Uno de los acontecimientos elegidos fue «el gesto de Pinel», la liberación de los locos encadenados. El cuadro fue realizado por Charles Müller, que pintó a un joven Pinel: el libertador alza su brazo para indicar a un sirviente que rompa las cadenas. Este sirviente podría ser un antiguo liberado, como el gigante Chevigné o el capitán inglés. A la izquierda, más atrás, varios ayudantes médicos apoyan a Pinel, destacando un joven elegante que sostiene un libro y que parece ser su discípulo Esquirol. Años después, otro cuadro con el mismo tema, pintado por Robert-Fleury, fue destinado a decorar la Biblioteca de Charcot en la Salpêtrière.

Para historiadores como Dora Weiner, el mito de Pinel fue exagerado por su hijo mayor, Scipión Pinel. La pintura contribuyó a grabar en la memoria colectiva la liberación de las cadenas. En el imaginario colectivo estos cuadros al óleo fijan la liberación como una tarea exclusiva de Philippe Pinel. La escena se organiza de una forma teatral y épica. Refleja el gesto de un genio solitario, un Moisés que se abre paso entre los prejuicios de la época y los gritos de los alienados. Pinel, en efecto, contribuyó en gran medida a mejorar el tratamiento

Pinel libera de las cadenas a los alienados de Bicêtre (Müller).

hacia los enfermos mentales, pero no fue el primero ni el único médico que propuso la liberación de los alienados. Según Weiner, el énfasis en la imagen del héroe rompiendo las cadenas resultó un icono tan poderoso que, como contrapartida, ensombreció su auténtico gran logro, sus ideas innovadoras sobre la enfermedad mental. En sus obras escritas, Pinel dejó constancia de dos necesidades: es preciso ver al enfermo como ser humano en toda su amplitud e integridad y entender cómo esta persona ha sido afectada por el desarrollo de la enfermedad. Esta fue una propuesta novedosa frente a duchas, sangrías y cadenas. ¿La conversación como medio de tratamiento? Sí, esto era una auténtica innovación, y muchos, por aquellos tiempos, aludían a Pinel y a sus colegas como «los charlatanes», los que charlaban.

SADE, CONDENADO A MUERTE POR «DEMENCIA LIBERTINA»

Otro gran innovador, tanto en el campo de la literatura como de la psicoterapia, también vivió en Francia. El marqués de Sade pasó los últimos diez años de su vida, de 1803 a 1813, en el asilo de Charenton para enfermos mentales condenado por «demencia libertina». Su director, François Simonet de Coulmier, firme defensor del teatro como terapia, le ayudó a construir un teatro de madera. Allí Sade representó las obras dramáticas que escribía, implicando como actores a los pacientes internos. Llegó a formar una verdadera compañía teatral en la que él también actuaba. Las representaciones, a las que asistía la alta sociedad de París, iban seguidas de una cena. Tuvieron tal éxito que, en algún caso, llegó a participar alguna conocida profesional del teatro.

Pero, ¿cómo había acabado Sade en un manicomio? ¿Estaba loco de verdad? Retrocedamos en el tiempo. Algún tiempo antes, en 1794, Sade había sido condenado a muerte por escribir la novela *Justine*. Desde su catre carcelario, cada noche oía caer docenas de cabezas de aristócratas y sospechosos. El marqués amaba la comunión amorosa, pero no le hacía gracia la caricia de la guillotina. Horrorizado, no conseguía descansar hasta que encontró una salida. Como en los mejores casos de escapismo, se hizo pasar por loco y fue recluido en una clínica mental.

Un buen día también cayó la cabeza de Robespierre bajo la guillotina. Sade fue liberado por un tiempo breve, dado que por aquel entonces ya no quedaba nada antirrevolucionario de lo que pudieran acusarle. Sin embargo, a perro flaco todo son pulgas, y los heterodoxos y libertinos se ven con frecuencia perseguidos. Al final, sus enemigos encontraron la excusa perfecta para encerrarle: descubrieron un enorme instrumento de cera en una habitación y Sade fue considerado sospechoso. Sin duda, aquel objeto era una herramienta de tortura sexual que el muy sádico aplicaba sobre las jóvenes incautas que caían en sus manos. Lo acusaron de demencia libertina, una de las categorías diagnósticas más exitosas de la época, y así llegó a dar con sus huesos en un nuevo encierro. Por descontado, hoy no podemos encontrar este trastorno mental, la demencia libertina, en ningún manual psiquiátrico; por el contrario, los vendedores de juguetes sexuales parecen disfrutar de una estupenda salud y suelen vivir en libertad, con una economía muy saneada.

POR FIN, EL MARQUÉS DE SADE CREÓ EL PSICODRAMA

El director del asilo de Charenton era un sacerdote, el padre Coulmier, que compartía la compasión de Pinel hacia los enajenados. Permitió a Sade dirigir las obras de teatro que él mismo había escrito. Aunque estaban aún prohibidas y se veía obligado a negar que fuera su autor ante la justicia, esto no le amilanaba. Seguía siendo un tipo astuto, lo suficiente para esquivar a la policía que lo perseguía por libertino y lo vigilaba de cerca, incluso recluido en el manicomio. Mientras negaba en redondo escribir pornografía, con toda firmeza, el marqués de Sade seguía escribiendo sin pausa. Como justificación, se redimía con el valor terapéutico de sus psicodramas; de hecho, su hallazgo terapéutico ha tenido una gran repercusión, pues resulta muy liberador escribir acerca de nuestras pasiones salvajes. Y, más aún, expresarlas libremente sobre un escenario, ya que esto evita que se nos pudran en el interior. El psicodrama continúa vigente hasta nuestros días.

A pesar de sus méritos, muchos compatriotas no estaban dispuestos a perdonarle. A partir de 1805, los nuevos enemigos políticos de Sade, sobre todo el médico Collard, tenían la pretensión de recluirlo en una prisión de verdad. Los libertinos no suelen tener buena fama y la inquina contra Sade se acumulaba, pero no resultaba nada fácil atrapar al zorro. El marqués mantenía su creatividad en el ecosistema del asilo, donde tenía las manos libres. Podía disfrutar de algo que le causaba un enorme placer, casi más que la actividad sexual: contaminar con sus ideas incendiarias y pecaminosas a hombres y mujeres. Estuvo comprometido con la Ilustración y el librepensamiento hasta sus últimos momentos. En el psiquiátrico, aprovechó el tiempo para iniciar a una joven, hija de una enfermera, en la lectura y la escritura. Al mismo tiempo, tuvo con ella su última relación, o al menos la última de la que tenemos noticias. Al parecer, según las habladurías, adiestró a la chica en los secretos de la sodomía.

BIBLIOGRAFÍA

Gómez-Cortell, C. (2017). Entre la realidad y la ficción, la razón y la locura: el drama coral como terapia individual y social. *Nova tellus*, 35(2), pp.9-44.

De la Fuente, J. R. (1990). Pinel, su tiempo y su obra. *Salud mental*, 13(1), 2-7.

Roudinesco, E. (2009). *Nuestro lado oscuro: Una historia de los perversos*. Anagrama. Barcelona.

Weiner, D. B. (1994). Le geste de Pinel. The history of a Psychiatric Myth. En R. Porter y M. S. Micale (Eds.), *Discovering the History of Psychiatry* (pp. 232-247). Oxford University Press.

Fleury, L. (1875). *Traité Therapeutique et Clinique D'hydrotherapie: L'application de l'hydrotherapie au Traitment des Maladies Chroniques: Dans les Etablissements Publics et au Domicilile des Malades*. P. Asselin. París.

Sigmund antes de Freud: años de coca y rosas

EL NIÑO DORADO, UN VIEJO Y UNA DAMA

Sigi. Al principio, Sigmund Freud era solamente *Sigi*.

El niño Sigi, al que llamaron el *dorado*, nació con la membrana fetal cubriendo su cabeza, como si estuviera coronado por una tiara. La madre tenía veintiún años y aquel ser tocado por la fortuna era su primogénito. Para el señor Jacob Freud, el afortunado papá, se trataba de su tercer matrimonio. La joven madre, Amalia Freud, pronto halló más indicios de que el destino amaba al recién nacido. Una mañana salió a comprar unos dulces y, en el comercio, una anciana le aseguró que el bebé se convertiría en un gran hombre. Otro día, al intentar alcanzar unas chucherías, el pequeño Sigi se cayó de la silla y se golpeó la mandíbula, originando una aparatosa cicatriz que permanecería allí, bajo la barba de Sigmund Freud, durante toda su vida. El punto débil del divino Aquiles eran los talones. En el caso del divino Sigi, la boca y la mandíbula fueron la zona vulnerable, como se vería más adelante.

Sigmund era el favorito, el adorado; detrás de él llegaron una multitud, cinco hermanas y dos hermanos, pero estos ya no venían protegidos por la fortuna (algunas hermanas morirían en circunstancias muy tristes). Para Sigmund, el amor incontestable de su maravillosa madre constituía la base de su seguridad. La confianza en sí mismo no le abandonaría jamás. A veces, el pequeño se introducía en el dormitorio de sus padres, movido por la curiosidad sexual. Al descubrirlo, el padre lo echaba con cajas destempladas. En una ocasión, el niño tuvo la oportunidad de entrever desnuda a su madre.

Sabemos que el niño Freud tuvo su momento edípico, lo que le serviría de inspiración para sus teorías. Cuando Sigi tenía cerca de siete años, se orinó en el cuarto de sus padres, con el consiguiente enfado del padre: «Este niño nunca llegará a nada», profetizó. El señor Jacob era un hombre de edad avanzada, tenía una agrisada barba blanca y cabello escaso. El viejo papá ya tenía un nieto de la edad de Sigmund por aquel entonces. Como es lógico, el pequeño Sigmund, a sus 2 años, no podía entender que aquel vejestorio formase pareja con su estilizada y atractiva mamá de veintitantos años. ¿Por qué la vida es tan injusta? Evidentemente, el niño Sigi, cuya carita era adorable según todos los espejos, se merecía muchos más privilegios que el marchito papá Jacob. De hecho, Sigmund Freud conservaría durante toda su vida un poderoso atractivo personal.

LA FAMILIA FREUD: SOSPECHOSOS HABITUALES Y FALSIFICADORES DE MONEDA

Josef Freud era el garbanzo negro de la familia Freud y, por desgracia, pariente cercano del señor Jacob, el padre de Sigmund. En 1865, el tío Josef fue arrestado por tráfico de billetes falsos y condenado a

El grupo familiar de Freud (1876).

diez años de cárcel. Los hermanastros de Freud, Emmanuel y Philipp, hijos de un matrimonio anterior de papá Jacob, fueron considerados sospechosos. Poco después, emigraron a Inglaterra. Sigmund Freud envidió mucho tiempo a estos medio hermanos por haber tenido la oportunidad de viajar a un país tan moderno. Al cabo del tiempo, el señor Jacob también decidió emigrar, buscando mejores horizontes para sus negocios, pero se movió en un círculo más modesto. Debido a la crisis económica, abandonaron Friburgo, donde Jacob se había dedicado al comercio textil (al menos en teoría se dedicaba a esto). En primer lugar, el señor Jacob Freud trasladó a su prole a Leipzig, en 1859, y luego a Viena, la capital del imperio. Este traslado daría ocasión a uno de los recuerdos más perturbadores para el Freud adulto, un recuerdo que asaltaba su mente con frecuencia.

UNA MADRE SE DESNUDA EN UN TREN

Durante el viaje en tren, el niño volvió a ver desnuda a su madre, esta vez muy de cerca. Aquellos trenes permitían dormir en los coches-cama, lugares extraños donde los haya. Cuanto más se mueve el tren, el traqueteo más invita al sueño. Amalia, la madre de Freud, acostó a los niños. A continuación, se despojó del incómodo vestido almidonado que afinaba su figura durante el día. Aliviada sin el corsé, Amalia buscó su ropa de dormir. La fatiga y la oscilación de las vías otorgaban lentitud a sus movimientos, mientras ella doblaba el vestido con cuidado. Los niños habían caído rendidos por fin. Amalia eligió un camisón confortable que deslizó sobre la ropa interior. A pesar del silencio, no todos dormían; Sigmund no había cerrado sus ojos por completo y una rendija entre los párpados le permitía entrever la figura de Amalia. Muchas décadas después, en sus cartas y sesiones de psicoanálisis, Freud recordaba todavía la impresión que esto le causó, el acceso a lo prohibido, al mundo de lo sensual, a la desnudez del cuerpo femenino. ¿Fue el momento más crucial de su vida como pensador?

En Viena, la familia Freud se estableció en un piso pequeño, con tres habitaciones, salón y cocina, ubicado en la zona de Leopoldstadt, en el extrarradio. Allí, donde se instalaban las familias humildes, se acomodaron los siete hijos y el matrimonio, fuera del lujoso Ring, el anillo de oro de Viena. Ni siguiera tenían agua corriente en casa.

Una vez a la semana, unos hombres subían cubetas y tinajas para el baño y las recogían al día siguiente cuando todos se habían lavado.

Muy pronto, el muchacho demostró que no se equivocaban las profecías de la anciana del almacén de pasteles. Durante su adolescencia, Sigmund fue un devorador de libros, con un don mágico para los idiomas, tanto antiguos como modernos. Los padres presumían de su inteligencia y potenciaron su carrera como investigador médico. A los 17 años, Sigi se había convertido en un guapo

Sigmund Freud y su madre Amalia.

muchacho, el mismo que vemos posando junto a su madre, en actitud de efebo, presumiendo de bigotito, acodado a medias sobre una repisa. Podemos sospechar que el Edipo continuaba vigente. La pareja transmite cierta sinergia, un diluido erotismo bilateral, decadente, dulcemente vienés. Un vals detenido y no iniciado.

SU PRIMERA INVESTIGACIÓN: ¿DÓNDE ESCONDEN LOS TESTÍCULOS LAS ANGUILAS?

El primer trabajo científico de Freud consistió en buscar los testículos de las anguilas macho. Con la finalidad de aparearse, las anguilas realizan una gran travesía a través del mar, así que deben tener un poderoso motivo. Tanta energía sexual debe tener una sede, un órgano, un repositorio identificable. No obstante, ningún científico había encontrado las gónadas de las anguilas.

¿Dónde narices se escondían las criadillas de las anguilas? Este era uno de los grandes misterios científicos de la época. Había un solo, ínfimo, descubrimiento. Un biólogo de Trieste había localizado un pequeño, mínimo órgano con lobulillos. Nada impresionante.

Así que su primera investigación seria fue la búsqueda de los testículos de estos peces tan apasionados que emprenden un viaje larguísimo, de miles de kilómetros, para reproducirse. Las anguilas viven su infancia en los ríos y estuarios de Europa. Cuando alcanzan la edad adulta, sienten la necesidad de sentar la cabeza, pero no de cualquier forma, no en un lugar cualquiera. La ceremonia nupcial tiene que celebrarse en las nutritivas aguas del mar de los Sargazos, en mitad del Atlántico, a la altitud de Florida. Para ahorrar energía, las anguilas europeas, procedentes del norte escandinavo y del sur mediterráneo, se reúnen en las Islas Azores. Una vez allí, se suben a la corriente que las lleva hasta su romántico destino. Todo lo cual no deja de tener su intríngulis psicoanalítico. ¿Estaba Freud, sin saberlo, *avant la lettre*, buscando la sede de la energía sexual que nos domina?

Dejemos que los expertos contesten y volvamos a las anguilas. Cuando llegan al paraíso salado de los Sargazos, en el colmo del romanticismo, ni siquiera se produce el apareamiento de hembras y machos. Como disciplinados soldados del amor, las hembras liberan sus óvulos en la zona y por allí se pasean los machos espolvoreando espermatozoides. La fertilización ocurre por efecto del azar. Para estos peces, ¿es más importante el deseo que el placer de la consumación? Algunos pensaban que Sigmund se había involucrado en un problema tan complicado como encontrar la tumba de Tutankamón, pero mucho menos lucrativo.

Mientras Freud buscaba incansablemente los órganos sexuales de las anguilas y perdía un tiempo precioso, en el mundo científico se estaban produciendo avances importantes. Un médico italiano, Camillo Golgi, había conseguido desarrollar un método de tinción del tejido nervioso basado en el cromato de plata. Gracias a esta tintura, Golgi descubrió que sobresalían unos pelillos de las células nerviosas, como si fueran pequeñas zanahorias con sus tallos en la cabeza.

Golgi también es famoso por otro motivo, puesto que encontró una zona de las células que todos los estudiantes de secundaria conocen bien. En los libros de texto, esta estructura celular aparece dibujada como una especie de laberinto formado por pliegues retorcidos, donde la célula almacena las proteínas. Como es lógico, a esto lo han llamado aparato de Golgi. Siguiendo una trayectoria que se entrecruzaba con la de Freud, Golgi había estudiado en una clínica psiquiátrica junto al famoso criminólogo Cesare Lombroso. Después, con fina intuición científica, Camillo Golgi se había inclinado por la línea más prometedora, la investigación del sistema nervioso.

A finales del siglo XIX, la ciencia va a experimentar una revolución en todos los campos. Por ejemplo, en el mundo de la egiptología se imponen métodos científicos como la observación y descripción, dejando atrás la triste época de aventureros y expoliadores, como Giovanni Belzoni. En su juventud, Belzoni había trabajado en el circo y posteriormente trasladó su experiencia circense a la arqueología. En 1983, el mago David Copperfield hizo desaparecer la Estatua de la Libertad, como pudimos ver por televisión. Casi un siglo antes, Belzoni hizo desaparecer del desierto de Egipto una cabeza de Ramsés II que pesaba más de siete toneladas. A diferencia de Copperfield, Belzoni no devolvió la estatua. Utilizando sus habilidades como forzudo, se la había llevado bajo el brazo hasta Londres, donde puede verse en el Museo Británico.

Sin embargo, la época de los pícaros iba quedando atrás y todos los ámbitos de la ciencia encerraban grandes promesas. En el campo de la fisiología, todos los meses se presentaban descubrimientos relacionados con los tejidos y las células. La ciencia de la histología vivía una época de ebullición. De vez en cuando, en Egipto seguía apareciendo algún tesoro oculto, alguna momia. Ajeno a todo, tan tozudo como Howard Carter y Lord Carnarvon, Sigmund Freud se fabricaba sus propias momias. En su búsqueda de las invisibles gónadas, el joven vienés consiguió disecar cerca de 400 anguilas, aunque no tenemos noticia de que encontrara su tesoro.

FREUD *VS.* CAJAL: ESPAÑA GANA POR GOLEADA A AUSTRIA

En torno a 1880, Freud empezó a estudiar la estructura del tejido nervioso de los cangrejos. Fue una buena jugada, ya que con ello Freud se aproximaba a las grandes ligas. Ahí había una recompensa científica importante, el premio gordo de la medicina y la biología: ¿cuál es la clave del funcionamiento del sistema nervioso? Freud pudo competir con Ramón y Cajal en la carrera para comprender la naturaleza de las neuronas. Sin embargo, no fue así, porque Freud abandonó la maratón a medio camino y Cajal lo dio todo, puso su alma entera en el empeño y, tras un apretado *sprint* final con Golgi, llegó el primero a la meta.

Según Ernest Jones, biógrafo y discípulo, Freud se acercó mucho, consiguió identificar los núcleos de los ganglios nerviosos, explicando su composición. Mediante el microscopio, describió lo que veía, una estructura reticular; y dedujo que de allí partía, desde una célula, el origen del impulso nervioso, el impulso que transmitían los nervios. Freud permaneció un largo periodo pensando sobre todas estas cuestiones y varios años después publicó sus conclusiones. Sin embargo, Freud nunca llegaría a encontrar una solución concreta, una solución válida y elegante para el problema de la estructura del tejido nervioso. Cuando miraba por el microscopio, Freud solo veía fibras y redes, estaba más cerca del italiano Golgi, rival de Cajal. Golgi pensaba que existía una red continua de fibras nerviosas.

En cambio, Cajal veía más allá de la lente. Sabía imaginar lo que se ocultaba bajo esta red nerviosa, bajo esta maraña de sargazos que atrapaba la mirada de todos los científicos asomados al microscopio. Los ojos seguían itinerarios que se entrecruzaban sin fin, que no parecían llevarte a ningún lugar concreto, o que te llevaban a todos los lados. Al final, todos levantaban la vista fatigados, con la idea de que el laberinto conducía a la perdición. Solo veían una madeja de hilos enredados sin orden, sin fin.

En los congresos y reuniones científicas, Golgi se atusaba el bigote, satisfecho, pues para ver el universo nervioso, la noche estrellada del cerebro, todos tenían que usar su tintura de plata. Gracias a él, todos podían atisbar el misterio.

UN DESCUBRIMIENTO MÁGICO Y TRASCENDENTAL

Antes de producirse cualquier descubrimiento científico importante, se dibuja una escena similar a los kilómetros finales de una maratón. Un problema tiene en vilo a un pelotón de científicos de todas las nacionalidades. Transcurrida más de la mitad de la carrera, ya hay un grupo pequeño de estrellas de la ciencia en disposición de ganar, de encontrar la solución correcta. ¿Quién llegará primero? Este será el ganador, el que figurará en los libros escolares y las listas de premios Nobel. El resto serán los segundones.

En la maratón, los últimos kilómetros requieren sacar a relucir una capacidad especial, una fuerza oculta no se sabe en qué parte del organismo. En la ciencia, el *sprint* final requiere una energía creativa. En el campo de la física, frente a la indecisión de Poincaré, Einstein fue capaz de exhibir su valentía, su capacidad para detectar relaciones entre la luz y el tiempo y, apostándolo todo, concentrarse en sus consecuencias, por muy extrañas que parecieran. En las matemáticas, Turing descomponía los problemas en pequeños pasos e imaginaba máquinas que los realizasen. A veces, la pugna es tan cerrada que hay que empujar a un rival en la curva y echarlo de la pista. En una famosa carrera de la biología, Watson y Crick entraron al despacho de una colega, Rosalind Franklin, y le robaron la radiografía 51, imagen que les inspiró para construir su modelo tridimensional del ADN.

Esta fuerza creativa no le faltaba a Ramón y Cajal. En su juventud, Cajal había querido ser pintor. A la fuerza, su padre logró arrastrarlo a la Facultad de Medicina de Zaragoza, donde el chico quedó impresionado por la ciencia. Cuando veía las líneas caprichosas que Golgi había visto antes, el joven aragonés intentaba dibujar con una plumilla y tinta china sus prolongaciones, sus revueltas. ¿Hacia dónde se dirigían? Sus cualidades como dibujante y su creatividad artística le llevaron más lejos que al resto del pelotón, permitiéndole destacar en el momento decisivo. Gracias a ello, fue capaz de adivinar que estas redes intrincadas estaban formadas por unidades. Intuía las neuronas individuales, había llegado a verlas mientras las dibujaba. La maraña no era tal, ocultaba un orden sutil, y para desentrañarlo era preciso primero imaginar. Él fue el primero en llegar a la meta, el primero en ver y dibujar las células nerviosas individuales.

En 1888, Cajal publicó sus primeros atisbos sobre la unidad anatómica de las neuronas. Finalmente, había llegado a la conclusión opuesta a Golgi y tenía su as en la manga, las pruebas histológicas que apoyaban su convencimiento. Según la hipótesis de Cajal, el tejido nervioso está formado por células individuales, las neuronas. Pero el orgulloso Golgi no dio su brazo a torcer. En esta batalla, Freud quedó muy atrás, diluido y postergado, y ni siquiera entró en juego. A pesar de ser enormemente sistemático y meticuloso, de su enorme deseo de convertirse en un genio científico, de su necesidad de atisbar nuevos horizontes, el ambicioso y prometedor Freud dejó pasar la oportunidad. Algo había fallado. Probablemente, no era un científico al uso.

LA MUCHACHA QUE PELABA MANZANAS

A pesar de los pesares, el que no se consuela es porque no quiere. Una tarde, Sigmund llega a casa y descubre, junto a su hermana, una figura nueva. Al fondo de la cocina, una joven morena y delgada pela una manzana. La chica es distinguida y viste con gran elegancia. El fino talle, los movimientos delicados de sus manos, los ojos de mirada profunda; todo delata a una muñequita, a una chica perteneciente a la élite de Viena, la burguesía que disfruta en el cogollito del Ring. Es una princesa de la zona palaciega, una copia de Emily Ratajkowski en el siglo xix. Ambos entablan conversación. Sigmund es un joven muy apuesto, con su piel blanca, enmarcada por espesos, oscuros cabellos peinados al milímetro, con su barba, su fibrosa figura y sus formas de caballero que cautivan a Martha, la elegante amiga de su hermana.

Martha Bernays, se llama. ¿Qué hacía allí esta joven acomodada, en casa de los Freud, lejos de los barrios elegantes? La familia de Martha también había caído en desgracia y el padre de Martha Bernays había sufrido cárcel tras una quiebra fraudulenta. En Viena se sospechaba que, bajo la apariencia de un infarto, el hombre se había suicidado. Ahora, la delicada Martha vivía bajo la protección de un adinerado burgués, el rico señor Pappenheim, que se había convertido en su tutor. En casa de los Pappenheim, Martha vivía confortablemente, podía disfrutar de la alta sociedad de Viena y tenía muy buena relación con Bertha, la hija del señor Pappenheim. Bertha tenía una edad similar a Martha, aunque sus caracteres diferían. Mientras Bertha era vivaracha y no podía parar quieta, Martha era una malva.

Martha Bernays.

Cosas de la edad, Sigmund se enamoró perdidamente de la joven Martha, de mirada tierna. Como las anguilas, Freud estaba dispuesto a atravesar todos los océanos del mundo para encontrarse con su pareja, siempre y cuando hallasen un adecuado y bien elegido nido de amor. A diferencia de las anguilas, él tenía intención de consumarlo. Para ello, a finales del siglo XIX, había que conseguir una posición social respetable. En Viena no bastaba con unas cuantas algas flotando sobre el agua, se necesitaban lámparas y cómodas modernistas, un salón estilo imperio y mullidas alfombras persas.

SIGMUND SE APUNTA AL MIR

En aquellos momentos, Freud tenía 25 años y trabajaba como ayudante en la universidad. La investigación apenas suponía algún ingreso. En este detalle, las cosas han cambiado poco desde entonces. Poco afortunado en los negocios, el padre de Freud había dilapidado la mayor parte de sus inversiones. Papá Jacob contaba con 67 años y 7 hijos a su cargo. Brücke, profesor y protector del joven Freud en la universidad, le aconsejó que se hiciera médico, lo que le permitiría contar con ingresos propios. La práctica clínica sí que daba dinero para vivir de forma holgada. En consecuencia, Freud necesitaba una salida de este tipo. Se había prometido con Martha en secreto, ya que la amaba con locura. Ella pasaba temporadas en Hamburgo, con su familia, y él, tan romántico como una anguila, escribía compulsivamente largas cartas a su media naranja.

Al principio, Freud se inscribió en la sección de cirugía, especialidad muy dura. Trabajaba de ocho de la mañana a seis de la tarde. A continuación, tenía que preparar los casos, así que no podía dormir. «Los estudiantes de medicina no duermen», le aseguraba su jefe medio en broma. Lo malo es que al final resultaba ser cierto. Desesperado, a los dos meses se pasó a medicina interna, pero tampoco le gustaba atender a los enfermos ni estudiar las enfermedades. En este campo andaba corto de vocación, era una mente visual, creativa. Así que, antes de seis meses, volvió a cambiar y esta vez recaló en psiquiatría, donde reinaba un ilustre médico vienés llamado Meynert.

LA COCAÍNA, UNA DROGA CON *GLAMOUR*

La obsesión más persistente de Sigmund Freud había sido y seguía siendo descubrir algo nuevo, quería hacerse célebre a toda costa para cumplir las profecías. ¿O es que la vieja del almacén de pasteles era una impostora?

En 1884, Freud tuvo la segunda oportunidad de descubrir su Santo Grial. Ilusionado, confiado en sus cualidades, se veía a sí mismo como una especie de explorador, un conquistador a la búsqueda de su virreinato. En esta segunda ocasión, llegó a rozar las mieles del triunfo, lo tuvo en las manos y lo acarició. Para ello, se decidió a pedir una muestra de cocaína, e iba a quedar pronto maravillado con su potencial terapéutico. Confiado en esta línea de investigación, la enviaría a un amigo oftalmólogo para que comprobara sus propiedades como anestésico... Freud sabía que ahora no podía fallar, intuía que era su momento. ¿Conseguiría triunfar esta vez?

Fue en abril de 1884 cuando Freud estudió a fondo la coca, la hoja de una planta sudamericana que los indios masticaban para superar la fatiga. Los incas creían que Manco Cápac, el hijo del Sol, la había enviado para fortalecer a los hambrientos y desdichados. Freud creía a pies juntillas en este poder y quería probar el uso medicinal de la planta para casos de fatiga nerviosa. Negoció un envío de cocaína con una casa de productos farmacológicos, donde le dieron un precio exorbitante, lo que le causó un gran disgusto. En fin, ya lo pagaría de algún modo, merecía la pena correr el riesgo ahora que había encontrado su panacea, su Grial, una droga realmente milagrosa.

RECOMENDANDO LA COCA A DIESTRO Y SINIESTRO

Cuando por fin recibió el paquete de coca, Freud probó una vigésima parte de un gramo y, de inmediato, se subió a la ola. Le inundó la alegría y se sintió impulsado por una gran vitalidad. Esta corriente de energía le confirió una sensación de poder. Le sorprendió que, bajo sus efectos, el estómago no necesita ni pide alimentos.

En este periodo de su vida, Sigmund estaba sometido a muchos vaivenes emocionales, con depresiones recurrentes. Se veía muy solo, agobiado por una gran responsabilidad, asumiendo cada vez más compromisos en el hospital. Tampoco había podido visitar a su novia Martha en todo el verano, la única persona en la que confiaba, en la que volcaba sus sentimientos. Al poco tiempo, por si fuera poco, Freud se hizo cargo de la sección de enfermos nerviosos, donde imperaba el caos. Las salas acumulaban polvo y las operaciones se hacían por la noche con faroles, pues no había instalación de gas. El hospital exigía reformas ineludibles y durante seis meses Freud trabajó invirtiendo toda su energía como director médico.

Aparte, tenemos el problema de Ernst von Fleischl. Este joven médico y amigo cercano de Freud sufría fuertes dolores y molestias crónicas. Durante una investigación médica, Ernst von Fleischl había sufrido un accidente desgraciado y, como consecuencia, tuvo una infección en el dedo pulgar, de modo que lo tuvieron que amputar. Para distraerse de los dolores, el bello y desafortunado Von Fleischl pasaba sus noches estudiando matemáticas y sánscrito. Con su cabellera rubia y maneras aristocráticas, Ernst parecía un san Sebastián, con aquel mismo gesto de sufrimiento. Encantador y agraciado, el joven constituía el objeto de deseo de las muchachas de la burguesía vienesa. El señor Ernst von Fleischl solía acudir al salón de la familia Wertheimstein, donde recibían la joven Franzi y Josephine, su madre. Ambas lo adoraban.

En esta situación, la morfina proporcionó consuelo a Von Fleischl durante un tiempo, hasta el punto de caer en una adicción peligrosa. Dejó de usarla, pero los dolores lo amenazaban de nuevo. Ante la evidencia de la adicción y frente al dolor acuciante, Freud le propuso a su amigo substituir la morfina por cocaína.

FREUD, ADICTO A LA COCA

Freud ya se veía como el descubridor de una nueva medicina, una droga mágica y todopoderosa. Él mismo empezó a tomarla para superar la tristeza y los dolores de estómago. Convencido de su eficacia, le enviaba pequeñas cantidades a Martha. Como vemos, Freud se hallaba totalmente confiado y no tomaba ningún tipo de precauciones. Es más, disfrutaba compartiendo sus hallazgos con todo el mundo.

Un día, en el patio del hospital, Sigmund estaba departiendo con varios colegas médicos cuando por allí pasó un conocido, con señales evidentes de padecer dolores. El conocido los saludó y les explicó sus penalidades. Freud se ofreció a aliviarle, le invitó a pasar a una estancia y aplicó unas gotas de la milagrosa solución de cocaína, en presencia de los colegas. Inmediatamente, el hombre se vio aliviado. Todos los médicos presentes quedaron boquiabiertos. El flamante director médico, el señor Freud, se explayó sobre la substancia, sus propiedades curativas y anestésicas, visiblemente orgulloso, un tanto excesivo en su entusiasmo. Indudablemente, la sustancia favorecía la euforia. Entre el selecto público, uno de los médicos de la sección de oftalmología asistía en silencio a esta improvisada sesión clínica de Freud. El silencioso se llamaba Koller.

No contento con esta demostración, el apasionado Freud quiso hacer un nuevo experimento, que pretendía probar si el aumento de la fuerza era subjetivo o real. Junto a su colega Koller, Freud tomó una dosis del polvillo blanco. Al probarla por primera vez, el oftalmólogo Koller sintió el típico embotamiento de la nariz y los labios. Freud sonrió con la suficiencia del experto, ante la extrañeza del primerizo. Koller abría mucho los ojos y arrugaba la nariz, pero no decía nada.

Todo estaba preparado para la publicación definitiva, para el triunfo final del dorado Sigmund. El artículo que preparó el joven Freud no era un artículo médico, era una oda a la cocaína. Según él, se trataba de una substancia mágica, alquímica, cuya presencia curaba la neurastenia y los padecimientos estomacales. También podía servir para liberar de la adicción a la morfina, lo cual había podido comprobar él mismo recientemente, en el caso de un cercano amigo y paciente que, en el artículo, quedaba protegido por el anonimato. La cocaína, aseguró Freud, presentaba una gran ventaja sobre otras sustancias, se trataba de un fármaco inofensivo y no generaba ningún tipo de dependencia. Llegados a este punto, algún lector podría sospechar que este artículo, tan entusiasta y brillante, fue escrito por Freud bajo el influjo del propio objeto de investigación, y no seré yo quien disipe tales sospechas.

Por fin pasó aquel verano, tan cargado de trabajo, y llegó septiembre, el periodo de vacaciones favorito de Sigmund Freud. Confiado en que todo el asunto estaba bien atado, Freud se concedió un respiro. Corrió a encontrarse con su novia Martha, a la que no veía desde hacía mucho tiempo. Mientras tanto, su amigo Koller, el oftalmólogo, no se había tomado vacaciones, proseguía su investigación sobre la utilidad de la cocaína como anestésico. Koller estaba interesado en cómo se podían anestesiar las partes más sensibles del ojo durante las operaciones.

LA COCA COMO ANESTESIA: SOLO PARA TUS OJOS

Al regresar de sus vacaciones, Freud descubrió con sorpresa que toda la comunidad médica de Viena se hacía lenguas del descubrimiento de un anestésico nuevo. Un joven oftalmólogo había presentado sus experimentos en un artículo muy novedoso. En efecto, el nuevo fármaco podría ser muy útil en pequeñas operaciones. Koller, el autor del artículo, había demostrado la eficacia de la cocaína como anestésico local. En los experimentos, Koller se había servido de conejos y otros animales. Por supuesto, agradecía al doctor Freud su interesante aportación para hacer posible inicio de la nueva técnica quirúrgica y esto y lo otro... Freud se enfureció ante la evidencia, Koller se le había adelantado.

De nuevo le habían arrebatado el triunfo, cuando lo tocaba de cerca, y todo por tomarse un respiro, una visita a la dulce Martha. No obstante, Freud nos confiesa en su diario: «No puedo guardar rencor a mi novia por haber interrumpido mi trabajo». La afirmación resulta reveladora. Si consideraba que no podía culpar a su novia es porque, previamente, se había planteado la posibilidad de culparla. En su interior, Freud sabía que se había dejado llevar por la pereza y había perdido otra oportunidad. Sin embargo, en cuanto a la confianza en sí mismo, acumulada desde su infancia, Sigmund siguió disponiendo de un almacén ilimitado, lleno de dulces ofrendas. Habría otras ocasiones, la vieja profecía le auguraba un horizonte dorado puesto que, no en vano, había nacido tocado por la corona de un rey.

Por aquel tiempo, Freud fue nombrado profesor de neuropatología. Sin saberlo aún, se iba acercado a su destino. En 1885, solicitó una beca para una estancia de seis meses en París con el médico y neuropatólogo Charcot, *l'empereur de la France*. En la época, trabajar bajo la batuta del gran emperador Charcot suponía un enorme prestigio. De esta forma, regresaría a Viena con la aureola de gran especialista. Esto le permitiría, por fin, abrir una consulta, su propia consulta, y contraer matrimonio con su querida Martha.

BIBLIOGRAFÍA

Borch-Jacobsen, M. (ed.) (2017). *Sigmund Freud. La hipnosis, textos (1886-1893).* Ariel. Buenos Aires.

Vallejo, M. (2017). Reseña de Mikkel Borch-Jacobsen (ed.). Sigmund Freud. La hipnosis, textos (1886-1893). *Revista Culturas Psi, 8,* pp. 108-116.

Freud, S. (1884). *Über coca (Sobre la cocaína).*

Bertha Pappenheim, la mujer que inventó el psicoanálisis

TODO EMPEZÓ CON UN SUEÑO Y UNA SERPIENTE

En julio de 1880, el señor Pappenheim, uno de los ricos burgueses del Ring, sufre los inicios de una grave enfermedad pulmonar. Toda la familia se vuelca y Bertha se dispone a proporcionar cuidados a su querido padre, al que adora. Se trata de una joven sensible, culta e inteligente, que ronda los 21 años.

Pasan el verano en una casa de campo cerca de Viena. Durante la noche, a la cabecera de la cama, Bertha hace guardia vigilando el sueño del padre enfermo. Mientras tanto, la familia descansa en sus habitaciones, pues a primera hora de la mañana esperan la llegada del médico. La fiebre sube y sube sin parar, por lo que Bertha se siente impotente, sin que pueda hacer nada para aliviar al señor Pappenheim. Al final de la noche, Bertha cae agotada, vencida por un sueño ligero, con el brazo derecho apoyado en la silla. Entonces la ve, la percibe con el rabillo del ojo, una serpiente negra baja por la pared y va a morder a su padre. Ella intenta espantar a la serpiente, pero su brazo derecho, totalmente dormido, se niega a moverse y cuelga inerte del respaldo de la silla. Los horrores no se acaban ahí. Sus dedos se han convertido en serpientes, sus uñas en pequeñas calaveras. Petrificada por completo, a la muchacha solo le queda ponerse a rezar. Hace un terrible esfuerzo durante interminables minutos, pero no puede gritar ni avisar a nadie. Su lengua tampoco le obedece. Al final, logra entonar una cancioncilla en inglés en lugar del rezo.

Un silbido agudo recorre la madrugada. Al oírlo, Bertha despierta y la pesadilla se desvanece. Las serpientes se han esfumado. Por fin, llega el tren de Viena con el médico, el señor Breuer. Por fin, esa larga noche ha terminado, pero la responsabilidad y la fatiga comienzan a pasar factura a la muchacha. Paulatinamente, en los días que siguen, Bertha pierde el apetito y la energía necesaria para su labor de cuidadora. Este sueño horrible fue el detonante de un prolongado trastorno psicológico. Esa sensación angustiosa de parálisis es un fenómeno frecuente durante el sueño. La persona dormida quiere iniciar un movimiento, pero es incapaz de ejecutarlo por mucho que lo intente durante varios minutos. A partir de este momento, Bertha empezó a sufrir crisis nerviosas periódicas que adoptaron formas muy variadas. El primer síntoma fue una insistente tos. Como a muchas chicas educadas en los salones, a Bertha

Bertha Pappenheim (1882).

le encantaba danzar. Una noche, nada más poner el pie en la pista, Bertha notó que su glotis brincaba, bailando por su cuenta, y la garganta se le llenaba de espasmos. Sofocada por el repentino ataque de tos, tuvo que abandonar el baile.

Al llegar el invierno, la necesidad de reposo la llevó a guardar cama. Cada día los síntomas se iban acrecentando: le dolía la parte posterior de la cabeza y creía percibir que las paredes de la casa se iban inclinando. Diversas contracturas y parálisis afectaban a sus brazos, pasando de una extremidad a otra, y la sensibilidad había desaparecido de estas zonas.

EL CASO MÁS COMPLICADO DEL MUNDO

El otoño en Viena es desapacible. El viento se cuela entre las piedras y el frío muerde las manos de los comerciantes callejeros, mientras la nieve cubre el anillo de calles, el suntuoso Ring, donde reina la aristocracia del Imperio austrohúngaro. Fuera, en la noche, las farolas de gas apenas logran iluminar las avenidas.

Cuando se le avisa, el médico Josef Breuer acude siempre con presteza, él es un buen amigo de la familia. Al principio, decide tratar a Bertha con morfina para aliviar la fatiga y los dolores de origen nervioso. Por espacio de algunas horas, la joven se muestra más o menos razonable, aunque la angustia no desaparece del todo. Las tinieblas se ciernen sobre ella, no logra pensar con claridad. Durante varias semanas, se suceden periodos de gran alteración: grita y se enoja con quienes entran en su dormitorio, arranca los botones de la ropa de cama y se queja de que se está volviendo loca. La joven no mejora y los síntomas se multiplican como las flores en primavera.

Bajo el peso de la enfermedad del padre, la familia sufre y, con la agitación de la chica, se hunde aún más. El bueno de Breuer no da abasto, pero refuerza su compromiso con los Pappenheim. Breuer es un médico judío ya maduro, bien acomodado y muy conocido en Viena. La bondad y el sentido altruista de la vida son rasgos que sobresalen en su carácter. Estas características le predisponen a mantenerse atento, cercano a la comunidad. Entre otros, ayuda económicamente a Sigmund Freud, un joven estudiante judío cuyo padre no tiene demasiados escrúpulos en los negocios y, por ello, sufre una situación económica desesperada.

Breuer llevaba un tiempo ocupado con otros enfermos. Aquella mañana, la familia Pappenheim reclamó de forma insistente su presencia en la casa, porque Bertha sufría una nueva crisis.

—Señor Breuer, por favor. Ayer por la tarde, Bertha se comportó de forma muy extraña. Empezó a hablar en inglés y no podía parar. No sabemos qué hacer.

—¿Cómo está ahora?

—No se acuerda de nada. Antes de esto, ha permanecido dos semanas sin hablar con nadie.

—¿No les da ninguna explicación? —preguntó Breuer a la madre.

Según su madre, por las mañanas la agitación de Bertha crecía hasta hacerse insoportable; por las tardes la enferma se

El doctor Breuer.

mostraba menos agitada. Se sumía en un estado de somnolencia que se dilataba hasta la puesta de sol, y solo entonces les daba un respiro.

—Como está más tranquila, en algunas ocasiones, le recordamos algo de lo ocurrido por la mañana y le preguntamos. Normalmente, ella puede recordar la causa de tanta angustia. Esto la alivia, al menos un poco.

El doctor Breuer recordó las innovaciones de Pinel, el compasivo «charlatán». Había que comprender el origen de los padecimientos del paciente. Se sentó en el sofá del salón con Bertha, la chica parlanchina y emotiva, aunque ahora se mostraba de nuevo mutista. El doctor le pidió que se calmara… Solo tenía que explicar qué le había pasado, ¿cómo había empezado todo?

—Debes hablar de lo que te atormenta. Algo te ha hecho sufrir.

—*Martirizar, martirizar…* —repetía Bertha.

Esa tarde, el doctor Breuer la animó a recordar poniendo en juego su persuasión. Lentamente, la muchacha inició su rememoración; primero, en un idioma ininteligible; luego, mezclando francés con otras lenguas; después, en inglés; finalmente, en alemán. Breuer no entendía nada por más que se esforzaba. Lo había intentado con todas sus fuerzas y había obtenido como respuesta un galimatías. ¡Qué paciencia tenía Pinel!

LA HISTÉRICA QUE NO RECONOCÍA A SU MÉDICO

En los meses que siguieron, Bertha mejoraba y empeoraba por días. Incapaz de hallar el equilibrio, la muchacha apenas veía a su padre. Dada la situación familiar, la joven Bertha Pappenheim fue ingresada en la clínica Breslauer. Allí dejó de comer. Con frecuencia amenazaba con tirarse por la ventana. Por fortuna, la casa, de poca altura y rodeada por un mullido jardín, no suponía una amenaza seria. Cuando el doctor Breuer la visitaba, a la chica le costaba reconocerlo, y debía tomarle de las manos para asegurarse al tacto; sí, era Breuer. «Gracias por venir, es usted, ahora lo noto. Son sus manos». Solo entonces le contaba sus fantasías, generalmente aterradoras. Ahora se desataba y hablaba por los codos. La sesión se prolongaba hasta que la chica experimentaba algún desahogo. Al final, Breuer podía respirar un poco: «¡Demonio de criatura! Por fin se ha tranquilizado», pensaba, mientras regresaba en su carruaje cubierto. En casa le esperaba su esposa Mathilde con la mesa puesta y la carne fría. Josef le refería todos los detalles para justificar su tardanza: «Ya sabes, así son las jóvenes de hoy, propensas a sufrir ataques».

—¡Pobre familia! ¡Con lo que está pasando ese hombre con su pleuresía! —se compadecía la mujer de Breuer—. Y esa niña caprichosa, molestando a todos con sus manías... ¿Cuándo terminarán estos ataques de histeria?

REGRESIÓN AL PASADO

¿Cuándo acabarían? Eso quería saber el pobre Breuer. «No creo que tenga solución», pensaba, desbordado por el caso. Breuer tenía muchas obligaciones y poco después hubo de salir de viaje una temporada.

Al regresar, Breuer le hizo una visita a Bertha. Tras varios días sin comer, su joven paciente se hallaba en un estado deplorable, muy desmejorada. Había sufrido alucinaciones terroríficas en las que se multiplicaban las consabidas serpientes, esqueletos y calaveras. Se paseaba errática y se negaba a hablar con los médicos, rechazándolos con una ojeada de desprecio. Un día, un médico nuevo fue requerido para acompañar a Breuer en la visita a Bertha. Los dos especialistas examinaron los extraños síntomas que no remitían, aunque por lo menos la muchacha reconocía a Breuer; sin embargo, ignoraba por completo la presencia del otro médico. Ella se mostraba dispuesta a hablar en inglés en lugar de utilizar el alemán coloquial. El nuevo médico le echó humo del cigarro a la cara buscando una reacción y ella se desmayó. Como es lógico, al nuevo no le quedaron muchas ganas de insistir en el caso, por lo que Breuer se vio otra vez solo.

Breuer se apiadó de la interna y la trasladó a Viena en el otoño, de vuelta a casa. La muchacha llevaba casi un año de padecimientos nerviosos. Al regresar, la alojaron en una nueva habitación. En su estado alucinado de las mañanas, Bertha se tropezaba con las estufas, porque en su antigua estancia las estufas se ubicaban en otro lugar. Mentalmente, ella se había trasladado al invierno del año anterior. Utilizando un diario de la madre, Breuer comprobó que la chica volvía a revivir todo lo que le había ocurrido un año antes, día por día. Por ejemplo, una tarde se enfadó muchísimo con Breuer sin motivo alguno. Este comprobó el diario y vio que, justo el mismo día del año anterior, el propio doctor Breuer había provocado un gran enfado a la paciente. La regresión afectaba a toda su percepción. Bertha sabía que su vestido era marrón, pues lo había elegido así en su guardarropa; sin embargo, al mirarlo después lo veía de color azul. Este era el color de la camisa que solía usar su padre, y a ella la tela le gustaba tanto que se había hecho un vestido.

LA HIPNOSIS DE BERTHA

En mitad del ajetreo, una mañana apremian a Breuer con el enésimo recado: «Por favor, le necesitamos». Tras sus revisiones ordinarias, el doctor Breuer examina a Bertha.

—Hipnotíceme, por favor, doctor —le pide ella—. Solo así podremos saber qué me ocurre.

Bajo hipnosis, la chica solicita al doctor un favor, que regrese por la tarde para interrogarla con mayor detenimiento, y así lo hace Breuer. En la sesión hipnótica vespertina, el médico levanta un dedo y la paciente debe fijarse en este punto. Una vez concentrada, el doctor frota la coronilla de Bertha y ella sigue sus indicaciones: los párpados pesan y se cierran. La paciente ha entrado en un estado de sonambulismo, por lo que puede hablar y responder a las preguntas. Ella tiene terror a despertarse por la noche. «¿Por qué?», pregunta Breuer. Teme descubrir que se halla en una nueva vivienda de la familia, en una habitación extraña. Le pide a Breuer un nuevo favor. «¿Qué desea usted, Bertha?». Ella quiere que el doctor la ayude a dormir, que le cierre los párpados por la noche y que le ordene que no los abra hasta que amanezca, hasta que llegue Breuer en la mañana. Para finalizar la sesión hipnótica siguiendo el procedimiento, el médico sopla los párpados y Bertha despierta. Ella no recuerda nada de lo que ha dicho bajo los efectos de la amnesia hipnótica.

Con el transcurso de la enfermedad, una especie de rutina se apodera de las vidas de Bertha y del cuarentón Breuer. Por la mañana, la chica sufre alucinaciones; por la tarde, somnolencia. Al llegar Breuer, se inicia la hipnosis profunda, con la que Bertha se sumerge en nubes hipnóticas. Tras estos episodios de hipnosis, despierta con gran claridad mental y ya puede escribir y hablar de forma razonable. A partir de estas rutinas, se está fraguando una metodología.

EL PRIMER ÉXITO DEL PSICOANÁLISIS: UN *FOX TERRIER* ES PILLADO *IN FRAGANTI*

Esa tarde va a ser muy fructífera. Durante la hipnosis, Bertha retrocede hasta las calurosas noches del verano. A pesar del bochorno, ella no podía beber, pues algo se interponía y un asco irresistible le hacía arrojar el vaso en cuanto lo posaba en sus labios. Esas semanas había sobrevivido a base de sorbetes de melón y frutas jugosas.

—Dime ahora, ¿qué era lo que te impedía beber? —inquiere Breuer a la joven hipnotizada.

—Fue el perro, ese asqueroso perrito de la dama inglesa. Entré en mi habitación y lo sorprendí. Estaba lamiendo mi vaso. Sentí una enorme e invencible repugnancia.

Durante algunos minutos, la muchacha se muestra irritada con la inglesa y su perro.

—Bien, tranquilízate, Bertha. Ya ha pasado.

—Sí.

Para sorpresa de Breuer, pasados unos minutos, la paciente se libera de esta fobia de forma inmediata. «Traedme de beber», pide a la criada. Cuando le traen el vaso, sorbe el agua con fruición.

Breuer está impresionado. Conforme Bertha va relatando todas las penalidades sufridas durante aquel traumático año, mejora del síntoma. Se da cuenta de que hay que viajar hacia atrás en el tiempo y revivirlo, pero Breuer no puede acelerar el proceso a voluntad, sino que es ella la que debe ir, paso a paso, rebobinando sus recuerdos sin salir de su estado hipnótico, y, por este motivo, deben ir progresando síntoma a síntoma.

CONSENSUANDO EL MÉTODO DE LA CATARSIS

Llegados a esta fase, decidieron que el doctor la curaría del siguiente modo: debía hipnotizarla y pedirle que se concentrara en uno de los síntomas. ¿Cómo había empezado?

—No oyes cuando te preguntan... Veamos. ¿Cómo empezaste a experimentar los síntomas de sordera?

—¿Sorda? Sí, es cierto, me quedo absorta, sin oír cuando alguien entra... Esto ocurrió la semana pasada... y el 30 de septiembre... Y una vez, al principio, no oí que entraba mi padre... Hace tiempo tampoco oía nada, me atenazaba el terror, temía que un ruido me ensordeciera. Y fue en el verano, cuando empezó a toser papá y la tos le ahogaba.

Al revivir este momento, Bertha revivía el dolor, las primeras toses de su padre. De nuevo se vio sepultada, encerrada en una burbuja de silencio. Para liberarla, Breuer pasó unas notas escritas: «siga usted, por favor. Explíqueme que sentía entonces». El rostro de Bertha reflejaba un gran esfuerzo, necesitaba expulsar la angustia acumulada, ahora atascada a medio camino. El proceso de buscar un recuerdo angustioso y extirparlo le causaba dolor. Cuando logró evacuar la angustia, el vacío fue ocupado por un sentimiento de liberación. Bertha bromeó con Breuer, puesto que, por fin, había culminado la «limpieza de la chimenea», como lo llamaba ella; ahora había que rascar el hollín y liberar los conductos obstruidos por la ceniza.

En una de las sesiones de limpieza, Bertha logró retroceder en el tiempo hasta la noche en que irrumpió la serpiente negra, mientras aguardaba la llegada del médico de Viena. Desde que aquella ensoñación corrompió su vigilia, solo podía pensar y rezar en inglés. Bajo hipnosis, ella se entretuvo en extraer las cenizas de aquella serpiente que aún nublaban su interior. Frotó las paredes del inconsciente y destruyó la sombra.

Armada con estos recursos terapéuticos, ella se trazó el objetivo de acabar la cura en junio. A principios de abril, casi un año después del inicio su enfermedad pulmonar, el señor Pappenheim había fallecido, lo que causó en Bertha una fuerte crisis de llanto. Durante un par de días, cayó en un estado de estupor y ya no reconocía a ninguna de las personas de la casa que acudían a atenderla. Solo se fijaba en la nariz o en el pelo, buscando a quién pertenecían, como si a través de un detalle nimio pudiera recuperar el recuerdo de la persona entera. Este episodio de *prosopagnosia* se unía a todos los demás.

LA LIMPIEZA DE LA CHIMENEA

Breuer estaba complacido, ya que todo lo que había ocurrido durante la terapia de Bertha concordaba con la teoría de Charcot: los síntomas histéricos se producen bajo un estado de hipnosis, típico de la histeria, donde las pacientes sufren ataques de terror y angustia. Durante estos ataques, las pacientes parecen estar bajo la influencia de una especie de sueño hipnótico. Por tanto, para Charcot la hipnosis es un síntoma característico de la histeria. En suma, las histéricas caían en la hipnosis porque la facilidad para caer en estados hipnóticos formaba parte de la enfermedad.

Generalmente, la causa es un trauma previo y, en el caso de Bertha, Breuer había comprobado que la hipnosis no solo constituía un síntoma, sino que también podía transformarse en una herramienta. La hipnosis era como una escobilla de deshollinador que extraía los recuerdos y servía para revivir de nuevo el episodio traumático. Una vez así revivido, el paciente podía verbalizarlo y, de esta forma, librarse de él.

Breuer reconoció que era la propia Bertha quien se hipnotizaba a sí misma. Y fue la propia Bertha la que exigió a Breuer que acudiera a verla, marcando el calendario, y la que estableció que asumiera Breuer el papel de hipnotizador. Y, por supuesto, ella era quien expulsaba al aire libre los síntomas, la negrura fosilizada, mientras los relataba por las tardes. Por si fuera poco, Bertha Pappenheim inventó el nombre de la terapia, *talking cure*, «cura por la palabra». Este nombre resume muy bien la esencia del psicoanálisis.

La joven Bertha Pappenheim inauguró la nueva época. Nada de duchas ni calambres, debemos regresar a todo lo que ocurrió, revisar los hechos, relatarlos y explicarlos. Es una moderna forma de exorcismo mediante la palabra, casi un siglo antes de Lacan. No hay disputa posible por la primacía, señor Lacan, Bertha inventó la forma moderna de entender la psicología clínica: tratar de entender el origen de nuestras angustias para poder enfrentarlas. Sistematizó en fases y objetivos específicos la charla comprehensiva de Pinel, casi un siglo después.

En esto, Breuer mostró su honradez: «No fue una invención mía sugerida a la paciente; al contrario, me sorprendió en grado máximo y solo después de haberse producido una serie de tramitaciones espontáneas desarrollé a partir de ahí una técnica terapéutica», confesó Josef Breuer en su informe.

LA PRIMERA VEZ QUE SE USÓ EL TÉRMINO
INCONSCIENTE (Y NO FUE FREUD)

El buen doctor Breuer empleó por primera vez el término *lo inconsciente*. Lo usó refiriéndose a la forma en que afectaban a Bertha algunos hechos del pasado, cuando los fantasmas y los miedos afloraban a su conciencia desde algún lugar oculto. Bertha —decía Breuer— «era normal en su sentir y su querer, siempre que en "el inconsciente" no surgiera como estímulo algún producto del estado segundo...». Es decir, cuando aparecían contenidos del «inconsciente» durante la hipnosis, la paciente se alteraba de forma notable.

Según Breuer, si ella no hubiera alejado sus fantasmas, aventándolos a plena luz del día, se hubiera convertido en una histérica terca y turbulenta. Aquí acaba el complicado caso, tal como fue escrito por Breuer. Pensando que había logrado un éxito terapéutico con gran interés científico, Breuer lo publicó en el libro *Estudios sobre la histeria*, escrito conjuntamente con Freud. El caso merecía el honor de figurar en primer lugar, el que correspondía a la estrella principal de la constelación, y junto a este caso estrella se publicaron otros que Sigmund Freud había llevado personalmente, utilizando una metodología similar a la de su mentor.

La colaboración de los dos amigos, Breuer y Freud, era una semilla destinada a dar grandes frutos. El libro dio origen a toda una nueva escuela de psicología, el psicoanálisis. Como ocurre en las historias bíblicas de rivalidad fraterna, uno de ellos enterraría al otro. Caín golpeó a Abel y lo dejó tirado en el campo. Jacob se disfrazó con la piel de Esaú, para que su padre ciego lo bendijera a él en su lugar. En un breve tiempo, Sigmund, el joven discípulo se apoderaría de la técnica utilizada en el caso de Bertha, la haría suya y la convertiría en su trampolín hacia la fama y el éxito. Esta vez, Sigmund no podía equivocarse, agarraría el toro por los cuernos, aunque, como hizo Jacob, tuviera que recurrir a algunas estratagemas.

LA REVISIÓN: FREUD ECHA TIERRA A BREUER

Según Freud, Breuer mintió en un aspecto importante: Bertha no estaba curada cuando le dio el alta. Unos años después, Freud quiso explicar cuál había sido la causa del alta prematura de la enferma. Fueron los celos de la mujer de Breuer, fue el miedo de Breuer lo que hizo que se precipitara; y por ello confirmó una curación que estaba lejos de ser completa.

La versión de Freud deja al doctor Breuer en mal lugar. Veámoslo con detenimiento. Mathilde, la mujer de Breuer, llegó a un momento límite, harta de las recurrentes alusiones de su marido a una niña histérica, por lo cual le dio un ultimátum, subrayado por su huraño silencio: «O ella o yo». Breuer estaba desesperado, comprendía que se había metido en un lío. ¿Cómo no se había dado cuenta antes? La joven Bertha lo había ido envolviendo en su laberinto de sueños y fantasías, de padecimientos y llamadas. Y él, Josef Breuer, llevado por su deseo de ayudar, se había despeñado por un barranco sin darse cuenta. Pero se detuvo en el último momento; no, Breuer no se arrojaría al abismo, no arriesgaría su familia, su reputación. Decidió salir de Viena, proyectando un viaje para recuperar su maltrecha relación conyugal, haciéndole saber a Bertha que daba por terminado el tratamiento.

Para Freud, la inclinación amorosa de Bertha era un elemento relevante, ocultado por Breuer. Esta corriente afectiva hacia el terapeuta debía ser tenida en cuenta en toda cura psicoanalítica. El error de Breuer fue no advertirlo a tiempo. ¿Tenía pruebas Freud de que Bertha estaba enamorada de Breuer? Sí, según su biógrafo, el psicoanalista Ernest Jones. Una tarde, por enésima vez, los Pappenheim tuvieron que llamar a Breuer y esta vez sí que se trataba de una auténtica emergencia. «De verdad, tiene usted que acudir». Los gritos y los aullidos de Bertha hacían temblar las vigas del edificio. Breuer estuvo un breve intervalo hablando con la paciente. Lo que vio aquella tarde y lo que oyó de labios de Bertha lo empujaron a abandonarla de forma definitiva... Por tanto, aquella sería la última vez que se verían Bertha y Josef Breuer y, al parecer, Freud se enteró de lo ocurrido por boca del propio Breuer.

Desahuciada por su terapeuta, Bertha tuvo que recorrer un rosario de clínicas psiquiátricas. En una de ellas, la joven perturbó el corazón de otro psiquiatra distraído (Breuer no fue el único). Para evitar males mayores, su madre se la llevó a Fráncfort, donde vivieron a partir de entonces.

FREUD PSICOANALIZA A BREUER: MIEDO A SER AMADO

La retirada de Breuer generaría daños colaterales. En adelante, Breuer no trabajaría más en colaboración con Freud y este se adueñó del tesoro que Breuer había tenido delante de sus ojos. Ese tesoro que Bertha había arrojado a sus pies, que Josef había sostenido en las manos y había dejado caer, temeroso. Y, a partir de entonces, Freud sería bendecido con la primogenitura.

Pese a tenerlo delante, Josef Breuer lo había obviado por completo. «El Santo Grial, Breuer, lo has tocado con las yemas y no lo has reconocido. ¿No sabes qué hacer con él? Sencillamente, siempre has sido un ingenuo, un sentimental. Te apiadas de una jovencita y la ayudas, pero no has sido profesional, ni científico ni médico —parece sugerirle a su manera Freud—. ¿Cómo no te has dado cuenta de todo? ¿Lo has hecho por puro altruismo? Tu esposa no lo cree así...». Ni Freud tampoco.

—Ella te ama, Breuer.

—¿Y tú cómo lo sabes, Sigmund?

—Verás, Josef. Ella ama a su padre. Lo amaba, lo quería para ella. Y, como ya no podía tenerlo, ahora te quiere a ti, tú eres el substituto de su padre. Haces bien en huir, Breuer —le da a entender Freud, en sus escritos posteriores, con su interpretación típicamente freudiana.

Es el sexo, que está en el fondo de todo, el fantasma del sexo. Esto lo piensa Freud y lo piensan todos, inmediatamente, con la lógica del "piensa mal y acertarás". El escándalo había estallado en la puritana y pequeña Viena, en el cogollo del Ring. Los dimes y diretes atosigan a Breuer. «Huye, corre lejos, Josef. Llévate a tu mujer, Mathilde, si quieres conservarla».

SE BUSCA NARRADOR PARA EL PSICOANÁLISIS

Después de un caso tan complejo, Breuer sabe ahora mucho más, ha llegado a conocer bien los mecanismos misteriosos de la histeria. El fenómeno se ha desarrollado ante él y lo anota todo con interés, pero no sabe bien cómo explicarlo, cómo decirlo. ¿Cómo construir un relato?

En realidad, los elementos están todos sobre la mesa: el sexo y lo oculto. Y el triángulo: Bertha, el señor Pappenheim y el doctor Breuer. Y también el triángulo privado de Sigmund: él, Martha Bernays y una jovencísima mamá Amalia desnuda en el vagón del coche-cama. Lo que no podía decirse, pero yacía allí abajo, escondido en las profundidades, sin vocablos ni teorías. Esta era la zona oculta, lo que Charcot llamaba *condición segunda, lo inconsciente*, todo aquello que emergía bajo hipnosis en las pacientes histéricas.

Dados los elementos, faltaba quien enhebrara el relato, alguien con cualidades creativas y talento para narrar, alguien con cierta labia y, por qué no decirlo, don de gentes. Un elegido, en una palabra. Breuer, gran persona, quedaba descartado. Era muy prolijo en la escritura, deslavazado y poco carismático, con su aire de ratón hogareño y miope; era un simple amanuense sin *pedigree* académico. Primero tuvo que hacer el papel de perrito faldero de la damisela, después fue el mayordomo del ambicioso Sigmund. Carecía del instinto asesino que le sobraba a su *protegé*. Esta vez sí, ahora sí que no se le iba a escapar la presa. «Yo no soy el guardián de Breuer», pensaría Freud. «Si él no sabe sacar provecho, lo haré yo. El triunfo, Martha, ahí está, créeme». Sigmund podía olerlo y haría lo que fuera para obtenerlo, aunque tuviera que permanecer errante y extranjero, aunque corriera el peligro de que otros quisieran hacer lo mismo con él en el futuro.

Sin embargo, Breuer ignoraba cómo iban a desenvolverse las cosas. Como es lógico, Breuer se lo había contado todo a su joven amigo Sigmund, que hacía de confidente. Y Breuer le pidió que fuera prudente, que no lo divulgara por nada del mundo, pues había detalles escabrosos y la confidencialidad estaba en juego. La familia Pappenheim era muy conocida.

—Que todo quede en un simple caso clínico, anónimo, el caso de Anna O.

—Por supuesto, querido Josef —aseguró el joven Sigmund Freud—. Puedes estar seguro de que esto no saldrá de aquí.

SIN NOTICIAS DE BERTHA

A partir de la huida de Breuer, un agujero negro se cierra sobre Bertha. La historia la escriben los triunfadores y Bertha pasa a formar parte de la materia oscura de la historia. Ernest Jones reconoció que Bertha había inventado el método *catártico*, pues así llamó Freud al método Breuer-Pappenheim de «limpieza de chimeneas», considerándolo el antecedente inmediato de la terapia freudiana. Disfrazado con la piel de cabrito, como Jacob, Freud denominaría más adelante a su nueva técnica con el término de *psicoanálisis*. Acto seguido, Freud se sacudió algunos pelillos de la barba de Breuer, cepilló también algunos cabellos de Bertha que habían quedado prendidos en sus solapas, y salió a hombros por la puerta principal de la historia, con su flamante método bajo el brazo.

En Alemania, Bertha Pappenheim tuvo una larga carrera profesional, en la que se consagró como trabajadora social, luchando por los derechos de la infancia y por la liberación de la mujer. Dirigió un orfanato, fundó un periódico y una asociación de mujeres judías, y participó en expediciones para ayudar a niños que habían quedado huérfanos en Rusia, Polonia y Rumanía, después de los *pogroms*, los genocidios antijudíos. Según Jones, Bertha conservó siempre la gracia mundana de los vieneses. Lo demostró antes de morir con una nota de humor: la propia Bertha redactó cinco necrológicas de sí misma para otros tantos periódicos. Es decir, ella seguía al mando, dirigiendo el rumbo de su vida, del mismo modo que había trazado el rumbo de su terapia en su juventud.

Todo esto se recoge en un breve párrafo dedicado a Bertha Pappenheim dentro de la monumental biografía de Freud, escrita por Ernest Jones. Para concluir, Jones le dedicó, a modo de corolario, de epitafio blando, su homenaje personal: «Permaneció soltera y devota de Dios». Sin embargo, a pesar de su crucial importancia, no es fácil encontrar el caso clínico de esta mujer. El caso de Anna O. (Bertha Pappenheim en la vida real) ha sido eliminado del libro *Estudios sobre la histeria* en sucesivas ediciones de las obras de Freud. Algunos psicoanalistas lo justifican alegando que, al fin y al cabo, no se trata de un caso de Freud. En Viena se decía que, cuando Freud se encontraba a Breuer por la calle, se hacía el despistado y cambiaba de acera.

BIBLIOGRAFÍA

Borch-Jacobsen, M. (ed.) (2017). *Sigmund Freud. La hipnosis, textos (1886-1893)*. Ariel. Buenos Aires.

Freud, S. (1893-1895). *Estudios sobre la histeria*. Amorrortu editores. Madrid.

HISTORIAS DE LA HISTERIA

El espectáculo de Charcot

CHARCOT, EL PARTO DE ORTEGA Y GASSET Y LA REINA DE INGLATERRA

Posando con la guerrera ajustada y la mano en el abdomen, Jean-Martin Charcot era una copia viva de Napoleón Bonaparte, era el emperador de la neurología en la cúspide de su fama. Charcot había identificado una nueva enfermedad, la esclerosis lateral amiotrófica; había descrito diferentes tipos de epilepsia... Y, sobre todo, este médico francés había resuelto el secreto de la histeria, gracias a su capacidad analítica, digna de un Sherlock Holmes. Por cierto, el culpable no parecía ser el útero, ese órgano maldito que, según los griegos, oscilaba sin cesar de un extremo a otro del cuerpo femenino. Según dictaminó el doctor Charcot, el sospechoso habitual en todas las enfermedades, el útero, había resultado ser inocente.

Para Charcot, la histeria era un tipo peculiar de enfermedad totalmente distinta de la epilepsia, aunque a menudo se confundieran. En la epilepsia, el sistema nervioso estaba afectado; en la histeria no había afectación orgánica. Y lo más importante era que Charcot podía demostrarlo. Mediante la hipnosis, Charcot podía reproducir a voluntad los síntomas histéricos y también podía conseguir que cesaran. ¿Se trataba de magia? ¿Teatro? No, Jean-Martin Charcot era un científico, el más prestigioso, y había mostrado de forma sencilla que la parte física del organismo funcionaba bien en las histéricas, cuyo problema era exclusivamente psicológico.

Por este motivo se extendió su fama. Cada semana se presentaban en su clínica, la Salpêtrière, médicos de toda Europa que querían estudiar de cerca los métodos de Charcot. Sigmund Freud fue uno de aquellos jóvenes estudiantes de neurología que decidieron viajar a París para completar su formación.

Además, llegaban enfermos nerviosos desde todos los confines del mundo. Charcot tenía una consulta donde atendía a los pacientes más adinerados. Allí le visitaban el zar de todas las Rusias, el emperador de Brasil, la reina de Inglaterra… Hasta un gobernador mexicano víctima de miedos incurables fue enviado a París. La burguesía de toda Europa constituía la clientela de Charcot. En la cola de pacientes ilustres se encontraba un hijo de Thomas Huxley, gravemente enfermo, y la madre de Don José Ortega y Gasset. Tras varios partos seguidos, es comprensible que la madre de Ortega estuviese

Jean-Martin Charcot.

agotada, porque dar a luz a un gigante filosófico de esta enverga-
dura, más los correspondientes hermanitos, no debió ser tarea fácil.
La mujer padecía un agotamiento nervioso y el señor papá Ortega,
director del periódico más influyente de Madrid, no escatimó en
gastos para mejorar la salud de la mamá. Los dos niños Ortega y
Gasset fueron enviados a Málaga a un internado de los jesuitas,
donde aprendieron latín. Entre tanto, en el verano de 1889, el señor
Ortega acompañó a su esposa a París para someterse al examen de
Charcot, la eminencia de la neurología, y dar algún paseo que otro
por el Sena.

FREUD, UN ESTUDIANTE ERASMUS EN PARÍS

El 19 de octubre de 1885, visiblemente nervioso, se presentó en el
Hospital de la Salpêtrière un hombre fibroso, menudo, de barba
negra y cabello oscuro peinado hacia atrás. Llegaba de Viena con
una beca de seis meses. Tras cruzar tantas salas y patios como si se
internara en el Palacio Real, el joven médico se detuvo y, sudando a
pesar del frío otoñal, preguntó por Charcot.

—En este momento está pasando visita por las salas —le
explicaron.

El hombre hizo ademán de acercarse a verlo; sin embargo, se
palpó el abrigo y se volvió atrás. Con los nervios, había olvidado la
carta de presentación que el prestigioso neurólogo vienés Benedikt
le había escrito para el director.

—Mañana, *Monsieur* Charcot tiene consulta con los pacientes
externos —le anunció el ayudante médico.

—En este caso, volveré mañana, *Monsieur* —respondió el joven
con acento alemán.

Dieron al austríaco un casillero y un *tablier* por tres francos. En
el recibo anotaron el nombre: «M. *Freud*, estudiante de medicina».
Al día siguiente, Freud se presentó al jefe clínico, *Monsieur* Marie,
que empezó su consulta a las nueve y media. Junto a él esperó Freud
la llegada de Charcot. A las diez en punto llegó un hombre alto, con
sombrero hongo, de cincuenta y ocho años. Tenía ojos oscuros y
dotados de una extraña dulzura... ¡Ah, pero solo uno de ellos! El
otro carecía de expresión y lo torcía hacia dentro. Largos mechones
de pelo se acumulaban tras las orejas, dándole un toque romántico.

Iba bien afeitado, sus facciones eran expresivas, con labios gruesos y protuberantes. Al estudiante Freud le pareció un cura con mucho mundo, de los que aman la buena vida. Freud le entregó su tarjeta y Charcot jugueteó con ella.

—¿Quién es usted?

Freud le alargó la carta de presentación que traía de Viena. Charcot le enseñó las instalaciones de la clínica y Freud se sintió acogido de manera llana, sin formalidades. El *Service* de *Monsieur* Charcot comprendía una clínica con salas para enfermas crónicas; varias salas clínicas, en las que también eran admitidos los hombres; luego, la consulta externa, un laboratorio histológico, un museo, salas de electroterapia y de enfermedades de los ojos y oídos. Charcot poseía todo un imperio médico. Además, la Salpêtrière contaba con un estudio fotográfico propio. Al día siguiente tocaba la consulta oftalmológica.

Charcot había creado un ambiente democrático y acogedor. Formulaba sus juicios con aire casual, sin presunción, y lanzaba preguntas al aire. Freud no se separaba ni un milímetro de Charcot, que le iba corrigiendo cuando se equivocaba en su francés. Siempre rodeaban al gran maestro un grupo numeroso de médicos y estudiantes extranjeros, formados en la ortodoxia de la fisiología alemana. El maestro explicaba sus impresiones clínicas ante los casos neurológicos que iban pasando.

—¡Eso no puede ser, pues contradice la teoría de Young-Helmholtz! —le interrumpió un día de forma abrupta uno de los médicos alemanes.

—Esta teoría está bien —le respondió Charcot ligeramente irritado—, pero lo que ustedes están viendo no deja de existir.

Esta anécdota refleja la forma que tenía Charcot de ver la medicina. En efecto, la realidad estaba ahí, viva frente a sus ojos, y Charcot la señalaba sin velos. Freud comprendió que Charcot era un gran observador de fenómenos clínicos, los clasificaba en su memoria y, posteriormente, los trasladaba a sus registros y anotaciones. Su intuición era prodigiosa, funcionaba de forma automática, natural, instintiva, como si cada momento hiciese una fotografía mental del caso clínico. Con el paso de los días, iba fortaleciendo sus impresiones. Al final, el caos se organizaba en su mente, los síntomas se agrupaban en una categoría y, de pronto, Charcot *veía* con claridad que esas manifestaciones constituían los síntomas típicos de un síndrome, lo que solía pasar desapercibido para la mayoría.

Esta habilidad se ponía de manifiesto en las *lecciones de los martes*. El campechano Charcot aparecía en escena con rostro hierático, cubierto por un gorro de terciopelo. La ambulancia llegaba con un nuevo caso, que ninguno de los presentes había visto antes. De este modo, Charcot se enfrentaba a la incertidumbre del diagnóstico, compartiendo con sus discípulos y con los médicos extranjeros sus vacilaciones e inseguridades a pecho descubierto.

MARILYN MONROE EN LA SALPÊTRIÈRE

Cuando quería mostrar un caso de histeria, Charcot hacía traer a alguna de las enfermas internas. La más espectacular se llamaba «Blanche» Wittman, una joven rubia de pechos voluminosos, capaz de retorcerse como una cobra. *Madame* Marguerite Bottard, directora de enfermería, la introducía con ayuda de una enfermera, y ponía a la histérica en manos de Joseph Babinski, el joven neurólogo que oficiaba de principal ayudante, que la cogía con ambas manos,

Charcot en la Salpêtrière mostrando a Blanche Wittman
en trance histérico (Brouillet, 1887).

sujetándola bajo las axilas. Estas zonas de la paciente eran muy sensibles y, nada más rozarlas, solían desencadenarse las distintas fases de la histeria.

Además, por si esto no funcionaba, Charcot disponía de instrumentos para producir espasmos. En sus manos asomaba la punta de un electrodo y, en una mesita detrás de él, se veían un par de martillos de reflejos, una bobina de inducción eléctrica y una pila, el arsenal completo para estimular la histeria. Pero Charcot no necesitaba gastar mucha electricidad, con Blanche no era necesario agotar los recursos. Ella era la mejor, una consumada especialista en reproducir ataques histéricos. La paciente empezaba a temblar de forma suave, pero rápidamente sufría una tensión cada vez más aguda y entraba en una fase de grandes movimientos. Entonces se contorsionaba hacia atrás, apoyando la cabeza y los pies en el suelo, y el cuerpo formaba un gran arco del triunfo, con el abultado abdomen apuntando al techo. Era el arco del triunfo de Charcot.

Tras el impresionante final de la crisis, casi idéntica a una crisis epiléptica como Dios manda, Blanche reía, lloraba, se asustaba como una gacela, gemía de placer… Exhibía un muestrario completo de todas las pasiones humanas. Freud, en segunda fila, contenía la respiración. Pasados unos minutos, el agotamiento invadía a la muchacha, parecía hablar y mirar hacia gentes invisibles; desorientada, tambaleante, se desplazaba de un lado a otro del anfiteatro médico.

Cuando Charcot lo deseaba, levantaba un dedo, lo cual significaba una orden: la crisis debía cesar. De inmediato, la mujer caía en brazos del fiel Babinski, el escudero de Charcot, apuesto guerrero de fuertes músculos y cabellera de alazán. Ahora Blanche se tranquilizaba, se adormecía como una princesa desmayada en brazos de su rescatador.

—¿Ven ustedes? —concluía Charcot—. Aquí vemos la diferencia. Parece epilepsia, ¿verdad? Pero no se trata de epilepsia. Solo vemos una pura afectación de la psique, ya que no hay nervios dañados ni patologías orgánicas. ¡Así es la histeria!

Es decir, se trataba de un fenómeno puramente psíquico. En aquel momento, todo se detenía, se hacía el silencio y André Brouillet, el pintor, aprovechaba para hacer un bosquejo e inmortalizar la escena. En el centro del remolino, representó a Charcot, el gran hombre, oficiando de maestro de ceremonias, mostrando la magia de la mente humana, rodeado por su guardia de neurólogos inmortales: Gilles de la Tourette, el descubridor del síndrome de la Tourette, feo como un camaleón, con el cráneo erizado de pequeños cabellos espinosos; Pierre Marie, Premio Nobel de Medicina; Paul Richer, el médico artista, escultor y anatomista... En segunda fila, asistían grandes nombres de la cultura francesa, allí estaban Maupassant, interesado en lo siniestro; Zola, el sociólogo de Francia; los hermanos Goncourt, Huysmans...

Entre tanto, la famosa actriz Sarah Bernhardt no paraba de tomar notas, preparaba sus papeles observando aquellas actitudes histéricas, que le mostraban todas las pasiones humanas. De nuevo, el gran teatro de la Salpêtrière triunfaba, como en los viejos tiempos del divino marqués de Sade.

Blanche Marie Wittman, 1878.

COMO SAN PABLO, FREUD SE CAYÓ DEL CABALLO CAMINO DE LOS INVÁLIDOS

Tras este espectáculo, el cerebro de Freud quedaba tan saciado de estímulos como si hubiera asistido a una ópera, tan exhausto de belleza como al contemplar por primera vez la catedral de Notre-Dame. Freud salía transfigurado por el síndrome de Stendhal, que fue descrito por primera vez en el siglo XIX. Stendhal visitaba Florencia, donde percibió las señales de una fuerte emoción, una mezcla de gozo y agotamiento, provocados por la contemplación de tantas obras de arte. Al salir de la iglesia de la Santa Croce el corazón se le salía del pecho. La descripción de Stendhal sugiere que se derrumbó bajo el peso de una impresión extraordinaria, que sacudió su existencia: «[…] la vida estaba agotada en mí, andaba con miedo a caerme».

Según confesó él mismo, así de agitado andaba Freud camino de su alojamiento. Charcot le estaba indicando el camino de la perfección científica. La mente, ahí está la clave: nada de enfermedades de los nervios, ni degeneración orgánica… Lo que había investigado Freud hasta entonces le parecían tonterías. Nada de neurología, amigo Sigmund, la respuesta está en la psique, en la mente.

A continuación, Freud se pasó tres o cuatro días sin hacer nada, deambulando. Le daba vueltas a todo lo ocurrido, tenía nuevas ideas sobre los territorios hacia los que debía dirigirse su quehacer científico. No le asaltaban los remordimientos, algo raro en un trabajador compulsivo como él. Pasaba por una etapa de duelo, pues su vida anterior había muerto. Por la noche, tras recorrer los bulevares de París con la mirada perdida, Sigmund tomaba la pluma y confiaba sus impresiones a su prometida Martha: «Te diré detalladamente lo que me pasa. Charcot es uno de los médicos más grandes que ha existido y un hombre cuyo sentido común raya en el genio». Una vez en la cama, Freud seguía con la cabeza llena de imágenes. «Charcot, ningún otro ser humano ha causado nunca tanto efecto sobre mí…». Él sería para siempre su maestro, el único ser humano ante el cual se inclinó.

Sigmund Freud sintió que caía sobre él la sombra de un gigante. Mojó la pluma en el tintero y confesó la ruptura de su línea vital: «Sencillamente, Charcot está destruyendo todos mis objetivos y opiniones». Es la misma sensación de agotamiento vital que describía Stendhal. Freud decidió volver a Viena. Los grandes temas deben estar en manos de los genios, como Charcot. Él, el pequeño Sigmund, podría tener una vida confortable, su modesta consulta... Sobre todo, tenía que casarse con su querida Martha.

Aun así, algo le inquietaba, algo no resuelto... Tal vez no todo se había agotado, tal vez debía consultarlo con Jean-Martin... Una serpiente recorría la sombra.

BIBLIOGRAFÍA

Albarracín, A. (1966). Freud en París. Impresiones íntimas de su estancia en la capital francesa (1885-1886). *Medicina e Historia, 18*.

Borch-Jacobsen, M. (ed.) (2017). *Sigmund Freud. La hipnosis, textos (1886-1893)*. Ariel. Buenos Aires.

Cambor, K. (2009). Freud in Paris. *New England Review (1990-), 30* (2), pp. 177-189. Recuperado de www.jstor.org/stable/40245240

Lepoutre, T y Villa, F. (2015) *Freud con Charcot: El descubrimiento de Freud y la cuestión del diagnóstico. The International Journal of Psychoanalysis, 1* (2), pp. 362-390. doi: 10.1080 / 2057410X.2015.1363515

Pérez-Rincón, H. (2015). *El teatro de las histéricas. De cómo Charcot descubrió entre otras cosas que también había histéricos*. Fondo De Cultura Económica.

Viesca, C. (1990). Charcot y la histeria. *Salud Mental, 13* (1), pp. 9-11.

Freud, S. (1963). *Epistolario (1873-1939)*. Biblioteca Nueva. Madrid.

Freud, S. (1955). *Autobiografía. Obras Completas*. Amorrortu Editores. Buenos Aires.

El útero viajero: de las pirámides a París, pasando por Grecia

LA ÚLTIMA CENA DE FREUD EN PARÍS

Sigmund Freud estaba invitado a una recepción en casa de Jean-Martin Charcot, el neurólogo de Francia. Aquella noche, un pequeño detalle, un cabo suelto en una conversación casual, iba a cambiar la historia de la psicoterapia. Antes de la cena, el presumido Sigmund se cepilló cuidadosamente los cabellos, algunos iban quedándose atrapados en el cepillo; ya rondaba la treintena. Por si acaso, para soltar la lengua, se atizó un pellizco de cocaína, su aliada secreta.

Tras ajustarse la corbata y unos guantes blancos, deslumbrantes contra el traje negro, Sigmund se presentó inmaculado y puntual en la mansión de Charcot. Las suntuosas estancias, decoradas como habitaciones de Versalles, le fascinaban. Las paredes estaban cubiertas de tapices y paisajes pintorescos y en sus vitrinas lucían antigüedades de la India y de China. A pesar de sus orígenes humildes, el neurólogo de Viena era muy cuidadoso con su vestimenta. Un detalle le apenaba, no sabía hacerse el nudo de la corbata él solo, y exactamente lo mismo le ocurría a Charcot, su anfitrión. A pesar de ser el médico más reputado de Europa, tampoco él podía atarse el dichoso nudo, por lo que tardaba un tiempo en bajar al salón, hasta que su mujer se compadecía y se lo ajustaba.

Tampoco era de extrañar que Charcot, dado su ritmo de vida, estuviera agotado. Por las mañanas, dirigía un gran hospital; por las tardes, tenía atestada su consulta privada, llena de reinas, príncipes y periodistas; además, los martes o los viernes realizaba sus demostraciones en el anfiteatro de la Salpêtrière. El público, formado por especialistas, asistía con expectación. En su número estrella, una paciente reproducía a voluntad de Charcot las convulsiones típicas de un ataque histérico. A continuación, utilizando la hipnosis, Charcot conseguía detener las convulsiones y la enferma quedaba apaciguada. Así, el gran Charcot demostraba que no había una causa orgánica en la histeria, que se trataba de un simple y vulgar problema psicológico.

El joven Sigmund Freud seguía impresionado. En Viena, los neurólogos habían puesto en tela de juicio la hipnosis considerándola una estafa. Sin embargo, en París la hipnosis había sido validada por Charcot. Los esquemas científicos previos se habían derrumbado, su proyecto vital dedicado a la investigación neurológica, dentro de la medicina ortodoxa, carecía ya de interés… Le atraía más el misterio y, en adelante, el joven intuía un posible camino profesional entre tanta neblina.

Freud hacia 1885.

La elevada posición social de Charcot, que recibía a pintores, actrices, aristócratas y escritores, representaba un escenario deseable. Ese día, Sigmund tuvo la oportunidad de flirtear con la hija de Charcot, una chica de 20 años, inteligente y muy vivaracha, que participaba con opiniones propias en todas las conversaciones. Dominaba el inglés y el alemán, como Freud, así que él aprovechaba para hablar con ella en inglés. La joven le resultaba adorable y solo tenía un defecto, su rostro era una copia demasiado perfecta del rostro de Charcot. Porque, ¿cómo tener una aventura romántica con tu propio jefe?

FREUD LE TIRÓ (INCONSCIENTEMENTE) LOS TEJOS A LA HIJA DEL JEFE

Por un breve intervalo, fantaseó con la idea de hacerle la corte. La muchacha llevaba un vestido griego, que resaltaba sus formas juveniles, lo que para Freud representaba una tentación doble. Se le ofrecían a la vez dos regalos, el delicado contorno de una Afrodita saliendo del océano y la posibilidad de convertirse en el hijo político de su idolatrado Zeus, su dios de la medicina. El otro hijo de Charcot era un chico que se inclinaba más hacia las aventuras marinas y Poseidón. Indudablemente, emparentar con el gran hombre, tan acomodado en la ciencia y en la sociedad parisina, podría desembocar en una solución inesperada a todas sus cábalas. Pero no, tal idea no era realista… En Viena, su Martha le esperaba impaciente para casarse, le esperaban sus grandes ojos negros, su dulce mirada, un faro demasiado potente para Freud. Como le ocurrió a Jacob, su esposa le esperaba lejos de la tierra de Canaán. Y él tomaría mujer entre las hijas de los Bernays. También allí, en la capital austríaca, radicaban sus proyectos para dedicarse a la medicina, para instalar su consulta; y allí vivían sus amigos, Breuer, Fleischl…; y sus profesores, Benedikt y el estirado Meynert.

En casa de Charcot, la tertulia proseguía su rumbo caótico. Unas pocas palabras devolvieron a Freud a la realidad, a su realidad cotidiana. Uno de los médicos, Brouardel, consultaba con Charcot uno de sus casos, nada serio, un matrimonio y sus problemas, que llevaban arrastrando largo tiempo. El marido padecía de impotencia y la mujer sufría de diversas dolencias, lo típico. En un momento dado, Charcot interrumpió a Brouardel.

—Es la sexualidad, amigo. Es lo que está en el fondo de todo, ¡el sexo! —soltó Charcot de forma tajante.

—¿Cómo decís, Jean-Martin?

—Ya lo he visto antes. Muchas veces en parejas jóvenes. El problema es la *cosa genital*.

—¿Cómo puede ser?

—Os lo aseguro. Pensadlo. Llegaréis a la misma conclusión que yo.

Ante la sorpresa del inseguro Brouardel, Charcot insistió en su conclusión.

—No le deis más vueltas. Siempre es así —dijo, cruzando sus manos sobre el vientre y moviendo dos o tres veces el cuerpo con su peculiar energía—. Siempre, siempre…

Cuando Charcot afirmaba algo, su prominente nariz cortaba poderosa el aire, como si fuera la proa de un navío de guerra.

EL DIAGNÓSTICO FINAL: «SIEMPRE ES LA COSA GENITAL»

Freud se quedó estupefacto de nuevo, golpeado. ¡Por supuesto que sí! ¡La sexualidad era la causa de la neurosis! Si él, Charcot, lo sabe, entonces… ¿por qué no lo dice nunca? A Freud le pareció una iluminación, un relámpago de la lámpara del genio que atravesaba toda su oscuridad. Había que partir de esta idea-fuerza, este *leitmotiv*, para diseccionar todas las histerias, las angustias y las melancolías. A partir de ese momento Freud ya lo sabía de una vez por todas: la sexualidad es la causa única de la neurosis, de todas las neurosis.

Entonces, ¿por qué Charcot no era más claro al respecto? Había encontrado la llave maestra. Alentado por este tipo de chispazos, Freud decidió exponerle un caso que, seguro, encantaría al maestro; un caso que confirmaba todas las intuiciones geniales de Charcot. ¡Lo confirmaba todo, absolutamente todo! En esto, coincidían tanto Freud como el viejo doctor Breuer. El entusiasmo le obligaba a acelerarse: se trataba de una joven, Bertha… el padre…, una grave enfermedad…, una rica familia de Viena…, la hipnosis…

Freud acabó de contarlo y respiró un momento, pues se había quedado sin respiración. Miró expectante el rostro de Charcot. Las ojeras profundas revelaban su cansancio, era ya muy tarde. Charcot era un cerebro visual, siempre se tomaba unos segundos para responder.

Freud contuvo la respiración, de su respuesta dependía el futuro, la dirección que iba a tomar en sus investigaciones. Por su parte, Sigmund se había vaciado, había contado a Charcot todo lo que él sabía sobre el gran avance logrado por Breuer y su paciente Bertha. La hipnosis era el método ideal para profundizar en la enfermedad mental. Sin lugar a dudas, el caso de Breuer en Viena demostraba que la hipnosis era el bisturí adecuado para extirpar la histeria, la más afilada herramienta para sajar la infección subterránea, alojada en lo más profundo de la mente. Allí, en el inconsciente, se sedimentaban y fermentaban las heridas de la sexualidad.

El núcleo secreto de la histeria era la sexualidad y ambos, tanto Charcot como Freud, lo sabían ahora. Esa noche Sigmund no podía dormir: «C'est toujours la chose génitale, toujours, toujours, toujours...». Las palabras de Charcot resonaban en su mente. «*La chose génitale, oui, Jean-Martin*».

EL ÚTERO VIAJA POR EGIPTO Y GRECIA

La histeria es la enfermedad mental más antigua. Y fue la más duradera, hasta que dejó de existir en 1950, con los cambios introducidos en el manual de diagnóstico DSM III. Algunos aún se resisten a perder de vista la histeria. Lacan consideraba que, durante estas crisis, la mujer está formulando una pregunta, la pregunta histérica por antonomasia: «¿Qué es ser una mujer?». Sabemos por los papiros de Kahún que 2000 años antes de Cristo la histeria ya se diagnosticaba en Egipto. Es decir, duró unos 4.000 años, diez veces más que el celebrado Imperio romano (aproximadamente 400 años), aunque menos que los dinosaurios (160 millones de años).

En griego, histeria significa útero. Los griegos pensaban que la histeria era culpa del útero. La causa residía en que el útero se soltaba y viajaba libremente por el cuerpo de la mujer. Todo empezó mucho antes de los griegos, al parecer en Egipto, donde los médicos habían observado síntomas muy diversos que afectaban a muchas mujeres. Ellas sentían oprimida la garganta, los ojos pesados y nublados, dolor en los músculos... Por este motivo, esas mujeres permanecían todo el día en la cama. Los médicos egipcios pensaron que todo se debía a que el útero no quería quedarse en su sitio, y este rebelde sin causa se movía hacia arriba causando los síntomas.

LA PRUEBA DIAGNÓSTICA DEL AJO

Los egipcios pensaban que el útero se comunicaba con el estómago y el esófago, ya que el interior de la mujer estaba atravesado por un canal vertical, como si fuera una pirámide. Las aberturas inferiores se unían con las superiores si todo estaba bien sano ahí dentro. Cuando querían comprobar si la mujer era fértil, la prueba era sencilla. Bastaba con introducir en la abertura inferior (la vagina) un elemento, por ejemplo un diente de ajo, y esperaban una noche. Si a la mañana siguiente la abertura superior (la boca) olía a ajo, todo iba bien y la mujer podía tener hijos, puesto que el canal interior no estaba obstruido.

El papiro de Kahún, llamado *Manuscrito para la salud de la madre y el niño*, eran el DSM (manual diagnóstico de trastornos mentales) de los egipcios. Consideremos, por un momento, algunas de sus sugerencias; por ejemplo, si el médico examinaba a una mujer con dolor de ojos y cuello, hasta el punto de que no podía ver bien, debía explicarle así su dolencia: «Se ha descargado el útero en tus ojos». El médico tenía que fumigarla con incienso y aceite fresco, sobre todo en la zona vaginal. Así, el útero se volvía a su sitio atraído por el buen olor. Los ojos se untaban con grasa de piel de gallina y, además, la mujer comía hígado fresco. Con esto, todo debía arreglarse.

En otros casos, las pacientes egipcias notaban dolores musculares en el trasero, los muslos, las pantorrillas y la frente, como si fueran casos tempranos de fibromialgia. El médico, una vez más, diagnosticaba «descargas del útero» fuera de sitio. El tratamiento consistía en mezclar algarrobo con leche, hervirlo y tomarlo durante cuatro mañanas. Según los papiros de Kahún, lo peor llegaba si la mujer no podía hablar, afectada por un fuerte dolor de muelas. En este caso, el médico debía diagnosticar «un dolor de muelas» y verter sobre la paciente la orina de un asno.

En resumen, el útero era el sospechoso habitual. Si la mujer decía que le dolía todo el cuerpo, como si hubiera sido golpeada, el médico debía contestar que «todo es un problema del útero». Si el médico veía a una mujer en la cama, sin que se estirara cuando la sacudía, debía decir que «le apretaba el útero». Sin duda, el papiro de Kahún era más fácil de usar que el DSM.

En general, para prevenir las dolencias de las mujeres, los papiros aconsejaban espolvorear excrementos de cocodrilo por encima. Aunque el manual sea fácil de interpretar, no aconsejamos seguir sus indicaciones, de modo que, si ven ustedes un cocodrilo haciendo sus necesidades, mejor déjenlo tranquilo. Eso sí, los indicios históricos sugieren que, por aquel entonces, el examen MIR basado en tales papiros era pan comido, no como ahora.

HIPÓCRATES COPIA A LOS EGIPCIOS: LO MEJOR ES CASARSE

Según los médicos egipcios, el problema más grave venía cuando todo el canal interior de la mujer estaba taponado, porque el útero subía y se quedaba atascado, oprimiendo el pecho, produciendo angustia y convulsiones. Entonces la respiración se volvía dificultosa. Esta brillante idea de los antiguos egipcios, aunque careciese de toda base empírica, fue copiada por médicos griegos, como Hipócrates, y por médicos romanos, como Galeno.

Fino observador, Hipócrates de Cos notó que las convulsiones producidas por el útero eran distintas a las que se debían a la epilepsia. En caso de histeria, el tratamiento aconsejado a jóvenes y viudas era casarse y tener relaciones sexuales. Platón también encontró una explicación lógica que expuso en el Timeo. En realidad, el útero es un animal que vive dentro de la mujer y está siempre deseoso de tener hijos. Y claro, después de la pubertad, si no se cumple este deseo, el útero se llena de rabia y va rebotando por todo el cuerpo, causando molestias de todo tipo. De ahí la gran variedad de síntomas de la histeria.

No se engañen respecto a Hipócrates. Nacido el año 460 a. C., era un hombre sabio, que contribuyó a crear una medicina basada en la observación de la *physis*, la realidad fisiológica del cuerpo. Antes de Hipócrates, los griegos pensaban que todo lo que acontecía en el mundo de la enfermedad estaba causado y dirigido por los dioses, que enviaban sus maldiciones a los hombres por algún motivo ignoto. La mayoría de las veces se trataba de un capricho divino, una venganza, un resquemor. Los dioses griegos eran bastante rencorosos, no pasaban ni una.

Hipócrates fue responsable de abandonar este tipo de supersticiones primitivas. Fruto de sus experiencias, escribió un *Tratado sobre las enfermedades de las mujeres* que tuvo gran repercusión durante toda la Edad Media y la Ilustración. Para muchas enfermedades, tenía gran ojo clínico. Así, negó que la epilepsia fuera una enfermedad sagrada, como pensaban sus compatriotas: «No es más sagrada que las otras», decía Hipócrates.

LA SANGRE DEL MENSTRUO, ¿ES PURA O VENENOSA?

En realidad, las observaciones médicas de Hipócrates se basaban en muchos testimonios. «Una muestra amplia de casos», decimos hoy. En una ocasión, una sirvienta le confesó que sentía mucho dolor al tener contacto carnal con hombres y que no había podido tener hijos. Pasado el tiempo, cuando tenía ya sesenta años, esta mujer se dio un atracón de puerros y a las pocas horas aparecieron fuertes dolores, como si estuviera de parto. Los dolores se intensificaron. La mujer notó un objeto desigual en el orificio del útero. Una amiga metió la mano en la vulva y extrajo una piedra de gran tamaño, con lo cual, a partir de este momento, la paciente no sintió más dolores y recuperó la salud.

Hipócrates defendía que la sangre menstrual era pura, como la que salía cuando degollaban a la víctima de un sacrificio: *sicut a victima, si sana fuerit mulier.* Otros, más pesimistas, no lo veían así. Plinio afirmaba que la sangre menstrual era un veneno tan nocivo que marchitaba flores y plantas, aniquilaba los insectos y arruinaba el vino. De ahí surgirían muchos otros mitos duraderos, como aquello de que "cuando se tiene el periodo se corta la salsa mahonesa", que decían nuestras abuelas. Hipócrates vivió una larga vida hasta los 85 años, incluso tuvo tiempo de escribir un tratado sobre las ventosidades. No sabemos si por este u otro motivo, Aristóteles lo llamó «el más grande».

GALENO, EL MÉDICO DE LOS GLADIADORES

Casi 600 años después, en el siglo II, en pleno Imperio romano, irrumpió la figura de un médico griego. Al fallecer su padre, Galeno había recibido la mayor parte de la herencia y se había convertido, de la noche a la mañana, en un hombre rico. Se afincó en Roma como médico de los gladiadores, pues sus heridas, decía, eran ventanas abiertas al universo del cuerpo. Como estaban prohibidas las autopsias, Galeno también se dedicaba a la vivisección de animales. Después, reclamado por su celebridad, trabajó para el emperador Marco Aurelio y su hijo Cómodo.

En el tema de la histeria, Galeno acertó de pleno. Galeno de Pérgamo observó que la histeria era un cajón de sastre, un batiburrillo de síntomas: «Tiene un solo nombre, pero encierra múltiples formas». Después, le enmendó la plana a su ídolo, Hipócrates. Su ojo clínico era incluso superior al viejo Hipócrates. Para Galeno, resultaba absurdo pensar que el útero fuera un animalillo suelto, campando a su libre albedrío por el interior del cuerpo femenino. No, la causa de la histeria era mucho más obvia.

LA EYACULACIÓN FEMENINA SE DESCUBRIÓ EN EL IMPERIO ROMANO

Galeno iba siempre al grano. Observó un detalle novedoso, unas gotitas que exigían estar al pie del cañón si uno quería verlas. En cuanto la histérica terminaba su crisis, emitía de forma espontánea un espeso licor espermático; es decir, las mujeres eyaculaban de forma similar a los varones. Galeno supuso, con mucha lógica, que la causa de la histeria era la retención de este líquido seminal, ya que se corrompía dentro y afectaba a los nervios.

Galeno fue un hombre adelantado a su tiempo, sobre todo si tenemos en cuenta que hoy día todavía andamos investigando este fenómeno. Muchos sexólogos están buscando desesperadamente pruebas de la existencia de la eyaculación femenina. Andan recogiendo exudaciones, las guardan en tubitos y las analizan en el laboratorio. Pero volvamos a Galeno. Como corolario, concluyó que la histeria también podía ser masculina, puesto que, en el caso de los hombres, también se podía encontrar el mismo fenómeno, la retención del esperma.

Este descubrimiento tuvo importantes consecuencias. Desde aquel momento, la causa de la histeria quedaría establecida con claridad, por los siglos de los siglos. La histeria se debía a la falta de placer sexual. Como tratamiento más efectivo, Galeno y Avicena recomendaban la titilación del clítoris. Otro médico, Aecio, nos habla de matronas que provocaban la secreción de mucosidad vaginal con sus dedos: «*Excreto multo crasso viscosoque semine ex digitorum contractione*». Es la versión medieval de un masaje con final feliz.

Galeno fue el médico entre los médicos durante los siguientes mil quinientos años de civilización, en Europa, en Asia y más allá. Coincidiendo con el declinar del Imperio romano, muchas cosas cambiaron y la ciencia empezó a ser oscurecida por la religión. La continencia sexual se equiparaba a la virtud y al bien. La histeria se convirtió en un intermediario del mal. La búsqueda del placer y el deseo implicaban un acercamiento al diablo. Durante la baja Edad Media, se consideró que las histéricas estaban poseídas por Satanás y que el tratamiento debía consistir en quemarlas; en otras palabras, se aconsejaba la purificación por el fuego.

No obstante, en torno al Mediterráneo, la medicina árabe y los copistas monásticos mantuvieron viva la llama de Galeno. En el siglo XIX se retomó con fuerza la idea de que había una relación entre histeria y sexualidad. Como hemos visto, no se trataba de una idea nueva, ya antes de que Charcot llegase siquiera a sospecharlo, muchos siglos antes, los médicos egipcios, griegos y romanos habían llegado a una conclusión similar a la de Charcot: «es la cosa genital, amigo», se decían los doctores mientras paseaban alrededor de las pirámides, entre los juncos del Nilo o por las callejuelas del foro.

BIBLIOGRAFÍA

Ramón, J. R., Pardo, M., Gómez-Olea, D. y Peral, F. (2009). La Historia de la Fitoterapia en Egipto: un campo abierto a múltiples disciplinas. *Medicina naturista*, *3* (2), pp. 101-105.

La electricidad puso
la chispa a la psique

UN CURA, *INFLUENCER* DE LA ELECTRICIDAD

En las películas sobre María Antonieta llaman la atención los espejos, las decoraciones doradas del Barroco y las enormes pelucas, propias de una época en la que todo brillaba. El siglo xviii ha sido denominado el *Siglo de las Luces*, pero también podríamos llamarlo el siglo de la fascinación por la electricidad.

Un clérigo francés, llamado Nollet, amaba las emociones fuertes y fue uno de los pioneros que investigaron los efectos de la electricidad en el cuerpo humano. Un buen día el abate Nollet se compró el artilugio de moda, unas botellas electrificadas que se fabricaban en Leyden. Las botellas estaban llenas de agua, tapadas y atravesadas por una varilla metálica. Este sencillo artilugio podía almacenar electricidad, aunque veces ocurrían accidentes... En una ocasión, un ayudante de la universidad sujetaba un objeto de metal, buen conductor, en una mano y, por desgracia, rozó con la otra la varilla que sobresalía de la botella, e inmediatamente fue sacudido por una descarga. Cualquiera que tocase por descuido aquella varilla metálica podía recibir una descarga violenta.

Aunque el abate Nollet tuvo noticias de este episodio acaecido en Leyden, su curiosidad científica pudo más y quiso comprobar el excitante fenómeno por sí mismo, así que se animó a tocar la varilla de la botella electrificada. Al posar sus dedos, sintió en el pecho y los intestinos una descarga; acto seguido, la conmoción cerebral le hizo doblar involuntariamente el cuerpo y abrir la boca.

Lejos de amilanarse, Nollet quiso comprobar si la descarga podía ser compartida con otras personas. Vio que, cuando se repartía entre varios individuos, su intensidad se debilitaba. Con esto, el abate

Nollet creó una nueva moda en París. A pesar del dolor, a los parisinos les encantaba recibir descargas eléctricas y hacían cola para recibir un choque eléctrico tocando una botella de Leyden. Al final, tanto corrió su fama que el abate se vio obligado a una demostración pública ante el rey Luis XV. La compañía de guardias del rey formó un corro. Todos se tomaron la mano, Nollet se colocó entre ellos con la botella eléctrica en la mano derecha y la conectó al guardia contiguo. «Por favor, señor, apriete con su mano esta varilla metálica, esto cerrará el círculo», le pidió Nollet. La compañía entera se sacudió poseída por la corriente. Los guardias saltaban como ranas en un charco, lo que encantó a Nollet, hizo sonreír al rey y proporcionó ideas perversas a un investigador italiano llamado Galvani.

La explicación científica es muy sencilla: la electricidad generada en la botella se extiende por los cuerpos conectados en círculo y regresa al punto de partida, la botella, donde los electrones se refugian. La botella de Leyden y su varilla son una fuente de electrones.

El éxito y la inventiva de Nollet no tenían límites. En 1746, repitió a gran escala este experimento aprovechando que disponía de unos monjes. Sobre el terreno, fue colocando a doscientos individuos conectados con trozos de alambre, de modo que esta vez el círculo abarcaba casi dos kilómetros. Cuando conectó las botellas eléctricas de Leyden, centenares de monjes saltaron al unísono, hábitos ondeando al viento. El público aplaudía y reía con ganas.

EL PRIMER MUTANTE VOLADOR

Nollet disfrutaba como un niño y lo llamaban desde todas las cortes y palacios, ávidos de diversión, aunque para mostrar la electricidad dentro de los elegantes salones versallescos había que tener cuidado, porque los jarrones y lámparas valían una fortuna. Nollet ideó un experimento a pequeña escala, tomaba a un muchachito y lo colgaba del techo con largas tiras de seda. A continuación, electrificaba su cuerpo y poco a poco hacía descender al muchacho mediante poleas. A medida que bajaba, podía atraer objetos o cabellos. Si alguna dama acercaba su mano al chico, saltaban chispas. Todas gritaban. El muchacho volador electrificado causaba sensación. Los cortesanos se mataban por ver cómo cruzaba el espacio con sus superpoderes eléctricos.

Nollet, el clérigo amante de la adrenalina, se sentía tan influyente como un divo actual de la cultura pop. Era como Charles Xavier, el director de la escuela de mutantes en X-Men: ambos tienen la misma misión, enseñar a los humanos a convivir con fuerzas misteriosas, ambos poseen facciones agradables, frente amplia, gran inteligencia y carácter tranquilo. Además, ambos tenían un enemigo acérrimo. Los dos terribles adversarios son Magneto, en el caso de Xavier, y el científico Benjamin Franklin, en el caso de Nollet. Ambos podrían ser almas gemelas, con la diferencia de que Nollet utilizaba enormes pelucones y Charles Xavier luce una calva perfecta.

Durante su vida, Jean Antoine Nollet escribió libros y diseñó máquinas para producir electricidad estática. Fue nombrado profesor del prestigioso Colegio Real de Navarra, en París, y además el rey Luis XV lo contrató para dar clases de física a los niños de la guardería real. Entre ellos estaba el pequeño delfín. Tal vez se acercara a aquellas estupendas clases de Nollet un niño tímido de cuatro años. Y tal vez permaneciese allí, abriendo sus grandes ojos, muy atento. Este niño de la prole real, Luis, sería el futuro Luis XVI, primer rey guillotinado en Francia y marido de María Antonieta. Por sus dotes pedagógicas, Nollet era un gran divulgador científico, hoy lo llamaríamos un *influencer*.

UNA SOPA DE ANCAS DE RANA ORIGINÓ LA REVOLUCIÓN CIENTÍFICA

Algún tiempo después, hacia finales del siglo XVIII en Bolonia, otro muchacho religioso abandonó los estudios de teología y se hizo médico. Estaba muy interesado en la anatomía y se llamaba Luigi Galvani. Al igual que Nollet, hizo acopio de todos los aparatos disponibles en el mercado; en particular, se había comprado unas máquinas electrostáticas, que servían para producir chispas, generalmente mediante métodos mecánicos como el frotamiento. En su laboratorio, Galvani estudiaba la fisiología de diversos animales. Por aquellos tiempos se entretenía sobre todo diseccionando ranas, anfibios muy fáciles de encontrar.

A veces parece que son las casualidades más increíbles las que hacen avanzar a la ciencia, fenómeno que se denomina *serendipia*: descubrimientos ocurridos accidentalmente mientras el científico está estudiando otras cosas. La culpa la tuvo su mujer. Galvani se había enamorado de

Lucia Galeazzi, la *unica figlia* de su maestro en la Universidad de Bolonia, el señor Galeazzi. Lucia era una mujer cultísima y le ayudaba en el laboratorio. Por aquella época, Lucia, la mujer de Galvani, de salud delicada, padecía tisis. Su constitución era muy frágil, propensa a las afecciones respiratorias, por lo que visitó a un médico que le recomendó tomar una sopa caliente. El principal ingrediente del caldo eran las ancas de rana, casualmente los sujetos favoritos de Galvani.

Al regresar a casa, un ayudante del señor Galvani andaba por allí jugando con un cuchillo en la misma zona donde estaba la máquina electrostática. Seguramente, el muchacho quiso ser servicial, y decidió ayudar a la mujer a cortar las ancas para la sopa. En un momento dado, tocó los tendones del batracio con el cuchillo, cargado de electricidad estática debido a la cercanía a la máquina. Lo que vieron la mujer y el chico cambió el mundo. Las patas de la rana muerta se contrajeron fuertemente como si sufrieran calambres. ¿Había revivido? La mujer sufrió un susto de muerte y, aún sobresaltada, le contó el incidente a su esposo. Al principio, Galvani no podía creer en la milagrosa resurrección de la rana, él era un científico serio.

No obstante, la principal obligación del científico es experimentar, observar, demostrar. El profesor Galvani se puso manos a la obra, junto a su mujer. Se dispuso a explorar el fenómeno de forma sistemática. Repitieron la situación, comprobando que sí, que era cierto, que su esposa no había soñado. Lucia envolvía una chispa de la máquina con sus manos; el ayudante acercaba el escalpelo a la rana yacente sobre un cristal desnudo y las ancas diseccionadas se movían, convulsionaban de forma violenta. La electricidad era una fuerza misteriosa que actuaba a distancia. Durante los años que siguieron, Galvani hizo muchos más experimentos con ranas. En uno de ellos se entretuvo en conectar las ancas a un pararrayos, sabía que una tormenta se avecinaba. Cuando se desató la tempestad, Galvani comprobó que, cada vez que un rayo caía sobre la ciudad, las ancas convulsionaban.

GALVANI, EL RESUCITADOR DE RANAS

El experimento definitivo tuvo lugar al anochecer de un día de septiembre. Galvani había atravesado la médula espinal de la rana con un gancho de hierro para sujetarla a una barandilla. Esa noche observó cómo se desataba un baile diabólico. Cada cierto tiempo las ancas estallaban en movimientos violentos. Por lo tanto, pensó Galvani, dentro de las extremidades existía un fluido eléctrico, una electricidad animal: la *chispa de la vida*. (O sea, en cierta forma esta expresión fue acuñada en el siglo xviii, antes de que, hoy día, se la haya apropiado una famosa marca de bebidas).

En su experimento favorito, Galvani hacía pasar la electricidad entre los músculos de una rana y el nervio formando un arco. Consiguió que los músculos produjeran fuertes convulsiones a voluntad. Galvani confirmó que los músculos están cargados de electricidad, como si fueran pequeñas botellas de Leyden. Publicó su informe *Sul moto muscolare delle rane*, donde establecía que la electricidad animal era la nueva *fuerza vital* que hacía funcionar los organismos. El mismísimo Humboldt, fundador de la nueva universidad alemana, estaba entusiasmado. También su compatriota italiano Alejandro Volta, profesor de la Universidad de París, se convirtió en un entusiasta de Galvani, hasta que empezó a replicar los experimentos. Volta no encontró ningún fluido eléctrico animal en el interior de las patas de la rana, y vio que estas tenían un papel pasivo. Como estaban húmedas, al entrar en contacto con un metal ayudaban a conducir la corriente. La electricidad, la fuerza que movía las ancas de rana, procedía del metal y no del animal muerto, por tanto la electricidad galvánica no era un fenómeno fisiológico, sino físico.

¿Cómo podía demostrarlo? Muy sencillo, este fenómeno podía reproducirse fácilmente construyendo una pila, alternando capas de plata y zinc con telas húmedas. También se podía hacer que la electricidad fluyese poniendo una placa de zinc encima de la lengua y una de cobre debajo. En cuanto se palpan las placas, la lengua nota una sensación de hormigueo y sabor metálico; dicho de otro modo, no había electricidad animal, sino que la electricidad física se desplazaba desde un metal a otro y producía los efectos de movimiento en la musculatura y en los nervios de los animales. La pila de Volta fue el invento más importante del Siglo de las Luces e hizo progresar la ciencia eléctrica que daría luz a las ciudades y que permitiría, andando el tiempo, introducir aparatos eléctricos en los hogares. Y todo había empezado por una receta, una sopa de ancas de rana tuvo la culpa.

Luigi Galvani y Lucia Galeazzi no tuvieron hijos, ella lo ayudó en su laboratorio de forma diligente y proporcionó ideas y soporte en cada experimento. Galvani la citó en sus diarios e informes, mientras ella le revisaba y corregía los textos. Su figura, una figura femenina en el laboratorio, aparece en los grabados que reflejan el trabajo de Galvani con instrumentos eléctricos. En una revista científica e ilustrada de Barcelona llamada *La Abeja*, editada por Juan Oliveres en 1866, se relata la anécdota de la sopa de ancas de rana. Lucia Galeazzi era conocida en la época. Antonio Muzzi la pintó inclinándose sobre una rana preparada al modo habitual, junto a Galvani y su ayudante Camilo. En los textos, al principio se menciona la presencia de varios ayudantes de Galvani, sin especificar quienes eran, con lo cual la figura de Lucia empezaba a desvanecerse del relato histórico. En los manuales actuales, ya nadie menciona que Lucia fue su compañera de investigación. Hoy día, si seguimos las normas usuales, Lucia Galeazzi firmaría como coautora, junto a Galvani, el artículo seminal del mundo moderno: *Sobre los movimientos musculares de la rana*. A pesar de esto, Lucia no parece guardarnos rencor y, desde su retrato al óleo, aún nos mira astuta y tranquila. En esta pintura, ella se abanica y hojea un libro, con un perro sentado en su regazo, mientras sigue sonriendo con elegancia.

UN ASESINO FUE EL SEGUNDO HOMBRE RESUCITADO DESPUÉS DE CRISTO

Y, por cierto, este asesino, al que se pretendió resucitar con electricidad, no era Barrabás. En el siglo XVIII y XIX, la electricidad se convirtió en una fuerza mágica poderosamente real. Servía como panacea para todos los usos. En el verano de 1816, Mary Shelley se refugió en Suiza acompañada por su marido y su hermana, en la Villa Diodati, alquilada por Lord Byron y Polidori. Ante un tiempo revuelto, tras la explosión de un volcán que oscureció el cielo de Europa, tuvieron que entretenerse en leer y escribir historias de fantasmas. Ella imaginó a un joven científico, Frankenstein, que hacía revivir cadáveres gracias a la electricidad.

El verdadero culpable del sueño de Mary Shelley fue el sobrino de Galvani, Giovanni Aldini, que, como su tío, era un científico imaginativo y ambicioso. Decidió superar a su tío Galvani, doblando y triplicando la apuesta. En lugar de aplicar la electricidad a miserables batracios, se le ocurrió aplicarla a cadáveres humanos. En Italia decapitaban a los condenados, así que los cadáveres sin cabeza, desangrados, no le resultaban útiles. Aldini no se echó atrás, sino que viajó a Londres, donde las autoridades tenían la buena costumbre de ahorcar a los asesinos. Consiguió que le cedieran el cuerpo de un tal George Foster, individuo que había matado a su mujer y su hijo.

Aldini preparó una sesión pública para demostrar los efectos de la electricidad y conectó los cables de una potente pila de Volta a la cara del asesino. El muerto abrió un ojo y contrajo la frente, el público retrocedió. Al tocar su espalda con el cable, el cadáver se sacudió y movió los brazos. Cuando el científico introdujo uno de los extremos del cable en el trasero, las piernas se agitaron como si el pobre George Foster quisiera echar a correr. Afortunadamente para Aldini, Foster estaba bien muerto; de lo contrario no sabemos cómo hubiera reaccionado al verse tratado de un modo tan poco respetuoso. Los espectadores salían de la sala conmocionados, necesitaban contar lo que habían visto con sus ojos e hicieron correr el rumor. Giovanni Aldini, el sobrino de Galvani, había resucitado a un cadáver utilizando una máquina eléctrica. Los humanos hemos estado desde siempre fascinados por

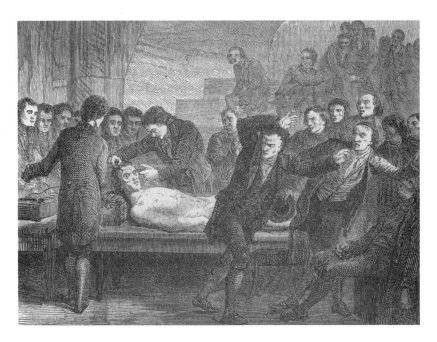

Resucitando cadáveres con electricidad.

la resurrección y la posibilidad de prolongar la vida, por encontrar la fuente de la eterna juventud. Pero siempre hay hechos tercos que nos devuelven a la dura realidad. En el caso de Aldini, no todo era tan bonito como los rumores pregonaban, ya que los ahorcados como Foster duraban frescos poco más que unos días, a continuación se corrompían y era necesario enterrarlos. Ante la dificultad para conseguir cadáveres dóciles, Aldini prosiguió sus espectáculos utilizando una cabeza de toro. Gracias a la electricidad conseguía que el toro moviera la lengua, produciendo un gran ruido y succionando el aire.

Cuando dejó Inglaterra, se trasladó a Francia, donde Aldini tuvo una exitosa carrera, accediendo a someterse a la administración napoleónica. Además de su afición a los espectáculos, fue el primero en proponer el uso terapéutico de la electricidad en casos de enfermedad mental. En 1801, sugirió la aplicación de la electricidad a Luigi Lazarini, un granjero de 27 años que sufría «locura melancólica», lo que hoy llamaríamos depresión. Con la electricidad, la melancolía mejoraba y se abría la puerta al uso de los electroshocks.

Durante el mismo periodo, la estimulación eléctrica se aplicó en casos de parálisis muscular. Un cerrajero suizo llamado Nogues había sufrido un fuerte golpe en el cráneo y tenía el brazo derecho paralizado. Varios cirujanos de Ginebra le administraron descargas diarias prolongadas y lograron recuperar el movimiento de su brazo. El entusiasmo por las utilidades de la electricidad se extendió por el mundo ilustrado, incluso el político y médico Marat llegó a especular sobre el brillante porvenir de los tratamientos eléctricos.

LA ELECTRICIDAD MATA LOS DEMONIOS DE LA MENTE

Si la electricidad era tan poderosa, «¿por qué no usar las corrientes eléctricas para expulsar los demonios de la mente?», se preguntaban muchos exorcistas en el siglo xvi. Los enfermos mentales eran considerados endemoniados, poseídos por el diablo. En este siglo los jesuitas todavía no disponían de botellas eléctricas de Leyden, pero conocían un pez aplanado que mataba a sus presas con descargas eléctricas. Era conocido como pez torpedo o raya eléctrica. Los jesuitas acercaban el pez al enfermo, inmovilizado, y el pobre endemoniado era obligado a morder la piel electrificada del pescado, de modo que convulsionaba y así se expulsaba a los demonios.

El primer tratamiento con corrientes eléctricas fue llevado a cabo por John Birch en 1792. Este cirujano londinense del hospital St. Thomas empezó a experimentar con pacientes aquejados de melancolía y se quedó sorprendido. A pesar de administrar fuertes descargas en la cabeza, utilizando una botella de Leyden, al aplicar el fluido eléctrico no se observaba ningún perjuicio aparente para el enfermo. La electricidad, pensó, no solo era eficaz sino prácticamente inocua.

El científico norteamericano Benjamin Franklin, el inventor del pararrayos y la auténtica estrella de la electricidad, fue uno de los convencidos de que se podían aplicar descargas eléctricas en casos extremos de locura, cuando se padecían fuertes depresiones melancólicas o crisis histéricas. En 1783, el científico holandés Jan Ingenhousz sufrió un aparatoso accidente eléctrico en su laboratorio. Una botella eléctrica completamente cargada emitió un fuerte chispazo al golpear su cabeza. Afortunadamente, el señor Jan llevaba un gorro, pero aun así la descarga penetró por la frente y la mano izquierda, lo que le tiró al suelo y le hizo perder el sentido y la memoria. Al despertar, tenía un gran dolor de cabeza. Le convencieron de que regresara a casa, aunque no recordaba bien el camino. Decidió escribir una carta explicando su accidente, pero cuando tomó la pluma notó que no sabía cómo se escribían las letras, como si fuera un campesino analfabeto. Benjamin Franklin lo comprendió, él había experimentado otros accidentes similares con pérdida de conocimiento. A la mañana siguiente, Jan se encontraba con la mente más aguda y, sorprendentemente, mejor ánimo. ¿Podría ser la electricidad una terapia contra la melancolía?

Puede parecer que este tipo de cosas ocurrían en un pasado lejano, pero los exorcismos se siguen practicando todavía y los *electroshocks* también. Hoy en día sigue existiendo una organización católica denominada «Asociación Internacional de Exorcistas». Uno de sus fundadores fue el sacerdote italiano Gabriele Amorth, perteneciente a la diócesis de Roma, que ha sido el exorcista oficial del Vaticano y que cuenta con miles de exorcismos a sus espaldas. No sabemos si es debido a la influencia de la iglesia, pero esta historia de los *electroshocks* continúa desarrollándose en la ciudad de Roma, muy cerca del Vaticano, como veremos.

LA INVENCIÓN DE LA TERAPIA
ELECTROCONVULSIVA

El catedrático Ugo Cerletti (1877-1963) dirigía la Clínica para Enfermedades Mentales de la Universidad de Roma. Había estudiado neurología con Pierre Marie, prestigioso médico francés y alumno de Charcot. Cerletti fue una eminencia creativa desde muy joven. En la Primera Guerra Mundial participó en la contienda formando parte de las tropas alpinas italianas. Al descubrirlo en mitad de la nieve con su uniforme negro, las tropas enemigas lo tirotearon, pero logró regresar vivo al campamento, en Bornio. Todavía con el susto en el cuerpo, Cerletti desarrolló un uniforme de camuflaje blanco que, en adelante, protegería a las tropas alpinas.

Tras la guerra, Cerletti se dedicó durante años a investigar los efectos de la corriente eléctrica en animales, con resultados contraproducentes. Cuando los sometía a corrientes, de inmediato sufrían una parada cardíaca. Alguien le sopló que en el matadero de Roma aturdían a los cerdos con descargas eléctricas y, a continuación, ya sedados, los sacrificaban, por lo que se trasladó al matadero y asistió a la preparación de los cerdos para su ejecución. El secreto para sedarlos consistía en la disposición concreta de los electrodos. ¡Bingo! Esto había que probarlo con humanos, había que someterlos a fuertes descargas sin causar la muerte. La idea era producir una crisis convulsiva similar a la epiléptica, provocada por el paso de la corriente, pero, claro, era arriesgado... La electricidad disponible en el siglo XX era de una potencia muy superior a la de las botellas de Leyden o las máquinas electrostáticas del XVIII. ¿Con quién empezar? ¿Dónde encontrar el conejillo de indias?

UN *HOMELESS* SIRVIÓ DE COBAYA

No es lo mismo que muera un cerdo que un ser humano... La fortuna sonríe a los elegidos y esta vez también sonrió a Cerletti. La policía encontró a un enfermo psicótico deambulando por un parque y lo ingresó en la clínica. En sus delirios, el vagabundo imaginaba que su mujer le era infiel, de modo que Cerletti tenía a la diana perfecta. Para empezar, Cerletti fue prudente y aplicó los electrodos sobre los lóbulos temporales bilateralmente. Empezaría con una descarga leve. No ocurrió apenas nada, solo pequeños espasmos; el enfermo empezó a cantar y los presentes suspiraron aliviados. «Vamos con la segunda descarga, necesitamos más intensidad para que se inicien las convulsiones», anunció Cerletti.

—*Non una seconda! Sarà mortale!* —gritó el vagabundo, plenamente consciente del riesgo que corría.

Sin inmutarse, Cerletti dio la señal. Los ayudantes contuvieron el aliento, no querían ser cómplices de un homicidio. La palanca bajó y esta vez la corriente produjo fuertes convulsiones en el paciente. Su cuerpo se sacudió de arriba abajo, como debía ocurrir. Sus huesos golpearon la mesa con violencia, pero, gracias a Dios, las constantes vitales continuaban estables. Había nacido el *electroshock* y el calendario señalaba un 18 de abril de 1938. Concluido

Primera Máquina de Cerletti para electroshock
(Museo de Historia de la Medicina de Roma).

el primer experimento, el vagabundo del parque fue retirado a su habitación. Durante dos meses, lo sometieron a 14 sesiones más y, cuando le dieron el alta, estaba listo para trabajar y regresó a casa. Su mujer lo acogió con alegría, aunque al poco tiempo reaparecieron los celos. Así, el hombre volvió a pasar temporadas en el parque, hablando solo.

DUCHENNE, EL RASTREADOR DE SONRISAS

Duchenne era un hombrecillo menudo que poseía una gran cabeza calva. Cuando aparecía en el patio empedrado del hospital de la Salpêtrière, las enfermeras se reían de buena gana. El hombrecillo arrastraba una caja ubicada sobre un carretón de caoba donde transportaba su equipo eléctrico. Buscaba incansablemente, por todo París, pacientes apropiados para su investigación. Allí, en la Salpêtrière, residían muchos sujetos adecuados. Nadie le proporcionaba ayuda ni le confería mérito alguno, lo consideraban nada más que una especie de chamán de la electricidad, un aspirante a mago bastante feúcho.

Duchenne fue el hombre más desgraciado y el más afortunado del mundo. En su época, Duchenne de Boulogne fue el bueno y el feo, el médico que ayudaba a la gente pobre. Y algunos, no muchos, creían que era el malo. Su fuerte acento del norte de Francia le hacía parecer poco cultivado. Era un médico de provincias de Boulogne-sur-Mer, completamente desconocido, que se trasladó a París en 1845. De ahí el nombre por el que era conocido, Duchenne de Boulogne.

Su ciudad natal era cuna de ilustres marinos. Sin ir más lejos, el padre de Duchenne recibió la Legión de Honor, la condecoración más importante de Napoleón, por su habilidad al mando de un buque de guerra en combate contra los ingleses. Guillaume Duchenne, el segundo hijo del marino, encontró más interesante la ciencia que la carrera militar, desde que estudiaba en su liceo. Era un chico curioso que se trasladó a estudiar a la Universidad de París y estuvo bajo la batuta de grandes figuras científicas de la época, tan importantes como Magendie, un pionero en el estudio del sistema nervioso.

Cuando Duchenne se graduó y regresó a Boulogne, su consulta se llenó de pacientes atraídos por su humanidad y su trato considerado. Con 25 años, se casó felizmente y puede decirse que la vida le sonreía, pero dos años después su mujer murió al dar a luz su primer hijo. Su suegra lo acusó de negligencia: «¿cómo puede morir la mujer de un médico en un parto?», le preguntó a Duchenne, apoderándose del niño y haciendo crecer el desprestigio en torno al buen hombre. La misma clientela que antes adoraba al doctor ahora lo abandonaba poco a poco.

HUIDA A PARÍS

Sin pacientes, Duchenne se vio con tiempo libre y enjugó su amargura investigando las técnicas de un médico llamado Sarlandiére, que utilizaba la electro-acupuntura. Con un electrodo, penetraba la piel e inyectaba corriente eléctrica. Por ello, la corriente causaba dolor y se producían abscesos. Después de tratar a un paciente con neuralgia, Duchenne se propuso investigar cómo mejorar la técnica. El bueno de Duchenne se resistía a causar dolor.

Seis años después de la muerte de su primera mujer, Guillaume Duchenne se casó con una prima viuda. Ambos encontraron puntos de contacto, ambos habían sentido el filo de la tragedia abriendo una brecha en sus vidas. Ya estaba claro que no podían seguir en Boulogne, las habladurías sobre los viudos los cercaban y los asfixiaban. Duchenne y su esposa se trasladaron a París y se instalaron en el *Boulevard des Italiens*. Allí, el curioso Duchenne se dedicó a probar los nuevos aparatos que había perfeccionado con la finalidad de aprovechar los beneficios de la corriente eléctrica, pero sin producir dolor. En primer lugar, nada de acupuntura, nada de pinchar la piel. Duchenne diseñó nuevos terminales para sus electrodos. Si se humedecían, podían transmitir la dosis de corriente exacta sin dañar la piel ni causar daño alguno. Esta innovación ha sido fundamental para facilitar el uso de los electrodos en la investigación psicofisiológica.

Sin embargo, Duchenne se estrelló contra el muro del clasismo y la incomprensión. No solo las enfermeras de la Salpêtrière se divertían a su costa, también los catedráticos de la capital lo ridiculizaban, considerándolo un paleto. Duchenne era un hombre con escasa habilidad verbal y en las exposiciones apenas podía sacar brillo a sus descubrimientos. Cualquier sutileza esgrimida por los catedráticos lo dejaba descolocado.

PRIMERAS EXPERIENCIAS DE DESFIBRILACIÓN Y LAS PRIMERAS FOTOGRAFÍAS CLÍNICAS

A pesar de ello, Duchenne se sentía libre, pues no solo atendía a los enfermos de la Salpêtrière afectados por parálisis, sino que trataba altruistamente a pacientes humildes. Entre ellos, Duchenne se sentía uno más, atendía a los niños y después compartía risas y charlas con las familias trabajadoras del barrio.

En una ocasión, se presentó en su casa un hombre apresurado. Le reclamaban con urgencia, debido a que un parto se había complicado y se prolongaba sin fin. La madre, incapaz de expulsar a la criatura, dio a luz a un niño amoratado, exangüe, sin vida. El marido y las hermanas presenciaban la escena sin ser capaces de pronunciar una sola palabra, mientras Duchenne aplicaba varios choques eléctricos intermitentes en el pecho. Por unos minutos, el bebé recuperó la respiración y el color encarnado en el rostro. Aunque finalmente el pobre niño no siguió con vida, las gentes supieron apreciar la humanidad de Duchenne. Este comprendió que su técnica, más allá de la utilidad en las terapias, podía servir como instrumento de investigación y lo denominó *estimulación farádica*.

Duchenne empezó a investigar la fisiología humana. Con una corriente alterna podía excitar un solo grupo de músculos y observar cómo funcionaban. Esta técnica era de gran utilidad para fabricar prótesis. Duchenne se convirtió en una figura famosa en el campo de las parálisis y los franceses empezaron a respetar su metodología y sus aportaciones. Al tiempo, se alió con Charcot, famoso profesor y director médico de la Salpêtrière. Ambos eran mentes eminentemente visuales.

Duchenne continuó focalizado en una exploración meticulosa de la acción de los grupos musculares de la cara. Entre los voluntarios, uno de los pacientes más característicos era un pobre diablo que padecía una parálisis facial. Este hombrecillo calvo y desaliñado aparece en multitud de fotografías. Duchenne aplicaba los electrodos en el rostro y, al contacto con el estilete metálico electrificado, los músculos se excitaban. La expresión facial del pobrecillo, hasta entonces inerte, cambiaba. Por arte de magia, aparecía una expresión emocional concreta. A la vez que se disparaba la corriente, se activaba un obturador conectado y así se obtenía una fotografía precisa del movimiento inducido. Aquel pequeño médico de provincias realizó centenares de imágenes, reveladas y procesadas por sus propias manos. Duchenne demostró que era un técnico fotográfico excelente, sus fotografías mostraban todo el espectro de las expresiones emocionales, reflejando desde sentimientos religiosos a burlones. A partir de estos experimentos, propuso una descripción detallada de los músculos implicados en cada movimiento, en cada emoción. Las manos mágicas de Duchenne inauguraron el campo de la fotografía clínica.

Una de las aplicaciones actuales de esta técnica de Duchenne consiste en analizar si la persona está diciendo la verdad. Cuando el testimonio es verdadero, la declaración verbal del individuo debe coincidir con sus gestos y con las *microexpresiones* emocionales del rostro, analizadas mediante vídeos. Por tanto, Duchenne es un precursor de los expertos y perfiladores criminales del FBI.

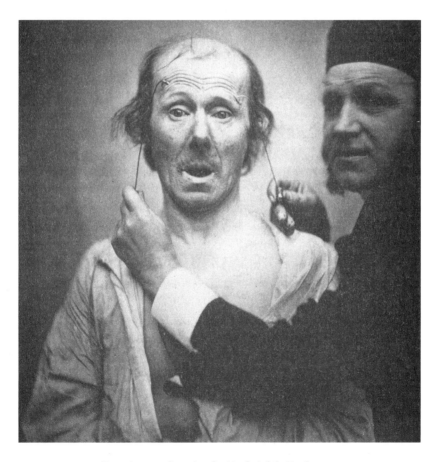

Experimento de estimulación facial de Duchenne.

TRIUNFO Y MUERTE DE
DUCHENNE DE BOULOGNE

En 1847 Duchenne presentó su metodología y apareció en las publicaciones médicas francesas más prestigiosas. En 1855 se publicó un grueso volumen, traducido al inglés y al alemán. En particular, los alemanes apreciaron especialmente su meticulosidad y su capacidad para innovar, frente a los franceses, pues nadie es profeta en su tierra. Hoy su nombre es conocido porque describió por primera vez la distrofia muscular de Duchenne, basándose en la observación de trece casos y convirtiéndose así en uno de los fundadores de la neurología infantil.

Guillaume Duchenne de Boulogne fue el médico más desgraciado y el más afortunado del mundo. Fue afortunado en su misión científica y médica, contribuyendo a los avances en el campo de la neurología. Fue especialmente desgraciado en su vida personal. Cuando estalló la guerra Franco-Prusiana, él hubiera deseado unirse a sus amigos en el frente. Era ya demasiado mayor y tuvo que contentarse con atender a los enfermos. En un breve periodo, perdió a su mujer, a su hermano y a su hijo. Y, en una ironía del destino, este investigador del sistema nervioso padeció arteriosclerosis cerebral. Fue como si Duchenne hubiera fatigado sus circuitos con el exceso de tensión nerviosa, con el esfuerzo del pensamiento. En 1875 murió de una hemorragia cuando tenía 69 años, la mayoría dedicados al trabajo médico. Su deseo más ferviente fue que su trabajo viviera siempre. Y, por ahora, así ha sido.

LA SONRISA DE DUCHENNE,
MEJOR QUE LA DE LA *GIOCONDA*

Como la *Gioconda*, Duchenne es hoy conocido por la sonrisa, la sonrisa de Duchenne. Podríamos decir que Duchenne y *Mona Lisa* son vidas paralelas. Una de las expresiones más típicas del ser humano es la sonrisa, puesto que su utilidad social es extraordinaria. Nos presenta como individuos amistosos y colaboradores, abiertos a los demás. Además de la *Gioconda*, muchas actrices deben parte de su fama a su magnífica sonrisa, como Julia Roberts. ¿Por qué nos parece una sonrisa sincera y contagiosa, plena de alegría? ¿Dónde reside el secreto de una buena sonrisa?

Las fotografías de Duchenne, tomadas mientras se producía la sonrisa en el rostro, sirvieron para identificar la musculatura implicada en una *sonrisa auténtica*. Esta sonrisa es espontánea y se considera el resultado de un grupo muy amplio de músculos de la cara: los zigomáticos de las mejillas alargan la curvatura de los labios, tirando hacia atrás de los mofletes, produciendo el hoyuelo simpático que vemos en Robert De Niro; los músculos que rodean los ojos (*orbicularis oculi* y *pars orbitalis*) los alargan, dándoles forma almendrada y endulzan la mirada con un aleteo del párpado, como si la acomodaran entre cojincitos de plumas.

Frente a esta sonrisa auténtica, que implica a todo el rostro, la sonrisa social es considerada menos sincera; se trata de un movimiento voluntario que imita la verdadera alegría. Sirve para quedar bien o salir contento en una foto de grupo. Es la sonrisa *patata* o *say cheese*. En esta solo participan los músculos de las mejillas, podríamos reconocer esta sonrisa falsa porque los ojos no *sonríen*. De esta manera, el doctor Duchenne ha ayudado a la ciencia moderna a reconocer cuando las personas son sinceras y espontáneas, o cuando están fingiendo una emoción por motivos sociales.

TORPEDOS ELÉCTRICOS PARA PUSILÁNIMES Y DESERTORES

Duchenne había puesto en manos de los neurólogos una potente tecnología. Aunque el médico de Boulogne enfocó sus investigaciones al tratamiento de afecciones nerviosas, no todos los usos fueron tan altruistas. Nada de reconstruir sonrisas, ni construir prótesis, ni reanimar parálisis, como había hecho Duchenne, la electricidad podía ser también un estimulante para resucitar el valor en los soldados.

El doctor Joseph Babinski fue uno de los médicos que habían aprendido neurología con Charcot y, de hecho, durante mucho tiempo fue su mano derecha. En las célebres demostraciones de Charcot con pacientes histéricas, Babinski aparecía sosteniendo a las muchachas por el talle. El apuesto Babinski sabía cómo apretar la piel de las chicas para que iniciaran sus crisis convulsivas.

Cuando estalló la Primera Guerra Mundial, Babinski servía en el liceo Buffon, dedicado a la medicina militar. En esta institución se ocupó de la curación de los daños ocasionados en el sistema nervioso, ya que muchos enfermaban en el frente. Tras semanas de soportar bombardeos, disparos, gaseamientos y piojos, los soldados sufrían todo tipo de *neurosis de guerra*. En algunos casos, el miedo petrificaba a los combatientes, que caían en crisis y enmudecían. ¿Cómo hacer que recuperaran el habla? Babinski recordó que Duchenne había estimulado los músculos de los pacientes paralizados con sus electrodos. La electricidad podía ser el estímulo vivificador, así que Babinski se puso manos a la obra. Los soldados eran un material demasiado valioso para perderlo por causa de un problema psicológico (al que hoy llamamos *estrés postraumático*). Francia los necesitaba a todos en guardia, listos para ser enviados de vuelta a las trincheras. El doctor Babinski se aficionó al uso de corrientes eléctricas de alta intensidad con la finalidad de despertar a pacientes mutistas.

Babinski fue el pionero en el tratamiento de estos combatientes deteriorados por la guerra, pero no fue el más entusiasta, ni mucho menos. Un alumno suyo, Clovis Vincent, inventó una técnica mucho más eficaz para lograr que los soldados regresaran a la actividad militar.

VINCENT, EL MÉDICO GUERRERO QUE CURABA EL ESTRÉS POSTRAUMÁTICO

En las trincheras, el terror cala hasta los huesos. Algunos pacientes eran resistentes, no querían curarse, el miedo los maniataba. Vincent se devanó los sesos para resolver el problema de los pusilánimes. Clovis Vincent era un tipo sanguíneo, un auténtico guerrero; aunque era médico militar, combatía tan fieramente como un héroe griego. Cuando un hombre caía herido en la trinchera, Vincent tomaba el fusil y le substituía en su puesto. Disfrutaba disparando y contagiando su valor al resto de los habitantes de la trinchera.

Vincent fue destinado a la ciudad de Tours, donde había un centro militar de tratamiento neurológico. Allí decidió empezar su propia investigación aplicando las técnicas eléctricas de Babinski. Las corrientes producían una poderosa estimulación, pero había que ser cuidadoso, porque si uno se pasaba de la raya podía matar a los sujetos. Vincent era tan valiente que decidió que probaría las corrientes en su propia piel y así podría regular la intensidad hasta el máximo.

Estimulado por este tipo de experiencias, Clovis Vincent inventó el *torpillage* (torpedeo), una forma poco delicada de tratar neurosis resistentes. Una vez convencido de que la estimulación eléctrica era lo suficientemente potente, sin ser mortal, decidió empezar a torpedear a los soldados. Ahora todos probarían el sabor de la electricidad por la mañana. Todos temían al terrible Vincent, el *torpedeador*. Cuando aplicaba la corriente, el cuerpo del soldado se agitaba de un lado a otro como si fuera un barco sacudido por un gran torpedo. Los soldados a menudo se rebelaban ante el dolor, agitaban los puños e insultaban al canalla de Vincent, pero este disfrutaba con el dolor y el esfuerzo, no se detenía ante nada. El miedo constituía una adrenalina que le llenaba de placer, como a los comandantes de Coppola en *Apocalypse Now*. Antes de Vietnam existió un infierno mucho más cruento, las trincheras del frente de Francia en la Gran Guerra. Una vez sacudidos por el torpedeo eléctrico, no crean que el doctor Vincent había terminado su labor. Para recuperar a los soldados del todo, los sometía a un duro entrenamiento físico que incluía saltos y escalada.

EL TRIUNFO POST MORTEM DE LA NEUROLOGÍA

Las ironías del destino no se acaban con la muerte de Duchenne, debida a una enfermedad neurológica. Durante los últimos años de su vida, el que había sido maestro del sádico Vincent, el doctor Babinski, se vio afectado por la enfermedad de Parkinson. A pesar de ello, vivió lo suficiente para ver cómo los grandes logros en la neurología francesa eran reconocidos a nivel mundial. En esto superó a Duchenne, que había muerto suponiendo que su trabajo sería de utilidad en el futuro, pero sin constancia alguna de honores ni reconocimientos. Por el contrario, Babinski pudo saborear el triunfo. Fue honrado por la sociedad neurológica americana y varias sociedades extranjeras, falleciendo en París el 29 de octubre de 1932.

Las innovaciones de Babinski y Vincent, aplicando corrientes eléctricas a la recuperación de casos resistentes, fueron un antecedente del *electroshock*. Me pregunto qué opinaría el bueno de Duchenne de Boulogne de este uso bélico de las técnicas de electroterapia que él había perfeccionado. Duchenne es hoy considerado uno de los padres de la neurología infantil. Goza de gran respeto como pionero de la ciencia y ya nadie se ríe de él por su acento del Norte, tan provinciano y vulgar. En todo caso, se reirá él, donde quiera que esté, junto a su viejo amigo y paciente, aquel pobre loco despeinado que nos regala de forma servicial sus sonrisas eléctricas, fotografía tras fotografía.

BIBLIOGRAFÍA

Alonso, J. R. (16 de enero de 2012). *La sonrisa de Duchenne y la de Mona Lisa*. Recuperado de https://jralonso.es/2012/01/16/la-sonrisa-de-duchenne-y-la-de-mona-lisa/

Bogousslavsky, J. (2014) *Hysteria: The Rise of an Enigma*. Karger Verlag. Suiza.

Endler, N. S. (1988). The origins of electroconvulsive therapy (ECT). *Convulsive Therapy, 4*(1), pp. 5- 23.

Lutters, B. y Koehler, P. J. (2016). *Franklin e Ingenhousz on Cranial Electrotherapy*. World Federation of neurology.

Maranhão-Filho, P. y Vincent, M. (2019). Guillaume-Benjamin Duchenne: una vida miserable dedicada a la ciencia. *Arquivos de Neuro-Psiquiatria, 77*(6), pp. 442-444. doi: https://doi.org/10.1590/0004-282x20190044

Pacheco L., Padró D. y Dávila W. (2015). Historical review of the so-called biological therapies in psychiatry. *Revista Norte de Salud Mental, 52*(13), pp. 89-99.

Siglo XIX, duchas frías y vibradores para la histeria

La ciencia permaneció en hibernación durante más de mil años, Galeno e Hipócrates fueron las referencias clásicas hasta el siglo XIX. La idea del ardor uterino como origen de la histeria seguía vigente. El fuego secreto que incendia a la histérica constituía una imagen muy viva en la mente de los médicos. No obstante, la Ilustración trae un aire nuevo, más civilizador. En lugar de quemar a las pobres histéricas como en la Edad Media, es preferible sumergirlas en agua fría. Si sobra dinero en el aparador, hay que pagarles un balneario de aguas minerales, de alguna forma hay que apaciguar el fuego.

En los manuales médicos de la época destaca el énfasis humanitario. Frente a los que consideran a la menstruación impura, médicos como José de Arce, en España, consideran que hay que arropar a la mujer durante los periodos más sensibles y que hay que mejorar la situación de este género… Por toda Europa podemos ver otros ejemplos de filantropía. El doctor Grenier refiere un caso protagonizado por una paciente *idiota*, término que se utilizaba para referirse a las débiles mentales. En 1832, la idiota se hallaba en el hospicio de mujeres ancianas, cuando la mujer se introdujo un alfiletero en la vagina (no pregunten por qué, Grenier no lo especifica). El alfiletero se abrió, dejando caer las agujas que contenía. Cuando Grenier vio a la enferma su fisonomía expresaba ansiedad, experimentaba picores y conatos continuos de orinar sin poder satisfacerlos. El médico extrajo las agujas y la introdujo en un baño prolongado, lo cual, junto a unos calmantes, hizo que los dolores desaparecieran.

Antes del XIX, Sydenham estudió con detenimiento la histeria y observó que este trastorno era un nuevo Proteo que revestía las más diversas formas. Según le pareció a él, todo se debía a la simulación de los síntomas de otros trastornos orgánicos, de auténticas enfermedades. Se sabía que los ataques histéricos eran distintos a los epilépticos: no había espuma en la boca y no se perdía el conocimiento, síntomas que no se podían fingir. En cambio, durante las crisis de histeria, la mujer podía responder a preguntas y sus convulsiones afectaban más a los miembros exteriores, lo que sugería que la enferma exageraba, sobreactuaba.

En general, el foco continúa fijado sobre la sexualidad. Según el médico Tissot, una joven robusta y de carácter nervioso llegará a caer en una «inervación genital en grado extremo» si emplea su tiempo en imaginar escenas voluptuosas. Otro médico, Louyer Villermay observó que, al final del paroxismo histérico, la joven emitía una orina pálida y quedaba aliviada. Por tanto, Galeno llevaba razón, al terminar la crisis histérica aparece un líquido particular que lubrifica las partes genitales.

LOS TRATAMIENTOS: FUMIGACIONES VULVARES Y ACEITE DE CASTOR

En el *Tratado completo de enfermedades de las mujeres* de Fabre y el *Compendium de medicina*, publicados en Francia y España, se describen los tratamientos de elección. Lo más efectivo era aplicar hielo en la cabeza, después se aplicaban fricciones en todo el cuerpo con un cepillo. Siguiendo la tradición, se realizaban lavativas vaginales y rectales con alcanfor o asafétida. Las lavativas eran el tratamiento estrella en la medicina decimonónica. Todavía muchas corrientes *new age* las recomiendan hoy y las practican con frecuencia, como si estas técnicas fueran el último grito, aunque se basan en técnicas practicadas en Oriente Medio hace 5.000 años. Se trata de utilizar señuelos para que el útero regrese a su cubil, como si fuera un castor o un lirón careto fugitivo.

En el siglo xix, sobre la vagina se aplicaban dosis de láudano, una substancia a base de opio muy popular. Al fin y al cabo, era un tranquilizante, un analgésico, no dejaba de tener su lógica. Los médicos recomendaban las fumigaciones en la vulva, igual que en el antiguo Egipto, donde se introducían en la vagina perfumes y se friccionaba la vulva con linimentos de azafrán y almizcle. Si todo esto no resultaba, se daban jarabes con menta, valeriana o laurel.

Todavía en la Francia del siglo XIX, unos pocos médicos recomendaban la eficacísima y asequible titilación de clítoris, una especie de masaje *clitoridiano* propuesto por Galeno, pero eran los *outsiders*. Fabre y los médicos ortodoxos se escandalizaban de estas prácticas que «nos provocan repugnancia». Incluso, en algún caso, fue peor aún y Fabre se indigna cuando lo cuenta. Algunos médicos poco sofisticados, pero bastante ecológicos, prescribían el remedio definitivo, el coito. Para aplicar este remedio llamaban al marido y, en mitad de la crisis histérica, el hombre se ponía sobre la mujer manos a la obra. Así, tras unas rápidas maniobras, procuraba alivio a la paciente.

Además de esta solución de urgencia, había medicamentos que se preparaban en las farmacias. Las preparaciones magistrales, desde la antigüedad, se llamaban *tríacas de Andrómaco* porque llevaban tres componentes básicos. El principal era el opio, al cual luego se añadían otros, como el jengibre, la carne de serpiente o las secreciones de las glándulas anales de los castores, que producían el llamado *castóreo*, que se consideraba muy útil. En principio, esta substancia es práctica para los castores, porque les sirve para engrasar el pelaje e impermeabilizar la superficie de la piel. Si era útil para los castores, ¿por qué no para las histéricas? El castóreo huele a animal y a cuero, se usa en perfumes clásicos para otorgar una nota masculina, incluida en la fórmula de muchos aromas, tan vendidos como Chanel Antaeus, Cuir de Russie, Magie Noire o Mary Kay Lancôme Caractère. Está claro que, en cuestión carácter, el castor se lleva la palma.

Los médicos oficiales, a fin de evitar prácticas repugnantes como la titilación de clítoris, recomendaban como último recurso ventosas en el occipucio o la nuca, aunque había dos casos extremos. En primer lugar, si la mujer era extraordinariamente fuerte y pletórica se buscaba una solución heroica para desbravarla, antes de que se llevara la casa por delante, de modo que se podía recurrir a sangrías en la vulva. En el otro extremo de la balanza, si la mujer sufría parálisis histérica, el colmo de la pasividad, se le daba electricidad para sacarla del sopor.

En cualquiera de los casos, para las histéricas la medicina oficial recomendaba baños templados en invierno y fríos en verano. Los balnearios representan el espíritu filantrópico del siglo XIX. Esto era muy efectivo, pero había que cuidar que la compañía fuera de personas honradas y castas, que acompañaban a la mujer en largos paseos para cansarla. El cansancio era importante, pues la paciente debía ser acostada cuando el sueño se acercase para evitar la tentación del onanismo. Los médicos, cuando veían una bella joven histérica, dirigían una media sonrisa a la familia y, con la sabiduría transmitida ancestralmente, de generación en generación, aconsejaban un remedio infalible, el matrimonio. Claro es, nos dice Fabre, que se ha abusado en exceso de esta medicina.

VEINTIDÓS BAÑOS DE AGUA FRÍA AL MES

En el siglo XIX, el agua había aumentado, si cabe, su prestigio curativo. El médico francés Louis Fleury, especialista consumado en hidroterapia, consideraba que el histerismo necesitaba tratamiento hidroterápico durante seis meses, a razón de 22 baños de agua fría al mes. Casi uno al día, omitiendo fiestas de guardar. Esto estaba indicado cuando se notaban algunas de estas sensaciones: sofocación o desmayo; insensibilidad, dolor o torcedura de algunas partes del cuerpo; movimientos convulsivos, percepción de tener una bola o globo que asciende del estómago a la garganta; y, a nivel emocional, expresiones incoherentes de labilidad, risa, llanto o carcajada.

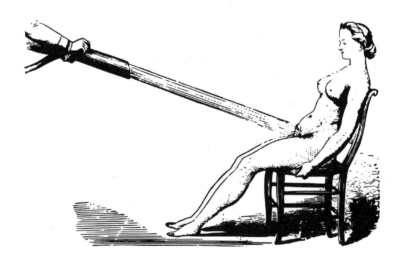

Ducha pélvica.

En algunos casos de histeria, las pacientes también notaban sensaciones de miembros anestesiados o paralizados. Para el tratamiento de esta sensación de anestesia, Fleury les daba violentas duchas frías dirigidas hacia la parte afectada; para la parálisis, aún más intensa que la anestesia, violentas duchas frías de corta duración.

En los casos más graves, como la paraplejia histérica, el chorro frío era aún más eficaz, ya que se reducía a la perfección con este método. Fleury encontró varios bellos ejemplos y los citó en su manual terapéutico. Nosotros no somos quienes para dudar de la eficacia de tales prácticas. Si un individuo con un miembro paralizado por la tensión nerviosa recibe un buen manguerazo de agua fría, seguramente se espabilará bastante. En cuanto a las causas profundas, Fleury no dudaba de que la histeria se originaba en los órganos genitales, en mujeres y hombres. En resumen, se recomendaban baños y paseos, reposo y jarabes. En casos extremos, electricidad y sanguijuelas. Para las incurables, el matrimonio. Todos los métodos galénicos de fricción clitoridiana eran heterodoxos e inconfesables.

Dr. Harry F. Waite's Tissue Oscillator

For Use on the Direct or Alternating Current

Vibrador eléctrico.

Y, entonces, de forma progresiva, se puso de moda un nuevo método, la hipnosis, que se reveló como especialmente indicado para las histéricas, a medio camino entre la magia y la ciencia.

No obstante, algunos investigadores han insistido en que la masturbación clínica de las histéricas fue el método más extendido en la segunda mitad del siglo xix. Esta visión ha sido muy controvertida, por lo que exige un análisis más detenido.

LA SOLUCIÓN TECNOLÓGICA: LOS VIBRADORES EN EL CENTRO DE LA POLÉMICA

A partir de la publicación del libro *La tecnología del orgasmo*, de Rachel Maines, se ha difundido la idea de que los masajes en el clítoris eran una práctica habitual de la medicina victoriana. Cientos de páginas en internet han reproducido este relato, que ha acabado desembarcando en muchos libros y artículos con membrete científico. La *hipótesis vibratoria* afirma que estos médicos y mujeres del siglo xix desconocían la función placentera del clítoris y, por consiguiente, las mujeres acudían a la consulta sin mala conciencia. El marido esperaba en la salita mientras el médico producía a la mujer histérica un orgasmo por vía digital.

Se ha divulgado, incluso, que un pobre médico inglés, con el brazo lesionado, tuvo que inventar un aparato vibratorio que estimulara mecánicamente los clítoris y, con ello, se aseguraba sus ingresos sin necesidad de derivar a otros a sus pacientes. Por sí solo, se supone que el aparato podía dar abasto con la dura y aburrida labor de amasar clítoris, por mucho que aumentase la demanda. Estas historias, algo deformadas, podrían acabar conformando una leyenda urbana. En su génesis, tiene mucha similitud con el nacimiento de una leyenda negra o, en este caso, verde. En realidad, según los textos de la época, tales prácticas nunca formaron parte de la medicina victoriana ortodoxa.

Examinemos el caso del presunto inventor del vibrador, Joseph Mortimer Granville (1833-1900). El aparato no era un juguete erótico ni mucho menos, se trataba de un vibrador eléctrico diseñado para ser aplicado a problemas musculares. En un sesudo volumen, el señor Granville explicaba con detalle los distintos usos terapéuticos. Es más, Granville niega tajantemente haber usado nunca el aparato en mujeres y, jamás de los jamases, para aliviar histéricas. A pesar de ello, Granville ha sido ridiculizado sin cesar hasta el día de hoy, hasta el infinito y más allá. En una película inglesa se le muestra como un pícaro que se enriquece a costa de las mujeres victorianas insatisfechas.

Contra la opinión de Rachel Maines, muchos investigadores han negado que tales prácticas fueran usuales o admitidas en la Inglaterra victoriana. Antes que el vibrador, los médicos preferían la electroterapia, por lo que aplicaban un procedimiento llamado «faradización del útero», introduciendo un electrodo en la vagina. Todos los médicos ingleses rechazaban los rumores que llegaban de Francia. Se decía que, en el continente, había quien recomendaba masajes *clitoridianos*. Estas prácticas, si existían, eran marginales y claramente rechazadas por los médicos en su práctica profesional. Los investigadores críticos con la hipótesis vibratoria han rastreado la bibliografía, pero no han encontrado huellas de estos presuntos masajes de clítoris. Solo hallaron una referencia en Estados Unidos, una única referencia tras rebuscar entre todos los manuales médicos, en la que se describía un masaje pélvico e incluía una variante abdomino-vaginal utilizando dos dedos. Uno de ellos se introducía en la vagina para sujetar el útero, mientras la otra mano realizaba movimientos sobre el abdomen. Es decir, el único caso documentado en que se describe una introducción vaginal parece tener como finalidad estimular la pelvis.

LOS VIBRADORES: ¿PRÁCTICA MÉDICA VICTORIANA O PLACER SECRETO?

Para Rachel Maines, la masturbación del clítoris mediante vibradores era una práctica médica habitual, basada en el desconocimiento del papel del clítoris en la sexualidad y el placer femenino. Para los críticos, no es más que una extrapolación morbosa, creada a partir de un par de ejemplos distorsionados sin base empírica alguna. ¿Quién tiene razón? ¿Rachel Maines, autora de *La Tecnología del Orgasmo* o los investigadores críticos? Los principales manuales que hemos examinado anteriormente (Fabre, *Compendium de medicina*, José de Arce, Granville...) dan la razón a los historiadores críticos Hallie Lieberman y Eric Schatzberg.

En primer lugar, los consejos que se daban a las chicas histéricas iban acompañados de recomendaciones para guardar la castidad y evitar el pecado: cansarse mucho, rodearse de personas piadosas, vigilar los momentos propicios para la masturbación... Parece que la sexualidad y sus tentaciones eran bien conocidas y la moral decimonónica predicaba contra ellas. En segundo lugar, los manuales indican un conocimiento bastante profundo de los mecanismos del placer femenino. Sin ir más lejos, en pleno siglo XIX, el conocido manual de Fleury considera como «órganos inmediatos del *sentido genital* el clítoris, los músculos constrictores de la vagina y las glándulas de Bartholin». El clítoris se considera el equivalente exacto de la verga (Fleury, p. 615) y, más particularmente, del glande, convirtiéndose el órgano de la sensación voluptuosa. Según Fleury, el coito completo exige una excitación clitoridiana suficiente, directa o indirecta. Es decir, la medicina del siglo XIX no era en absoluto ignorante de la función placentera del clítoris. Tampoco se debe olvidar la rica tradición libertina en la literatura francesa.

Es más, Fleury cuenta el caso de un médico sacerdote, el reverendo padre Debreyne, quien había llegado a obtener detalles muy específicos y jugosos, fruto de su estrecha relación de confianza con

Demostración del uso del vibrador.

el género femenino. Este sacerdote había oído que existe una «exudación de secreciones» en los momentos culminantes. Este tipo de descripciones revelan el amplio conocimiento de la sexualidad por parte de la medicina de aquel tiempo. Otra cosa es que tales datos estuviesen más o menos difundidos entre las clases menos instruidas, cegadas por el oscurantismo.

Según Rachel Maines, en tiempo de nuestras tatarabuelas, hacia 1900, las mujeres compraban vibradores sin rubor, a troche y moche. Incluso había un modelo que tenía los adminículos intercambiables. Las mujeres podían usar un terminal fálico a media mañana y, a renglón seguido, tras sacudir los felpudos, podían cambiarlo por unas varillas para montar natas. Indudablemente, estos aparatos superaban a la Thermomix en cuanto a versatilidad. Para llegar a esta conclusión, se apoya en los sugerentes anuncios de los periódicos de la época: «Vibración es vida», proclamaban. En algunas estampas victorianas se ve cómo los médicos introducían sus manos bajo

El aparato vibrador y sus adminículos multiusos.

las faldas de las señoras. Estas imágenes recuerdan la necesidad de ser prudente en una consulta ginecológica. Miradas sin morbo añadido, más bien parecen prácticas de palpación bastante más castas de lo que Maines supone. Al igual que ocurre hoy, la palpación se realizaba por debajo de almidones, fajas y cortinajes. Al contrario de lo que Maines piensa, los grabados sugieren un examen médico típicamente victoriano, aséptico, moderno e ilustrado. Dudo mucho que nuestras tatarabuelas vieran en estas imágenes la sombra de la voluptuosidad.

UN ESLOGAN TENTADOR: «LA VIBRACIÓN ES VIDA»

En cuanto a los sugerentes anuncios, es verdad que, quizá, algunas mujeres pudieron sentir la tentación. Posiblemente algunas pensaron en usar los vibradores con fines eróticos, pero no sería la idea dominante. Ocurriría algo así como pasa con las lavadoras de hoy, máquinas que, en efecto, hay quien puede usar con fines amatorios... Algunos, aprovechando la intimidad de los lavaderos, se reúnen allí con su pareja y, con cierta creatividad, pueden usar los programas de lavado más excitantes y agitados para favorecer los movimientos amatorios. Sin embargo, el público en general, la gente ordinaria, cuando decide comprar una lavadora no suele pensar en este tipo de utilidades tan placenteras. Tal vez me equivoque, pero me inclino hacia la idea de que su mente está ocupada con fines más prosaicos, en lavar la ropa sucia o cosas parecidas.

Dentro de cien años, algún historiador de la sexualidad verá los sugerentes anuncios comerciales de nuestros días, esos anuncios de café que se preguntan «¿en serio, George?»; esos anuncios de perfumes, con chicos que se arrojan desde un acantilado hacia su amante. Y, al verlos, ese historiador pensará que estos objetos, en el siglo xx, eran artilugios secretos de placer sexual. La cafetera sensual y el frasco de perfume se verán como incitadores perversos, como artilugios fálicos.

Es decir, la publicidad siempre ha utilizado mensajes subliminales relacionados con el placer y la sexualidad. En este punto, la publicidad del siglo xix no era diferente. La publicidad vincula el producto con una sensación de modernidad, vida y placer. El objetivo es convertir un objeto inocuo, vulgar, en algo atractivo. Se trata de revestir el producto con estímulos más deseables, ligar los objetos en venta con lo verdaderamente motivador, con las pasiones. Por ejemplo, en un anuncio de televisión aparece una chica sonriendo que nos confiesa: «Hay un hombre que me hace sonreír más que mi marido... ¡mi dentista!». A continuación, aparece el apuesto dentista y la chica lo mira acaramelada. ¿Significa esto que los dentistas son objetos sexuales en la sociedad postmoderna? ¿Sugiere el anuncio que el dentista proporciona placer y masajes a la clienta? ¿Que las consultas son chiringuitos sexuales de tapadillo?

En el año 2190, una tataranieta de Rachel Maines nos querrá convencer de que las mujeres del siglo XXI no conocían su sexualidad, sus insatisfacciones, y que los dentistas les proporcionaban satisfacción sin que nadie se fuese de la lengua. No, Rachel, al dentista se va al dentista. Y sí, la publicidad es sugerente, pero la realidad no tanto. Por consiguiente, Rachel Maines y sus seguidores deben comprender que la publicidad siempre muestra un lado atrayente y emocionante del producto, que pocas veces admite una transposición directa a la vida cotidiana. Una vez comprado el producto, desaparecen George

Vibración es vida.

Clooney, el dentista sonriente y el chico del acantilado, con sus slips blancos. Tristemente, solo hemos adquirido café aguado, pasta dentífrica y un carísimo bote de colonia.

En suma, nuestras tatarabuelas, aquellas pocas que eran pudientes y con posibles, compraban aparatos que daban masajes. Utilizarlos con fines sexuales exige un paso más, un salto al alcance de personas muy creativas. Siento que la realidad nunca sea tan excitante como la leyenda, pero la verdad es que me tranquiliza mucho saber que mi bisabuela era persona de orden. Debo confesarlo, pensar que mis 8 tatarabuelas tenían que ir por ahí subiéndose las enaguas y encaramándose a un artilugio tan inseguro, hecho de metal chirriante, grasiento y electrificado, ¡ay!, durante un tiempo me ha causado inquietantes pesadillas.

BIBLIOGRAFÍA

Galvani, L. (1790). *Elogio della moglie Lucia Galeazzi Galvani.* Azzoguidi. Bologna.

Fleury, L. (1875). *Traité thérapeutique et clinique d'Hydrothérapie.* Asselin P. París.

Lieberman, H. y Schatzberg, E. (2018). A Failure of Academic Quality Control: The Technology of Orgasm. *Journal of Positive Sexuality, 2* (4), pp. 24-47.

Maines, R. (1999). *The technology of orgasm: «hysteria», the vibrator, and women's sexual satisfaction.* Baltimore, Md: Johns Hopkins University Press.

Fabre, M. (1845). *Tratado completo de las enfermedades de las mujeres.* Imprenta de la viuda de Jordán e hijos. Madrid.

Arce, J. (1844). *Tratado completo de las enfermedades de las mujeres.* Librería de los Señores Viuda e hijos de Calleja. Madrid.

Los hipnotizadores

LA HIPNOSIS SE INICIA GRACIAS A UNA GALLINA Y UN JESUITA

El jesuita Athanasius Kircher vivía en Roma y, en 1646, describió cómo se podía hipnotizar fácilmente a una gallina en su *Experimentum mirabile de imagionatione gallinae*. Todavía hoy, muchos mentalistas de la televisión viven de sus trucos. Es tan sencillo que usted mismo puede hacerlo. Kircher cogía una gallina y le ataba las patas. Aunque al principio la pobre se resistía y aleteaba un poco, después, cuando se calmaba, Kircher le ponía una pizarra delante y trazaba una línea de tiza que salía del pico. Muy despacio, iba desatando los nudos y la gallina permanecía inmóvil hasta que Kircher la *despertaba* con algún ruido fuerte. Los jesuitas de la congregación disfrutaban mucho con este tipo de pasatiempos.

Después de esto, se han probado otros métodos más espectaculares, como colocar al animal de espaldas al suelo mientras el hipnotizador no deja de mirar fijamente a los ojos de la gallina. Cuando se calma, se suelta al ave y esta queda inmovilizada por un rato. Este método fue probado con éxito en ranas y otros mamíferos, como los ratones. ¿Es magia? No, es pura biología. Lo siento mucho, voy a hacer un *spoiler* y reventar el truco. Cuando el animal se ve inmovilizado en una postura extraña (bocarriba), está indefenso, acorralado, e interpreta que no puede huir ni luchar, por lo cual se hace el muerto. En ratones este fenómeno se denomina *freezing*, congelamiento. Cuando se produce un ruido cercano, el animal se asusta y vuelve a intentar la huida. El mismo fenómeno se produce en la vida cotidiana, por ejemplo, cuando una lagartija perseguida por un niño se esconde tras una maceta del patio, donde permanece inmóvil. Tal vez nadie la vea, «esperemos aquí», piensa, hasta que el niño, un gigante ruidoso, vuelve a hacer ruido muy cerca y el bicho se larga despavorido. Este mecanismo adaptativo también ha sido observado en unos pequeños pájaros, los frailecillos. Si la madre emite gritos fuertes significa que hay peligro, los polluelos se quedan congelados y así se camuflan entre la hojarasca. Durante unos minutos las criaturas permanecen quietas, parecen «hipnotizadas» y catalépticas.

EL EFECTO PLACEBO, USADO ANTES
DE LA REVOLUCIÓN FRANCESA

En la magnífica ciudad de Viena vivía Franz Mesmer, un estudiante de teología y medicina que tenía ojos azules, mofletes y labios sensuales. Estas virtudes, junto a su don de gentes, le aseguraron el matrimonio con una rica viuda y así logró ser libre para dedicarse a lo que quisiera. Un fenómeno le subyugaba: el magnetismo, la electricidad. A Mesmer le gustaban las cosas extrañas, las últimas novedades e hizo su tesis sobre las influencias planetarias en la salud de las personas. Según él, el universo estaba inundado por misteriosos fluidos magnéticos que llegaban hasta nosotros desde los confines del universo. En el palacio de su esposa Franz vivía feliz, allí se celebraban grandes fiestas y Mozart, el genio, representaba sus óperas en el jardín. Todos envidiaban al rico matrimonio Mesmer, la pareja de moda, el Brad Pitt y la Angelina Jolie de la Viena imperial.

Según su teoría, los enfermos nerviosos tenían carencia de energía magnética. Mesmer se dedicó a aplicar imanes a los pacientes y así curaba su falta de magnetismo aportando lo que él llamaba *magnetismo animal*. Su preceptor en las artes oscuras era otro jesuita y además astrónomo, el misterioso Maximilian Hell. Ahora presentemos a su paciente más célebre: Maria Theresia von Paradis, una niña superdotada para la música, hija del secretario de la emperatriz María Teresa de Austria. La niña tocaba el piano de maravilla y, en poco tiempo, fue capaz de aprender de memoria más de 60 conciertos. Tan virtuosamente interpretaba la música esta niña que Mozart compuso obras para ella. Se la consideraba la heredera del genio y Salieri también contribuyó a su formación musical. Pero, por desgracia, Maria Theresia von Paradis se había quedado ciega a los cinco años y ningún médico lograba aliviar su ceguera.

Cuando tenía 18 años era una joven belleza, la ceguera le daba un aire frágil cuando se sentaba al piano, sumergida en la burbuja de la música. Mesmer la trató, consiguiendo mejorar su visión, aunque ello tuvo consecuencias no deseadas, ya que durante un tiempo perdió la capacidad de tocar. Tocas una cosa y desequilibras otras, es el delicado equilibrio del ser. Los médicos vieneses lo acusaron de fraude. Los rumores populares lo perseguían, suponiendo que se aprovechaba de ella y de sus dificultades visuales. Mesmer solía propasarse, a veces sus pases mágicos sobrevolaban el escote y se posaban en la piel, decían. Los padres de la niña temían estas tentaciones, pero mucho más, si cabe, la posibilidad de un escándalo. En ese caso, la emperatriz les retiraría su generosa pensión. Mesmer, el magnetizador, la estaba distrayendo con sus tonterías de su principal ocupación, la música. Una niña de 18 años es fácil de deslumbrar. La familia presentó por sorpresa en el palacio de los Mesmer, donde el padre desenvainó la espada, pero la niña no quiso marchar, se resistía a dejar a Mesmer. La madre no se quedó atrás; le estampó la cabeza contra la pared a aquella infeliz y la obligó a salir con cajas destempladas.

LA BAÑERA ELÉCTRICA DE MESMER

Toda Viena se hacía lenguas del incidente, Franz Mesmer fue denunciado y huyó a París, donde perfeccionó sus inventos magnéticos, completamente adorables. Colocaba un barreño de madera lleno de agua, atravesado por tubos metálicos y ralladuras de hierro. Varios pacientes se ponían en contacto con esta agua *magnetizada* y se tomaban de la mano. Las varillas que salían del agua tocaban a los enfermos; una cadena unía los cuerpos para que sus fluidos magnéticos se equilibrasen mutuamente.

Mesmer, vestido con ropajes exóticos, apagaba las luces. Oculto en una habitación cercana, tocaba una armónica de cristal y el sonido ponía una atmósfera mágica. Mesmer hacía aparición, paseando alrededor de los pacientes, tocándolos con una vara metálica magnética. Los pacientes quedaban *mesmerizados*, magnetizados, entraban en un estado de suspensión, flotaban en el fluido universal. Algunos tenían temblores y, en plena crisis, se desataban las convulsiones. Con su mirada, Mesmer dirigía los fluidos y desbloqueaba los canales obstruidos en el interior del cuerpo. Las convulsiones reflejaban la liberación de las tensiones internas e indicaban la huida de lo negativo. Esta puesta en escena maravillosa era *lo más de lo más*, pero ¿estaban de verdad curados? ¿Era esto serio? ¿Era científico?

¡Ay! Las quejas sobre su tratamiento llegaron a oídos del rey Luis XVI, por entonces ignorante de lo que se le venía encima. En la Ilustración, la ciencia ocupaba una posición influyente y los expertos científicos fueron llamados para formar parte de una comisión que juzgara el caso: Benjamin Franklin, el inventor del pararrayos; Lavoisier, el fundador de la química; Guillotin, el inventor de la guillotina, en fin, todos los grandes... Entre otros prestigiosos científicos, estos genios iniciaron la pesquisa sobre el mesmerismo. En 1784, la comisión concluyó que no había podido encontrar ninguna prueba científica, no había rastro de la existencia de un fluido magnético. Es lógico que no encontraran nada: el fluido de Mesmer era invisible, inodoro e insípido. Al menos no manchaba la ropa. Mesmer fue desautorizado por completo y, según la comisión, el funcionamiento del mesmerismo era debido a la imaginación, a la pura sugestión, fenómeno que hoy llamamos *efecto placebo*. Eran malos tiempos

Primera comisión científica que investigó el fluido magnético de Mesmer.

para la lírica, cinco años después estallaría la Revolución francesa, momento en el que el mundo cambió de arriba abajo hasta en los más pequeños detalles. Entre otras, las cabezas de Lavoisier y del rey fueron separadas del cuerpo gracias al invento de Guillotin. El magnetismo tuvo que ser aparcado por un tiempo.

A pesar de todo, los efectos de la sugestión y del mesmerismo dejaron una profunda huella en las mentes francesas. Muchos seguían creyendo y pronto resurgirían los métodos de Mesmer modernizados. Hoy día, todavía hay gente con fe en el mesmerismo; creen que el agua imantada tiene propiedades y son capaces de comprar una botella de este mágico líquido a un precio desorbitado. También hay gente que cree en las flores de Bach, que son algo parecido, unas ampollitas de cristal rellenas de agua aromatizada, insípida, transparente e inocua, productos que se venden en tiendas alternativas y, como tienen poderes ocultos, valen un riñón.

EL HIPNOTISTA QUE HIZO MILLONARIO
AL CONDE DE MONTECRISTO

No tardaron en aparecer seguidores de Mesmer tan hábiles como él o más, si cabe. Algunos tan imaginativos como el sacerdote portugués José Custódio de Faria. Llegó a Francia en 1788, un año antes de la Revolución y fue encarcelado en el castillo de If. Tal era su fama que Alejandro Dumas lo incluyó en su novela, según la cual coincidió con el conde de Montecristo en la prisión. Allí, Faria le transmitió sus conocimientos a Edmond Dantes, el futuro conde de Montecristo. Con la ayuda de Faria, el conde pudo conseguir un tesoro, una fortuna que le permitió reinventarse y planificar una gran venganza.

En 1813 se habían bajado ya los humos napoleónicos y revolucionarios. Liberado de cadenas, Faria regresó a París y abrió una consulta. Allí puso en práctica sus métodos de magnetismo, diferentes a los de Mesmer. En lugar de la varita magnética y los metales, utilizaba la mirada, una puñalada ceñuda y penetrante. Faria era consciente del poder de la sugestión, para él estaba claro que podía provocar una especie de *sueño* mientras el sujeto permanecía despierto. Este pionero llamó *sueño lúcido* al nuevo estado de la conciencia, durante el cual el sujeto, sin llegar a dormirse, caía en el poder de la imaginación, en un estado *concentrado* en el que focalizaba su atención. Faria describió este fenómeno que él había descubierto como una forma de sonambulismo. Los que son capaces de concentrarse en la sugestión, en lo que otra persona les sugiere y les ordena, eran la base de la hipnotización, y estos individuos dotados con una capacidad especial recibieron un nombre griego, serían llamados los époptes: «los que ven todo al descubierto».

Algunos otros franceses siguieron su camino, José Custódio de Faria había abierto una senda muy provechosa. A partir de entonces, todos los hipnotizadores reconocerían que la capacidad para *dejarse hipnotizar* resulta un aspecto clave del proceso. Faltaba normalizar el hipnotismo, despojarlo de su aire de magia negra, definir sus elementos, desarrollar su utilidad terapéutica... Esta tarea fue asumida al poco tiempo por un marqués.

EL MARQUÉS, EL CAMPESINO Y EL OLMO MÁGICO

Otro discípulo de Mesmer, el marqués de Puységur, tenía el grado de coronel de artillería, así que empezó a experimentar la magnetización con los soldados de su regimiento de Estrasburgo. Durante el periodo revolucionario, como buen aristócrata, estuvo dos años preso en Soissons, entre otras cosas porque se escribía con sus hermanos emigrados, también militares. Cumplida la condena, Puységur regresó a sus dominios y continuó investigando los métodos de magnetización, ofreciendo sus servicios a los humildes campesinos de sus tierras. En mayo de 1874, mientras paseaba por los alrededores de su castillo de Buzancy, oyó que la hija del capataz tenía dolor de muelas.

—¿Quieres curarte? —le preguntó en broma el marqués.

—Sí —dijo la chica.

Bastaron diez minutos de pases magnéticos y los dolores desaparecieron. Estos pequeños éxitos le animaron a intentar nuevas curaciones. Le hablaron de un hombre que llevaba postrado en cama durante cuatro días a causa de intensos dolores y, andando el tiempo, este muchacho llegaría a ser su más famoso paciente.

Todo empezó un martes, 4 de mayo del año del señor de 1874, a las ocho de la noche. Puységur fue a ver al joven convaleciente, pues la fiebre se estaba debilitando. Después de hacerlo levantar, pasó un imán por la cabeza del muchachito para magnetizarlo con el fluido de Mesmer. Para su sorpresa, después de media hora, este hombre dormía pacíficamente en sus brazos... ¡Sin convulsiones ni dolor! Pasada la crisis, el hombre se puso a hablar de sus asuntos y preocupaciones. Puységur temía que sus ideas negativas le afectasen de manera desagradable, por lo que lo detuvo y le ordenó pensar en cosas alegres.

«No necesité gran esfuerzo», nos dice Puységur: «Quiero verte feliz, imagina que estás bailando en una fiesta, disfrutas de la música, todo el mundo danza armónicamente...». Una vez que Puységur le dio esas ideas, el muchacho empezó a realizar movimientos en su silla, como si estuviera danzando, deslizándose por el aire... De forma exuberante, repitió en voz alta las canciones festivas. Después de una hora de crisis hipnótica, Puységur salió de la habitación y ordenó que le dieran al muchacho pan y caldo. Esto era algo nuevo, pues el chico no podía comer ni una miserable sopa desde hacía días, tal era su postración. Esa noche el paciente logró conciliar el sueño

Marqués de Puységur.

y, al día siguiente, sin recordar nada de lo ocurrido, el joven informó a Puységur de su situación, estaba disfrutando del mejor estado de salud posible.

Cuando volvió a sangrar por la nariz y sufrir dolores de cabeza, Puységur lo magnetizó de nuevo. A partir de este momento, lo somete a dos hipnosis diarias, lo que el marqués llamó *sonambulismo artificial*. Se trataba de un sueño inducido artificialmente, un sueño profundo durante el cual los pacientes podían seguir las instrucciones del marqués, puesto que la mente estaba abierta y atenta. Incluso podía transmitirle preguntas con la mente y el chico le respondía de forma inteligente: «Cuando está en el estado magnético, ya no es un campesino estúpido que apenas sabe rezar. No necesito hablar con él, pienso frente a él y él me escucha y me responde».

En este estado, el joven Victor Race se convirtió en una persona distinta que iluminaba y maravillaba al señor Puységur. A pesar de tener los ojos cerrados, Victor podía visualizar con claridad el interior de su cuerpo y detectar qué órganos tenía dañados. Desde su estado hipnótico, sonámbulo, el chico dirigía su propio tratamiento, e indicaba al marqués que necesitaba ser tratado jueves, sábado y lunes. En el sueño, el muchacho ordenaba unas purgas y, después, los dolores desaparecían.

LA INVENCIÓN DE LA SUGESTIÓN POSTHIPNÓTICA

Este muchacho, que estaba deprimido por la enfermedad y por la pena, que no era más que un juguete agitado por fuerzas de la naturaleza, empieza a tomar las riendas. Con este hombre simple, este campesino alto y robusto de veintitrés años, Puységur está aprendiendo casi todas las posibilidades del hipnotismo. En esta técnica, Puységur maneja elementos de tipo mesmérico —los imanes, la magnetización...— y elementos del abate Faria —la sugestión, la inducción de un sueño lúcido a individuos dotados...—, más algunos elementos de su cosecha (entre ellos, como veremos, un olmo milenario).

Gracias a este proceso de aprendizaje, Puységur descubrió un instrumento poderoso, la *sugestión posthipnótica*. El marqués le dio algunas instrucciones a Victor, indicando que debía seguirlas durante un periodo de tiempo posterior, una vez que hubiera terminado el trance hipnótico. El chico se despertó y no recordaba nada. Sin embargo, cuando escuchaba una palabra clave —«cielo»—, Victor seguía las órdenes recibidas durante la hipnosis: «No sentirás dolor». Lo más increíble es que esta sugestión posthipnótica era muy robusta, se podía pinchar al muchacho con una aguja sin que experimentase ningún dolor.

Después de Victor, Puységur probó su método con varias mujeres aquejadas de dolor de vientre y cabeza. A veces, después del tratamiento, los dolores disminuían, aunque al poco tiempo regresaban. Entre tanto, el marqués seguía con la cura de Victor Race. Para prolongar el efecto sanador, había decidido atar al joven a un árbol, al que había magnetizado previamente. El chico se durmió, entró en trance y obedeció la orden de desatarse en un estado de sonambulismo.

Entonces Puységur tuvo una idea genial, aprovechando que en el jardín de Buzancy, en sus tierras, había un olmo centenario. ¿Por qué no utilizar este árbol para magnetizar a los enfermos? Sin tardanza, Puységur inició el experimento, colocó una cuerda alrededor del tronco e hizo venir a los pacientes, para explicarles las instrucciones a seguir. Cuando se introdujeran dentro del lazo de cuerda, su cabeza caería y entrarían en el sueño sonámbulo. Primero, probó con un hombre postrado en cama y luego unió al árbol a una chica

Hipnotizando a un grupo.

de 23 años con fiebre crónica, formándose así una cadena con eslabones humanos y vegetales. Todos los pacientes incluidos en la cadena mejoraron al conectarse al majestuoso tronco. Entusiasmado, el marqués de Puységur escribió a su hermano. A los pocos días, había más de 30 personas alrededor del árbol, abrazadas e inmóviles.

A pesar del éxito, el marqués sufría porque no podía hipnotizar personalmente a cada uno de sus necesitados, porque estaba industrializando el procedimiento, pero Victor lo tranquilizó: «Basta con una mirada, un gesto vuestro»; ese era el toque personal del magnetizador, lo demás lo hacía el olmo. Lo más importante de todo este método era que no implicaba sumisión. Puységur hacía participar al paciente en su proceso curativo, que era también un proceso de apropiación de su vida. Durante el tiempo que duró la relación, el joven campesino tuvo en todo momento una actitud activa. El enfermo permanecía en todo momento al mando, con autonomía para tomar sus propias decisiones.

TODOS LOS SECRETOS SALEN A
LA LUZ Y DESPUÉS SE OLVIDAN

En una ocasión el marqués de Puységur estaba magnetizando a Victor y mantuvo una conversación con el chico mientras permanecía en estado de sonambulismo. Victor hablaba de su señor Puységur con agradecimiento y le explicaba un temor que ocultaba a todo el mundo. «¿Querría su señor Puységur ayudarle?». «No puedo ayudarte a no ser que sepa en qué forma podría hacerlo. Debes explicarte mejor», respondía el marqués. Sin salir del sueño hipnótico, Victor contaba su secreto: algún tiempo antes la madre de Victor quiso agradecerle sus cuidados —él la había ayudado siempre mucho— y decidió donarle al muchacho su casa; sin embargo, la hermana de Victor estaba corroída por la maldad. Él temía que ella entrara en la casa, que encontrara y destruyera el documento de la donación. Puységur asistía a la conversación con asombro, nunca había oído antes que el chico tuviera ese tipo de problemas. «Ahí, en mi armario, en el cajón, tengo guardado el papel donde se certifica todo. ¿Querrá el señor marqués guardarlo para evitar que caiga en manos de mi hermana?», le pidió finalmente, dentro aún de la hipnosis. Así lo acordaron y el marqués se retiró, dejando dormido a Victor.

Al día siguiente, Puységur encontró al muchacho muy agitado. «¿Qué le pasa?». Victor había buscado por toda su habitación un documento muy importante. Por muy bien que hubiera registrado todo, seguía desolado porque el documento había desaparecido. Puységur lo tranquilizó, pues lo tenía él a buen recaudo. Le explicó el acuerdo al que habían llegado la noche anterior, para asegurar la custodia del documento. El chico se sentó, sorprendido porque lo había olvidado todo. Este proceso se ha denominado *amnesia posthipnótica*, una amnesia completa que abarca todos los acontecimientos ocurridos durante el trance hipnótico.

Puységur estaba asombrado por su descubrimiento. El campesino había confesado aspectos de su vida que todos ignoraban; por tanto, juntos durante todo este proceso, habían hallado un método que profundizaba en simas oscuras del alma, que arrojaba luz sobre sótanos llenos de preocupaciones y miedos. Habían auscultado un nuevo estado de la mente humana. Bajo la mente consciente, existe un amplio espacio mental, una corriente subterránea, llena de energía. La hipnosis es la llave para explorar las cloacas. Puységur decidió no intervenir en este ámbito privado, se limitó a cumplir el papel de espejo, devolviendo a la gente su propia fuerza, y así les confería lo que ya era suyo, sus sensaciones ocultas, para que, a partir de aquí, ellos pudieran reconducir su proceso vital.

LA CAÍDA DEL OLMO MAGNÉTICO

El señor de Puységur siempre procuraba establecer un contacto benefactor, transmitía sus consejos llegando a acuerdos implícitos con los pacientes, sin forzar su voluntad. De hecho, el marqués temía los riesgos éticos que el sonambulismo podía comportar. Confesó sus recelos ante un mal uso de esta técnica, un arma que tiene un filo cortante y que ha de ser esgrimida con prudencia. Hipnosis, sugestión, problemas inconscientes, liberación de miasmas y concienciación paulatina… Es difícil no ver los riesgos implícitos.

En resumen, el marqués de Puységur se adelantó casi cien años a la psicoterapia analítica, al psicoanálisis. ¿Cómo lo logró este militar y aristócrata? Había fusionado las invenciones de Mesmer y las intuiciones de Faria y había incorporado la humanidad de Pinel, su respeto y comprensión por los enfermos. Había escuchado la voz de un joven campesino y, con una simple cuerda, se había atado junto a todos ellos alrededor de un árbol y había absorbido allí la sabiduría de la tierra.

El olmo centenario de Buzancy continuó viviendo casi 100 años más. Desde su terruño, durante este tiempo el viejo olmo vio muchas cosas. Hace algunos años, en 1940, cuando el olmo fue derribado por una tormenta, los vecinos se acercaron y recogieron las ramas caídas como si fueran reliquias, y se las llevaron consigo y las guardaron en sus casas, convencidos de que aquel árbol benéfico les protegería. En 1940 estaban ya en los albores de la guerra más mortífera, la Segunda Guerra Mundial, y durante los años siguientes las catástrofes se sucedieron, como bien saben. En el lugar donde había crecido el viejo olmo, amigo y colaborador de Puységur, quedó un hueco y allí, dicen los aldeanos, brotó un manantial.

BIBLIOGRAFÍA

López-Valdés, J. C. (2018). Del romanticismo y la ficción a la realidad: Dippel, Galvani, Aldini y «el moderno Prometeo». Breve historia del impulso nervioso. *Gaceta médica de México, 154*, pp. 105-110.
Peter, J. P. (2009). De Mesmer à Puységur. Magnétisme animal et transe somnambulique, à l'origine des thérapies psychiques. *Revue d'histoire du XIXe siècle, 34*, pp. 19-40. doi: 10.4000/rh19.3865.
Puységur, A. M. J. (1786). *Mémoires pour servir a l'histoire et a l'établissement du magnétisme animal.*

50 SOMBRAS DE FREUD

Freud, hipnotista

EL SEXO EN EL CENTRO DEL LABERINTO

Freud viaja en tren de regreso a Viena, mientras recapitula su estancia en París con el gran Charcot. Las grandes llanuras verdean apuntando ya la primavera. En su última cena, Freud se había atrevido a revelar un caso muy interesante, pero al terminar su relato —la maravillosa curación de la histérica más explosiva de Viena— Charcot no reaccionó en absoluto, se había quedado absorto.

Al principio, Freud se siente decepcionado. Las estaciones de provincias se suceden, los pasajeros suben y bajan, ajetreados, mientras él posa la mirada vacía en el cristal del vagón. Sin embargo, no tarda mucho en ver más allá, intuyendo que se le está abriendo una oportunidad. A Charcot no le interesan mucho las aplicaciones terapéuticas, está ocupado en la investigación básica, en sus clasificaciones.

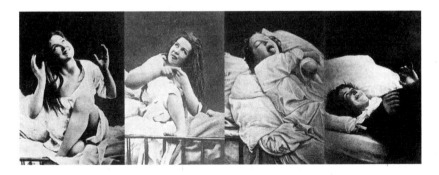

Fotografías del servicio de Charcot, mostrando actitudes pasionales (izquierda) y crisis de histeria.

Un nuevo camino se abre para el ya no tan joven Sigmund, que ahora dispone de un método para explorar la causa que origina los síntomas. Mediante la hipnosis, Freud puede internarse en el laberinto gracias al hilo de Ariadna: la técnica que le ha proporcionado Bertha a su protector, Josef Breuer. Y Freud tiene identificado el objeto que debe buscar, puede rastrear al Minotauro gracias a su afinada nariz, aunque no puede aún trazar su contorno con precisión. No obstante, sabe que huele a sexualidad insatisfecha y, una vez olfateada la presa, el sabueso no pierde el rastro, huele ya la sangre del monstruo, del Minotauro.

Charcot le dio la idea, sugirió buscar un Santo Grial: el sexo. Busquémoslo, pues. Sacudido por el traqueteo, Sigmund no puede evitar rememorar el momento en que, muchos años antes, en el coche-cama imperial, su madre se desnudó para ponerse el camisón, aquella noche en la que ella creía dormido al primogénito, su querubín de apenas tres añitos, un *putti*, como los llamaban en el Quattrocento. Los niños responden a estímulos sensoriales eróticos y se activan ante ellos, tienen la capacidad de ser perversos de muchas formas. Freud y Breuer conocían el método, basado en la hipnosis y la catarsis. Charcot y Freud conocían el objetivo, limpiar las heces sexuales podridas en el interior del laberinto, aquí radicaba la clave. Pero solo Sigmund Freud conocía ambos elementos, estaba solo en la cima de la pirámide.

EL EMBARAZO SECRETO DE BERTHA PAPPENHEIM

Además de Charcot y de sus vivencias personales, su propia práctica clínica le confirmó que el sexo estaba siempre presente. Sin ir más lejos, Freud tenía fresco el caso de Bertha Pappenheim, pues se había enterado de que Bertha llamó desesperada a Josef Breuer. Esa tarde, el médico, a regañadientes, hizo lo que pudo. Bertha estaba de parto, por increíble que le pareciera a Josef, un doloroso parto de carácter histérico. Breuer hipnotizó a la parturienta, la sumergió en un baño de agua fría y, tras aplicar todo el arsenal de su maletín, se retiró. No volvería a ver a Bertha nunca más en su vida.

¡Estaba embarazada! Breuer sabía que era imposible un milagro de este tipo. Se trataba de un embarazo psicológico y la explicación no podía ser más simple para Freud: a falta del padre amado, recientemente fallecido, Breuer ocupa su lugar, con sus cuidados y atenciones a la joven paciente. Era un señor mayor, un ratón de biblioteca de rostro bondadoso y paternal. Breuer había sustituido al padre y Bertha lo amaba con locura, una locura histérica. Como lo que no puede ser es imposible, Breuer abandonó el tratamiento abruptamente, horrorizado. Si no lo hacía, sería el fin de su matrimonio, de su respetable posición entre los médicos de la burguesía vienesa. Su esposa también había caído enferma.

A todo esto, Sigmund Freud se casó e inició su vida de médico autónomo. Durante diez años, entre 1886 y 1896, utilizó la hipnosis como método de tratamiento, siguiendo los procedimientos de Breuer y Charcot. Intentó divulgar sus técnicas hipnóticas entre médicos y neurólogos. En 1886 Freud dio dos conferencias sobre hipnosis en Viena. Pensaba que, durante el estado hipnótico, se producía una unión de lo físico y lo psíquico, lo cual le permitía al médico intervenir en un nivel u otro.

MARTHA, USTED SERÁ UNA MADRE EXCELENTE Y DARÁ MUCHA LECHE

Para Freud, la hipnosis era una forma muy cómoda de influir en los pacientes. Intentaba colocar al enfermo en un estado hipnótico, incluyendo la amnesia posterior, de modo que el sujeto no recordaría nada después, sometiéndolo a una forma de sonambulismo. Durante la hipnosis, la resistencia del sujeto quedaba reducida, así que era más sencillo influir en su comportamiento. Este aspecto siempre fue muy importante para Freud, una mente ante todo persuasiva.

Un ejemplo de la eficacia de las órdenes hipnóticas que utilizaba por esta época fue el caso de una joven madre. Tras dar a luz a su primer hijo, la mujer encontró que tenía poca leche y notaba intensos dolores al acercar el bebé a su pecho. Al nacer su segundo hijo, la madre recayó en un estado de fatiga nerviosa, no podía dormir, ingerir alimentos ni llevar a cabo el amamantamiento del bebé. Freud encontró a la paciente en la cama, muy enfadada y subida de color. Entonces fijó sus ojos en la enferma y le pidió que se durmiese. Cuando estuvo profundamente dormida le ordenó que no tuviera miedo:

—Será usted una excelente madre y el niño se va a criar estupendamente. Su estómago está bien y tiene mucha hambre.

Dicho lo cual, el hipnotizador abandonó la casa. Al día siguiente, comunicaron a Freud que la mujer había pedido la cena y había dado de mamar a su niño. Según algunos historiadores, esta mujer, cuya identidad ocultó, era la propia esposa de Freud. Se basan en la coincidencia de las fechas de nacimiento y en otros datos, como el hecho de que Martha también cayese en un estado de abatimiento cuando tuvo a sus hijos.

HIPNOTIZANDO A DESTAJO

En 1889, Sigmund Freud viaja a Nancy para continuar su formación en hipnosis. Allí la escuela rival del gran Charcot aplicaba la hipnosis a todo tipo de pacientes, no solo a las histéricas como hacía el emperador de la medicina. Según los médicos de Nancy, en cualquier persona se podía inducir una idea, una imagen. Si la aceptaba, la sugestión aumentaba y podía llegar a un estado de *sugestibilidad* muy aumentado, es decir, a la hipnosis.

En Nancy comprobó que la hipnosis funciona mejor cuando hay muchos sujetos juntos. El señor Bernheim era el mejor hipnotizador de la época, el experto entre los expertos. Entraba en una sala y, en pocos minutos, conseguía que una veintena de pacientes cayeran en el sueño hipnótico. Freud quedó impresionado, pero Bernheim se quitó importancia, pues él, siendo el mejor, no lograba la misma efectividad en la consulta privada. Parecía que era muy importante el contagio, la influencia grupal, Freud ya había visto esto en la Salpêtrière, en los espectáculos teatrales de Charcot... En su consulta de Viena, por el contrario, muchos casos individuales se resistían a caer en el sueño hipnótico. Aun así, Freud volvió a Viena firmemente convencido de la utilidad de la hipnosis. Liébault, otro gran maestro hipnotizador, le dijo: «Si pudiéramos hipnotizar a todos los sujetos, sería la más poderosa de las terapias». Sin embargo, un gran número de pacientes se le resistían al convincente doctor Freud.

—Cuando se lo diga, duérmase, por favor. Ahora, ¡duerma!

—No puedo dormir, doctor.

—No me refiero al sueño normal, señora, sino a la hipnosis. Está usted hipnotizada, no puede abrir los ojos.

Cuando Freud comprobaba que la paciente se resistía dos o tres veces, aquello era ya totalmente imposible. Muchas de estas pacientes solo tenían la capacidad de entrar en una hipnosis muy ligera, próxima a un estado de concentración.

LA INSTITUTRIZ ENAMORADA
DEL PATRÓN, UN CASO CLÁSICO

Lucy R., una institutriz inglesa en Viena, era uno de esos casos que se resistían a caer en una somnolencia hipnótica profunda. Era una enferma soltera de unos treinta años que se ocupaba del cuidado de las hijas de un importante hombre de negocios de Viena. Se quejaba de fatiga, depresión y sensaciones olfativas extrañas. En particular, notaba un olor a harina quemada muy molesto y persistente. La institutriz Lucy no llegaba a caer en el sueño hipnótico y cuando Freud le pedía que entrase en hipnosis ella permanecía tan tranquila, inmóvil sobre el diván, con los ojos cerrados. En este caso no tuvo más remedio que usar un nuevo procedimiento de sugestión que había aprendido en Nancy.

—¿Desde cuándo nota usted este olor a harina quemada? —preguntaba Freud.

—No lo sé.

Freud aplicó con su mano una ligera presión sobre la frente de la paciente y le dijo:

—La presión de mi mano despertará el recuerdo. En el momento en que las aparte, verá usted algo. Reténgalo, porque eso será lo que buscamos.

Lucy recordó que estaba cocinando un poco de harina en un hornillo con las niñas. En aquel momento llegó una carta de su madre y las niñas corrieron a guardársela. Las niñas estaban seguras de que era una felicitación de la madre de Lucy con vistas a su próximo cumpleaños, así que no querían que la leyese antes de tiempo. A las niñas les gustaban las sorpresas y la institutriz confesó que se había emocionado. En aquel momento, la harina puesta en el hornillo se empezó a quemar, era aquel olor el que se había quedado impregnado en la nariz de la mujer.

El recuerdo resultaba muy revelador, pero Freud no quedó satisfecho con esta explicación. Indagó un poco más sobre la situación de la institutriz. La mujer por aquel entonces dudaba si dejar la casa para irse a vivir con su madre, ya que era víctima de habladurías por parte de otros empleados. Freud sospechó que Lucy estaba enamorada del padre de las niñas, emoción que había ocultado, y dedujo que estos sentimientos soterrados, no reconocidos, tenían la suficiente intensidad para provocar síntomas nerviosos. Lucy le confesó que, en efecto, así era, estaba enamorada del señor. Tras esta sesión de terapia, desapareció el molesto olor a harina quemada. Llegaron las fiestas de Navidad y la mujer recibió muchos regalos por parte de la familia, así como del padre de las niñas. Sin embargo, ahora, decía Lucy, la invadía un persistente olor a humo de tabaco igual de molesto.

Freud volvió a colocar su mano en la frente, la soltó e inmediatamente apareció otra escena del pasado. En el comedor, las niñas y la institutriz esperaban a que llegaran la familia y los invitados. Aquel día llegó un amigo de la familia, un contable ya anciano que, al despedirse, quiso besar a las niñas. El padre le abroncó ante toda la familia, visiblemente alterado, gritando: «¡No bese usted a las niñas!». Esta vez no recibió la reprimenda directamente la institutriz, pero sí había recibido una regañina parecida en días pasados. Una señora había besado a las niñas en la boca y el padre había hecho responsable a Lucy. Si volvía a ocurrir algo parecido, lo consideraría una grave infracción.

¿QUIÉN ERA, EN REALIDAD, LUCY?

Para algunos especialistas, Lucy, la institutriz enamorada, era una falsa identidad. Representaba en realidad a la cuñada de Freud, Minna Bernays. Como Lucy, Minna se habría enamorado de Sigmund mientras cuidaba a sus hijas, a la vez que conversaba con él sobre las dificultades de la crianza. Como Lucy, Minna habría recibido los rapapolvos de Freud por sus descuidos.

Finalmente, en el informe que Freud escribió, el caso tuvo un final feliz. Tras eliminar las alucinaciones olfativas desagradables, Lucy se sintió ligada para siempre a la casa de las niñas y a su enigmático patrón.

—Pero —le pregunta Freud—, ¿sigue usted amando al padre de las niñas?

—Desde luego, sigo queriéndole, pero ya no me atormento con eso. En el interior, una es libre. Una puede pensar y sentir lo que quiera.

Esta última modificación técnica, la sugestión basada en la presión sobre la frente, era para Freud más práctica. Le permitía que sus pacientes ampliaran la capacidad de su memoria, hallando con rapidez los recuerdos relacionados con sus traumas. Aun con estas pequeñas modificaciones, el método básico de Breuer seguía vigente. Freud pensaba que rastrear el origen de los síntomas era el camino que le conduciría a su objetivo: explorar el subconsciente. Algunos meses después Freud volvió a encontrarse con la institutriz enamorada en una estación veraniega: «Se sentía bien y no había vuelto a experimentar ningún trastorno», escribe Freud. Parece que Breuer no era el único que edulcoraba los resultados de sus tratamientos.

Por su correspondencia, también sabemos que Sigmund Freud realizaba todos los años viajes turísticos a finales de verano. Como a Nietzsche, le gustaba dar largos paseos por las montañas, muchas veces acompañado por su cuñada Minna. Según los registros de los hoteles, se alojaban juntos y reservaban una sola habitación. Mientras tanto, su mujer Martha permanecía al cuidado de los niños en Viena. Se había convertido en una madre excelente por obra y gracia de la hipnosis y les daba vacaciones al papá y a la niñera. Piensen ustedes lo que quieran, no podemos impedírselo.

BIBLIOGRAFÍA

Borch-Jacobsen, M. (Ed.) (2017). *Sigmund Freud. La hipnosis, textos (1886-1893)*. Ariel. Buenos Aires.

Freud, S. *Estudios sobre la histeria y otros ensayos.*

Freud y Jung: el yin y el yang enamorados

LA INTERPRETACIÓN DE LOS SUEÑOS LES UNIÓ

Durante toda su vida los celos y la rivalidad fueron un tema muy querido para Freud. Cuando Freud nació ya era tío, el tío paterno de un hermoso niño. Su sobrino Hans era el hijo de su medio hermano Emmanuel. Hans tenía por entonces un año más y era más fuerte que Sigmund. Ambos niños jugaban, se peleaban, se amaban y se odiaban. Por lo general, el sobrino Hans ganaba sus combates infantiles, aunque el *pequeño tío* Freud aprendió pronto a combatir, a enfrentarse a un enemigo íntimo y derrotarlo. Freud repetiría este patrón toda su vida: parecía que necesitaba a un amigo especial y lo cuidaba, pero al cabo de algunos años ese camarada fraterno se convertía en un rival a eliminar.

Carl Gustav Jung representó este papel. Al principio fue el príncipe heredero del psicoanálisis, un guerrero místico, entusiasta e imaginativo, de figura atlética y mandíbula de acero. En las fotos de la época, su cráneo rasurado semeja el yelmo de un nibelungo. A sus 25 años el joven Carl Gustav lee con entusiasmo el famoso libro *La interpretación de los sueños* y se convierte en un defensor de las teorías psicoanalíticas, impresionado por las ideas de Freud. Entre tanto, en su clínica suiza Carl Gustav Jung había ideado métodos de exploración psicológica muy ingeniosos. Entre ellos, desarrolló un test asociativo de palabras que se podía aplicar de forma sencilla en la consulta. Le presentaba una palabra al paciente y este debía contestar con la primera palabra que se le ocurriera. La reacción solía ser rápida, pero en ocasiones una palabra provocaba que el paciente quedase inmovilizado, sin saber qué decir, lo cual coincide con las teorías de Freud. El paciente parecía reprimir sus deseos, como si pretendiera ocultarlos en el inconsciente.

Por aquel entonces, Freud era persona *non grata* en los círculos científicos de Europa, aunque tenía sus seguidores. En esta situación un joven psiquiatra de Zúrich rompía lanzas por el rebelde Freud en todos los frentes, recorriendo a galope los congresos y las revistas de psiquiatría. Freud estaba encantado de contar con un médico tan diligente en sus filas y lo invitó a visitarlo. Un frío sábado de febrero de 1907, Jung corrió a reunirse con Freud. Este primer encuentro en Viena fue memorable, desde las diez de la mañana hasta la una de la tarde el psiquiatra suizo no paró de hablar. Freud le interrumpió, al fin, muy cansado, rogándole que, por favor, ordenaran la conversación por temas para aprovechar mejor el día. Tiempo después, Jung recordaba que habían hablado 13 horas sin parar. En aquellos momentos, según Jung, él había «comido del árbol del paraíso» y así había conocido la sabiduría. Fue un caso de amor a primera vista.

PRIMER MANDAMIENTO: EL SANTO GRIAL DEL PSICOANÁLISIS NO SE TOCA, QUERIDO JUNG

El Santo Grial de los caballeros de la sociedad psicoanalítica era el sexo. Los traumas sexuales infantiles eran los que producían los síntomas neuróticos, fueran cuales fueran. Los síntomas se reprimían en el inconsciente y causaban la neurosis. ¡Y punto! Para Freud, este era un dogma que no admitía discusión. La idea tiene sus paralelismos en los papiros egipcios de Kahún: fueran cuales fueran los síntomas, el culpable era el útero.

—Mi querido Jung, prométame que nunca desechará la teoría sexual. Es lo más importante de todo. Debemos asegurar que sea nuestro bastión inexpugnable.

—¿Un bastión contra qué? —preguntó Jung.

—Contra la negra avalancha... ¡del ocultismo! —contestó Freud, con verdadera rabia.

Esto significaba un puñetazo en la mesa. No cabía duda, el tema del sexo lo obsesionaba. Jung no podía estar de acuerdo, porque para él el sexo era una fuerza espiritual y pensaba que para Freud también. Pero ahora que lo tenía delante, lo veía amargado, tan dogmático como un doctor de la iglesia. La imagen del gran hombre empezaba, de forma leve, a empañarse en los anteojos de Jung.

La casa de Freud era su castillo, allí no dormía ningún invitado. Alojado en un hotel con su esposa, Carl Gustav tuvo la oportunidad de disfrutar de la hospitalidad vienesa de otras formas. Freud se presentó en el hotel con un ramo de flores para la hermosa Emma Jung. Freud lo invitó a cenar y después regresó a su labor clínica, encerrándose en su despacho porque el trabajo era sagrado.

Por la tarde conocieron a Minna Bernays, hermana de Martha, que vivía en casa del matrimonio Freud. El matrimonio Jung hizo planes para ir de compras por el centro con Minna y la hija mayor de Freud. Mientras Emma Jung ojeaba las telas, Minna vio su oportunidad, bajó la voz haciendo un aparte y le hizo una confidencia que dejó a Jung sin respuesta. Sigmund Freud estaba enamorado de ella, le confesó Minna, y compartían una relación de gran intimidad. Cuando realizaban un viaje, se alojaban juntos, como si fueran un matrimonio. Lógicamente, ella se sentía culpable... Era el marido de su hermana Martha, pero... ¿qué podía hacer? Jung decidió que lo mejor era no comentar nada, se quedó bastante chocado, no sabía qué pensar.

JUNG, EL CONQUISTADOR DEL SEXO LUMINOSO

Por su parte, Jung se había casado a los 28 años con una joven de 23 años muy atractiva, Emma Rauschenbach, a la que conocía desde que tenía 17 años. Era una chica muy inteligente, de ojos vivos y cálidos, la compañera perfecta para Jung. Durante el noviazgo, Emma tuvo que cuidar de su padre, enfermo de sífilis. Este era un rol muy frecuente en la época, las hijas como cuidadoras de enfermos en la casa familiar, enfermeras semiprofesionales a tiempo completo, aunque sin sueldo, por supuesto. Jung se veía cercado por problemas económicos. No paraba de acumular deudas mientras investigaba y dedicaba su tiempo a profundizar en sus poco lucrativas historias clínicas. Gracias a Dios, tras su boda Jung logró una estabilidad económica considerable. La fortuna familiar de Emma servía de colchón. En muchas fotos de la época se aprecia que la cintura de Jung se había aburguesado y redondeado considerablemente.

Por encima de todo, a Jung le gustaba gustar, galanteaba sin parar y era muy vanidoso. Frente al espejo, estudiaba poses de persona interesante, frunciendo los labios, esbozando una media sonrisa y una mirada esquinada. De inmediato las pacientes percibían la exuberante presencia de Jung, no importaba la edad que tuvieran. Hasta las mujeres mayores se sentían bajo el cálido foco de la seducción. Para Jung, el amor y el sexo eran asuntos místicos, luminosos y, aunque la tierna Emma le proporcionaba una tierra llena de nutrientes, él, un seductor compulsivo, no podía renunciar a las aventuras.

En aquella primera ocasión en la que se encontraron, Jung se sentía transportado al séptimo cielo. Iluminado interiormente, estaba fascinado por Freud como científico y como persona, y no se recataba en confesarlo a través de efusivas cartas: «Mi veneración por usted tiene el carácter de un enamoramiento religioso». En el momento cumbre del enamoramiento, las grietas, los defectos del carácter y las amenazas para la relación pasan desapercibidas, al menos conscientemente.

Emma Jung hacia 1911.

LO PARANORMAL: UN LIBRO LOS UNIÓ
Y UNA BIBLIOTECA LOS SEPARÓ

Carl Gustav Jung era tan creativo que, por comparación, Freud le resultaba un científico excesivamente ortodoxo y... ¡positivista! Las primeras investigaciones de Jung se habían dedicado a los fenómenos ocultistas. Así que, después de la última reunión, Jung se había quedado con ganas de escuchar las opiniones del maestro Freud sobre parapsicología. Aun después de un día entero hablando a borbotones, habían quedado cabos sueltos. Dos años después del primer encuentro, Jung regresó a Viena y, sin poder contenerse, se atrevió a preguntar al maestro su opinión sobre los fenómenos parapsicológicos.

—Querido Jung, no debe insistir por ese camino. Son cosas absurdas —afirmó Freud, de forma tajante.

—Sigmund, por favor, piénselo. ¿No se trata de un prejuicio materialista? —rogó Jung, visiblemente alterado.

—¡Bah, no le dé tanta importancia! —pidió Freud, un tanto displicente.

Mientras Freud exponía sus argumentos, Jung se vio poseído por una fuerza telúrica, numinosa. Sintió que su diafragma se convertía en hierro y se ponía incandescente.

—¿Le ocurre algo? —preguntó Freud, que no le daba ninguna trascendencia al tema—. Le noto extraño.

En ese momento, la biblioteca que había junto a ambos psicoanalistas crujió de forma violenta. El chasquido de la madera los asustó y, por un momento, pensaron que el mueble se les echaba encima.

—Esto ha sido un ejemplo de exteriorización de los fenómenos catalíticos —aseguró Jung, convencido.

Jung quería decir que era algo así como la manifestación de energías telúricas, espirituales, de las que flotan en la atmósfera sin que las notemos.

—¡Bah —dijo Freud, despreciando la afirmación—, esto sí que es absurdo!

—¡Pues no! —le respondió Jung—. Se equivoca usted, señor profesor. Y, para probar que llevo razón (y que estas fuerzas están aquí presentes), ahora mismo le predigo que volverá inmediatamente a oírse otro crujido.

Freud sonrió, estaba claro que no se creía ni una palabra. En ese instante, Jung volvió a oír cómo la biblioteca crujía, como si se quejase amargamente, como si un dolor alojado allí necesitase anunciar su presencia. Freud ya no sabía qué decir y miraba a Jung fijamente. Jung tampoco sabía qué decirle. La desconfianza se había interpuesto entre los dos. Jung se sentía culpable, como si él fuera responsable de haber invocado a energías oscuras en su favor, invitándolas a levantarse contra el maestro. Nunca más volvieron a hablar de aquello. Todo lo que sabemos de aquella misteriosa entrevista se debe a las memorias y recuerdos posteriores de Jung. Freud nunca mencionó el incidente, por lo que no sabemos si lo percibió de la misma forma que Jung. Por cierto, la biblioteca que crujía, único testigo presencial, también ha permanecido muda desde entonces.

Sigmund Freud hacia 1905.

EL CRUCERO A NUEVA YORK, SIETE SEMANAS Y MEDIA DE ANÁLISIS DE SUEÑOS

En el centro de Europa el psicoanálisis daba pasos de gigante y, conforme prosperaban en el viejo, los psicoanalistas se prepararon para el asalto del nuevo mundo, lo cual significaba cruzar el charco. En agosto de 1909 un grupo selecto de psicoanalistas partió de Bremen en el transatlántico *George Washington*, rumbo a Nueva York. El crucero era la oportunidad de reencontrarse. Los dos colosos del psicoanálisis iban a permanecer juntos 24 horas al día durante siete largas semanas, por lo cual podrían psicoanalizarse mutuamente. Por entonces jugaban el rol de padre e hijo, de rey y príncipe heredero. Los sueños de Jung eran tan complejos que el propio Freud no se sentía capaz de descifrarlos, aunque Jung intentaba ser lo más sincero posible:

—Me encontraba en mi casa, a pesar de lo cual me resultaba desconocida. Yo me hallaba en la planta superior, en una sala decorada con muebles antiguos de estilo rococó y valiosos cuadros.

«¿Esta mansión podía ser mía? ¿De verdad? ¡Pues no estaba nada mal!», pensaba Jung durante el sueño. A pesar de que se trataba de su casa, Jung no sabía qué aspecto tenía la planta inferior.

—Descendí las escaleras. En la planta baja todo era mucho más antiguo aún. Esta parte pertenecía aproximadamente al siglo xv o xvi. El mobiliario era de la Edad Media; el pavimento, de ladrillos rojos. Todo estaba algo oscuro.

—¡Hum! —murmuró Freud.

—Escúcheme, Sigmund. Yo iba de una habitación a otra y pensaba: «¡Ahora debo explorar toda la casa!». Llegué a una pesada puerta y decidí abrirla. Una escalera de piedra conducía al sótano. Me hallé bajo un techo abovedado de piedra. Intercaladas entre las piedras del muro había capas de ladrillos; la argamasa también contenía trozos machacados de ladrillos. Me estremecí. Sobre las baldosas del pavimento sobresalía un anillo. Al tirar de la argolla, se levantó la losa. Nuevamente apareció una escalera, compuesta por peldaños de piedra muy estrechos que conducían hacia el fondo. Llegué a una pequeña gruta. En el suelo había grandes cantidades de polvo, huesos diseminados y vasijas rotas. Parecían los restos de una cultura primitiva… Creo que entonces desperté.

—¿No había nada más? Piénselo bien…

—Descubrí dos cráneos humanos semidestruidos que me parecieron muy antiguos.

—¿Qué pensaba usted sobre los cráneos? ¿Y de quién podían proceder?

—No lo sé.

—Busque algún deseo sobre estos cráneos —solicitaba Freud.

—¿Los cráneos? No me sugieren nada deseable.

—Inténtelo, por favor, Carl. Un deseo relacionado con ellos.

Al pobre Jung no se le ocurría ningún deseo que pudiese involucrar a los polvorientos cráneos. No le provocaban ningún deseo, con franqueza. Se quedó en silencio, pero Freud no se daba fácilmente por vencido.

—Por favor, Carl. ¿Qué desea al verlos? ¿Qué piensa cuando ve los cráneos?

Freud insistía tanto que Jung buscó una mentira para satisfacerle, pues en aquel momento Freud era una figura paterna esencial para él.

—Quizá, en mi mujer y mi cuñada... —mintió Jung.

—¡Ajá! —Freud se sintió aliviado.

Una vez más, su teoría se veía confirmada, el deseo de tener a ambas como esposas era evidente en Jung. En el sueño ambas hermanas estaban ocultas en el sótano, bajo la apariencia de dos cráneos, y ambas aparecían desnudas a nivel simbólico. ¿Qué símbolo puede representar mejor la desnudez que una calavera monda y lironda? Esas dos mujeres no se lo estaban poniendo fácil a Jung para poseerlas a ambas... ¡Y su instinto sexual se transformaba en agresividad! ¡El instinto salvaje e inconsciente de Jung las mostraba destruidas y enterradas!

EL DÍA QUE FREUD ESCONDIÓ
LA CABEZA BAJO LA TIERRA

Luego tocó invertir las tornas, ahora Freud contaría lo que había soñado y Jung lo interpretaría. Como casi siempre, Freud se sentía temeroso de desnudarse ante un discípulo. En el desayuno, apareció ceñudo, sin ganas de hablar. Otra vez mostraba su cara menos amable, cubierta por una pátina de amargura. Aquella madrugada había tenido un sueño muy sugerente que involucraba a tres personas: el propio Freud, su esposa Martha y su cuñada Minna. Para Jung, llegaba la ocasión de desquitarse, se frotó las manos y apuró el café.

Cautelosamente, Jung preguntó si era verdad lo que se decía, si podía indagar en lo que se iba comentando por ahí sobre su vida privada... (Si era cierto aquello, según lo que sabía Jung, no es que el sueño fuera explícito, era lo siguiente): Llegó el momento idóneo para que Freud se sincerase, para que su relación mutua se estrechara.

—Lo siento, querido Jung. No puedo añadir nada más.

—¿No quiere llegar al fondo de la verdad?

—Hay cosas más importantes que la verdad.

—¿Cómo qué?

—Podría decir algo más, pero no quiero poner en peligro mi autoridad —dijo Freud, con un brillo intenso en los ojos.

Era la mirada típica de Freud, que lo taladraba a uno. «No es justo», pensó Jung. «¡Yo le he contado todo y él se calla, ocultándose como un avestruz! No quiere arriesgar su autoridad... ¿Qué autoridad? ¡Para mí ya la ha perdido!». Freud se alejó hasta la borda, inclinándose para contemplar el Atlántico, que se extendía hasta el horizonte.

Freud y Jung en Estados Unidos.

La frustración de Jung era doble. Además de cerrarse en banda, Freud no había atinado a decirle nada pertinente sobre su sueño de la casa. Con el tiempo, aplicando su propia capacidad de análisis, Jung tuvo que buscar la interpretación adecuada por sí mismo. La casa representaba la *psiquis* de Jung. La sala de estar era su conciencia, pues tenía signos de estar habitada. La planta baja representaba el inicio del inconsciente, lleno de reminiscencias de épocas pasadas, de estados de conciencia ocultos. La planta inferior significaba la Edad Media, el sótano la época romana y la gruta la prehistoria, donde el alma humana se une a los espíritus animales que la habitaron. El inconsciente de cada hombre contiene restos de mitologías y culturas antiguas.

Por tanto, Jung vio este sueño como una clara señal de que existe un inconsciente colectivo, compuesto por símbolos comunes a todos los seres humanos. Entre estos símbolos heredados, Jung destacaba los *arquetipos*, patrones universales que cualquiera puede reconocer, como el sabio, el rebelde, el héroe o el mago.

DESMAYOS SOSPECHOSOS Y EROTISMO HOMOSEXUAL

Jung era el presidente de la Asociación Psicoanalítica Internacional, es decir, el máximo dirigente del movimiento psicoanalítico. No obstante, por encima de todos, en la cúspide de la pirámide, se situaba Freud como fundador y guía del movimiento. A pesar del fulgurante inicio, la relación tuvo sus altibajos, dado que sus personalidades no podían ser más diferentes, tanto en lo personal como en lo intelectual. Carl Jung era un tipo lleno de vitalidad, muy extravertido, y en los descansos de los congresos contaba chistes vulgares que escandalizaban a los cultivados psicoanalistas de Viena. Sin rubor alguno, Jung entonaba canciones alemanas, alegrando las reuniones con su sonrisa amigable y espontánea. En cambio, Freud era un hombre aferrado a la necesidad de controlarlo todo, muy sistemático en sus comportamientos, y se identificaba con la figura del padre vigilante.

En lo intelectual, Freud, el libertador sexual de la burguesía, se había convertido en un defensor a ultranza de la ortodoxia psicoanalítica. La teoría empezaba a fraguar, adoptando una forma rígida, un código cerrado sobre sí mismo. En aquellos momentos se estaban escribiendo los textos sagrados, expurgando los apócrifos y seleccionando los mandamientos. Flotaba en el aire la sensación de que el edificio se estaba fundando. Frente a Freud, Jung no era un guardián de las esencias, ni mucho menos, sino más bien un verso libre.

Al negarse a considerar los traumas sexuales y el incesto como un dogma de fe, como el pecado original que generaba todas las neurosis, Jung creía ampliar los límites de la sexualidad. Para él no era un impulso negativo en absoluto, sino que la entendía como una energía mística de carácter potencialmente muy positivo. La mente humana no podía renunciar a la exuberancia de la floración sexual. Al contrario, podía expandirse utilizando la fuerza vital del sexo, que se enriquece con la presencia de símbolos culturales e históricos. Debido a estas creencias, Jung se salía de la raya, una línea gruesa que Freud había trazado con su tiza en el suelo. Sus ideas lo convertían en un hereje, en un traidor. La sombra de Su Majestad Freud vigilaba cada movimiento del mariscal Jung. Fue la propia esposa de Jung, Emma, quien lo delató sin pretenderlo. Deseosa de una componenda, escribió una carta en secreto a Freud en la que rogaba y le confiaba sus esperanzas de que la relación entre maestro y discípulo no se deteriorase. Sin saberlo, Emma había escrito una confesión implícita del distanciamiento de Jung. Al recibir la carta de Emma, Freud confirmó sus sospechas: «¡Ajá! ¿Entonces, estamos peleados?».

La desconfianza mutua iba *in crescendo*. La hostilidad es una emoción contagiosa y todo el mundo podía percibirlo. Aun así, Freud intentó reconducir al hijo pródigo al rebaño, sabiendo que el rival y el amigo se mezclaban siempre para él en una sola persona. El rival que competía por el amor paterno había sido al principio el viejo sobrino Hans. Esta vez, los dos cabecillas se encontraron en Múnich, con ocasión de un congreso donde tuvieron oportunidad de aclarar sus desavenencias. Cada vez que se reunían, Freud disfrutaba haciendo que Jung bebiese vino, a pesar de que Jung era un contumaz abstemio. Al final, ante la insistencia de Sigmund, el vino acabó calando en el alma de Carl Gustav. Esa noche Freud disfrutaba de su triunfo. Las sesiones habían ido muy bien y había logrado que la oveja descarriada regresara al corral. En el transcurso de la velada, el maestro sufrió un desmayo, Jung lo tomó en sus brazos sin esfuerzo y lo depositó en un lecho próximo, donde Freud pudo ser atendido. Durante los días que siguieron, el paladín suizo se interesó con delicadeza por la salud del querido maestro.

No era la primera vez que Freud se desmayaba ante Jung o estando Jung presente. Todos los psicoanalistas reunidos allí, con Ernest Jones a la cabeza, tomaron buena nota de este hecho. De acuerdo con una teoría que no renuncia a sacar punta a los hechos banales, los psicoanalistas presentes concluyeron que Jung ejercía un influjo poderoso sobre Freud. Inevitablemente, las envidias brotaron como una hiedra salvaje y empezaron a estrangular el brillo de Jung. En lugar de acercarlos, el incidente los separó. Puesto al tanto de los comentarios, Freud se quedó muy preocupado, pensando que detrás de estos repetitivos desmayos tal vez se ocultaban posibles sentimientos homosexuales. El liberador sexual no se sentía cómodo con este tipo de situaciones, bajo este tipo de sombras. Poco tiempo después, Freud le escribió una carta formal a Jung donde daba por finalizada su relación personal. Durante sus respectivas vidas, Freud y Jung nunca volverían a verse. El rival había sido decapitado de forma fulminante, como hacía Enrique VIII con sus esposas rebeldes.

EL SECRETO MEJOR GUARDADO DE FREUD

Freud pensaba que había sido un gran defensor de la libertad sexual. Sin embargo, él no había hecho uso de esa libertad que preconizaba en el ámbito teórico. Tal vez había aprovechado algo, una chispita, pero solo dentro de los límites en los cuales se lo podía permitir, en los pasillos estrechos de un círculo social muy reducido, no como otros. Respecto a Jung, se difundían todo tipo de rumores acerca de conquistas femeninas de todos los colores. De Wilhelm Reich se decía que llegaba a propasarse con las pacientes en sus toqueteos, con el pretexto de abolir sus contracciones musculares. Fritz Perls no era más que un obseso y un degenerado, como buen discípulo de Reich. Aquí radicaba uno de los problemas; para un psicoanalista, gran parte de su entorno social estaba constituido por sus pacientes y ellas podían resultar presas fáciles, dada la transferencia de sentimientos durante la terapia. Precisamente Freud no era propenso a caer en esta trampa, al contrario, él la había puesto de manifiesto. Fue el primero en señalar que había que vigilar los sentimientos, estar alerta cuando iniciaran sus vuelos, ya se lo había advertido en su día al viejo Breuer.

Por el momento el tema quedó aparcado. Su vida familiar fue adquiriendo formas rutinarias, pautas estables que le permitían dedicarse en exclusiva a su labor profesional. Su esposa Martha y su cuñada Minna realizaban las tareas domésticas y cuidaban de los seis niños. En los años que siguieron, Freud fue adoptando otras costumbres que le daban un respiro. Cuando llegaba el verano, Freud amaba viajar y recorrer senderos de montaña, provisto con su bastón, sus pintorescos trajes de chaqueta, buenas botas y sombreros de ala ancha. En estas excursiones, Freud solía ir acompañado de su cuñada Minna. Si se daba el caso de que Minna no podía viajar, Sigmund le escribía cartas, manteniéndola al tanto de todos los detalles del viaje. La consideraba una compañera estupenda y su confidente más próxima. Minna disponía de una cultura amplia y una amena conversación; su expresión era vivaz y divertida. Por su temperamento, a ella le resultaba sencillo proporcionarle comprensión y calor emocional. En el plano intelectual, Minna podía discutir aspectos de su trabajo y compartir el sentido del humor de Sigmund. De forma progresiva, adquirió el rol de segunda mujer.

DIECISÉIS HORAS DE TRABAJO AL DÍA. ¿QUIÉN DA MÁS?

Para los fieles del psicoanálisis, tales insinuaciones son burdos intentos de ensuciar su imagen. Freud era una persona obsesionada con su trabajo médico. No, él no tenía tiempo para estas diversiones. Entre la consulta y las distintas obligaciones, se pasaba el día inmerso en papeles y casos clínicos, desde las ocho de la mañana hasta las ocho de la tarde. Tras acabar sus responsabilidades, se tomaba un breve refrigerio, pero el cerebro de Freud seguía funcionando a todo vapor. Freud nunca se acostaba antes de las dos o tres de la madrugada, tenía la costumbre de escribir de forma compulsiva en su despacho todas las noches, y de ahí su prolífica obra. No hubiera podido disponer ni del más mínimo resquicio para otras cosas que no fueran sus teorías y su «psicoanálisis». Casi todas las personas que alcanzan un gran nivel en su disciplina científica presentan un patrón similar: suelen ser trabajadores infatigables.

No obstante, además de las habladurías, hay quien ha subrayado otras señales. Por aquellos tiempos, algunos cambios en la vida familiar supusieron la reorganización de los dormitorios. Hay quienes han visto estas mudanzas como indicios de la cercanía entre Minna y Sigmund, aunque, siendo rigurosos, tales cambios domésticos no serían admitidos como prueba ante ningún tribunal, no acreditan nada, ningún tipo de relación. La única prueba fehaciente, si la hubiera, se encontraría en la abundante correspondencia entre ambos. La escritura para Freud era una droga, reflejaba una necesidad casi física de volcar sus pensamientos. Desgraciadamente, ningún investigador ni historiador ha podido acceder a la totalidad de la correspondencia. Muchas cartas han desaparecido de los archivos. ¿Por qué desaparecieron las cartas cruzadas entre Freud y Minna? ¿Qué importancia podrían tener? Por otro lado, ¿quién podría estar interesado en que se esfumaran por arte de magia?

Freud había explorado los escondrijos donde se refugiaban los instintos sexuales, las guaridas del deseo. Contaba para ello con muchas pacientes. Sin embargo, es evidente que había recurrido también a la revisión de su propio inconsciente. Él mismo indicó la

La familia Freud con Minna y Martha en el centro de la composición.

importancia de psicoanalizarse como primera medida. Para tener un conocimiento profundo del impulso sexual, uno tenía que sondear los propios demonios interiores. Y los de aquel niño, *Sigi*, que había archivado la imagen de su madre desnudándose en un tren, prometían ser abundantes y perversos. En otras palabras, no solo sus pacientes guardaban secretos, deseos inconfesables.

Cierto, no hay pruebas, pero Jung no necesitaba ninguna prueba, lo daba por hecho, tenía imaginación de sobra. *Sigi* se había hecho hombre, y sin duda este hombre adulto albergaba toda una serie de impulsos, un *pandemónium* de deseos que le permitían intuir la presencia de demonios análogos en otros seres humanos. No es creíble que un individuo poco sexual hubiera armado una teoría tan intensa, tan cargada de tensión sexual no resuelta.

A Jung le bastaba con tomar conciencia de la situación e ir llegando a sus propias conclusiones. Por entonces, ya había desaparecido toda muestra de estupor, si es que alguna vez la hubo, más allá de la sorpresa inicial. Lo veía como un arreglo bastante conveniente para un hombre con altas exigencias profesionales. De alguna forma, en el futuro, si se daba el caso, a Jung no le disgustaría emular la implícita estructura familiar de Freud. Para Jung, una pareja de tres resultaba mucho más atractiva, heterodoxa y gozosa, frente a la aburrida, oficial y explícita fotografía del matrimonio de toda la vida. Para Jung, la vida sexual constituía una fuente de alegría, de experiencia, de enriquecimiento espiritual. En absoluto le desagradaba la idea de una familia con dos esposas, de esta forma cada una podía aportar un tipo de energía.

BIBLIOGRAFÍA

Bair, D. (2003). *Jung: A Biography.* Boston: Little Brown & Company.
Jones, E. (1953, 1955, 1957). *Vida y obra de Sigmund Freud,* Volumen I, II, III. Libros básicos. Nueva York.
Jung, C. G. (1963). *Recuerdos, sueños, reflexiones.* Vintage. Nueva York.
Gay, P. (1988). *Freud, a life for our time.* Norton. Nueva York.

Las fantasías sadomasoquistas
de Anna Freud

Sigmund Freud estaba preocupado por su hija menor, su pequeña Anna, su Anita, su *Annerl*... ¿Qué le ocurría a este demonio de niña? ¡Tan inquieta y caprichosa! Y, por si fuera poco, huidiza en público.

Durante su infancia esta hija de Sigmund Freud, Anna Freud, fue una ovejita díscola a la que Freud denominaba mi «demonio negro». En su adolescencia fue una joven «problemática», enfermiza, inestable. Sin embargo, este pequeño demonio, esta chica descarriada y poco sociable, en su madurez se convertiría en la mejor guardiana del psicoanálisis ortodoxo, al que dedicó toda su vida. Sistematizó algunos aspectos del psicoanálisis y nunca se separó de su padre. Incluso lo cuidó, haciendo de enfermera y madre en sus últimos años, cuando ya Freud padecía una grave enfermedad. ¿Cómo se produjo este cambio radical? Anna quiso psicoanalizarse con su padre en el otoño de 1918, cuando tenía 22 años, y Freud accedió a psicoanalizarla. Anna Freud empezó a asistir a las sesiones de la sociedad psicoanalítica y acabó siendo una figura del psicoanálisis infantil.

¿Qué ocurrió durante aquellas sesiones? En cierto modo, se trata del éxito más espectacular del psicoanálisis freudiano: la transformación de su propia hija, una adolescente díscola, en una estrella de la psicología internacional. También es verdad que este tipo de milagros no son tan infrecuentes en las familias burguesas: es el paso de la rebeldía a la madurez.

ANNA, HIJA REVOLTOSA, DEMONÍACA Y ANORÉXICA

Anna Freud fue una hija tardía. Cuando nació, en 1895, Sigmund Freud y Martha Bernays tenían ya cinco hijos. Tras cinco partos, Martha se hallaba en un estado de postración. Con cerca de 40 años, Freud estaba focalizado en su carrera, aproximándose a velocidad de crucero al éxito como clínico. Poco antes de nacer Anna, había publicado sus *Estudios sobre la histeria*, el libro que da origen al psicoanálisis. El psicoanálisis fue un hijo deseado y querido, mientras se piensa que Anna fue una hija no buscada, fruto de un *coitus interrumptus* (que, obviamente, no fue interrumpido).

La familia suponía que la pequeña Anna, la niña revoltosa, tenía celos de su bella hermana Sophie, la favorita de la madre. Las fotografías en blanco y negro dan fe de la belleza espléndida de Sophie y Anna creció a la sombra de esta estrella. Después de estudiar en el Liceo de Viena para obtener el título de maestra de primaria, la salud de Anna se resintió. Fue enviada a un balneario en Merano (Italia), la típica solución de la burguesía adinerada. En aquel momento, Freud pensaba que su hija sufría por causa de la fatiga nerviosa. En sus cartas, Anna se muestra sumisa y deseosa de agradar:

> Hoy es el día que me peso de nuevo y esta semana he subido otro kilo, que es realmente mucho, para que pueda usted ver que estoy realmente haciendo todo lo posible con la comida... También me he vuelto mucho más sensata desde que estoy aquí... pero no es posible que se den ustedes cuenta desde tan lejos.

De forma explícita, se muestra la dependencia afectiva de la hija respecto al padre. Entre líneas, se aprecian demandas de mayor cercanía y cuidado. La extrema preocupación por el peso sugiere una anorexia incipiente, como si la niña buscara llamar la atención de los padres... En el fondo algo inquietaba a la joven, esta duda flotaba en el ambiente familiar.

LA FEMINIDAD VICTORIANA Y LOS PRETENDIENTES DE PENÉLOPE

La correspondencia entre Sigmund Freud y su hija Anna resulta decepcionante para muchos, no destapa nada escabroso, solo revela la actitud protectora del padre. Sin embargo, en cierta forma, esta actitud de Freud, que se consideraba un libertador sexual tan bravo como Espartaco, es muy significativa. En la familia Freud funcionaban los mismos mecanismos de control que en cualquier familia burguesa de la época. Las hermanas de Freud estaban destinadas al ámbito familiar, igual que sus tres hijas, y todas ellas se habían ido casando a su debido tiempo. Para ellas no regía la promesa de la liberación sexual. Sin embargo, Anna, *Annerl*, la niña traviesa y poco diligente, no deseada, debía luchar contra esta visión tradicional y construir ella misma su rol. Tenía un perfil de adolescente intelectualizada y perfeccionista. Cuando Freud le preguntó qué joyas quería como regalo, ella respondió, con sutileza, que prefería algún complemento para su escritorio, toda una declaración de intenciones.

Pero, ¿qué le pasaba en el fondo a Anna? ¿Qué demonios le ocurría a esta niña? Freud notó que rechazaba a los hombres, que no se interesaba por ningún pretendiente de su edad, cosa extraña en Viena, la ciudad de los valses, las presentaciones en sociedad y las jovencitas debutantes. Estando así las cosas, con 18 años Anna Freud visitó Londres. El psicoanalista Ernest Jones se encargó de recibirla y cuando empezó a hacer la corte a la joven Anna, Freud se puso en guardia: «Anna está alejada de los deseos sexuales y rechaza a los hombres», le dijo Freud a Jones. «Ella se asusta como una niña de cosas que no asustarían a una mujer», pensaba. Jones lo tranquilizó: «Esta chica está terriblemente apegada a usted». Todos parecían percibir su fijación con el padre.

Sigmund Freud reservaba su artillería pesada para Anna. Le escribió una larga carta en 1914, previniéndola contra Ernest Jones: «El Dr. Jones es, como sabes, un amigo mío y un colaborador muy valioso». Pero «...*no es el hombre apropiado* para una mujer de naturaleza refinada». Jones era un hombre rudo, hecho a sí mismo, por lo que Freud le aseguró que «descuidó el aprendizaje del tacto y las delicadas consideraciones que *una muchacha tan mimada, y además tan joven y algo frágil,* esperará de su marido».

En esos momentos Ernest Jones ya había cumplido 35 años, así que necesitaba una mujer experimentada, incluso mayor que él, le aconsejaba Freud. Para más *inri*, Jones es un hombre separado de su primera mujer. A pesar de tantas precauciones y paños calientes, no había nada que temer, señor Freud. Jones no resultaba una pareja factible a los ojos de Anna. En suma, el señor Freud, el revolucionario, quedó retratado como un padre de provincias que buscaba el pretendiente más aseado para su niñita pequeña.

EL PSICOANÁLISIS DE ANNA FREUD: FREUD PEGA A UN NIÑO

Los consejos de Freud sobre el matrimonio de Anna trazan la figura de un padre convencional, chapado a la antigua. Freud tenía 65 años y Anna le rogó prácticamente de rodillas regresar al núcleo familiar y ser atendida en forma clínica, lo que sucedería a partir de 1918. «Seré más razonable si tú puedes ayudarme», le escribió Anna.

Ante su insistencia no quedó más remedio, Sigmund Freud inició el psicoanálisis de su hija. Él se tomaba muy en serio su trabajo terapéutico y dedicaba seis sesiones semanales a profundizar en las fantasías de Anna. Muy pronto Freud encontró una primera sorpresa, puesto que, entre los cinco o seis años, antes de ir al colegio, Anna comenzó a tener una fantasía: «Una persona mayor pega a un niño». Según Freud, el adulto que castiga representa al padre, lo que significa que el niño reclama para sí todo el amor del padre. Para Freud, esto era lógico, ya que el amor incestuoso hacia el padre se oculta en el subconsciente. En lugar de este amor inconfesable, en la conciencia aparece el padre pegando.

«La fantasía de flagelación —pensó Freud—, es muy frecuente». No obstante, los recuerdos de Anna eran muy fragmentarios y, además, le costaba hablar de un tema que venía envuelto en sentimientos de vergüenza. Freud tuvo que vencer esta resistencia, insistir y arrancarle cada detalle. ¿Solo había un niño? Luego aparecieron otros adultos que pegaban a otros niños. El significado escondido sería el mismo: «Mi padre solo me quiere a mí». Por eso, son otros niños los que reciben su cólera: un hermano o hermana, un rival en la lucha por el cariño del padre. ¿La bella hermanita mayor?

FANTASÍAS DE AMOR SADOMASOQUISTA: EL CABALLERO TORTURA AL JOVEN

¿A qué se debía la resistencia de Anna? Naturalmente, estaba ocultando muchas cosas. Freud podía sospecharlas, pero no las oía de la boca de Anna. Este pudor es comprensible, teniendo en cuenta que el analista era su padre. Fue la propia Anna la que reveló posteriormente en sus escritos, de forma velada, la intensidad erótica de las visiones.

Mientras ella imaginaba que pegaban a los niños, las escenas eran muy vívidas, los golpes sobre la piel, los chasquidos, el dolor arrancado pedazo a pedazo... todo esto se intuía, pero nunca fue verbalizado por Anna durante el análisis. Cada vez que revivía su fantasía, siendo aún niña, las ensoñaciones iban acompañadas por una fuerte excitación sexual. Durante varios años, Anna hizo muchos intentos por abandonar la masturbación sin conseguirlo. Para su moral victoriana, las fantasías de flagelación personificaban todo lo feo, lo prohibido y depravado...

Durante sus años preadolescentes Anna combatió sus impulsos. Entre los 8 y 10 años ella comenzó a elaborar una nueva clase de fantasías: «cuentos agradables, bonitos». Freud vio sorprendido que Anna se liberaba en esta fase de la terapia y hablaba sin parar, con gran espontaneidad. Le proporcionó descripciones detalladas de sus fantasías, se regodeaba en ellas, en las *historias bonitas*. Veamos una de ellas, creada cuando Anna tenía 15 años:

El Caballero torturador

Un Caballero medieval estaba en lucha contra un grupo de nobles rebeldes. En una batalla, capturó a un joven noble de 15 años. Lo recluyeron en un castillo, donde el Caballero lo amenazó con torturarlo en el potro. A punto de alzar la mano, el Caballero desistió. Lo encerró en la mazmorra del castillo y allí casi lo mató. Antes de que fuera demasiado tarde, lo devolvió a la vida del castillo. El prisionero se recuperó, por lo que el Caballero volvió a pensar en torturarlo, pero de nuevo abandonó.

Hasta aquí las *fantasías bonitas* eran similares a las anteriores, en las que pegaban a los niños. El goce fantástico se obtiene de la amenaza de una tortura terrible, de las penalidades que van a llegar, pero la tortura no llega a materializarse y el joven se libra siempre en el último momento. La historia continúa con buenas noticias:

Un día, el joven prisionero cruzó de modo accidental los límites del castillo. El Caballero lo persiguió y capturó de nuevo, pero, en lugar de hacerle daño, empezó a otorgarle un favor tras otro. Otras veces, el joven era sometido a pesados trabajos. Esto servía para acrecentar el deleite que le proporcionaban algunos lujos que le concedía el Caballero. Y aquí llegaba la solución del conflicto. Por fin, el Caballero concedió el perdón al joven pecador. Se produjo la reconciliación entre los dos protagonistas. El prisionero ya no quería huir del castillo. Esto sugería el comienzo de una gran amistad.

El punto culminante llegaba para Anna cuando el torturador se volvía amable y la excitación se tornaba en un sentimiento de placer. En estas historias, el trato afectuoso sustituía al castigo, el vínculo afectivo se había sublimado: se había transformado en un vínculo puro, tierno y emocional.

Un plácido paseo de Anna con Freud.

REENCONTRÁNDOSE CON LA VIDA REAL

Anna decidió poner por escrito su fantasía privada y la transformó en una comunicación para otros. Deseaba agradar, causar una buena impresión a los demás y, al hacerlo, estaba renunciando a su placer privado, secreto. Pasó de una actividad solitaria a una social.

Armándose de valor, Anna presentó los resultados de su análisis en la Sociedad Psicoanalítica. La misma Anna, antes tan remisa en las presentaciones de jóvenes debutantes, ahora se desnudaba en público. No dejaba de protegerse con muchos velos, pues la joven paciente permanecía en el anonimato. A partir de este debut, Anna Freud brilló con orgullo en las reuniones de los psicoanalistas, en el círculo de los elegidos, entre Sigmund Freud, Karl Abraham, Sandor Ferenczi, Ernest Jones, Otto Rank, Lou Andreas Salomé y otros prestigiosos terapeutas.

El orgulloso papá Sigmund no podía estar más satisfecho, la hija díscola se lo había puesto en bandeja y le había ayudado a confirmar su teoría, sobre todo la más querida de sus hipótesis, el complejo de Edipo y de Electra. El niño o la niña se encelan con su padre o madre, lo adoran, lo quieren para ellos solos. Después, reprimen este impulso en el subconsciente. Si quieren progresar en la sociedad, transforman esta energía en una identificación positiva con el padre: «Yo quiero ser como él». Anna es un ejemplo de este proceso de maduración, porque ella completaría este tránsito con la sublimación final: adoptando el modelo del padre y haciéndose psicoanalista.

Gracias al proceso de *sublimación*, los instintos reprimidos por su naturaleza agresiva o sexual se transforman en otros socialmente aceptables. Por fin, el joven se había reconciliado con el Caballero, el severo castigador de su infancia, había obtenido su aprobación. Desde este momento, aceptada en la orden de los caballeros, Anna se convertiría en la más celosa sirvienta de su padre, organizaría sus ideas, adoptaría un rol activo en el movimiento psicoanalítico y se batiría contra muchos enemigos del psicoanálisis. El prisionero había ingresado con honores en la Tabla Redonda y pasó a ser el más fiel de los guerreros.

LA INVASIÓN NAZI Y EL DESTIERRO
DEL CABALLERO

Desde 1923, un sufriente Freud padecía un cáncer de paladar, un dolor crónico que podía ser el causante de su creciente mal humor. Su biógrafo Jones escribió que Freud era una persona bondadosa, pero que en la última etapa de su vida se encerró en sí mismo, mostrándose reservado aun con sus amigos más íntimos, sobre todo en cuestiones personales. En especial, su vida sexual era un tema tabú.

En marzo de 1938 Hitler se anexiona Austria. Freud es un hombre enfermo y envejecido, que no quiere abandonar su querida Viena. Ernest Jones decide convencer personalmente al cabezota de Sigmund Freud. Desde Londres Jones voló a Praga y desde allí tomó una avioneta hasta Viena, jugándose el pescuezo cuatro días después de la invasión nazi. Jones decidió visitar la editorial de Freud para hacerse una idea de la situación. Los nazis habían tomado el edificio y arrestaron al propio Jones, pese a sus protestas británicas. Estaba claro que los nazis se habían envalentonado, pero, tras una hora de humillaciones, lo dejaron en libertad.

Sin más dilación, Jones se dirigió al domicilio de Freud. Una patrulla de las SA había tomado la casa, en el comedor principal había dos o tres nazis curioseando. En tono cortés, Martha les preguntó a los señores si querían tomar asiento, si querían tomar algo... Como quien no quiere la cosa, sobre la mesa depositó la caja donde guardaba el dinero para los gastos de la semana. Aquellos buitres daban vueltas por todos lados con absoluta desvergüenza, por lo que Anna les ofreció un botín mayor. Los llevó a una habitación y abrió la caja fuerte, donde aparecieron todos los ahorros de la familia, unos 6.000 chelines austríacos. Los nazis se disputaban ya el reparto del botín cuando hizo su aparición una figura masculina, un hombre mayor y delgado.

ANNA FREUD, DETENIDA POR LA GESTAPO

En contraste con la delgadez, la mirada del Caballero era extraordinariamente intensa bajo las cejas fruncidas. Algo en esta mirada desconcertó a los visitantes, que se marcharon anunciando que volverían. La semana siguiente recibieron la visita de la Gestapo, que registró toda la casa con la excusa de encontrar documentos antinazis. Cuando terminaron se llevaron arrestada a Anna. Jones conminó de inmediato a Freud para que abandonaran Viena y se refugiaran en Londres.

—Sigmund, usted no está solo en el mundo, su vida es importante para mucha gente y debe pensar en ellos.

—¿Solo? ¡Por supuesto que no estoy solo! Si estuviera solo en la vida, ¿cree que me permitiría el lujo de seguir viviendo en mi estado?

—Sí, pero la realidad es que no lo está y debe pensar en todos los que dependen de usted. Es imposible seguir aquí dadas las circunstancias.

—Lleva razón, Ernest. Pero ¿dónde voy a ir yo en mi estado? Ni siquiera puedo subir dos escalones, ¿cómo voy a subir un piso alto o encaramarme a un vagón de tren?

—Si es necesario, encontrará usted la forma de hacerlo, Sigmund, créame.

—Ernest, sabe usted que ningún país nos dará un visado de entrada.

—Cierto, estamos en una situación difícil. Deme su permiso al menos para intentarlo. Regresaré a Inglaterra y solicitaré un permiso excepcional para acogerle a usted y a su familia.

—Mi querido Jones, si me voy, me acusarán de abandonar mi patria, de ser desertor a mi querida Austria.

—No será usted un desertor, le recuerdo el caso del segundo oficial del Titanic, Lightoller, que se resistió a abandonar su barco, pero solo hasta que no pudo más... ¡Y fue su barco quien lo abandonó a él!

PARA LIBERAR A FREUD, TUVO QUE INTERVENIR ROOSEVELT

Finalmente, el anciano Freud tuvo que dar su brazo a torcer, pues era verdad lo que decía Jones. Austria y Alemania abandonaban a sus viejos habitantes, a sus fieles ciudadanos. Jones no podía creer que el viejo pusiera tanta resistencia, Martin Freud había sido arrestado con anterioridad y ahora Anna. Sigmund Freud se pasó el día fumando mientras recorría la casa sin reposo, consumiendo un cigarro tras otro. Anna se había convertido en su ser más querido, su apoyo más íntimo. Se sabía que la Gestapo podía arrancar confesiones mediante torturas, que no se andaban con miramientos a la hora de deportar a la gente a los campos de concentración.

Al final de una serie interminable de horas y cigarros, por fin apareció Anna y se desbordó la emoción. Todos se abrazaron, la familia Freud estaba muy unida. Comían juntos, paseaban y compartían inquietudes profesionales. Freud no podía acostarse sin escribir en su cuaderno las anotaciones del día, aunque era contenido en cuanto a todo aspecto personal. Entonces escribió: «Anna en la Gestapo». Con esto lo decía todo, cuánto dolor y miedo encerrado en apenas tres o cuatro palabras... La decisión estaba tomada.

Ernest Jones obtuvo la aquiescencia e hizo todas las gestiones para lograr la evacuación de toda la familia. Tuvo que tocar muchas teclas a lo largo de un proceso que se prolongó tres meses e involucró a muchas personas influyentes, como Samuel Hoare, secretario de interior del Gobierno británico, y Bullit, embajador estadounidense en París. Por suerte, Hoare patinaba en el mismo club que Jones y Bullit era amigo personal del presidente Roosevelt.

Lo más complicado era que los nazis concedieran los permisos de salida a la familia Freud. El responsable nazi en Viena, Sauerwald, destacaba como fanático antisemita, lo cual, siendo nazi, resultaba meritorio. Sin embargo, tuvieron un golpe de suerte, ya que Sauerwald había estudiado química con un profesor judío, amigo de Sigmund Freud, y tenía un gran respeto por ambos científicos.

UNA PRINCESA DE GRECIA GUARDÓ EL ORO DE FREUD

Su hija Anna y la psicoanalista Marie Bonaparte, amiga de la familia y princesa, se ocuparon de seleccionar los documentos a embalar. Mientras tanto, Freud tuvo la precaución de poner a salvo sus ahorros en forma de monedas de oro. Marie Bonaparte, como princesa de Grecia, hizo gestiones para asegurar las operaciones. A través de la embajada de Grecia los fondos se transfirieron a Londres. Los nazis finalmente dieron el visto bueno a la operación de repatriación familiar en mayo, si bien pusieron una condición. En aquellos primeros momentos todavía estaban preocupados por su reputación internacional. El comisario Sauerwald pidió a Freud que firmara un documento haciendo constar que había sido tratado bien por las autoridades alemanas y por la Gestapo, en un documento que terminaba con la frase:

«Y no tengo el más mínimo motivo de queja»; a su vez, Freud pidió añadir una frase al documento que reflejaba su sentido del humor: «De todo corazón, podría recomendar la Gestapo a todo el mundo». Los primeros que salieron hacia Londres fueron Minna Bernays, delicada de salud, y dos hijos de Freud, Martin y Mathilde. A principios de junio de 1938, el resto de la familia tomó el *Orient Express* y cruzaron la frontera con Francia. Atrás dejaban su querida Austria, pero también perdían de vista los uniformes nazis. Junto al matrimonio y los hijos, viajaron dos criadas que formaban parte de la casa. Tras pasar por París, Freud soñó que estaba desembarcando ya en Inglaterra, en el puerto de Pevensey, donde había llegado Guillermo el Conquistador en 1066. Cruzaron el canal en un ferry hasta Dover y un tren los llevó a la estación Victoria, allí lo abrazaron Ernest Jones y sus dos hijos mayores. Freud tenía 79 años.

Sigmund Freud anciano.

LA VISITA DE DALÍ Y SU RETRATO
DEL CARACOL SIGMUND

En Hampstead, un barrio residencial en las afueras de Londres, la familia encontró una casa encantadora. El barrio crecía en una colina desde la que se denominaba la *city* y el Támesis. Alrededor, un bosque ondulado albergaba zorros y ardillas. El público y la prensa inglesa estaban encantados de recibir a un visitante tan ilustre. La perrita de Freud tuvo que ser exiliada de nuevo. La destinaron a un parque de West London para la cuarentena, cumpliendo las normas británicas para prevenir la hidrofobia.

En el año y medio que Freud vivió en Londres, recibió muchas visitas y reconocimientos. Un día, aproximadamente tres meses antes del fallecimiento de Freud, su amigo austriaco Stefan Zweig llevó a la casa de Maresfield Gardens a un joven pintor español que admiraba mucho al profesor. Los surrealistas habían tomado a Freud como «santo patrono», aunque Freud desconfiaba del surrealismo y consideraba a los pintores surrealistas como excéntricos. Tenían un 96 % de excentricidad, como el alcohol. A Freud no le agradaba que los surrealistas pretendieran sacar a relucir el inconsciente, labor que correspondía a los psicoanalistas. No le caían bien, pero al ver los ojos de Salvador Dalí abriéndose de par en par mientras escuchaba, con una mezcla de candidez y apasionamiento, este surrealista tan pintoresco le hizo cambiar de opinión.

El joven tenía unos ojos oscuros muy vivos y una afilada cara quijotesca. Con la ayuda de Gala y de un poeta inglés, Dalí había llevado un cuadro que representaba la *Metamorfosis de Narciso*. Como buen degustador del arte, Freud estaba favorablemente impresionado por la calidad técnica de la pintura, de línea clásica. Sigmund Freud le explicó a Dalí su planteamiento ante el arte. En la pintura clásica buscaba el inconsciente, en el surrealismo buscaba el lado consciente. Y repitió con fervor varias veces la palabra que resumía su punto de vista sobre el proceso creativo: la *sublimación*. Los instintos del inconsciente se sublimaban mediante la expresión artística. A raíz del encuentro, el artista inició un retrato del profesor Freud a carboncillo y Dalí se dio cuenta de que su cabeza tenía la misma forma que un caracol. Dalí estaba seguro de que el cráneo de Freud ocultaba una espiral, para extraer su cerebro habría que utilizar una pinza como la que usan los franceses para los *escargots*.

Dalí no quiso irse sin contraatacar con su punto de vista. El pintor estaba aferrado a su método *paranoico* y *crítico* como vía para entender el proceso de creación. Entregó a Freud una revista donde había publicado un artículo sobre la paranoia y le pidió al maestro que lo leyera, insistiendo en que se trataba de una contribución científica seria, no el divertimento de un diletante. Freud le miraba con atención, impresionado por el parloteo altisonante de Dalí. Su tono de voz se agudizaba y su dedo apuntaba de forma insistente a la palabra *paranoia, ¡paranoia, paranoia...!,* escrita sobre la revista, mientras Freud lo miraba atónito. Solo pudo dirigirse con sorpresa a su amigo Zweig:

—¡Nunca había conocido a un prototipo de español tan perfecto! ¡Qué fanático!

Una vez su retrato de Freud estuvo terminado, Dalí tuvo mucho interés en conocer la opinión del maestro. Le rogó a Stefan Zweig que se lo mostrara y, por favor, le transmitiera todos los comentarios del anciano. Meses después Zweig coincidió de nuevo con Dalí en New York. Ante la impaciencia de Dalí, le confesó que sí, que a Freud «le había gustado mucho», pero a continuación, Zweig cambió de tema, dejándolo con la miel en los labios.

Durante el verano, el cáncer soterrado tras la mandíbula emergió en la mejilla. Cuando la perrita Lün entró en el cuarto del amo Sigmund se retiró asustada a un rincón. Había percibido el fuerte olor que desprendía la ulceración. A pesar de su gran capacidad de aguante, Freud tuvo que tomar morfina. A principios de septiembre, mientras descansaba en el jardín, cruzaron el cielo los primeros bombarderos alemanes, una sombra amenazante.

—Esta será la última guerra, según dicen. ¿Está usted de acuerdo, profesor? —le preguntaron.

—Seguro que para mí será la última —contestó con ironía.

Algunas veces, en su viaje a Estados Unidos, Freud se había admirado de la entereza ante la enfermedad del viejo patriarca William James. Durante aquellas tres semanas de septiembre de 1939, según Jones, su querido maestro fue muy realista y consciente de su próximo final. Sobre todo, se preocupó de que sus manuscritos y sus antigüedades fueran preservadas de los bombardeos.

PROTEGIENDO EL LEGADO DEL CABALLERO

Anna Freud consolidó su papel de madre vigilante respecto al anciano Caballero. Anna, junto a una buena amiga, Dorothy Burlingham, fundó una guardería para niños víctimas de la Segunda Guerra Mundial. Allí puso en práctica los métodos del psicoanálisis infantil desarrollados en Viena. En el ámbito educativo, Anna asumió que el niño está dotado de instintos egoístas y agresivos, mientras que la educación y la cultura funcionan como instrumentos de control.

En resumen, a lo largo de su vida adulta Anna se erigió como la guardiana más fiel del legado de papá Freud. En su obra más conocida, Anna trató de explicar de forma sistemática los *mecanismos de defensa* que utiliza el yo para adaptarse a la realidad. Según ella, desde el principio de la adolescencia el yo maduro utiliza muy diversas armas para lograr el equilibrio. ¿No era esto un reflejo bastante fiel de su evolución personal, yendo de la rebeldía al equilibrio de la madurez? En consonancia con esta evolución, Anna supervisó la correspondencia de Freud con vistas a dar una imagen dulcificada. Esta antigua guerrera juvenil, ya madura, contribuyó a redecorar el castillo manteniendo la ortodoxia. Podríamos preguntarnos por qué el giro conservador y la autocensura. ¿Qué datos podrían resultar peligrosos en una aburrida correspondencia familiar?

Mucho tiempo después, en 1972 Anna era aún la responsable de los escritos de Freud. Decidió donar una parte substancial de la correspondencia personal de Sigmund a la Librería del Congreso de los Estados Unidos. Por desgracia, durante este traslado algunas cartas se perdieron en el océano Atlántico. Con anterioridad, Anna Freud ya había retirado de la circulación una serie escogida de cartas, sepultándolas en su casa de Londres, en Maresfield Gardens. Algunas de las cartas censuradas afectaban a Anna y a su padre, pero también había muchas cartas cruzadas entre Freud y la tía Minna. Alguien limpió la correspondencia de todo atisbo que pudiera comprometer la leyenda del héroe. No en vano, la biografía de Freud, al igual que la de Anna, escondía todo un arsenal de fantasías. Sigmund poseía una biografía poblada de sombras, al menos se podrían contar medio centenar de sombras de Freud. Los restos de podredumbre fueron maquillados y Anna, la fiel pretoriana, se ocupó de borrar todas las huellas con sumo cuidado.

Sigmund Freud nunca llegó a ver el dibujo de Salvador Dalí. Zweig no quiso incrementar el dolor del anciano mostrándole un retrato que, según Zweig, lo mostraba al borde de la muerte. Dalí lo dedujo después, al leer las memorias de Stefan Zweig, quien acabó su vida en Brasil. Él también veía, como Freud, el mundo de ayer con infinita nostalgia. Antes de suicidarse, Zweig escribió sus recuerdos y aclaró muchas cuestiones, como esta del dibujo daliniano. Y no, a pesar de la insistencia de Dalí, Stefan Zweig no tuvo valor para mostrarle su retrato a Sigmund Freud, aquel doliente molusco, ya una pupa viva. En el dibujo Freud aparece enfadado, sombrío, con el ceño fruncido mostrando dobleces repetidas. En una cosa Dalí acertó, el creador del psicoanálisis guardaba su intimidad bajo múltiples capas. Si algo se podía sacar de ahí, era con una aguja. Su vida personal permanece escondida al final de la espiral, en los círculos más profundos, bajo la concha del caracol.

BIBLIOGRAFÍA

Alonso, J. R. (2011). *Dalí y el cerebro de Freud*. Recuperado de https://jralonso.es/2011/05/08/historias-de-la-neurociencia-dali-y-el-cerebro-de- freud/

Freud, A. (1999). Relación entre fantasías de flagelación y sueño diurno. *Revista de Psicoanálisis, 2*, pp. 258-271.

Freud, S. y Freud, A. (2014). *Sigmund y Anna Freud. Correspondencia 1904-1938*. Paidós. Buenos Aires.

Freud, S. (1996). *Pegan a un niño. Obras Completas, tomo XVII*. Amorrortu. Buenos Aires.

Young-Bruehl, E. (1988). *Anna Freud: A Biography*. Summit Books. Nueva York.

AQUELLOS LABORATORIOS
Y SUS LOCOS CACHARROS

Es la Gestalt, amigos

WUNDT, EL PADRE BIOLÓGICO DE LA PSICOLOGÍA Y SUS HIJOS RESPONDONES

Los primeros psicólogos se forman en las universidades alemanas del siglo XIX, donde la filosofía y la fisiología eran especialidades muy pujantes. Cuando la filosofía de la mente y la investigación fisiológica sobre la percepción se fusionan, nace la psicología científica. La fisiología proporcionaba una serie de métodos, como la realización de experimentos. La filosofía se basaba exclusivamente en la introspección, es decir, en observar el pensamiento a la vez que se está produciendo dentro de uno mismo.

El padre de la psicología fue un señor muy serio, con quevedos y barba espesa, Wilhelm Wundt. Se preguntaba cosas tan raras como: ¿cuántas ideas puede tener la mente a la vez? Para responder esta pregunta, ideó un experimento de percepción muy ingenioso, en el que el sujeto veía una serie de letras durante un intervalo de tiempo muy breve, visto y no visto. ¿Cuántas letras podía recordar? Wundt sacó la conclusión de que la cifra estaba entre cuatro y seis elementos. ¿Puede usted pensar en más cosas a la vez? Tal vez sea usted superdotado en este aspecto…

¿SE PUEDE AUMENTAR LA CAPACIDAD DE LA MENTE?

Si no supera esta cifra, no se preocupe, existen técnicas para mejorar el pensamiento. Wundt se dio cuenta de que los elementos pueden agruparse en configuraciones más complejas y así logramos recordar una mayor cantidad de datos. Es como si ordenamos los elementos en un recipiente que permite guardar más unidades: podemos transportar más envases de leche si están empaquetados de seis en seis, sobre todo comparándolo con los envases que podemos llevar en las manos de uno en uno.

Volviendo a ejemplos psicológicos, imaginemos que a un sujeto le presentan, en lugar de letras aisladas, una palabra o una frase que debe recordar. La palabra o la frase en cuestión hace la función de envase, sirve para empaquetar las unidades y de este modo el número de letras que se recuerdan es mucho mayor. Esta sencilla experiencia demuestra el poder de la mente humana para organizar la información.

En Leipzig, el señor Wundt creó el primer laboratorio de psicología experimental. Como era el único que había en todo el mundo, la mayoría de los psicólogos de la época, los pioneros, hicieron sus primeros experimentos en este laboratorio. Como Freud, Wundt pretendía formar una escuela y, en este caso, la escuela tendría las garantías de cientificidad que proporcionaban los procedimientos experimentales. Contando con la potencia del

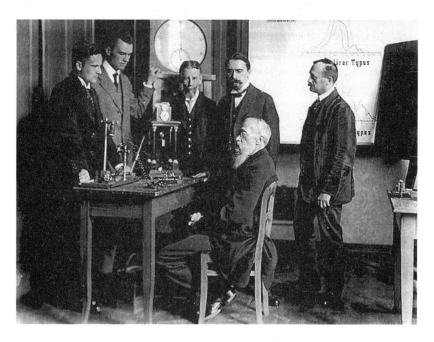

Wundt y su grupo de investigación hacia 1880.

método científico, la empresa sería más sencilla. Sin embargo, como le había ocurrido a Freud, desde el principio los estudiantes le salieron respondones. El primero en saltarse las normas fue Oswald Külpe, un prometedor estudiante que brillaba con luz propia. Wundt y Külpe discutían por temas muy sesudos: ¿puede existir el pensamiento sin imágenes? Külpe pensaba que sí, Wundt que no. Como no se ponían de acuerdo, Külpe fundó su propia corriente psicológica, la escuela de Würzburg, una bellísima ciudad de Baviera.

UN PSICÓLOGO Y SU COBAYA, DOS EN UNO: ¿CÓMO PUEDE SER QUE RESULTARAN SER LA MISMA PERSONA?

En principio, la mayoría de los sujetos eran los propios psicólogos y sus ayudantes, también estudiantes de psicología. Uno de ellos era Hermann Ebbinghaus, que se encerró en un ático y, en completa soledad durante varios meses, se dispuso a aprender listas de sílabas y de palabras. El único sujeto era él mismo. Sorprendentemente, tras este confinamiento no se volvió loco. Averiguó las leyes de la memoria humana con una gran exactitud, hasta el punto de que un estudiante actual de oposiciones debería seguir sus consejos. Primera conclusión: la mayor parte de lo que se aprende se olvida durante las primeras 24 horas y lo poco que queda desaparece en los dos días siguientes. Por tanto, la mejor técnica de estudio consiste en repasar lo aprendido lo antes posible, cuando el contenido del tema está fresco. Si ya ha pasado un mes, usted no recordará más que una idea muy borrosa de lo que estudió. Por favor, no deje pasar el tiempo, no procrastine.

Entre los psicólogos alemanes, algunos iban pensando por sí mismos, alejándose de Wilhelm Wundt. Destacaron que la mente humana tendía a ver las experiencias como un todo, con un significado y una forma global. Es decir, los elementos más sencillos que los sentidos pueden percibir se interpretan, por obra y gracia de la mente, como un conjunto organizado, formando parte de escenas más globales. También sugirieron que las formas que adoptan los objetos se van guardando en el almacén de la memoria.

EL CHICO QUE A VECES VEÍA FORMAS

Esta idea acerca de cómo la mente percibe las formas dio origen a una escuela psicológica con entidad propia, la psicología de la *Gestalt*, o psicología de la forma. Su principal impulsor fue Wertheimer. En sus años estudiantiles, Max Wertheimer vivía en Praga y no era más que un estudiante de música bastante idealista, pero decidió ir a Berlín a investigar la psicología de la música con los grandes psicólogos alemanes. En la música primitiva, descubrió formas melódicas que, al unirse y combinarse, conformaban las canciones antiguas del folklore de Sri Lanka.

Max Wertheimer se dio cuenta de que, en la percepción del movimiento, también ocurría algo parecido a esto, que las formas se unían y creaban la nueva percepción. En un experimento novedoso, colocó a dos colegas frente a dos estímulos: una línea que se apagaba y se encendía, al lado de una segunda línea que también se encendía

Max Wertheimer.

y apagaba de forma intermitente, pero siguiendo un ritmo preciso. Cuando los asistentes miraban no veían dos líneas, sino una sola línea que se movía de un lado a otro, es decir, percibían un movimiento ilusorio. En conclusión, no percibían elementos aislados sino fenómenos más amplios.

Como instrumento, Wertheimer usó un taquistoscopio de rueda de Schumann, que constaba de un prisma, un dispositivo de visualización y un motor eléctrico. Corría el año 1912 y los psicólogos exploraban las bases psicofisiológicas del cine, que apenas tenía una década de vida. El cinematógrafo se basaba en este fenómeno: si se proyectan veinticuatro fotografías de forma continua durante un segundo, el espectador no ve fotografías individuales, sino que experimenta la ilusión de que los personajes se mueven en la pantalla. El cine, como decía Goddard, «es verdad veinticuatro veces por segundo».

En resumen, la Gestalt investigaba la percepción de formas complejas, la forma natural de percibir el entorno. La mente no se pierde en menudencias ni detalles accesorios, lo primero es detectar la forma global. Si vamos andando por la selva y una sombra irrumpe en el camino, ante todo nos preguntamos: ¿qué clase de bicho tenemos delante? ¿Es peligroso? O sea, vamos a lo importante sin entretenernos en analizar detalles menores, como el color de las uñas, si tiene el pelo graso o un lunar en la pezuña. La mente va al grano y el grano es la *gestalt*, la forma global de las cosas.

HANS, UN CABALLO QUE SABÍA SUMAR

A todas estas lumbreras de la psicología (Wundt, Külpe y Wertheimer), les salió un duro rival. Alguien sorprendió a toda Alemania por su inteligencia, un joven llamado Hans der Kluge. ¿No le suena a usted de nada? Bien, aguarde un momento. En 1904 las eminencias de la ciencia germánica se encontraban en Königsberg celebrando el aniversario de Kant, ajenas a lo que se les venía encima. Una noticia bomba sacudió la prensa: una criatura de enorme inteligencia recorría las plazas de Alemania. Hans podía hacer operaciones aritméticas, como sumar o dividir, y comprendía el idioma alemán. ¿Piensa usted que esto no es gran cosa? La clave estriba en que Hans no pertenecía a la raza humana, era un precioso caballo de lomo oscuro, maravillosa melena y flequillo alegre.

Una comisión de expertos examinó al caballo, pero no encontró nada que pusiera en duda su capacidad. El caballo matemático parecía totalmente auténtico, era un tipo honrado, si me permiten la expresión. La universidad mandó a Oskar Pfungst, un tenaz psicólogo, para investigar el fenómeno a modo de detective. Si le parece que Pfungst es un nombre impronunciable, espere a escuchar el siguiente: el jefe de la comisión investigadora, la persona que nombró a Pfungst como reportero, era el famoso psicólogo Stumpf. Sí, Stumpf nombró a Pfungst. ¡Para que luego digan que la psicología es una carrera fácil de estudiar!

Al principio las exhibiciones del caballo le resultaban increíbles. Pfungst estaba en shock, tan asombrado como los paisanos que se agolpaban en las plazas. El dueño de Hans le presentaba un problema matemático en una pizarra —por ejemplo, dos más dos—, el caballo miraba con atención y, golpeando el suelo con su elegante pata, iba indicando el resultado, hasta alcanzar la suma correcta. O sea, daba cuatro golpes con su casco. ¿Cómo diablos podía saberlo?

Pfungst (pruebe a decir este nombre sin estornudar) se devanó los sesos y halló la solución. De forma inconsciente, cuando el caballo se acercaba a la solución, el señor Oster, dueño del caballo, movía la cabeza y cambiaba la expresión facial, de una forma tan

Clever Hans, un caballo muy listo.

imperceptible que casi nadie lo notaba, ni siquiera él mismo. Pero el caballo lo captaba de forma intuitiva y detenía su golpeteo de cascos en ese momento, plantándose en ese número. Inmediatamente, el señor Oster premiaba a Hans con su terroncito de azúcar, todo lo cual demuestra que un caballo es mejor observador que la mayoría de la gente. ¡Y era tan mono! A pesar de la rigurosa investigación de Pfungst, que desacreditaba al listo Hans, los alemanes siguieron creyendo en el caballo. Las muchedumbres atiborraban las plazas y aplaudían a rabiar. No es extraño que algunos años después se les cayera la baba con Hitler y sus rebuznos, tan poco armoniosos. ¡Muy poco antes habían adorado a un caballo! (Por favor, señores editores, eliminen estas líneas en la edición alemana).

Puede parecer todo este episodio algo incomprensible, al mostrar que la gente sigue creyendo en cosas raras, aunque la ciencia demuestre que no se trata de fenómenos reales. ¿Es que no les importa la verdad, amigos? La historia muestra que la gente sigue creyendo en las *fake news*, aunque parezca incomprensible. Y no acaba aquí la cosa, inevitablemente aparecieron por toda Alemania caballos y perros capaces de solucionar problemas matemáticos. Desde la universidad esta vez mandaron a un nuevo enviado, Wolfgang Köhler, que estaba encantado de investigar la inteligencia de los animales. Buscaron a un estonio, teniendo cuidado de que su nombre fuera más fácil de pronunciar. No obstante, Köhler abrigaba un proyecto propio, se proponía estudiar cómo resolvían problemas los animales en su medio natural, sin artificios circenses. Él era uno de los chicos que habían participado en los experimentos de Wertheimer y había nacido en Tallin, en Estonia. Gracias al caballo Hans, el tema de la inteligencia animal había cobrado auge en Alemania. La Academia Prusiana de Ciencias financió un centro de estudio de primates en Tenerife. ¿Y quién era el candidato más idóneo para dirigir la estación de primates?

Antes de pasar a los chimpancés, tenemos que apuntar un gran logro de Hans, el caballo listo. Gracias a Hans, los experimentos científicos utilizan un procedimiento que se denomina *doble ciego*, que significa que no solo el sujeto desconoce el objetivo del experimento, sino que también lo ignora el propio experimentador, es decir, el personal que interactúa con los sujetos. Si el experimentador supiera lo que se busca, lo que se quiere demostrar, podría influir en los participantes de forma sutil e inconsciente. Gracias, Hans, disfruta de las grandes praderas del cielo.

KÖHLER EN TENERIFE: EL MAGO
BLANCO Y LOS CHIMPANCÉS

Tan estilizado como Hans, Wolfgang Köhler hubiera hecho suspirar a la mismísima Marlene Dietrich. Rubio y blanquísimo como la cerveza, el estonio Köhler era una versión masculina de Jane Goodall, *avant la lettre*, o sea, antes de Goodall. Vivía en Puerto de la Cruz, en una casa de dos plantas, la *Casa Amarilla*. Había llegado a la isla con la intención de estudiar la inteligencia de los animales en un ambiente más o menos natural. Empezó sus investigaciones comparando la capacidad para discriminar estímulos en pollos y niños, y el partido acabó en empate. Ambos tenían gran habilidad para descubrir las relaciones entre dos estímulos de diferente tono de gris. Más allá de los pollos, su auténtico objetivo eran los primates. Cuando estalló Ia Primera Guerra Mundial, Köhler se encontraba en Tenerife junto a sus hijos y su mujer Tekla, gran dibujante. Inmediatamente los británicos bloquearon toda la zona atlántica. Debido al bloqueo, Köhler llegó a pasar siete años en las Islas Canarias y durante este periodo tuvo tiempo suficiente para profundizar en su estudio de los primates. No consta si llegó a aficionarse a las papas y al mojo picón.

Manuel González y García en la estación de antropoides de Tenerife.

Desde las colonias africanas, los alemanes importaron los primeros simios. Gorilas y chimpancés llegaban de Camerún y Nigeria, los orangutanes venían desde Tánger. Primero se alojaban en los hoteles de Taoro y después en la *Casa Amarilla*, ubicada junto al mar, entre plataneras y palmeras. La casa estaba pintada en tonos ocres y fue adaptada como observatorio de primates. En la parte de atrás se extendieron grandes mallas de alambre semitransparentes, sostenidas por un gran poste central de cinco metros de altura. Este circo era el patio de los juegos para los simios. Köhler contaba con la ayuda de un canario, Manuel González, en todo lo que se refería al cuidado de los huéspedes peludos. Todo estaba preparado para el gran reto, comprender cómo funcionaba la inteligencia en los animales, en aquellos animales más similares al ser humano, el escalón anterior. Frente a toda la muchedumbre de creyentes, frente a todos aquellos que se maravillaban de la inteligencia de caballos y perros, los conductistas eran escépticos. Entre ellos, sobresalía Edward Thorndike, el gran *pope* de la psicología animal. Circulaban muchas historias de perros que recorrían miles de millas hasta encontrar a su dueño. Sí, decía él, pero por cada perro que regresaba con éxito, había miles de perros perdidos por ahí… ¡Ay, los escépticos!

THORNDIKE Y LOS GATOS QUE IMITABAN A HOUDINI

Las cajas-problema eran el método favorito de Thorndike, que las construía una a una, de manera que cada caja tenía un mecanismo de apertura diferente. Thorndike colocaba a un gato o perro dentro de la caja y situaba la comida a la vista del animal. Cómodamente apostado con su libreta, el psicólogo esperaba la reacción del gato. Observaba sus habilidades como escapista y las comparaba con el gran Houdini. Con creciente desesperación, los gatos saltaban, empujaban o rascaban los resortes. Thorndike dedujo que los gatos ensayaban respuestas al azar. La mayoría de las respuestas no resultaban útiles y, por consiguiente, no las repetían. De pronto, alguna acción resultaba exitosa, la puerta se abría con un golpe afortunado a la manivela y el animal conseguía una recompensa. Por tanto, a juicio de Thorndike, los animales aprendían de forma pasiva. Cuando una respuesta era recompensada, esta reacción quedaba conectada automáticamente a la situación y al contexto.

Si usted intenta educar a un animal, asegúrese de que esté hambriento, porque para aprender se requiere estar motivado y para estar motivado se requiere tener una necesidad como, por ejemplo, tener hambre. Cuando el animal está hambriento la recompensa es realmente efectiva, en cambio animales bien alimentados y con la panza llena no suelen colaborar mucho en los experimentos. En resumen, para adiestrar al gato asegúrese de que haya comido poco en las horas previas, basta con un lametazo a la tapa de un yogur desnatado. Köhler tenía una visión muy distinta, mucho más optimista sobre el alcance de la inteligencia animal. Fue el primer científico en realizar experimentos con primates para comprobar el uso de herramientas en la resolución de problemas. Un día colocó un plátano fuera del alcance de los chimpancés. Estratégicamente, Köhler dejó algunas cañas de bambú esparcidas por el suelo de la jaula. Aunque intentaron utilizarlas, todas las cañas eran cortas y tampoco con ellas alcanzaban el plátano, hasta que un chimpancé se dio cuenta de que debía unir dos trozos de caña para llegar al ansiado fruto.

"Rana", una chica inteligente. (Fotografía Asociación Wolfgang Köhler).

LA ORANGUTANA QUE GRITÓ ¡EUREKA!

En otra ocasión, Köhler situó el plátano colgando del techo a gran altura, fuera de cualquier posibilidad de salto. Los inteligentes chimpancés sorprendieron a Köhler colocando varias cajas apiladas, hasta formar una torre que los acercaba al plátano. Una joven orangutana destacó especialmente con sus grandes habilidades como ingeniera, una jovencita que construía diversos tipos de instrumentos según la situación lo requiriera. Los monos no solucionaban el problema ensayando movimientos al azar, como los gatos de Thorndike. Parecía que enfocaban con seriedad intelectual el nuevo problema y ponían en práctica una solución adecuada al reto propuesto. El éxito parecía llegar cuando el animal encontraba un método innovador. La nueva solución parecía basarse en una comprensión profunda de la maquiavélica situación ideada por Köhler, y esta capacidad para encontrar soluciones creativas fue llamada *insigth*, el equivalente al momento *eureka* de Arquímedes: ¡lo encontré! Esta concepción de

Ingenieras hábiles en la Estación de Antropoides de Tenerife.
(Fotografía Asociación Wolfgang Köhler).

Köhler sobre la inteligencia animal se opone a la más reduccionista visión de Thorndike. Según Thorndike en los animales predominan los errores, mientras para Köhler domina la comprensión global, gestáltica, de la situación.

LA DOBLE VIDA DE KÖHLER: ESPÍA Y PSICÓLOGO *CHICHARRERO*

En Tenerife siete años dan para mucho, ya lo hemos contado. Otros han ido más lejos, algunos autores sostienen que Köhler llevaba una doble vida: por la mañana investigador de primates, por la noche *Doppelganger*, es decir, espía que transmitía mensajes de radio a los submarinos alemanes, ya que la información jugaba un papel crucial en la batalla naval. La Casa Amarilla estaba situada en un punto estratégico y protegida por las plataneras en el lado de tierra, a retaguardia. La fachada norte dominaba una gran extensión del océano Atlántico y desde allí las transmisiones tenían una difusión privilegiada.

Un buen día se acabaron los fondos del programa primatológico, ya que Prusia tenía ahora otras prioridades científicas. Fue una mala noticia y hubo que cerrar la estación de antropoides, maldita fuera la hora. ¿Dónde irían ahora los pobres chimpancés? Siguiendo las instrucciones de Köhler, González preparó el envío de los primates al zoológico de Berlín. Mal intercambio, porque, tristemente, los simios morirían en Berlín al poco tiempo. Köhler continuó en Tenerife, trasladándose a la «Finca del Ciprés», en el Puerto de la Cruz. A partir de este momento, ya sin sus queridos amigos, prosiguió sus investigaciones psicológicas adentrándose en el tema del lenguaje. Especial relevancia tuvo uno de sus experimentos, que ha tenido una gran repercusión con el tiempo.

Köhler pretendía resolver una controversia científica. La teoría clásica afirmaba que el lenguaje humano era un sistema arbitrario, sin que hubiera ninguna relación entre la palabra y el significado. Se entendía que la relación entre el sonido «árbol» y lo que identificamos como «árbol» es aleatoria. Es decir, a un vegetal grande podríamos llamarlo «queso». Entonces, ¿por qué lo llamamos «árbol»? No hay ninguna razón lógica, se trata de pura casualidad... ¿Cómo sucedió? En las sabanas algún individuo señaló un baobab y emitió un sonido sin pensar en las consecuencias. Parece que aquella criatura dijo «¡árbol!» y no dijo «¡berberecho!». Cosas que pasan en la rúa, como dijo Ortega. Esta es la teoría arbitraria, explicada en zapatillas y bata, pero no todo el mundo está de acuerdo con ella. De ser cierta, los nombres de las cosas son intercambiables. Hoy podríamos estar haciendo advertencias como: «¡Niño, no te subas al queso, que te vas a caer!»; o afirmaciones como «Newton pensó en las órbitas planetarias, mientras descansaba bajo un grueso berberecho». Hay algo inquietante en esta posibilidad.

En 1922 el filósofo y lingüista danés Otto Jespersen elaboró una teoría opuesta a la idea de una lengua arbitraria. Para él todo ocurre por alguna razón y la ciencia puede rastrear este origen. Este lingüista, Jespersen, encontró que había una relación entre las palabras y los objetos que designan. Se dio cuenta de que, en la mayor parte de las lenguas, existe un patrón similar. Se utilizan las vocales *i* y *e* para cosas pequeñas, agudas y altas. Las vocales *o* y *u* se suelen usar con frecuencia para objetos grandes, redondos y bajos.

¿CÓMO PONER EL NOMBRE A UNA COSA?

Wolfgang Köhler ideó un sencillo experimento y nada mejor que ponerlo en práctica con los amables paisanos de Tenerife. El estudio consistía en presentar a una persona dos objetos, uno con forma puntiaguda y otro con forma redondeada. Köhler pidió a los ciudadanos chicharreros que eligieran un nombre para cada objeto: *takete*

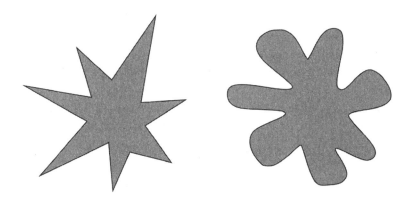

¿Cuál es *bouba* y cuál es *kiki*?

o *maluma*. Un 95 % de los participantes coincidieron en la elección, *takete* era la forma puntiaguda y la forma redondeada iba a llamarse *maluma*. ¡Bingo! El lenguaje parecía deberse a asociaciones más probables de algunos sonidos con algunas cosas. Hoy, estos resultados siguen siendo válidos. Como decimos en psicología, el efecto es *robusto*. Cuando algún cantante de reguetón, acaramelado y sensual, necesita elegir nombre, sigue ocurriendo lo mismo, prefiere llamarse *Maluma*... ¿O acaso ha oído usted hablar de *Takete*?

De hecho, recientemente dos neurocientíficos han replicado el experimento de Köhler y los resultados se han repetido con porcentajes similares, independientemente de la cultura o el idioma. En 2001, los experimentadores Hubbard y Ramachandran únicamente cambiaron un detalle, propusieron los nombres *bouba* y *kiki*. ¿Adivina usted cuál sería la forma redondeada y cuál la forma aguda y afilada?

Estos experimentos dan la razón a la teoría de Jespersen, que fue adoptada por Köhler. Los nombres se ponen a las cosas por algún motivo, como si algunos nombres *pegasen* más que otros, aunque la explicación no es sencilla. Las asociaciones entre sonidos y formas son misteriosas, se ocultan dentro de los intrincados laberintos del cerebro. Algunos neurolingüistas apuntan a la forma en que ponemos los labios y el paladar al articular. Diga usted *kiki*: la boca muy cerrada, los dientes apretados, cercanos, por lo cual la expresión del rostro se parece más a un aviso, está prestando atención, tenso, tal vez cortando con un cuchillo. Sin embargo, al decir *bouba* los labios se curvan hacia afuera, proyectando la *u*, lanzando un beso, y la boca se abre en la *a* final, como el bebé que espera un momento de lactancia. Este tipo de articulación está asociado al afecto materno en la profunda noche del tiempo.

WERTHEIMER Y EINSTEIN, GENIOS Y BUENOS AMIGOS

En 1915, antes de que llegara la paz, Wertheimer fue reclutado para formar parte de una comisión científica. La misión consistía en ayudar al ejército del Imperio austrohúngaro. Alemania y Austria se habían aliado en la Primera Guerra Mundial frente a Inglaterra, Francia y Rusia. Wertheimer fue destinado a un despacho de la artillería prusiana, donde le dijeron que tenía que afeitarse su barba

negra de científico. A Wertheimer no le quedó otra opción que colaborar con un equipo de físicos. Querían diseñar un detector de sonidos, aparato que pretendía captar la presencia de submarinos, iden-
tificando con precisión su origen. La dirección del sonido podía
estimarse a partir de las diferencias entre las ondas de sonido que
llegaban a cada oído.

Durante aquellos años Wertheimer se hizo muy amigo de
Einstein, un físico desconocido recién divorciado de su esposa
Mileva, y los dos amigos se divertían tocando música de cámara. En
los descansos, el joven Einstein explicaba a Max los razonamientos
que le habían llevado a formular su teoría de la relatividad, una bella
teoría que contenía maravillosas fórmulas, pero aún no había sido
confirmada. Desde 1914 Einstein formaba parte de la Academia de
Ciencias de Berlín.

En 1918 Alemania firmó un armisticio con los aliados en un
vagón de tren y, por fin, su querido colega Khöler podía salir de su
isla canaria, su paraíso. Poco tiempo después, el 29 de mayo de 1919,
una expedición inglesa viajó al golfo de Guinea para fotografiar un
eclipse solar. La luz procedente de las estrellas lejanas era desviada
por la gravedad del sol y, al doblarse, la luz seguía una línea curva.
Todo el espacio se curvaba conforme se lo iba pidiendo la masa de los
cuerpos celestes. Estas observaciones confirmaron todas las predicciones de Einstein, con lo que el amigo de Wertheimer se convirtió,
de la noche a la mañana, en una celebridad mundial. Lo reclamaron
desde todos los rincones del mundo, incluida la península ibérica,
para impartir conferencias.

LO QUE WERTHEIMER ENSEÑÓ A EINSTEIN

En reciprocidad, Max Wertheimer explicó a Einstein algunas cuestiones psicológicas. Un día, mientras paseaban por Berlín, Max le
hizo a Einstein una sencilla demostración de que cada ojo percibe
una imagen diferente. Técnicamente, esto se denomina *disparidad
binocular*. Se pararon en la esquina, miraron hacia la aguja de la iglesia y, con la mano derecha, fueron tapando y destapando alternativa-
mente cada ojo. El efecto es curioso y fácil de comprobar: los objetos
parecen moverse de posición. Al mirar hacia atrás, Wertheimer vio
que un numeroso grupo de berlineses se había parado detrás de ellos,

mirando hacia la torre y moviendo las manos sobre los ojos. Ambos científicos se echaron unas buenas risas. Aquellos buenos momentos contrastaban con la situación económica y social de Alemania, que sufría por la hegemonía perdida en Europa.

Hundiéndose en el fango, la crisis se agravaba cada vez más. El recuerdo de la rendición ante Francia —firmado en un vagón varado en el bosque de berberechos y quesos de Compiègne, al norte de París— resultaba vergonzoso y escocía el orgullo de una parte de Alemania. En enero de 1933, el canciller alemán Hindenburg nombró presidente de la República al líder del partido nazi, un tal Adolf Hitler. Un hombrecillo austriaco, como Freud, de escasa estatura, que gritaba mucho y se enfadaba con facilidad. Rápidamente, los nazis se hicieron con todo el poder. A partir de aquel momento, Alemania se introdujo en la guarida del lobo y todas las figuras de la intelectualidad alemana que no fueran afines al partido o claramente arias tuvieron que abandonar la universidad, incluso el que creían su país, si es que apreciaban en algo su libertad y su vida. Gran parte de la élite universitaria pertenecía a etnias impuras, no arias, ya no se valoraba que fueran veteranos del ejército alemán o que hubieran recibido condecoraciones en la Primera Guerra Mundial.

Uno de los primeros en escapar fue Einstein, en 1932, apenas un mes antes de que los nazis se hicieran con el poder. Salió de estampida en cuanto percibió que algo olía a quemado en Alemania. ¿Qué haría su amigo Max, el padre de la Gestalt?

LA GESTALT EMIGRA AL NUEVO MUNDO

El transatlántico Majestic tocó el puerto de Nueva York en septiembre de 1933, un día marcado por el número 13. Todos los pasajeros americanos desembarcaron con rapidez. Sin embargo, la familia Wertheimer al completo tuvo que esperar en el muelle, el matrimonio y sus tres hijos rodeados por una niebla húmeda formada por agujas de hielo. A su alrededor, una decena de cajas de madera contenían libros y manuscritos, junto a algo de ropa, todo lo que habían podido salvar. Un fotógrafo del *New York Times* tomó una instantánea de la familia.

Estados Unidos fue el destino anhelado por los psicólogos europeos, en su mayor parte judíos que huían del nazismo, y allí casi todos obtuvieron buenos puestos académicos. Muchas universidades necesitaban científicos de relumbrón en sus departamentos, aunque la convivencia de los colonizadores gestálticos con la oligarquía conductista, imperante en las universidades americanas, no fue fácil. Algunos años atrás, Wolfgang Köhler le había llevado la contraria a uno de los padres fundadores del conductismo, Thorndike. Monos contra gatos, inteligencia contra asociación de estímulos. El conductismo estadounidense, a su estilo intelectualizado, no dejaba de ser un movimiento absolutista dirigido por un mandarinato académico.

CONDUCTISTAS Y GESTÁLTICOS: LA PELEA EN EL BAR QUE FUE DIGNA DE CASABLANCA

En una ocasión, Clark Hull, una de las máximas figuras del conductismo —junto a Watson, Tolman y Skinner—, decidió invitar a Köhler a una cerveza. Tras celebrar una conferencia en un congreso, Hull vio el momento adecuado. Sentía que tenían que fumar la pipa de la paz, ya que reconocía el valor intelectual de aquel espigado caballero que había sido feliz entre los chimpancés de Tenerife. Por otra parte, el prestigio de Köhler era indiscutible y Hull intentó ser conciliador.

—Sería mejor para el prestigio de la psicología si nos mostráramos menos combativos y solucionáramos las pequeñas diferencias entre nosotros —sugirió Hull.

—Aquí los únicos que atacan son los conductistas —le contestó Wolfgang Köhler, hizo un silencio y lanzó su carga de profundidad con retintín—. He oído que un *profesor* de una universidad *del este* se refiere a nosotros de forma poco cariñosa: *esos malditos gestálticos*, nos llama.

Hull se puso rojo y la gente alrededor irrumpió en una gran carcajada. Köhler tenía razones para estar molesto, su indirecta se refería al propio Hull, que era ese *profesor*. Hull toda su vida había sido profesor en el este, ligado a Míchigan y Wisconsin, en la región de los Grandes Lagos. Así que Hull tragó saliva y se justificó como pudo:

—Hombre, Wolfgang, yo siempre sonrío cuando uso esta expresión, esto es una diferencia... ¿no?

Are you kidding me? ¿Una broma? ¡Ay, estos americanos bromistas...! Sin embargo, Köhler, el vikingo estonio, no sonreía. No era de los que hacían prisioneros, se tomaba muy en serio su trabajo y tenía muy claro que no quería transigir ni hacer componendas con todas aquellas concepciones mecánicas del ser humano.

—Cuando alguien intente hacer del ser humano una máquina de monedas... ¡yo combatiré! —dijo Köhler, golpeando con el puño la mesa del bar.

A todos les quedó clara la postura de Wolgang Köhler. En aquel momento los conductistas tuvieron un *insight*.

BIBLIOGRAFÍA

King, B. y Wertheimer, M. (2005). *Max Wertheimer and Gestalt Theory*. Transaction Publishers. N. Brunswick.

Johnson, R. (2007). Searching for Kohler's Casa Amarilla. *The General Psychologist, 31*, pp. 1-3

Ley, R. (1990). *A Whisper of Espionage: Wolfgang Kohler and the Apes of Tenerife*. Nueva York. Avery Publishing Group.

Torkot (2017). *La casa amarilla, los primates, la sinestesia y el efecto Bouba/Kiki*.

La sonrisa perdida de William James

La psicología científica tiene dos padres, Wilhelm Wundt en Europa y Williams James en América. El laboratorio de Wundt se creó en Leipzig, mientras que James instaló el suyo en su propia mente. Desde muy joven, desde que era un niño, William se pasaba la vida mirando hacia su interior y, cuando lo hacía, la mayoría de las veces veía un río dentro de su mente. A todas horas podía oír el rumor, tan parecido a un arroyo: una especie de corriente interior, activa, ligera, fluida, delicada… No siempre era así, otras veces el torrente bajaba revuelto y azotaba las paredes interiores del alma con violencia. Este río era su consciencia, la parte consciente de sí mismo.

William James pensaba que la conciencia era funcional, que es una útil herramienta para moverse por el mundo. En la especie humana la conciencia ha evolucionado con la finalidad de observar, de captar los objetos y seres que se agitan a nuestro alrededor. Así el individuo puede actuar en consecuencia. La mirada de la conciencia no es neutra, se dirige hacia algo de forma intencional, está cargada con un objetivo concreto.

Según James, la mente es un teatro donde se suceden varias posibilidades simultáneas… Dentro del teatro de la mente, una parte es líquida, acuosa a la manera de Heráclito, y James describió la conciencia como un flujo de imágenes, sensaciones y pensamientos que descienden a distintos ritmos. Por esta causa, nunca te bañas en el mismo río, nunca eres la misma persona.

En este río revuelto, la mente debe pescar los objetos que le interesen. «Trabaja sobre los datos que recibe de forma muy parecida a como trabaja un escultor sobre un bloque de piedra», escribió. La conciencia se transforma en «yo» y entonces nosotros elegimos la escultura que queremos extraer del río, ya que la materia fluida se solidifica al observarla. Tú eliges con qué posibilidad quedarte.

En la familia James había preocupación por su carácter intro-
vertido, algo tristón y obsesivo, a aquel niño se le olvidaba mirar
hacia afuera, jugar y reír con otros niños. Era inteligente, sí, pero
demasiado inteligente. Tanta inteligencia albergaba todas las promesas del mundo, tanta autoconsciencia escondía todas las amenazas del mundo. Pensar demasiado, dar demasiadas vueltas
alrededor de uno mismo, puede terminar en un tremendo dolor
de cabeza. La verdad es que sí, tenían sobradas razones para preocuparse. William James se mareó bastante a sí mismo durante
toda su vida y, de paso, también mareó a muchos de quienes le
rodeaban.

LOS RICOS TAMBIÉN LLORAN
(Y VAN A LA GUERRA)

Al contrario que muchos psicólogos europeos de origen humilde,
James nació en una familia adinerada, de burgueses que venían
de Estados Unidos a Europa como si fuera su segunda residencia.
Vivieron en Ginebra, en París y en la costa francesa, en Boulogne-
sur-Mer, donde le comentaron que había vivido un neurólogo muy
reputado, que fotografiaba sonrisas. No solo nadaban sobre un buen
colchón económico, sino que todos los miembros de la familia vola-
ban iluminados por la cultura y la erudición.

El cabeza de familia, Henry James, era un filósofo librepensador.
Durante la sobremesa, el niño William tenía la oportunidad de charlar sobre temas peliagudos con su padre, lo que resultó un entrenamiento de élite. Cuando no podía ir a la escuela, tenía profesores par-
ticulares. De hecho, Henry James, su hermano menor, se convirtió
en un novelista brillante. El padre comprendió pronto que William
era un diamante en bruto, al que le gustaba pintar y dibujar, lo que
hacía con gran sensibilidad.

Tampoco nuestro William tuvo que sufrir una guerra devas-
tadora, lo que les ocurriría a algunos psicólogos en Europa, como
Fritz Perls y Kurt Lewin. Había nacido a mediados del xix en Nueva
York, así que la Guerra Civil le pilló muy jovencito y se libró por los
pelos. Es cierto que podía haberse inscrito en las filas del ejército,
pero rehusó. Se alistaron sus hermanos, Wilky y Bob, aunque este
era menor y tuvo que mentir sobre su edad.

DE CÓMO WILLIAM JAMES SE LIBRÓ DE LA MILI

La guerra Norte-Sur fue la primera gran carnicería, precursora de las que habrían de venir en el siglo xx, debido a la efectividad y al alcance de las armas de fuego. En Estados Unidos los rifles de grueso calibre se habían fabricado para abatir bisontes a más de 300 metros. Ahora hacían estallar los cráneos de los chicos yanquis y de los sudistas. Los amigos de William James tuvieron la oportunidad de comprobarlo, disfrutaron del espectáculo desde una butaca de primera fila. Los árboles donde los soldados buscaban refugio caían talados por el repetido golpeteo de las balas. En las trincheras los combatientes agazapados veían caer los cadáveres, hasta que se formaba una tarta de cinco o seis pisos. Salpicaduras de substancia blanca cubrían las caras de los oficiales y correos del ejército, cuerpo a tierra. Su hermano Wilky fue gravemente herido en un ataque de los sudistas. Todos los que participaron vieron la muerte de cerca, incluido su amigo, el futuro juez Oliver W. Holmes.

Entre tanto, William asistía en Boston a los desfiles militares, con una mezcla de envidia y alivio. Los jóvenes que iban al frente sonreían sobre sus caballos engalanados, con los rostros brillantes de júbilo. Confeccionados por buenos sastres, los uniformes militares lucían muy vistosos, aunque a la larga solían salirles muy caros, por regla general.

Para librarse, William James tenía una buena excusa, su salud mental era muy débil. Con frecuencia padecía trastornos digestivos, junto a episodios de tristeza que lo recluían en sus habitaciones, sufriendo interminables vacilaciones que le impedían tomar la decisión más mínima. Este cuadro clínico se conocía con un nombre hoy en desuso. Se trataba de un tipo de fatiga nerviosa llamada *neurastenia* y, en su caso, podía tener un origen hereditario, pues su padre había sido también imprevisible desde joven, con violentas crisis espirituales y cambios de opinión bruscos.

HAY ACCIDENTES ABSURDOS Y TERRIBLES... ¡Y LUEGO ESTÁ ESTE!

El señor Henry James sénior había tenido un terrible accidente a los 13 años. Asistía a una clase de ciencias donde calentaban globos de gas para hacerlos volar. Uno de los globos fue a caer a un establo cercano. El chico fue a apagar las llamas pisándolas y se quemó la pierna derecha hasta el hueso. Sufrió varias operaciones para eliminar las partes quemadas, operación que los cirujanos realizaban con un cuchillo, por lo que, al gangrenarse la pierna, tuvieron que amputarla. Durante un tiempo se convirtió en un bebedor, hasta que encontró consuelo en un místico sueco, Swedenborg (en cuestiones místicas, los suecos suelen resultar fiables). Tal vez, los continuos cambios de residencia de la familia se debían a estos padecimientos del padre. Para los niños James no debió ser fácil entrar en una escuela, salir por la puerta a los pocos meses y desembarcar en otra localidad, errantes en la opulencia. Su querida hermana Alice tuvo graves episodios de depresión.

Durante toda su infancia, William fue un niño dubitativo, endeble, blanco de enfermedades físicas y psicológicas. Durante las crisis, los síntomas variaban mucho, se sucedían los dolores de espalda, gastritis crónicas y dificultades de visión. En esto, William James casi igualaba los floridos síntomas que aquejaban a Bertha Pappenheim (Anna O., si lo prefieren). Otras veces, William sentía un peso muerto sobre su cabeza, el más profundo de los aburrimientos, un hastío que podría llevar a cualquier hombre a los excesos más abyectos, a la bebida, el juego… Los franceses lo designan con la palabra *ennui*. Se refiere un cansancio existencial muy francés, con connotaciones filosóficas.

WILLIAM JAMES IMITÓ A DARWIN, PERO PARÓ EL BARCO Y SE BAJÓ EN MARCHA

Como Darwin, James participó en una expedición científica de gran calado, acompañando al biólogo Agassiz en su viaje al Amazonas. En cuanto zarpó de Boston, alejado del calor hogareño, William cayó en una intensa nostalgia, deprimido y desesperado, y le dio por pensar que la vida no era en absoluto una comedia. Al posar la vista en cualquier objeto inocente, veía terribles fantasmagorías. Por ejemplo, al ver un rosal no pensaba en nada romántico, en una noche en la ópera, imaginaba que las raíces de las rosas se hundían en una catacumba siniestra, en un bosque subterráneo, nocturno, plagado de lobos y de pájaros que aullaban.

Para profundizar en la psicología se fue a estudiar a Alemania, donde florecían las grandes luminarias de la época. En Europa volvió a sufrir un contratiempo, esta vez un colapso nervioso, y la crisis se prolongó durante meses. Remitía y luego reaparecía más intensa y prolongada. William buscaba alivio en los balnearios, pero la sombra del suicidio siempre lo acechaba. Por fin, regresó a su casa familiar, donde lo protegían sus gruesas librerías de nogal y los mimos hogareños. Los ataques de pánico le impedían disfrutar de su vida con normalidad: una presión crónica se afincaba en el interior de su pecho y desde allí se expandía, convertida en una masa solidificada. Esta gelatina ácida deshacía sus órganos, le impedía cualquier acto espontáneo. Los criados veían pasearse al joven de un lado al otro de su jaula de oro, con movimientos lentísimos.

LA GRAN PREGUNTA: ¿CÓMO DIABLOS CONVENCIÓ A SU NOVIA PARA CASARSE?

En tales momentos, William buscaba diferentes formas para acabar con el sufrimiento. Aceptó un puesto de profesor en Harvard, donde sus alumnos lo describían como un ameno orador y atento interlocutor. Aunque acabó agotado del curso, no le disgustó la experiencia. Nadie sabe cómo se armó de valor para declararse a su novia, Alice, cosa que sucedió cuando William tenía ya 36 años. Eso sí, antes del compromiso, tuvo la honradez de confesar a la candidata elegida todos sus problemas psicológicos y sus combates contra la depresión recurrente.

La familia, el cariño de su mujer y sus hijos, le confirieron una energía adicional. Otro alimento espiritual fue la obra del pensador francés Renouvier, que insistía en la importancia de la voluntad. William decidió que tomaría el control de su vida, que haría del libre albedrío, de su libertad para elegir, el *leitmotiv* de su vida. Así fue, Renouvier le dio pie para su renovación.

DE PATITO FEO A CISNE BLANCO

Existen muchas fotografías del William James maduro y en todas aparece la misma expresión, hundida la mirada entre grandes bolsas, exudando melancolía. La barba oculta en parte las comisuras inclinadas hacia abajo, la boca cerrada. Mira con desconfianza, como si alguna catástrofe lo esperara detrás de la puerta. Ha sido descrito como un hombre triste que nunca sonreía y en esto todos los testigos coincidían: su cara reflejaba la depresión que circulaba por dentro.

Aun así, devoraba libros y libros de psicología, trabajaba y absorbía conocimientos sin cesar. Su mente se alimentaba de teorías y experimentos, como si buscara algo... No solo lo buscaba, también llegó a encontrarlo, aunque fuese con tardanza, tras una larga demora. Finalmente, publicó una obra maestra en dos volúmenes, los *Principios de psicología*, un clásico de la literatura psicológica, más bien el clásico por excelencia. En este libro William James resumió todo lo que se sabía por entonces, hacia fines del XIX, y mucho más que él puso de su cosecha. De algo tendrían que servirle sus interminables introspecciones. Regresó a Europa reconvertido en profesor y se dedicó a dar conferencias sobre diversos temas psicológicos. El público de Londres, encandilado con sus dotes de orador, no dejaba un asiento libre cuando él hablaba: el patito feo se había transformado en un cisne.

EL HOMBRE MÁS CONSCIENTE
DE LA CONSCIENCIA

El capítulo más importante de su obra está dedicado a la conciencia. Lo que pensamos es, en parte, aquello a lo que prestamos atención, aquello que elegimos pensar. La conciencia es nuestra habla interna, la forma en que nos hablamos a nosotros mismos. Al principio esta corriente interior pueda parecer desordenada, un confuso rumor de voces. No obstante, podemos domar la corriente. La conciencia es el tema principal del legado de William James, al contrario que Freud, sumergido en el inconsciente. James es el anti-Freud.

En sus años de madurez, William llegó a comprender a su padre, más profunda y acertadamente de lo que su padre se había comprendido a sí mismo. Él, su padre, había luchado contra la sensación de que la vida no tenía sentido. Tras la batalla, la visión luminosa se había impuesto a la sórdida, aunque su corazón estaba corroído en parte por la absurda locura del mundo. Como si fuera el casco de un barco viejo. Un día, una voz interior le había ordenado que detuviese aquella tortura autoinfligida y así pudo solazarse con la espiritualidad en el lado soleado. Algo parecido a esto le había ocurrido también a William. No somos autómatas ciegos sobre un caballo desbocado. La conciencia es la clave porque nos muestra diferentes visiones, variaciones caleidoscópicas que dependen del momento. Entre ellas nosotros podemos elegir un particular punto de vista, una perspectiva determinada, e ignorar el resto. Podemos disfrutar con la contemplación de la rosa e ignorar las lombrices y los parásitos que devoran las raíces ocultas.

LA PAZ, POR FIN: ¿REGRESANDO A ÍTACA? NO... ¡A SÍ MISMO!

Para difundir sus novedosas teorías en los Estados Unidos, visitó Nueva York un pujante médico, poco conocido todavía. A pesar de estar enfermo, William James se acercó a saludar al visitante, Sigmund Freud, que viajaba acompañado por Carl Gustav Jung, Ernest Jones y otros psicoanalistas. El amable James dejó una impresión agradable en sus colegas europeos. «Ustedes son el futuro», les dijo cortésmente. Freud estaba encantado con el viejo caballero de Nueva Inglaterra. Mientras paseaban, James se detuvo y se palpó el corazón. Su cara reflejaba un dolor agudo, William experimentaba una angina de pecho.

—Por favor, continúen andando. Enseguida me recupero y los alcanzo —dijo William James y le pidió a Freud que le llevara la bolsa.

Este estoicismo ante el aguijonazo de la muerte causó una profunda impresión en Freud: «Ojalá yo pueda conservar esta calma —le confesó a Ernest Jones— cuando llegue el día».

A pesar de sus achaques, James no dejó de trabajar con ahínco. Cuando visitó Edimburgo, el recibimiento fue entusiasta, porque en Europa lo veían como un hombre alegre; por todas partes alababan su estilo, lo describían como popular y aplastante. Al inscribirse en un congreso en Roma, la secretaria casi se desmayó al tener al gran hombre delante: «Toda Italia lo ama», declaró la chica. Tras una larga gira por Europa, regresó a Estados Unidos. En su última clase en Harvard, antiguos alumnos y colegas abarrotaban la clase. Le regalaron tinteros de plata y copas, que simbolizaban el amor que le profesaban sus estudiantes, en correspondencia a su labor docente y su cariño hacia ellos durante tantos años. Era una celebridad en su país y en todo el naciente planeta de la psicología. «El mundo es un lugar cálido», pensó James conmovido.

Durante los últimos años, William James había sufrido dolores que los médicos achacaban a una dolencia cardiaca. Muy cansado y avejentado, se retiró a su casa de campo en New Hampshire, era consciente de que era la hora. Ya solo quería irse y solo admitía ingerir pequeñas cantidades de leche. Una tarde de agosto su mujer, Alice, le acercó un vaso a su habitación. Alice tomó su cabeza y lo acunó, parecía dormido. La respiración era débil, pausada, transmitía una sensación de placidez. La autopsia consignó literalmente que la causa de la muerte había sido «un corazón muy agrandado».

La madurez de James y sus líneas de expresión.

¿POR QUÉ NADIE SONRÍE EN LAS FOTOS ANTIGUAS?

Las fotos de la época no permitían que la gente sonriera, era necesario permanecer completamente estático durante la exposición, que se prolongaba durante una interminable serie de segundos. Debido a ello, nadie sonríe en los daguerrotipos (excepto los sujetos de Duchenne de Boulogne). Sin embargo, fíjense en las últimas fotografías del William James mayor. No podemos ver la sonrisa, pero sí sus indicios, como si fuésemos arqueólogos de la psicología. Si nos fijamos, vemos arrugas de expresión que nacen de sus ojos, líneas paralelas, inequívocas huellas de sonrisas. Es el rastro de ese James amable y acogedor, con seguridad sonriente, que escoceses, alumnos, colegas y psicoanalistas habían apreciado. ¡Ah, y no nos olvidemos

Mirada jamesiana y huellas de sonrisas.

de la simpática muchacha romana! Esas líneas de expresión son el rastro de la sonrisa perdida de William James.

Hoy, William James es el padre honorífico de la psicología, uno de los padres. En realidad, habíamos quedado en que Wundt era el padre biológico, el padre severo, que aconseja a su hijo dar una imagen de respetabilidad, tomar como modelo una ciencia seria como la medicina. James sería más un padre adoptivo, o ese tío bondadoso al que admiramos, que nos regala sus conversaciones y al que tenemos tanto cariño. Al final, aquel hombre atormentado había elegido vivir en el lado luminoso. Al final de su vida, por encima de todo, James fue un hombre en paz consigo mismo, lo cual no está nada mal.

BIBLIOGRAFÍA

Menand, L. (2001). *El club de los metafísicos. Historia de las ideas en América*. Ediciones Destino. Barcelona.

Simon, L. (1999). *Genuine Reality: A Life of William James*. University of Chicago Press. Chicago.

El catedrático Baldwin y Scarlett O'Hara coinciden en el burdel. ¡Es un escándalo!

Si le digo que Alemania perdió la Primera Guerra Mundial por culpa de la *madame* de un prostíbulo de Baltimore que no quiso pagar 50 centavos a un policía corrupto, usted no me creerá, y lo entiendo. Hitler tampoco lo supo nunca. La puñalada por la espalda a la Alemania del káiser Guillermo II no se la dieron los socialistas, se la dio Sadonia Young, la dueña de un club de poca monta. Lean la historia de James Mark Baldwin y díganme si me equivoco.

EL PROFESOR BALDWIN, UN TIPO LISTO

Por favor, si miran la fotografía del profesor Baldwin, no lo tomen por un engreído, puesto que este hombre tuvo que superar momentos muy difíciles y enjuagar su orgullo en toneladas de humildad.

Al posar, inclina hacia un lado el óvalo perfecto del rostro, mientras con índice y corazón acaricia el cutis bien perfumado. Tal vez luego se atuse el bigote, una media luna perfecta y simétrica. La mirada es penetrante, reposada, y te escruta con frialdad desde su ojo derecho, si bien el lado izquierdo nos anuncia su sorpresa, pues este ojo está algo más abierto, la ceja más elevada. Aunque parezca mentira, hay algo oculto en esa leve asimetría: revela un mínimo gesto que James Mark Baldwin no tiene bajo control.

En el verano de 1908, el profesor Baldwin tenía razones para estar satisfecho con su vida. Había cenado solo en casa y salió a dar un paseo, buscando el frescor y las luces del crepúsculo. Las tardes de

Baltimore se alargaban impregnadas de aromas primaverales. Una jovencita negra, Annie, se le acercó sonriente y le propuso visitar una casa de gente de color donde había música y diversión. ¿Por qué no? Le picaba la curiosidad y su mujer estaba de viaje.

EL PRIMER *PIAGET* DE LA HISTORIA ANTES DE PIAGET

El profesor Baldwin era una figura de relieve. En 1902 fue considerado uno de los más importantes psicólogos de Estados Unidos. Había publicado dos gruesos volúmenes sobre el desarrollo mental en la infancia. Interesado por la genética y la evolución, Baldwin incorporó a la psicología las teorías de Darwin.

James Mark Baldwin, 1917.

Cuando nació su primera hija, Helen, el profesor se interesó por su evolución psicológica. Pronto llegaría una hermanita y observó en sus niñas algunos aspectos cruciales para el desarrollo infantil, como el papel de la mirada, los juegos en los que imitan roles, las acciones que dirigen a objetos o personas con alguna intención... Estas acciones eran similares en una y otra niña, y sus deseos o inclinaciones también.

Este tipo de aprendizajes comunes permiten a los niños interpretar las intenciones de otros niños, predecirlas e influir en los demás. A partir de estas habilidades, el niño será capaz incluso de mentir. Es decir, a través de la relación con compañeros de juego, el niño logra diferenciar entre el propio yo y la persona del otro. Si el niño es capaz de imaginar qué ocurre en la mente del otro, también será capaz de ajustar su conducta al entorno social. Hoy, este campo de estudio se llama *teoría de la mente*.

Baldwin era un pionero de primera magnitud, cofundador de la Asociación Americana de Psicología y de revistas de prestigio, como *Psychological Review*. Sus orígenes de clase media habían quedado atrás. Su padre había sido comerciante en Carolina del Sur. Durante la Guerra de Secesión, Sherman arrasó el Sur y la familia Baldwin se trasladó al Norte. Su inteligencia le permitió brillar, por lo que accedió a una beca para una estancia en Alemania y estudió en Berlín y en Leipzig, nada menos que en el laboratorio de Wilhelm Wundt. Al regresar a Estados Unidos, Baldwin fundó laboratorios de psicología experimental en Toronto y en Princeton.

Tenía razones para estar orgulloso de sí mismo, hasta para estar pagado de sí mismo. Los Baldwin solían ser estilizados y elegantes como pinceles (que se lo digan a Kim Basinger). Nadie llevaba el traje con tanta elegancia, nadie lucía tan perfecto el nudo de la corbata, nadie tenía todo tan calculado en su vida.

REDADA EN EL BURDEL: 50 CENTAVOS TUVIERON LA CULPA

En junio de 1908, la policía de Baltimore efectuó una redada en un burdel de la ciudad. Arrestaron a la *madame*, Sadonia Young, a Annie, la chica negra que hacía de gancho, y a todos los clientes, la mayoría hombres de color, excepto un blanquito. En aquel momento, había en el local un hombre blanco, anglosajón y que protestaba mucho. ¡Ah, y un detalle importante! Annie resultó ser menor de edad.

Al ser arrestado, el cliente blanco dio un falso nombre, dijo llamarse "James Manson Brown". Luego, ante el estrado del juez Tyson, el hombre blanco descubrió su verdadera identidad. El juez lo tranquilizó: «¿Ah, no me diga que es usted un hombre de orden, un prohombre de Baltimore? Bien, no se preocupe usted, veremos qué se puede hacer». Al poco tiempo, el juez visitó la casa de Baldwin y le dijo que no se preocupara, no había hecho nada inmoral ni ilegal, sencillamente estaba en el sitio equivocado en el momento equivocado. Cuando el juez salió James Mark Baldwin cerró la puerta aliviado, sus problemas habían terminado...

En el juicio se aclaró cómo ocurrieron las cosas, todo había sido una de esas malditas casualidades de la vida. La redada se había originado por una venganza de la policía contra Sadonia, la *madame* y dueña del negocio. Cada semana la señora sobornaba puntualmente a una pareja de policías: al sargento con tres dólares y al patrullero con dos dólares. Esa semana le había dado solo 1,50 dólares al policía de a pie. Como les faltaban 50 centavos, los policías del barrio tramaron una venganza al más puro estilo mafioso. Esperaron a que algún pez gordo entrara en la *maison*, de forma que se armara gran escándalo y sirviera de escarmiento a la mujer. Y tuvieron suerte, esa noche apareció un pavo real, bien vestido y muy estirado, tal vez un banquero, un médico...

DESCUBRIENDO EL PASTEL

Por desgracia, este tipo de rumores se cuelan por todas las rendijas y pronto se supo que un famoso filósofo y psicólogo, James Mark Baldwin, era el tal «Brown», uno de los acusados. El profesor Baldwin estaba casado con Helen Green, la hija de un prominente erudito bíblico, y el matrimonio tenía dos hijas pequeñas. El profesor Baldwin poseía contactos de alto nivel con el Gobierno mexicano y colaboraba como asesor del ministro de educación mexicano, Ezequiel Adeodato Chávez. En un principio la noticia se sofocó para evitar que corriese como la pólvora en aquel entorno puritano, típico de Nueva Inglaterra a principios de siglo, donde todo lo que huele a sexo se difunde a la velocidad de la luz, si no más rápido.

No es que fuera un pez gordo, en Baltimore era una ballena. Había que andarse con cuidado, en aquel momento su nombre había aparecido en una lista de candidatos al Consejo de la Universidad. Poco a poco, la noticia se fue filtrando, tal vez había gente interesada en desacreditar a Baldwin. Le pidieron que no se alarmase, que no le diera importancia, las altas instancias lo protegerían. Por el momento, Baldwin se retiraría temporalmente alegando motivos de salud. Casualmente, la garganta de Baldwin estaba muy delicada y necesitaba reposar, por lo menos hasta que amainase la tormenta.

EL *PAPARAZZI* DE TURNO SIEMPRE ESTÁ AHÍ

Baldwin confiaba en que nadie lo hubiera identificado, pero la suerte le dio la espalda. ¿Cómo se destapó el bulo? Con ocasión de la vista el periódico *Baltimore World* publicó detalles reveladores: el «hombre blanco» pertenecía a la prestigiosa J. Hopkins University y se había embarcado para Europa, coincidiendo con el juicio. El caso del tal «Brown» había sido desestimado por falta de fundamentación, según la Corte. Aunque no citaban su nombre, sí que lo habían reconocido, y la culpa la tuvo un periodista que andaba por allí husmeando el día del arresto. Por otra maldita casualidad de la vida, Riggs, este periodista, había ido a Princeton y se había graduado en la misma época que Baldwin.

Baldwin no se rindió, durante meses defendió su inocencia por todos los medios. Tuvo que dar una versión exculpatoria de los hechos. Estúpidamente, él, el más inteligente de los psicólogos, se había dejado llevar por una sugerencia. Sus amigos siempre le habían animado a visitar un club donde había gente de color y creaban su música, nuevos ritmos sincopados, así que sería estupendo ver qué hacían por allí. Por supuesto, Baldwin no sabía nada de las inmorales mujeres que trabajaban en ese lugar. Sadonia, la propietaria, intentó librarse de lo suyo acusando a Baldwin de ser quien había llevado a la chica al club. Lógicamente, los oficiales no dieron crédito a tan absurdas acusaciones. El juez lo había exculpado, asegurando que no había nada contra él, ni evidencias ni cargos… Por su parte, el capitán de la policía fue investigado por sus connivencias con actividades criminales. Visto para sentencia, todo quedó en un lío monumental que involucraba a policías corruptos.

Desafortunadamente, el soberbio Baldwin no había hecho demasiados amigos en su camino hacia la cumbre. Al contrario, durante los años previos se había enfrascado en agrias controversias con casi todos los mandarines de la psicología americana, William James, Stanley Hall, Titchener, Sully, Dewey... Por ejemplo, se peleó con James M. Cattell por la posesión de la revista *Psychological Review*. Espléndido gallo de pelea del Sur, Baldwin tampoco le hacía ascos a las discusiones con científicos extranjeros.

De nada le valieron todos sus manuales y diccionarios, sus sesudas monografías, que ocupaban varias estanterías en la biblioteca del campus. Al final, los rectores de la Universidad Johns Hopkins eran sensibles a las habladurías y obligaron a Baldwin a renunciar a su plaza. La condena civil fue de tal calibre que Baldwin se vio obligado a emigrar a Francia junto con su familia. Solo faltó que le marcaran con una letra escarlata en el pecho y lo pasearan por Baltimore subido a un burro.

EL DESTINO UNIÓ A BALDWIN Y A ENRIQUE GRANADOS EN EL CANAL DE LA MANCHA

El 24 de marzo de 1916, Baldwin navegaba con su familia en el vapor Sussex y, por coincidencias de la vida, Enrique Granados y su mujer embarcaron también en Folkestone, en la costa británica, con la intención de cruzar el canal de la Mancha. Granados venía de Nueva York, donde había estrenado con gran éxito la ópera *Goyescas* en el teatro Metropolitan.

Hacia el mediodía el submarino alemán UB-29 se cruzó en el camino del Sussex y un torpedo partió al vapor por la mitad, provocando que la proa se hundiese. Muchos pasajeros se lanzaron al agua, temiendo que el barco se fuera a pique. Entre ellos estaba la mujer de Granados, que se debatía en las aguas del canal, en mitad de la confusión y el caos del naufragio. Enrique Granados se lanzó al mar con la intención de rescatarla. James M. Baldwin y su mujer lograron salvarse, pero su hija quedó lisiada. Aquella niña que había inspirado tantos estudios, con sus gateos en busca de muñecas y sus sonrisas compartidas con su hermana, pagó su cuota en el sacrificio mundial. Murieron cerca de un centenar de pasajeros, entre los que se contaban Enrique Granados y su esposa, tragados por el océano. Horrorizado, Baldwin envió su relato de los hechos al *New York Times* y el periódico publicó la denuncia en la primera página. La campaña para que Estados Unidos entrara en la Primera Guerra Mundial estaba en marcha. Alemania no lo sabía aún, pero con la irrupción de la gran potencia americana la derrota estaba de camino.

¿Comprenden ahora lo que les decía al principio sobre el resultado de la Primera Guerra Mundial? *Madame* Sadonia Young tuvo la culpa de la victoria aliada. Si ella hubiera pagado 50 centavos, todo se hubiera evitado: la venganza del policía corrupto, la detención de Baldwin, su expulsión fulminante de Baltimore, su carta de denuncia al *Times*... Sin el error de Sadonia, el *Times* no hubiera publicado en portada su grito de auxilio y Estados Unidos habría permanecido neutral. Francia y Alemania habrían firmado una paz honrosa, sin humillación ni deflación. Los nazis no habrían podido aprovechar el resentimiento popular en Alemania. Nos habríamos ahorrado la Segunda Guerra Mundial. ¡Maldita sea, Sadonia! ¿Por qué no pagaste los 50 miserables centavos?

Daños en el vapor SS Sussex tras el ataque de un submarino alemán.

BALDWIN EN FRANCIA

¿Y las teorías de Baldwin...? De tantos libros, ¿qué se hicieron? ¿Y tantas invenciones que trajeron? Digamos, para llevarle la contraria a Jorge Manrique, que no se perdieron. En Francia, Baldwin pudo continuar su labor científica, y su obra constituye una magnífica catedral gótica plagada de gárgolas y arbotantes, un edificio intelectual bien construido que resiste el paso del tiempo. Un psicólogo francófono, Jean Piaget, decidió que él también observaría a sus hijos, les pondría tareas y anotaría cómo evolucionaba su inteligencia conforme crecían. También otros psicólogos, como Vigotsky y Kohlberg, echaron un vistazo a las complejas naves y los elegantes arcos ojivales de Baldwin.

Sobre todo, la obra de Baldwin influyó decisivamente en Piaget, que investigó exhaustivamente las etapas de la inteligencia infantil. Baldwin ha contribuido a nuestra concepción actual de la educación, ya que creó una teoría completa sobre el desarrollo mental de los niños. Tenía implicaciones biológicas, pues Baldwin reinterpretaba los mecanismos de la herencia darwiniana.

Los estudiantes de magisterio o los trabajadores de las guarderías no lo saben, pero cuando hacen un comentario sobre la madurez de un niño, tienen detrás una sombra que asiente, enderezando el gesto, «sí, así es», parece decir. Es la sombra de un tipo atildado, con su reloj de bolsillo, nudo exacto de corbata y pañuelo de seda. Perfecto en su atavío, excepto por un defecto imperceptible, que estropea la simetría. Involuntariamente, un ojo se le abre más que el otro, como si en su interior temiera algo, como si albergara un mínimo impulso fuera de control.

¿EN QUÉ SE PARECEN JAMES MARK BALDWIN Y SCARLETT O'HARA?

En el fondo, creo que Baldwin era un hombre tímido, hecho a sí mismo, desde sus inicios en aquel Sur arrasado por el general Sherman. Tuvo que volver a reinventarse en Francia, como la propia Scarlett O'Hara hizo después de la guerra civil. Ahora que lo dicen, también a ella se le elevaba la ceja izquierda, subrepticiamente. Reinventarse, una vez expulsados del paraíso, no resultaría fácil para ninguno de los dos.

Es fácil imaginar los inicios de Sadonia Young, la empresaria del sexo: tal vez era alguna de las esclavas negras huidas desde el Sur, desde las plantaciones de los O'Hara, buscando mejores condiciones de vida. Tal vez se parecía a Hattie McDaniel, igual que la joven Annie que engatusó aquella tarde a Baldwin. Los hilos del destino habían enredado a Sadonia, a la negrita Annie, a Scarlett O'Hara, a Enrique Granados y a James Baldwin en un embrollo de proporciones cósmicas.

Tenía ya una edad avanzada cuando escribió su autobiografía para el editor Carl Murchison. Por algún motivo, Baldwin solo habló de psicología, de sus logros académicos, de sus libros, de sus teorías. Para nada, ni de lejos, el señor James Mark Baldwin aludió a su vida personal, no incluyó una sola línea. Es fácil decirlo, era un engreído, un soberbio. Es la primera impresión, pero también es la timidez.

Y luego existe una última razón. «Mejor no hablar de la vida privada», pensaría Baldwin, preguntándose: ¿cómo puede uno aclarar este enredo de una forma sencilla? ¿Cómo explicar esta ironía shakespeariana sobre el telón de fondo del siglo xx? ¿De qué le serviría justificarse? Nadie le creería, tan absurdo había sido el guion de su vida. En su autobiografía, Baldwin optó por salirse por la tangente y probablemente hizo bien. Solo, andando el tiempo, Kafka, los hermanos Marx, Camus o Ionesco, con su teatro del absurdo, hubieran sido capaces de explicarlo.

BIBLIOGRAFÍA

Murchison, Carl. (Ed.) (1930). *Historia de la psicología en autobiografía*, *1*, pp. 1-30. Clark University Press. Worcester.

Obiols, J. E. y Berrios, G. (2009). The historical roots of Theory of Mind: the work of James Mark Baldwin. *Hist Psychiatry*, *79*(3), pp. 377-392.

Wozniak, R. H. y Santiago-Blay, J. A. (2013) Trouble at Tyson Alley: James Mark Baldwin's arrest in a Baltimore bordello. *History of Psychology*, *16*(4), pp. 227-48. doi: 10.1037/a0033575.

LOS CONDUCTISTAS:
EMOCIONES, PERROS Y BEBÉS

El Santo Grial y el pequeño amigo de Iván Pávlov

EL CONDICIONAMIENTO CLÁSICO, EL SANTO GRIAL DE LA PSICOLOGÍA

En 1904 Iván Pávlov recibió el Premio Nobel de Medicina por sus investigaciones, en las que utilizaba perros operados en su laboratorio. Pávlov descubrió que sus experimentos, inicialmente diseñados para observar la función digestiva, le permitían estudiar de forma objetiva la psique de los animales. Cada perro, según su carácter y sus experiencias, respondía de forma diferente a los estímulos. A partir de 1900, durante tres décadas, exploró cómo los perros desarrollaban sus reacciones emocionales.

Con ello, se convirtió en la figura más prestigiosa de la psicología científica, había descubierto el auténtico Santo Grial de la psicología: una forma objetiva de estudiar el origen de las emociones. Dentro de la psicología científica, los procedimientos de Pávlov configuraron el paradigma de los paradigmas, el *condicionamiento clásico*. La poderosa psicología conductista americana se apoyó en los hombros de este gigante. Sin embargo, el camino hasta la meta no había sido una línea recta, ya que los perros de Pávlov tuvieron que soportar la mayor carga de sufrimiento, como se desprende de la biografía de Daniel P. Todes. Este autor ha dedicado muchos años a recuperar testimonios y recuerdos del laboratorio de Pávlov. ¿Cómo era la relación con sus perros?

UNA OPERACIÓN DIABÓLICA

A principios de 1894, Khizhin y Pávlov se miraron nerviosos mientras vigilaban al perro Druzhok, su «pequeño amigo», tumbado en la mesa de operaciones. Khizhin tenía que realizar una operación muy peligrosa, puesto que anteriormente una veintena de perros sanos habían muerto tras esta intervención. Pavel Khizhin era considerado un hábil cirujano, mientras Iván Pávlov era una eminencia de la fisiología ya por entonces, un orgullo para su querida madrecita Rusia.

Khizhin tenía que dividir el estómago en dos partes: la más grande funcionaba con normalidad como estómago, la más pequeña formaba una pequeña bolsa, un estómago más pequeño. Esta bolsa artificial, llamada «saco de Pávlov», servía para recoger secreciones gástricas sin contaminar con restos de comida. Un largo tubo llevaba estos *puros* jugos del estómago hasta el recipiente de medida. Los riesgos eran enormes, la piel debía ser suturada con cuidado y la mucosa debía recubrir adecuadamente el nuevo estómago doble. La incisión por la que salía el tubito debía cerrarse con precisión, de lo contrario el jugo gástrico quemaría los tejidos.

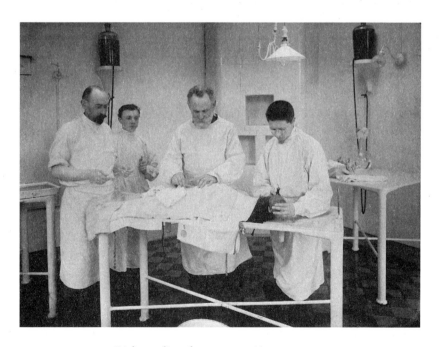

Pávlov realizando una operación a un perro.

Durante los días siguientes, cuando Pávlov llegaba al laboratorio todos notaban de inmediato la presencia del jefe, un hombre enérgico, de voz poderosa. Pávlov preguntaba por el pequeño paciente: «¿Cómo está Druzhok? ¿Sobrevivirá?». Khizhin, después de sufrir la muerte de varias decenas de perros, no las tenía todas consigo. Pocos meses antes, el propio Khizhin había caído enfermo, presa del pánico, y Pávlov, menos hábil con el bisturí, se planteó seriamente abandonar las investigaciones.

UN COLABORADOR MODÉLICO: ¡DRUZHOK, QUÉ JOVEN MÁS AGRADABLE!

El pequeño Druzhok había sido elegido con mucho tiento, porque se necesitaban perros de buen carácter, capaces de aguantar tumbados los prolongados periodos que duraba un experimento típico, entre cinco y diez horas seguidas. Druzhok era un colaborador dócil y templado. No era sencillo encontrar un carácter así. Los perros jóvenes eran demasiado excitables, mientras otros mayores respondían mal ante las simulaciones experimentales. Por ejemplo, cuando veían carne ante su hocico y no podían morderla, los perros reaccionaban con ira. Por otro lado, también había perros miedosos que no se acostumbraban al laboratorio y se deprimían con facilidad.

Para ser justos, Pávlov exigía la misma lealtad y constancia a sus colaboradores humanos. Con mano de hierro dirigía su laboratorio, diseñaba las líneas de investigación, supervisaba los experimentos y los interpretaba, en tanto los colaboradores se encargaban de permanecer durante horas junto a los perros, ejecutando cientos de ensayos. Normalmente, mostraban diferentes tipos de comida al animal, analizaban las reacciones y registraban las secreciones salivares y gástricas. Tras realizar los cálculos, procedían a preparar un nuevo ensayo.

No es extraño que hubiera otra víctima, el pobre Julian Iablonskii. Había llegado desde una lejana provincia, como la mayoría, en busca de una oportunidad para publicar su tesis doctoral e impulsar su carrera. Para conseguirlo, debía emplearse a fondo durante varios años bajo el control del metódico Pávlov. Aunque había tenido una infancia rebelde, Pávlov se convirtió en un hombre de costumbres en su madurez, una vez instalado en un laboratorio propio. A las siete de la mañana su mujer, Seraphima Vasilievna, le preparaba un té, le ponía comida en un bolsillo del abrigo y unos *kopecks* para el carruaje. A las nueve en punto solía hacer su entrada en el laboratorio y los ayudantes se ponían firmes. Pávlov, como Napoleón, tenía una memoria prodigiosa y podía llevar la cuenta de cómo iban marchando los distintos experimentos. Ante cualquier incongruencia, exigía explicaciones.

¿SE PUEDE CONSTRUIR UN LABORATORIO VIVIENTE?

En este ambiente de trabajo, el pobre Iablonskii empezó a mostrar signos de agotamiento cuando estaba en su tercer año. Tras las maratonianas jornadas, acabó sucumbiendo a una enfermedad mental y tuvo que regresar a su provincia de origen. Pero lo que más preocupaba a Pávlov eran sus conejillos de indias, sus perros. De nuevo, en aquella mañana de 1894, Pávlov interrogó a Khizhin: ¿cómo evolucionaba el pequeño amigo? Khizhin se encogía de hombros, no quería que una nueva decepción pesara en su conciencia. Un problema peliagudo se añadía a la situación. Más adelante, los perros debían ser sometidos a una segunda operación, la extirpación del esófago. Así podían estar seguros de que las reacciones gástricas eran fruto de factores psíquicos, pues no había contacto de la comida con el tejido del estómago. Para asegurar esto, los cirujanos abrían un canal en el cuello y por allí escapaba la comida.

Una vez realizada la operación, se colocaba delante del perro un bol con comida. El perro sin esófago tragaba las piezas de carne, pero estas caían al bol de nuevo, jamás llegaban al estómago. Los ayudantes medían la secreción de saliva y la cantidad de jugo gástrico excretado por el estómago. Pávlov quería transformar un organismo en una perfecta factoría química. El espectáculo era conmovedor y muchos ayudantes se sentían negativamente impresionados. Los perros se lanzaban con avidez hacia la comida, que se les escabullía hacia abajo envuelta en saliva, formando una masa en el plato. Mientras esto sucedía, Pávlov se paseaba frotándose las manos.

Sin este laboratorio vivo, Pávlov no podía proseguir sus investigaciones. Necesitaban que Druzhok sobreviviera para representar su papel de cyborg, un robot biológico, un sistema digestivo experimental. Antes, muchos científicos se habían conformado con estudiar cada órgano aislado. Pávlov necesitaba el animal «recuperado» y «sano», con sus conexiones nerviosas intactas, con sus glándulas digestivas accesibles en todo momento para el experimentador, y solo de este modo podía explorar el rol que jugaba la psique en las reacciones del animal.

EL TRIUNFO DE LA CIRUGÍA: LA SALIVA ES DE BUENA CALIDAD

Por fin, una mañana Pávlov encontró a Khizhin sonriendo. Sobre la mesa, el perro parecía feliz, había recuperado la energía. A partir de aquí, disponían de un animal vivo con una parte del estómago aislada, con un *saco pavloviano*, un tubo de ensayo biológico. En el verano de 1894, Pávlov escribió entusiasmado a Seraphima, que se hallaba de vacaciones con su hijo. Los experimentos habían sido un éxito, y ya alimentaban a Druzhok con distintos tipos de comida, carne, pan, leche o agua. Cada estímulo producía una característica cantidad de jugos gástricos y salivares, con distinta concentración según el tipo de estímulo. Las gráficas que obtenían eran perfectas, regulares.

Pávlov comprobó que esto ocurría así solo con mostrar la comida ante la cara del perro. Es decir, de alguna forma el animal estimaba el tipo de comida y generaba un tipo de saliva. Si la comida era picante, la saliva era más líquida. Por ejemplo, mezclando la carne con mostaza la saliva obtenida era muy acuosa; en cambio, si la comida era una pieza seca de carne la saliva era más rica en mucosidad, para facilitar el trago. Pávlov llamaba «secreción psíquica» a las reacciones del animal ante la vista de la comida, sin contacto físico con ella. No obstante, aquí había una dificultad, ya que el perro no se dejaba engañar fácilmente. Si los animales notaban que el experimentador agitaba la carne y, acto seguido, la retiraba con brusquedad, el perro se enfadaba bastante, hasta el punto de que se daba la vuelta y se negaba a mirar nada más. A partir de ahí, era imposible continuar el experimento.

Esta reacción de orgullo y decepción ocurría con frecuencia en los animales. Khizhin aprendió a tratar a Druzhok con delicadeza, para que no se sintiera herido en su amor propio. El científico tenía que representar un pequeño teatrillo: calentaba la carne en un hornillo de gas, servía la leche en un cazo o cortaba pan en otra zona del laboratorio... Desde su mesa, el avispado Druzhok se mostraba interesado en todas aquellas operaciones, su boca se agitaba y se llenaba de saliva. Esta era una auténtica *secreción psíquica*. Con el tiempo, Pávlov se dio cuenta de que muchas otras señales producían también *secreciones psíquicas:* si entraba en la estancia un ayudante y hacía ruido con sus zapatos, si se manipulaba un plato...

EL FINAL: UN HÉROE QUE QUEDÓ SEPULTADO POR EL ANONIMATO

Pávlov dedicó el último tercio de su vida a investigar las variables mentales y sus conexiones cerebrales. Para ello utilizó otros perros, otros dóciles pacientes, otras factorías químicas cuidadosamente preparadas para cumplir con su función. Las secreciones psíquicas se integraron en un nuevo concepto, básico para la historia de la psicología: los *reflejos condicionales*. Estos son los *reflejos condicionados*, es decir, los que han sido aprendidos a partir de cambios en el medio ambiente. En otras palabras, nuestras reacciones emocionales dependen de las experiencias previas.

Druzhok, el pequeño amigo, había sido el primero, el pionero. Entre otras cosas, había aprendido a tomar cariño a las zapatillas de Khizhin. Tres años después, este perro pasó a estar bajo los cuidados de Volkovich, otro colaborador de Pávlov. Cuando Volkovich iniciaba su ciclo de experimentos, Druzhok daba señales de estar agotado. Los perros operados solían sufrir inflamaciones internas con facilidad y pasaban mucho tiempo tumbados sobre la espalda, con las patas hacia arriba, dando claras muestras de su dolor. La esperanza de vida bajo este régimen era bastante corta. Las glándulas de Druzhok ya no funcionaban con regularidad, la cobaya perfecta se había deteriorado.

Más sensibilizado, Pávlov empezó a preocuparse por la forma de curar las patologías digestivas y los problemas nerviosos asociados. Al final de su carrera, rindió homenaje a sus valiosos colaboradores caninos: «La más inteligente de nuestras mascotas tiene que sufrir las consecuencias de nuestros experimentos». En sus últimos años, sus ayudantes le regalaron un álbum de fotos en el que figuraban muchos de sus perros. Sin embargo, en sus escritos, Pávlov nunca mencionó a su Druzhok, a su pequeño amigo, por su nombre de pila.

BIBLIOGRAFÍA

Todes, D. P. (2014). *Ivan Pavlov: A Russian Life in Science.* Oxford University Press. Oxford.

John B. Watson: el hombre que sí amaba a las mujeres

En 1920 un cometa iluminaba el cielo de la psicología, cruzándolo a una velocidad de vértigo. John Watson diseñó el experimento más citado y célebre de la psicología del siglo XX, y se había convertido en el presidente más joven de la APA, la Asociación Americana de Psicología, con 36 años. Según los historiadores americanos, jugaba en la misma liga que Freud, Pávlov o el filósofo Bertrand Russell. Por si fuera poco, fue elegido el profesor más guapo del campus, en la

John B. Watson.

Universidad Johns Hopkins. Su cabello ondulado formaba un marco rococó para unos ojos soñadores, lanceolados como hojas de laurel. La mandíbula firme, los labios cubiertos por una fina sombra, amagando un bigotito, le daban el aire de un detective de la agencia Pinkerton, un galán a lo Errol Flynn.

Sin embargo, como en las tragedias griegas, lo acechaba una trampa del destino. Brillaba tanto que no tenía miedo a nada, a nadie, ni a dioses ni a hombres. El orgullo desmedido lo cegó, impidiéndole ver la catástrofe que se avecinaba. Este tipo de arrogancia, que provoca la ira de los dioses y conduce a los hombres al despeñadero, era llamado *hubris* en la antigua Grecia.

LA PLAZA DE BALDWIN QUEDÓ LIBRE (MAL PRESAGIO)

Watson fue criado por Emma, su madre, en el estado de Carolina. Al morir esta, se trasladó a Chicago, en la región de los Grandes Lagos, donde encontró la protección de uno de los padres fundadores de la psicología americana, James R. Angell. En 1903 Watson se doctoró cuando contaba 25 años. Muy pronto volaba solo, representando a Chicago en los congresos. Se convirtió en un líder de la nueva psicología científica, que buscaba la objetividad y liberarse de sus ataduras con la filosofía. A la vez, Watson tuvo tiempo para relacionarse sentimentalmente con una de sus alumnas, Mary Ickes. La pareja mantuvo su relación en secreto hasta que Mary dejó la universidad y pudieron casarse. Aquellas bodas de la costa este, en los territorios de caza del gran Gatsby y de Katharine Hepburn, eran una auténtica maravilla.

Entonces apareció una plaza libre en la universidad Johns Hopkins, de Baltimore. Precisamente aquellos días habían fulminado a un prestigioso intelectual, James M. Baldwin, debido a un escándalo. En el curso de una redada, el muy incauto se había dejado detener por la policía en un club de mala reputación. Watson no desaprovechó la ocasión —a rey muerto, rey puesto— y tomó posesión de su nuevo cargo, donde nuestro joven científico disponía de un moderno laboratorio. En breve tiempo, también tomó al asalto la jefatura del departamento y pasó a dirigir la revista científica. Ya disfrutaba de todo lo que uno puede desear, la fortuna le sonreía y Watson se sentía uno de los elegidos.

Anteriormente, Pávlov había descubierto reacciones emocionales que dependían de las circunstancias, de los estímulos que rodea-
ran a los protagonistas. Para generalizar sus conclusiones existía un
inconveniente, puesto que los sujetos de Pávlov eran perros y, aunque estos aprendían mucho de todo lo que ocurría a su alrededor, al
fin y al cabo seguían siendo perros.

Watson conjeturó que las crías humanas funcionaban de modo
similar. A partir de las experiencias vitales, las señales del medio
ambiente van adquiriendo nuevos significados. Los estímulos nos
aportan gran cantidad de información: unos estímulos predicen la
llegada de otros. De esta forma, relacionando unos estímulos con
otros, los seres vivos aprendemos a predecir la ocurrencia de hechos
relevantes. Los relámpagos señalan la llegada inminente del trueno y
un escalofrío sacude nuestra espina dorsal. Las nubes negras, indudablemente, predicen tormenta y la sensación que provocan es de
temor. Por tanto, las sensaciones y emociones se adquieren después
de una vivencia personal, tras un aprendizaje.

John B. Watson en los inicios de su carrera.

A veces uno escarmienta en cabeza ajena (esto se llama *aprendizaje observacional* o *vicario*). Por ejemplo, los monos pueden aprender que las serpientes son peligrosas solo con ver chillar a sus madres, no necesitan ser mordidos. Otras veces, uno ve que le cortan las barbas al vecino y se da por aludido. Un último ejemplo de aprendizaje de emociones: los círculos puritanos, moralistas o sectarios anuncian coacciones y represalias y una sensación de amenaza sobrevuela el ánimo. Uno, si es precavido, intenta resguardarse... pero no nos adelantemos a los acontecimientos, querido Watson.

EL EXPERIMENTO MÁS FAMOSO DE LA HISTORIA

El experimento de Watson se diseñó para comprobar cómo las criaturas humanas adquirimos nuevas emociones. Cuando un estímulo, neutro en principio, va seguido por un hecho desagradable, pierde su neutralidad. Al final, si esto se produce de forma repetitiva, acaba convirtiéndose en una señal que anticipa lo negativo, y esta señal negativa producirá por sí misma ansiedad y reacciones de miedo. ¿Por qué es tan importante? Las criaturas deben predecir los acontecimientos antes de que se produzcan, solo así podrán evitarlos.

Esta convicción dio lugar al experimento con el pequeño Albert, que fue grabado con una cámara de cine, una hazaña tecnológica en aquella

Watson y Rayner junto a Little Albert.

época de fotogramas en blanco y negro. Vemos al bebé, de unos 8 o 9 meses, sonrosado y tierno, jugando con un ratón blanco de laboratorio. Albert inclina el tronco, muy relajado, intentando coger al ratoncito mientras Watson está al acecho. Alguien se oculta tras las cortinas, armado con unas potentes barras metálicas. Cada vez que aparece el ratón blanco se desata un fuerte ruido, haciendo llorar al niño. Después de muchos ensayos, ya no es necesario ni siquiera desencadenar el estruendo, la sola aparición del roedor provoca el llanto en el bebé Albert.

Como colaboradora, Watson contrató a Rosalie Rayner, una joven estudiante de 19 años y ojos azules. En la película, Rosalie es esa figura sobria, de esmerado pelo castaño, embutida en su traje oscuro. Sin tocarlo, sus brazos rodean al niño Albert en actitud protectora. Intuimos una chica bien educada, que cae bien sin que necesite esforzarse. En enero de 1920 Watson estaba en la cima, convertido en la nueva estrella de la psicología, cortejado por universidades como Harvard o Columbia. Para evitar su marcha, Goodnow, el rector de la Universidad, le ofreció un aumento del 50 % de su sueldo.

LA PASIÓN, SEGÚN WATSON

Por aquella época, John Broadus Watson seguía casado con su exalumna Mary Ickes, aunque no felizmente. El matrimonio estaba tocado por un antiguo *affair* de Watson, ocurrido diez años antes. Uno no puede ser tan guapo, luego a uno le duele la cara. Su mujer se había distanciado, pensaba que vivía en una mentira. No obstante, a pesar de la amargura se mantenían juntos. Por las tardes, el matrimonio hacía vida social, sobrellevando los claroscuros.

Solían visitar la casa de los Rayner, familia que había llegado a ser una de las más adineradas de Baltimore, con inversiones en minas, construcción naval y líneas de ferrocarril. El cabeza de familia era uno de los principales benefactores de la Universidad. Watson disfrazaba la atracción hacia Rosalie bajo la capa de las relaciones públicas, el servicio de té y las tertulias sobre el *foxtrot*. Entre taza y taza, Watson y Rosalie charlaban acerca de sus experimentos. Aquella tarde Mary Ickes se excusó, tenía que ir al baño. Sabía dónde y qué debía buscar. Aunque lo sospechaba, también lo temía. Algo diminuto, una chispa, brillaba en la encantadora sonrisa de Rosalie y una esposa avisada sabe interpretar lo que significan estas cosas.

Mary Ickes conocía muy bien la casa Rayner, podía adivinar los recovecos a pesar de la penumbra. En la tarde lluviosa de Baltimore, no necesitó encender la luz. Al fondo de la habitación, bajo la ventana, estaba el escritorio de Rosalie. Muy despacio, abrió los cajones. No le costó encontrar las cartas de su marido, Rosalie era una chica ordenada. Todas las cartas, unas doce o trece, estaban cuidadosamente apiladas. No pudo evitar abrir la primera. Demasiado bien conocía la elegante letra de Watson, el apresurado paso de la tinta: los largos y enérgicos trazos de las *tes* cubrían casi toda la palabra como si fueran tejados. Guardó el paquete en el bolso y regresó al salón, donde reanudó la tertulia con la amable señora Rayner.

—Realmente, este baile endiablado, el *foxtrot,* nos va a llevar a la degeneración.

—Ni comparación con la elegancia del vals —confirmó la señora Watson.

—Pero ¿qué le veis los jóvenes, Rosalie? —se preguntaba la señora Rayner.

Más tarde, al leerlas una a una, Mary confirmó sus temores, lo que ya intuía, la pasión de su marido hacia una jovencita. «Cada célula que tengo es tuya, individual y colectivamente», le confesaba Watson a la joven, sin perder del todo su tendencia a la exactitud. No cabía duda, el hombre de ciencia se había desnudado, dando rienda suelta a su pasión: «Todas mis reacciones hacia ti son positivas. Igual que cada uno de los latidos del corazón».

No dejaba de ser la pasión de un investigador científico: células y reacciones fisiológicas. Había intentado controlar las emociones de un bebé, sí, en su famoso experimento, pero no lograba contener los latidos de un corazón desbocado en su propio pecho. Watson pensaba que, en todo ser humano, solo existían desde el principio, desde el nacimiento, tres emociones básicas: miedo, ira y amor. Él había caído en las redes del amor, sin saber cómo.

LA CAÍDA DE LOS DIOSES

Su esposa Mary tampoco era huérfana ni manca. Su hermano, John Ickes, desempeñaba un rol importante en la política americana. En 1932 llegó a ser secretario de la cartera de interior, bajo el mandato del presidente Franklin D. Roosevelt. Llevaron las cartas a un abogado, y con ellas disponían de un arsenal para presionar a Watson, suponiendo que los Rayner también estarían interesados en salvar las apariencias. Aconsejaron a Rosalie que se alejara de Watson, aquel *affair* era una locura pasajera, una temporada en Europa la curaría de su empecinamiento con el galán maduro. Rosalie se negó en redondo, a costa de enfrentarse al *establishment* familiar. Era muy cabezota, disfrutaba oponiéndose a todo, rechazando los mejores consejos.

Por su parte, Watson se negó a dejar de ver a Rosalie, no podía alejarla de sus pensamientos. No era un *flirteo*, estaba enamorado de verdad, hasta las trancas. En lugar de ceder y regresar al redil, Watson sugirió a Mary otra solución, que ella y los niños se fueran a Suiza a pasar una temporada. Esta propuesta la acabó de soliviantar, su orgullo de Ickes ya no podría perdonarlo. Bajo una capa de aparente frialdad, la rabia la poseía. Todo se precipitó y, en julio de 1920, se alcanzó un acuerdo de separación bastante beneficioso para la mujer. Obtuvo la custodia de los hijos, las propiedades y más de la mitad de los ingresos del científico. A lo largo del verano, los rumores se extendieron por el campus.

Watson se negaba a preocuparse. Al fin, se trataba de un asunto menor, un cotilleo pueblerino. Su prestigio intelectual lo protegería de cualquier infortunio, estaba por encima de las maledicencias. Watson, como científico, defendía una visión positiva de la sexualidad humana, pensaba que el matrimonio monógamo estaba pasado de moda, que era una costumbre cercana a su desaparición y que había que estar abierto a la higiene sexual de los jóvenes.

EL APOYO DE MEYER Y OTROS COLEGAS DE LA UNIVERSIDAD

Watson se sinceró en las cartas con un colega, Adolf Meyer, que le advirtió seriamente de que la junta de gobierno de la Universidad no toleraría un escándalo de estas proporciones. Un romance con la hija de uno de los principales benefactores de la Johns Hopkins no podía acabar bien. Watson lo tranquilizó, intentaría mantener las cosas en calma y, tras un discreto divorcio, se casaría con Rosalie. Iba con buenas intenciones, pero esto no satisfizo en absoluto a Meyer, pues ¿cómo podía este hombre alocado poner sus pasiones privadas por encima de los intereses de la institución? Meyer sabía que parar a

Watson, poseído por su impulsividad, sería tan difícil como intentar detener una locomotora lanzada por el valle a todo vapor. Búfalos y vacas, quítense de en medio, por favor. Watson, pura pasión en la ciencia y en la vida, dejaba atrás toda consideración ética. Para Meyer, su amigo Watson pretendía construir una ciencia amoral y había pisoteado los valores tradicionales de la Johns Hopkins.

En lo que se refiere a la psicología, Meyer defendía un punto de vista opuesto al de Watson. La veía como una ciencia impregnada de valores éticos y sensible a los significados, atenta a los sentidos profundos de los hechos. Pero ¿cómo podía este volcán en erupción, este hombre infantil y caprichoso, comprender la necesidad de una ciencia responsable? El paladín del conductismo luchaba con ardor ciego por su joven amada, incapaz de vislumbrar siquiera todo lo que estaba en juego. Lanzarote de los Grandes Lagos, el brazo de Chicago, había encontrado a su Ginebra y no renunciaría a ella. En este caso, el rey Arturo, el presidente Goodnow, estuvo de acuerdo con Meyer. No tardó demasiado en pedir a Watson la dimisión. En octubre de 1920, un mes antes de su juicio de divorcio, Watson fue llamado a la oficina de Goodnow, que le propuso elegir entre dimitir o ser expulsado. Watson aceptó su renuncia en el acto y fue enlazando las palabras de su dimisión sobre una cuartilla, con total tranquilidad.

Watson intentó ocultar la identidad de su amada, pero no logró evitar que el escándalo explotara en toda su potencia. El *Sun*, periódico de Baltimore, publicó el 28 de noviembre que el doctor J. B. Watson se divorciaba. En el artículo aparecieron todos los detalles del *affair* porque alguien había filtrado las cartas. El periódico publicó hasta el más mínimo pormenor, se conocieron las románticas efusiones de Watson y el nombre de la destinataria: «Rosalie». Cualquiera en Baltimore podría adivinar con facilidad la identidad de la joven. Oficialmente, no se aclaró quién filtró las cartas a la prensa, sin duda alguien que se había dejado llevar por su ira.

EL DESTIERRO DE LANZAROTE

Pocos días después del divorcio, el 31 de diciembre, el último día del año, Watson se casó de nuevo, a sus 42 años, con su amada Rosalie, de 21. Fuera de la universidad, la vida de Watson dio un vuelco, porque había sacrificado su primer amor, su pasión absoluta, la ciencia, por el amor irrefrenable hacia Rosalie. Había caído con todo el equipo, tan condicionado por la biología y los instintos como el pobre *Little Albert*. Sí, había una diferencia, el pequeño Albert había caído en manos del miedo y el orgulloso e impulsivo Watson en manos del amor, de un sentimiento imposible de contener.

Durante algún tiempo, mantuvo la ilusión de que otra universidad lo contrataría y reanudaría su carrera, ascendiendo por una nueva torre de marfil, pero no fue así y se vio en la calle. Sin trabajo ni horizonte, tuvo que hacer una entrevista en J. W. Thompson, una agencia de publicidad de Nueva York. Al principio, le encargaron un apasionante estudio de mercado sobre la demanda de botas de caucho desde las riberas del Mississippi hasta Nueva Orleans. En el capitalismo yanqui, los empleados empiezan desde abajo. Watson tuvo que pasar varios meses vendiendo muestras de puerta en puerta. En Macy's trabajó detrás del mostrador de la sección de comestibles para comprender *in situ* el comportamiento de los clientes.

Watson había subestimado el poder de los rumores, que lo perseguirían incansablemente durante toda su vida y más allá de su muerte. Según un psicólogo llamado McConnell, Watson fue expulsado de la universidad por una investigación secreta, de la cual McConnell habría encontrado pruebas fotográficas. En voz baja, McConnell insinúa que Watson estudió un tema tabú, un aspecto de la experiencia humana mucho más desconocido en aquel periodo histórico que el miedo.

WATSON EN LA AGENCIA DE PUBLICIDAD: VENDIENDO LA EMOCIÓN DE COMPRAR

El dinero suavizó sus penas, el sueldo era considerablemente más alto. En la agencia llegó a ser un alto ejecutivo. Con sus nuevas ideas, Watson influyó decisivamente en la forma en que se vendían al público los productos. Sobre todo, asociaba el consumo con una emoción. Rosalie le dio dos hijos, William y James. No había olvidado la psicología, como demuestra este homenaje a William James. El primer plano lo ocupaba siempre Rosalie. Watson se fotografió junto a ella abrazándola, oso feliz, como si fuera su mayor tesoro, su panal de miel, mientras ella sonreía, el cigarrillo en la mano izquierda.

Rosalie murió a los 35 años, en la mitad de su vida. Watson, con 58 años, sobrevivió a la pérdida de su mujer 22 años más, arrastrándose como pudo. Esta vez, el hombre mecánico, sin ética, se mostró vulnerable y debilitado por la depresión. El último artículo que escribió en su vida es muy ilustrativo: «¿Por qué no me he suicidado?». Por aquellos tiempos, publicaba sus artículos en revistas populares, como *Harper* o *Cosmopolitan*. La revista rechazó el artículo porque era demasiado pesimista y oscuro para sus lectoras.

EL HOMENAJE FINAL DE LA APA

En 1957 Watson se acercaba a los 80 años y la APA quiso darle un homenaje por su contribución a la psicología. Era como si el rey Arturo se acordara de él y volviera a llamarlo para recibirlo en Camelot. John B. Watson viajó a Nueva York para la ceremonia, pero en el último minuto se arrepintió. En su lugar envió a su hijo a recoger el premio. Watson decidió regresar a casa sin presentarse ante sus colegas psicólogos. Tuvo miedo a derrumbarse, podría haberse echado a llorar de emoción en mitad del discurso de agradecimiento.

Tal vez, Meyer se había equivocado respecto a la frivolidad y la falta de valores de Watson. Al final, Watson, el hombre frío y objetivo, el campeón de la ciencia sin ética, tenía sus propios valores, más allá de los convencionales. Tal vez poseía un corazón sensible, la sensibilidad a flor de piel, la piel helada y el alma herida, y la herida abierta todavía. Pasó los últimos años refugiado en su granja de Connecticut, donde nuestro Lanzarote del Lago vivía en soledad, añorando a su Ginebra.

BIBLIOGRAFÍA

Buckley, K. W. (1989). *Mechanical Man: John Broadus Watson and the Beginnings of Behaviorism*. Guilford Press. New York.

¿A dónde fue Little Albert?
El niño desaparecido

En el experimento más famoso de la psicología participó un bebé al que Watson llamó *Little* Albert. A su muerte, Watson quemó todos sus documentos, pues «una vez muerto, todo muerto», como él decía. Nunca se supo su identidad real ni qué demonios había sido de él durante la edad adulta. Décadas y décadas transcurrieron en silencio, todo el siglo xx lo pasamos en punto muerto, arrastrando el misterio. La única pista era la inicial del apellido: Albert B.

Con el cambio de siglo, dos investigaciones recientes han encontrado rastros de este niño perdido en la historia, un niño elegido para protagonizar un experimento clave, sin comerlo ni beberlo. Las probabilidades de tener éxito en la búsqueda eran pocas, dado el lapso transcurrido. Sin embargo, increíblemente, las dos líneas de investigación han dado con dos candidatos distintos al puesto vacante de pequeño Albert. Así que juzguen ustedes mismos.

UN BEBÉ Y UN DESFILE DE ANIMALES: ¡DIVERSIÓN ASEGURADA!

Sentado sobre una colchoneta, el bebé sonrosado de ocho meses y veintiséis días observa el ratoncito blanco. Watson arroja el ratón entre sus piernecitas, el bebé se inclina y aproxima sus manos para cogerlo. Detrás del bebé, vigilante, una figura femenina, una mujer joven y protectora. Recuerda la actitud de *La Virgen del huso*, a la cual Leonardo pintó reteniendo al niño, un pequeño Jesús que se abalanza para jugar con la rueca.

Durante esta secuencia, Watson presenta al niño muchos estímulos: fuego, un perro grande, un mono, un conejo… Todas estas cosas las mira el bebé con curiosidad, incluso acaricia la pata del perro, mientras Watson la sujeta. De vez en cuando, el niño, una criatura plácida y adorable, mira a John Watson como si lo interrogara. ¿Qué hacemos aquí, señor Watson?

Todo va bien para Albert hasta que llega la segunda fase del experimento. El bebé ha sido seleccionado en el *casting* debido a su salud y a su estable carácter. Participará en las investigaciones del prestigioso psicólogo John B. Watson. En esta fase nueva está previsto producir un ruido muy intenso, golpeando una barra de hierro con un martillo. El niño sufre un sobresalto enorme y se cubre los ojos. Cada vez que aparece el ratón, los ayudantes de Watson le dan un susto de muerte al niño. Finalmente, Watson inicia la tercera fase, la fase de prueba: ¿habrá interiorizado ese intenso miedo al ratón? En efecto, así es. Cada vez que vuelve a escena la rata, el niño llora e intenta escapar, gateando. La figura femenina lo detiene y lo vuelve a sentar, impidiendo la huida.

Es más, Watson va a probar un nuevo fenómeno, la *generalización*. ¿El miedo se habrá asociado también a otros estímulos similares? En

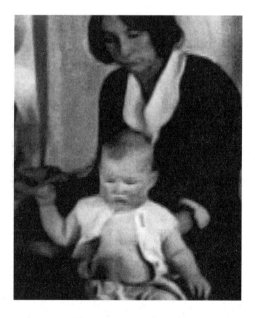

Rosalie Rayner y Little Albert

224

efecto, así es. El niño llora cuando el imperturbable Watson le trae ahora un conejito, un perrito y una última ocurrencia... Watson se coloca una extraña máscara, mitad perro/payaso, mitad Papá Noel, y se lanza de cabeza sobre el niño sentado en la colchoneta. La cinta de la película pertenece al cine mudo y, sin embargo, con un poco de esfuerzo, casi podemos oír el llanto del niño.

LA DESAPARICIÓN DEL PROTAGONISTA DEL ESCENARIO DE LA HISTORIA

Encantado con su experimento, John B. Watson publicó los resultados. Había logrado demostrar que una fobia se origina por una experiencia de miedo intenso. El niño había desarrollado una fobia a los animales con pelo. Afortunadamente para Albert, el experimento terminó. El niño adorable, tierno y sonrosado regresó con su familia. Aquí empieza uno de los misterios más duraderos de la historia de la psicología. Nadie ha desaparecido de la historia de forma tan absoluta y repentina, ni siquiera Anastasia, la zarina Romanov. Todos los estudiantes de primero de carrera han oído esta historia y se han preguntado a continuación: ¿qué fue de *Little* Albert? El propio Watson no supo nada de él, ni siquiera se hizo ningún esfuerzo por eliminar los miedos que Watson había producido.

En tono humorístico, John B. Watson comentaba que cuando el sujeto fuese mayor, notaría una sensación de temor ante ratas, conejos y perros. Quizás, informaría de sus miedos a un psicoanalista y este le diría: «Está claro, su neurosis es el resultado de un trauma sexual relacionado con su madre. Dígame pues, ¿qué sentimientos tuvo hacia su madre cuando era chico?».

BECK, EL PRIMER DETECTIVE PRIVADO ASIGNADO AL CASO

Casi cien años después, al filo del siglo XXI, un psicólogo de la Universidad de los Apalaches, Hall Beck, se propuso encontrar la identidad del pequeño Albert. En su proyección imaginaria, esperaba encontrarlo vivo: un *Little* Albert anciano sería localizado en una casa de las afueras y Hall Beck podría mostrarle ahí mismo el vídeo del experimento. «¿Lo ves...? ¡Esto fue lo que te hicieron cuando eras niño! ¡Este bebé regordete eras tú...!». Ciertamente, las posibilidades de que las cosas ocurrieran de este modo eran escasas.

Beck, nuestro profesor curioso, empezó rebuscando en los registros de la casa cuna para niños inválidos *Harriet Lane*, ubicada en el interior del campus de la Universidad de Johns Hopkins. El experimento en cuestión había tenido lugar a finales de 1919. El niño tendría entonces nueve meses, por lo que debía de haber nacido en marzo, a principios de año. En el registro encontró tres nombres, tres nodrizas que vivían en la casa cuna en aquel periodo: Ethel Carter, Arvilla Merritte y Pearl Barger, tres candidatas a madre de *Little* Albert. La B de Barger resultaba inicialmente tentadora, pero no hallaron indicios de que hubiera tenido hijos. Ethel Carter era una nativa afroamericana y fue descartada. Quedaba Arvilla Merritte.

DOUGLAS MERRITTE, EL NIÑO CON HIDROCEFALIA

Localizaron a un nieto de Arvilla Merritte. Según este nieto, su abuela había dado a luz un niño el 9 de marzo de 1919. ¡Bingo! Beck obtuvo fotos del hijo de Arvilla, llamado Douglas Merritte. Era un bebé igualmente sonrosado y cubierto con su gorrito de lana. Comparando la carita de Douglas con el rostro de la película de Watson, ambos bebés presentaban similitudes, tenían nariz respingona y ojos bien abiertos. En 2009 Beck dio a conocer sus pesquisas, había hallado la identidad real del niño: «El niño perdido ha regresado a la psicología», declaró.

Hall Beck consiguió nuevas pruebas gracias a su equipo de colaboradores, puesto que había reclutado a un antropólogo forense para comparar las caras de los bebés. Poco después, un neuropediatra lo llamó, comunicándole que tenía nuevas evidencias de que el bebé Merritte podía ser Albert. Al ver la película original, el neuropediatra había llegado a la conclusión de que Albert era un bebé que sufría retrasos respecto a su supuesta edad cronológica. A los nueve meses, según este pediatra, el bebé no parecía prestar atención a su entorno y no utilizaba de forma fina las manos, sino que alargaba el brazo toscamente. El diagnóstico indicaba claramente un trastorno neurológico, ya que el niño se mostraba considerablemente pasivo respecto a lo que ocurría a su alrededor, sin mirar a la cámara ni a Watson. Este retraso era tan grave que no podía ser atribuido al contexto hospitalario ni a la deprivación.

El investigador Beck se quedó sorprendido al ver que todo coincidía. Douglas Merritte, según la familia, había tenido problemas graves de hidrocefalia, con complicaciones que lo recluyeron en el hospital. Douglas jamás llegó a dominar la habilidad de caminar, solo gateaba. A consecuencia de la hidrocefalia, murió prematuramente a los cinco años.

Quedaba una gran incógnita que resolver. ¿Por qué Watson había mentido indicando que el bebé era sano y estaba bien desarrollado? ¿Se trataba de un experimento fraudulento? Tal vez Watson había preferido un sujeto más dócil y susceptible con el objeto de asegurar el éxito del experimento. Según Beck, el niño al que Watson llamó Albert B. (en homenaje al propio J. B. Watson), con la intención de borrar sus huellas, en realidad debía ser denominado *Little* Douglas.

DESMONTANDO AL DETECTIVE: ¿HAY MÁS CANDIDATOS A *LITTLE ALBERT*?

Los científicos son gente crítica que suele examinar las pruebas cuidadosamente. Con frecuencia, esto los lleva a contradecir a sus colegas. A nivel personal, esto no es muy conveniente para hacer amigos, pero, en cambio, funciona bien para elevar los niveles de exigencia. En esta ocasión, dos psicólogos experimentados, Russell Powell y Nancy Digdon, revisaron el caso. En primer lugar, examinaron las pruebas presentadas, pero no observaron nada anormal en la película de 1919, *Little Albert* parecía un bebé normal interesado en los estímulos nuevos que se le presentaban. Cuando, a su modo rudo de granjero, Watson le arrojaba el ratón, Albert le miraba como si le preguntara: «¿A qué viene esto, señor Watson?». Empezaron a desconfiar de la conclusión de Beck. Si el auténtico Albert era Douglas Merritte y tenía hidrocefalia… ¿cómo tenía en los vídeos un aspecto tan saludable?

Decidieron reanudar la investigación desde el principio. Se había descartado a la señora Pearl Barger, sí, pero la «B.» seguía siendo una tentación irresistible. Era la inicial del apellido que aparecía en el artículo original: «Albert B.», lo llamaba Watson. Los nuevos investigadores asignados al caso introdujeron en Google los términos «Pearl Barger» y «Albert». Encontraron que la señora Pearl Barger se había casado con un tal señor Martinek. Apareció la noticia de la defunción de la señora Barger en el diario *Sun* de Baltimore. Y otra vez, ¡bingo! Pearl Barger había tenido un hijo el mismo día que la otra nodriza, el mismo día en que había nacido Douglas Merritte.

El nuevo candidato a *Little* Albert se llamaba William Barger. Entonces, ¿por qué Watson no lo había llamado William B.? Hoy sería conocido como el experimento de *Little* William. La respuesta se obtuvo muy pronto. El segundo nombre de William era Albert, y toda la familia y sus amigos lo llamaban Albert. El nombre completo era William Albert Barger. Por desgracia, William Albert había muerto en 2007, a los 87 años. En su tumba figuraba como William A. Martin, el apellido de su padre adoptivo. Es decir, la señora Barger había dejado el hospital donde trabajaba, junto con su pequeño William Albert, al casarse con su nuevo marido.

Según los registros, el padre biológico de Albert Barger era desconocido. Por su parte, el bebé era un niño completamente sano y bien criado, que pesaba 21 libras a los nueve meses, justo lo que había indicado Watson. Douglas Merritte, el bebé con hidrocefalia, apenas pesaba 15 libras a esta edad. Para Powell y Digdon, el segundo equipo de detectives del caso, este candidato cumplía todos los requisitos para ser el pequeño Albert de Watson.

Reacción de miedo ante Watson disfrazado de Santa Claus.

LA SOBRINA DE ALBERT TIENE
MUCHAS COSAS QUE DECIR

En 2014, surgió una nueva brigada de investigadores interesados en el caso, el equipo de O'Leary, Schmalz y Bartlett. Este tercer equipo localizó a Dorothy Parthree, una sobrina de William *Albert* que vivía en Baltimore. Al principio, se mostró reacia. La mujer abrió la puerta con desconfianza: «¡Rocky, Peppy, callaos! ¡Diamond, Chichi, quietos!», gritó. Los chihuahuas que la rodeaban ladraban histéricos y, después de calmar a los perros, que no paraban de saltar y morder el aire, les contó bastantes cosas. Su tío Albert había sido un vendedor con una vida muy movida. Durante un tiempo vivió en Texas, donde tuvo una novia, se casó y se divorció, volviendo a Baltimore. Le gustaba dar largos paseos y escuchar la radio.

La sobrina tuvo una relación muy estrecha con el tío Albert en sus últimos años, casi como si hubiera sido su padre. El bueno del tío Albert la visitaba con frecuencia. Y enseñó a los investigadores muchas fotos de Albert, un hombre trajeado al estilo de los agentes comerciales, de buen porte, blanquito, sonrosado y bien criado. Sin embargo, hay algo inquietante en su mirada. Albert está fotografiado en un ambiente tranquilo, una barriada residencial. Pero la mirada no cuadra con este contexto, resulta vigilante y tensa, como si temiera que, de improviso, algo inesperado rompiera la calma del lugar.

—¿Y los chihuahuas? ¿Le gustaban a su tío? —preguntaron.

—¡No, por Dios! Cuando él venía, yo tenía que encerrarlos en una habitación. Él odiaba a los perros. ¡Todos los amigos lo sabían y se reían de él!

—¿Sabía el tío Albert algo de Watson y sus experimentos con bebés?

—No, para nada. Su madre le había ocultado todo. ¿Cómo confesarle que su padre era un desconocido? ¿Cómo justificar que había sido utilizado como conejillo de indias siendo un bebé? Fue la marioneta de un antiguo psicólogo, ya muerto... Eran cosas que habían ocurrido hacía mucho tiempo y que resultaban muy difíciles de explicar.

Como era de esperar, los investigadores tuvieron que vivir la frustración final, la inevitable decepción que esperaba a todos los equipos de búsqueda. No pudieron encontrarse con el pequeño Albert, cara a cara, para mostrarle la filmación, y entonces decirle: «Mira, este es

Watson, el psicólogo; esta es Rosalie Rayner, su novia de entonces; este bebé eres tú con nueve meses...».

Esta filmación es parte de la historia de tu vida, Albert. Y tu vida es parte de la historia de la psicología, Albert, parte de la historia de la ciencia. Y nadie se atrevió a decírtelo a la cara.

BIBLIOGRAFÍA

O'Leary, B., Schmalz, J. y Bartlett, T. (2 de junio de 2014). *The search for psychology's lost boy*. Recuperado de https://www.chronicle.com/interactives/littlealbert

Beck, H. (2011). Finding Little Albert. *The Psychologist, 24*, pp. 392-395.

Powell, R. A., Digdon, N., Harris, B., y Smithson, C. (2014). Correcting the record on Watson, Rayner, and Little Albert: Albert Barger as «Psychology's lost boy». *American Psychologist, 69*(6), pp. 600-611.

PSICÓLOGOS EN GUERRA I

¡Los test de inteligencia, mi sargento!

Los Estados Unidos declararon la guerra a Alemania el 6 de abril de 1917, entrando oficialmente en la Primera Guerra Mundial. Se habían resistido a perder su neutralidad, pues nadie quiere enviar a sus hijos a morir a miles de millas de distancia. Hasta que un día no hubo otro remedio, pues el submarino alemán SM UB-29 torpedeó un buque británico, el Sussex, provocando la muerte de medio centenar de civiles. Los estadounidenses no podían pasar por alto esta agresión.

A partir de aquel momento, el psicólogo Robert Yerkes pensó en cómo contribuir al esfuerzo de guerra y decidió introducir test de inteligencia para seleccionar a los soldados del ejército americano. Yerkes arengó a la plana mayor de la APA con entusiasmo: «Es nuestro deber cooperar inmediatamente en la mayor medida para lograr la mayor eficiencia de nuestro Ejército y Armada». En plena madurez, cerca de la cuarentena, Yerkes era un psicólogo muy dinámico, un organizador nato, formado con el germano Hugo Münsterberg, que rechazaba el igualitarismo americano. Robert Yerkes había nacido en una remota granja de Pennsylvania y se había hecho a sí mismo. Llegó a la Universidad de Harvard, se doctoró en 1902 y en 1917 era ya presidente de la Asociación Americana de Psicología (APA).

Yerkes estaba orgulloso de poner su granito de arena para que Estados Unidos ganase la guerra. Cuando se firmó la paz en 1918, Yerkes lamentó que la guerra se hubiera acabado tan pronto. Para él, su trabajo en el ejército era mucho más estimulante que el aburrido esfuerzo académico, aunque ese trabajo no solo serviría durante el tiempo de guerra, también sería útil para organizar la sociedad posterior a 1918. Él creía que la psicología debía utilizarse para destinar a cada empleado al lugar de trabajo más idóneo. El ideal era asignar a cada individuo una actividad productiva siguiendo el modelo de las abejas, sobre todo siguiendo su ideal jerárquico. Una perfecta pirámide social: «Grande será nuestra fortuna si la lección de ingeniería humana que la guerra nos ha enseñado se lleva de forma efectiva y directa a las actividades civiles».

Con el inicio de las hostilidades, Yerkes creó más de diez comités para organizar la contribución de los psicólogos al esfuerzo de guerra. Lógicamente, como suele suceder, la mayoría de los comités no sirvieron para nada, excepto uno de ellos. Este comité contaba con dos gladiadores de la eugenesia, Lewis Terman y Henry Goddard. Era el comité para el examen psicológico de los reclutas. Henry Herbert Goddard fue el primer experto que tradujo las pruebas de inteligencia Binet al inglés. También había nacido en una granja, en Maine, perteneciente a una familia cuáquera. Lewis Terman fue quien las adaptó para su aplicación grupal. Unidos los tres mosqueteros, Yerkes, Terman y Goddard formaron un escuadrón temible en todos los sentidos. A juzgar por sus hazañas, los superpoderes de estos tres mosqueteros superaban a héroes más modernos, como los Vengadores o la Patrulla X.

Robert Yerkes en su despacho de Harvard.

LEWIS TERMAN, EL MOSQUETERO DE LOS TEST

El verdadero creador de los test de inteligencia, tal como los hemos conocido en el siglo xx, fue el psicólogo Lewis Terman, hombre nacido en una granja de Indiana. ¿Cómo ocurrió esto? A sus 21 años, su padre estaba empleado en una enorme granja. Este apuesto empleado se casó con la hija del jefe, el rico propietario. El matrimonio fue tan productivo como la granja, ya que tuvieron 14 hijos, lo que no es moco de pavo. Y nuestro psicólogo, Lewis, fue el número 12 de la serie, toda una epopeya para los analistas familiares.

Hasta los 18 años, el joven Lewis trabajó en la granja echando una mano con el arado y las carretas de cebada. Con todo, a él le iban más los libros y estudió en las escuelas rurales del valle del Mississippi con la idea de convertirse en maestro. Los chicos que salían de las escuelas primarias podían hacer cursos de algunas semanas y eran capacitados como maestros de escuela secundaria. Como D'Artagnan, el aldeano emigró a capital para buscar fortuna y sus buenas aptitudes intelectuales lo llevaron hasta la Universidad de Stanford. Con la guerra, tuvo la oportunidad de conocer a los más importantes psicólogos americanos, entre ellos al jefazo Robert Yerkes.

Lewis Madison Terman.

LOS PRIMEROS TEST DE INTELIGENCIA DEL EJÉRCITO

Con tanto recluta por delante, las pruebas individuales eran poco prácticas, por lo cual el esfuerzo se dirigió a crear pruebas que pudieran ser aplicadas en grupo. Yerkes dirigió un equipo de 40 psicólogos que se encargaron de evaluar las habilidades de los reclutas del Ejército con fines de entrenamiento, asignación y alta. Terman y Goddard desarrollaron dos pruebas colectivas de inteligencia. La *Army Alpha* era una prueba de inteligencia escrita, mientras que la *Army Beta* era una prueba ilustrada, idónea para ese 40 % de reclutas que eran analfabetos funcionales.

Basándose en las pruebas de Binet y Simon, Lewis Terman había desarrollado una prueba grupal. Yerkes, según sus notas, sabía que la prueba de Terman tenía muchos defectos científicos, pero no era cuestión de ponerse estupendo. Los militares habían concedido fondos escasos, exigían resultados inmediatos y podían anular el programa en cualquier momento, dada su desconfianza hacia los engreídos doctores en Psicología. Pero había que hacerlo y se haría, al fin y al cabo merecía la pena. Las pruebas de inteligencia se utilizarían, sobre todo, para eliminar a los «débiles mentales».

¡MARCHANDO CON LAS PRUEBAS DEL CORONEL TERMAN!

Para asegurarse de que agarraba bien el rábano por las hojas, Lewis Terman fue nombrado coronel. El campo de entrenamiento se ubicó en Nebraska y pronto empezaron a llegar los reclutas, muchos de los cuales eran inmigrantes europeos de muy diversas nacionalidades, aunque también había negros afroamericanos de extracción social muy humilde. No tenían ninguna formación militar. En un tiempo récord, los reclutas tenían que aprender a hacer el petate, cargar y disparar las armas reglamentarias y obedecer las órdenes de los sargentos en las maniobras.

Un buen día, muy de mañana, aparecía el teniente y anunciaba que los loqueros iban a hacerles los test de inteligencia. En las salas de prueba, los soldados se apiñaban unos sobre otros. Sobre una tarima, se colocaban los dos examinadores: uno explicaba las instrucciones y otro las mostraba en una pizarra.

—Atención, no abran estos papeles hasta que se les indique, deben hacer en ellos lo que este hombre va a hacer en la pizarra.

La pizarra estaba cubierta por una cortina. Se descorría y se hacía la demostración del ejercicio. Un centenar de hombres se apiñaba en estrechos barracones. Algunos contestaban las cuestiones sentados en el suelo por falta de sillas. En casa, los inmigrantes italianos todavía hablaban y leían en su idioma materno, así que no comprendían al examinador. A veces los psicólogos tenían que contratar actores para que representasen las demostraciones, así los que no hablaban inglés podían entender algo, pues no había tiempo para preguntas.

—¡No hagan preguntas! —repetían los ayudantes.

Se volvía a correr la cortina y empezaba a contar el tiempo. Varios vigilantes circulaban entre los reclutas bastante nerviosos, amontonados en las últimas filas, donde no llegaba la luz de las claraboyas, por lo que tampoco veían nada. Algunos chicos venían de las granjas y nunca habían tenido un lápiz en sus manos. Cuando fracasaban en el test *Alfa* o se detectaba que eran analfabetos, los psicólogos dibujaban una letra «P» sobre la piel del soldado. Estos debían pasar la forma *Beta*, que no requería conocimientos de inglés. Como la mayoría de voluntarios provenían de una clase social baja, los soldados marcados con «P» se acumularon en filas larguísimas. Muy pronto, se acabaron los impresos del test *Beta*. En muchos campamentos hubo que darles hojas en blanco y en otros lugares se suavizaron los criterios. Si habían ido a la escuela algunos años, se les hacía pasar el test *Alfa*. En junio, ya tenían un millar de soldados negros esperando pasar el test *Beta*. En esta prueba, los soldados analfabetos tuvieron dos minutos para completar cinco laberintos.

—¡Date prisa, hijo! ¡Apúrense, reclutas!

UN CI A PASO MILITAR

En muchos manuales de psicología, la aplicación colectiva de los test de inteligencia se considera un hito histórico, un gran logro de Yerkes y Terman, sobre todo. Esta tarea les ha hecho conocidos entre generaciones de estudiantes de Psicología hasta el día de hoy. Sin embargo, si examinamos de cerca cómo sucedió todo, podemos ver grandes agujeros negros en la proeza de ambos psicólogos. Entre otros, Stephen J. Gould ha descrito todos los problemas de los test de Terman.

Por esta razón, los psicólogos aplicadores se quejaron al jefazo Yerkes, que sabía que no podían enfrentarse a los oficiales exigiendo mejores condiciones. Recomendó a todos sus hombres que adopta-sen una actitud conciliadora, no podía ponerse en peligro el programa. En el Estado Mayor, muchos generales estaban deseando torpedearlos.

Al margen de las condiciones en las barracas, Yerkes sabía que las pruebas de Terman incluían muchas tareas escolares que dependían de la educación recibida y no de la inteligencia. El tiempo que se daba a los sujetos era muy escaso, apenas había tiempo para pensar. La velocidad de ejecución era un factor esencial para tener una puntuación adecuada. Muchos obtenían la puntuación de cero, y esto indicaba a las claras que el sujeto no había entendido las instrucciones. Pero no hubo tiempo de hacer evaluaciones individualizadas, lo cual sí había previsto el programa original de Yerkes.

HÁGANLO USTEDES MISMOS, POR FAVOR

Hoy disponemos de las pruebas, que forman parte de la historia de la psicología, así que podemos examinarlas con detenimiento. Incluso, si lo desean, pueden probar ustedes mismos, aunque no dispongamos de los barracones de la época. Veamos algunos ejemplos de ítems que componían el test. En la prueba *Alfa*, se pedía a los reclutas que ordenaran 20 oraciones desordenadas en dos minutos. Una vez ordenadas, tenían que decir si eran verdaderas o falsas:

—los trópicos en es el producido caucho

—cultivan un clima se frío naranjas en las

¿Qué le han parecido? Los problemas de matemáticas no eran complicados, pero había que resolver 20 problemas en cinco minutos. Los problemas aritméticos decían así:

—Una compañía avanzó 5 millas desde sus trincheras y se retiró tres millas. ¿A qué distancia estaban de sus trincheras entonces?

—Si se necesitan 6 hombres y 3 días para cavar una zanja de 60 pies, ¿cuántos hombres son necesarios para cavar en medio día?

MIDIENDO LA INTELIGENCIA
DE LAS PROSTITUTAS

En pocas semanas los psicólogos adquirieron una práctica tremenda en la aplicación de los test de inteligencia, y ya los hacían como rosquillas. Un día, alguien en la compañía de psicólogos militarizados observó que un grupo numeroso de prostitutas seguía a los batallones, así que esa mente brillante propuso su genial idea: ¿por qué aquellas mujeres que pululaban por los alrededores no pasaban los test? ¡Dicho y hecho! Con su arte psicológico, los aplicadores fueron convenciéndolas hasta que lograron reunir a las chicas en una barraca. Les prestaron un lápiz y les dieron una hoja de respuestas. Siguiendo el procedimiento, iban desgranando las instrucciones:

«¡Atención! Mire el punto 6. Cuando yo diga ya, escriba en el segundo círculo la respuesta correcta a la pregunta: ¿Cuántos meses tiene un año? En el círculo 3º no escriba nada, en el círculo 4º escriba una respuesta incorrecta a la pregunta que acaba de responder correctamente. ¡Ya!».

Entre tanto, la noticia había volado por el campamento y en la puerta tenían otro batallón de soldados excitados. Dentro, los psicólogos tuvieron que aguantar las bromas procaces de las chicas. Como es imaginable, ellas no se tomaron demasiado en serio los exámenes, se las veía más atentas a los caballeros que se asomaban por las ventanas.

Para los psicólogos, los resultados merecieron la pena. Corrigieron los test y tabularon los datos: más del 60 % de las prostitutas eran deficientes, la mayoría profundas. Según el redactor del informe (suponemos que un caballero muy formal), lo más sensato era recluirlas de inmediato en alguna institución para deficientes mentales. Hoy, persiste la duda. ¿A quién habría que internar? ¿A las prostitutas o a los sabiondos?

PARA SER TENIENTE, HAY QUE SUPERAR
EL TEST DE INTELIGENCIA

Los psicólogos trabajaron a un ritmo endiablado. Distribuidos por todos los Estados Unidos en 24 campos de entrenamiento, se realizaron 200.000 test de inteligencia cada mes. En noviembre de 1918, la guerra terminó por fin y casi la mitad de los soldados reclutados habían sido testados, aproximadamente dos millones. ¿Cómo se clasificaron los soldados en función de su nivel de inteligencia? La escala iba desde la letra A hasta la E. Si se obtenía una «A», más o menos lo que entendemos por sobresaliente, significaba que el individuo era «un buen prototipo de oficial», un soldado cualificado. Si el soldado sacaba una «B», notable, había material para un «espléndido sargento». La «C», el aprobado, indicaba que el hombre podía servir para soldado raso.

Ahora vienen los suspensos. Los que obtenían una «D» se clasificaban como soldados, pero, ojito con ellos, «a menudo serán lentos para aprender y no serán capaces de prestar atención durante un periodo largo», aquí había que estar alerta. Muchos estaban algo por debajo de «D», apenas serían aptos para el servicio regular, solo podrían hacer tareas auxiliares. Finalmente, los muy deficientes: si un recluta sacaba la puntuación «E» era declarado no apto, porque ni siquiera podían entender órdenes. Aunque los militares no creían de buena gana en los repelentes psicólogos de Yerkes, los resultados del test se tuvieron en cuenta y todos los que habían obtenido menos de «C» ya no podrían ascender a oficial.

LOS RESULTADOS: CLASIFICANDO IMBÉCILES SIN PARAR

¡Casi la mitad de los soldados tenían una edad mental de 10 años! ¡Ay, madre, pensaron los psicólogos! En conjunto —ay pena, penita, pena—, los resultados fueron muy poco halagüeños. En el ejército, la media de edad mental fue de 13 años. Teniendo en cuenta que los reclutas ya habían cumplido al menos los 18, esto suponía un duro traspiés. Por razas, los blancos ganaron al resto por muy poco. Los americanos anglosajones y protestantes se mantuvieron en esta media de 13 años, según las pruebas de inteligencia. Al menos se habían salvado de un suspenso. Es decir, fue como si aprobasen con un cuatro y por los pelos. Pero también había mucha gente blanca por debajo de la media. La situación era terrible porque, siendo consecuentes con la escala de Terman, la mitad inferior tendrían que ser clasificados como imbéciles.

Para maquillar la situación, la edad mental para la inteligencia «normal» se hizo bajar un poco y se fijó en 16 años. Por debajo de los 12 años de edad mental, los adultos se consideraban deficientes mentales. Siguiendo este criterio, casi el 40 % de los soldados blancos anglosajones eran deficientes. Los inmigrantes rusos, italianos y polacos tuvieron como media la edad mental de un niño de 11 años. Los negros iban a la cola, con una edad mental correspondiente a un niño de 10 años. Solo el 12 % de los reclutas pudo alcanzar el nivel «A» o «B», aspirando a ser oficiales. Casi todos blancos americanos, por supuesto. Los demás, capaces de obedecer órdenes inmediatas, fueron clasificados como carne de cañón, destinados a primera fila de combate. Ya podemos imaginar dónde acabarían aquellos pobres chicos: en las trincheras embarradas de Yprés. Nada menos que 20.000 fueron asignados a tareas no combatientes, estos se irían tan contentos. Otros 8.000 voluntarios fueron desechados como inútiles para el Ejército y no sabemos cómo estos jóvenes asumieron el veredicto de Terman, cómo pudo afectarles en su vida.

No contentos con esto, Terman y Yerkes adaptaron los test *Alfa* para aplicarlos a todos los niños en edad escolar, desde 3º a 8º de primaria. La prueba duraba apenas media hora y, de modo análogo a como había ocurrido en el Ejército, se realizó sin tener en cuenta el deficiente conocimiento del inglés en familias de inmigrantes. De haber sido válidos todos estos datos, cabría preguntarse cómo pudieron los Estados Unidos de América ganar dos guerras mundiales. Hoy sabemos que la inteligencia es algo más complejo e inabarcable que aquello que medían, fuera lo que fuera, los test de inteligencia del ejército. Los rudimentarios y poco fiables métodos de los mosqueteros Yerkes, Terman y Goddard fallaban más que los viejos mosquetones de chispa de D'Artagnan.

BIBLIOGRAFÍA

Greenwood, J. (22 de mayo de 2017). *Psychologists Go to War.* Recuperado de https://behavioralscientist.org › psychologists-go-war
Gould, S. J. (2003). *La falsa medida del hombre.* Crítica. Barcelona.
Measuring Mental Fitness: Government IQ Tests during World War I (2018). Recuperado de https://studylib.net/doc/8073474/measuring-mental-fitness--government-iq-tests-during-world-war-I

La eugenesia: increíbles métodos para mejorar la raza

EL TEST DE BINET Y SIMON Y EL CI

El test de inteligencia creado por Binet y Simon era una prueba escolar ideada para detectar a niños con necesidades educativas. De este modo, los niños que tuvieran un desarrollo inferior a lo normal a su edad podrían ser identificados. Con esta prueba, Binet y Simon podían definir, en primer lugar, cuál era el nivel normal de conocimientos para cada edad y, conociendo este dato, el siguiente paso sería ayudar a los que tuvieran deficiencias. Lewis Terman amplió esta prueba para evaluar la inteligencia de personas adultas, abriendo la puerta a un nuevo concepto, el *cociente de inteligencia* o *coeficiente de inteligencia*, el CI.

El CI se calcula de la siguiente manera: se suman todos los puntos obtenidos por una persona —total que se denomina su *edad mental*— y después se divide entre la *edad cronológica*. A continuación, se multiplica por cien. Es decir, si la edad mental está más avanzada que la cronológica, el CI es mayor de 100; si la edad mental es inferior, el CI está por debajo de 100. La cifra redonda de 100 significa que el individuo tiene inteligencia normal, que está situado justo en la media. Dicho de otro modo, en torno a 100 tu edad mental coincide con tu edad cronológica. Dentro de la normalidad se admiten desviaciones de 15 puntos por encima o por debajo, la desviación típica en la población.

La invención del CI tuvo un impacto enorme en la sociedad americana y en el mundo occidental, significaba que la inteligencia podía medirse y traducirse a un único y mágico número, el CI. A diferencia de los fines compensatorios perseguidos por los psicólogos franceses, el objetivo de las pruebas americanas era clasificar, más que ayudar a cada persona servían para ayudar a los mandos militares.

LA DECADENCIA DE LA RAZA NORTEAMERICANA

Tras procesar los datos obtenidos durante la guerra, los resultados asustaron a Yerkes. Las pruebas habían revelado un número alarmante de imbéciles en la población. Dejó a un lado sus dudas sobre la validez de los test y los chapuceros procedimientos. Supuso que la debilidad mental era muy superior a la que se estimaba y el deterioro estaba generalizado. También se llevaron las manos a la cabeza otros psicólogos como Terman y Brigham, pues pensaban que la inteligencia era hereditaria, que sus test eran medidas fiables y que, por consiguiente, la raza norteamericana estaba en decadencia.

Sin embargo, había otra interpretación posible, que ellos no tuvieron en cuenta: la desigualdad del sistema educativo, tal como indicaban los datos obtenidos por Yerkes. El 86 % de los blancos nativos estaban alfabetizados. Solo el 44 % de los extranjeros, el 67 % de los negros del norte y el 35 % de los negros del sur sabían leer y escribir. Yerkes negó la importancia de la escolarización, abonándose a la tesis del «deterioro racial».

Para ellos, había marcadas diferencias raciales en las habilidades intelectuales. Los viejos colonos norteamericanos, procedentes del norte, de la Europa más blanca y prístina, eran intelectualmente superiores. Sin embargo, a partir de 1900, los emigrantes del este y del sur de Europa llegaron en masa al nuevo mundo y habían contaminado la pureza racial de los colonos originales. Según Brigham, los datos indicaban claramente un deterioro racial progresivo:

> El grupo de inmigrantes que vino a este país en el periodo de 1903 a 1907 tuvieron una inteligencia media más alta que en el grupo de 1908 a 1912. Pero tuvieron una inteligencia media más baja que los que llegaron de 1898 a 1902.

¿Cómo habían llegado a disponer de estos datos? Un intrépido psicólogo esperaba a los inmigrantes en el muelle, al pie del transatlántico, y les aplicaba los test de inteligencia. Este científico era el tercero de los mosqueteros, el señor Henry H. Goddard. Había nacido en Maine, en el seno de una familia de granjeros cuáqueros que había tenido cinco hijos, de los que Henry fue el quinto. Cuando tenía nueve años, un toro corneó al cabeza de familia, la familia perdió la granja y Henry perdió a su padre. Afortunadamente para él, Henry Goddard prosperó en los estudios, obtuvo un doctorado en Psicología y llegó a dirigir un centro para personas con debilidad mental.

COMANDO CI

La solución a la corrupción racial parecía evidente. Los psicólogos hereditarios, con Yerkes a la cabeza, abogaron por restricciones severas a la inmigración. Había que impedir que los débiles mentales entraran en los Estados Unidos de América, había que apostarse en la isla de Ellis, donde desembarcaban las hordas degeneradas del Este de Europa, y desenmascarar a las manzanas podridas. Una mañana de 1913, el comando psicológico dirigido por el mosquetero Henry Goddard se presentó en la isla de Ellis, allí donde la bruma envolvía el puerto de Nueva York. Los pasajeros no podían desembarcar de los buques atestados, aunque un centenar ya había pisado los muelles. Goddard los interceptó y escogieron a uno que se adivinaba poco avispado. Un intérprete traducía las preguntas del test de inteligencia, pero el pobre muchacho no entendía nada, por lo que la puntuación fue bajísima. Los ayudantes se quejaban porque la prueba era difícil para cualquiera en aquella situación. Goddard estaba encantado y lo clasificó directamente como débil mental.

Henry H. Goddard.

Henry Goddard no tardó en conseguir fondos para continuar con su proyecto. Envió a dos psicólogas y varios intérpretes a la isla de Ellis, con la misión de aplicar el test de Binet a los inmigrantes que pretendían acceder a los Estados Unidos, así obtendrían las medidas que necesitaban. El equipo de Goddard apartaba a un inmigrante que pareciera adecuado, para ello el ojo clínico de estas psicólogas era un factor esencial. Una vez identificado, este desgraciado se veía detenido de pronto. Sin recuperarse del mareo, era interrogado tras una larga travesía recluido en un camarote, aún agotado y hambriento. Le ponían un lápiz en las manos y, muy amablemente, las psicólogas le indicaban que se fijara en un dibujo.

—Por favor, reproduzca usted el dibujo que ha visto —le pedían segundos después, ocultando la lámina.

Más hechos al arado que al lápiz, los pobres inmigrantes fracasaban miserablemente. Como la mayoría eran campesinos, no sabían ni cómo se cogía aquel palito. Goddard, el hijo del granjero cuáquero, lo consideraba deplorable: ¿cómo es posible que un hombretón no pueda completar una tarea que los niños americanos de diez años realizan sin problemas? Luego, las psicólogas le pedían al inmigrante que dijera sesenta palabras de su idioma. Para ello, le daban tres minutos. Era fácil, pues los niños americanos pueden nombrar más de cien... Pero nada, la mitad tampoco era capaz. Les daban muchas oportunidades, les preguntaban la fecha, el mes, el año... ¡Nada de nada! ¿Tampoco en esto, tan sencillo, podían decir nada comprensible? Francamente, era intolerable. Goddard tenía que rendirse a la evidencia de que... ¡él tenía razón! Eran bastante imbéciles: «Nos mandan a los deficientes. Lo peor de cada raza... ¡Ay, qué va a ser de este país!»

Había que tomárselo en serio o se avecinaba el desastre. Los empleados del Gobierno seleccionaron a inmigrantes de cuatro nacionalidades —italianos, húngaros, judíos y rusos— y las chicas de Goddard hicieron sus deberes. Los resultados confirmaron las teorías de Goddard: los datos eran demasiado buenos para ser ciertos. Sí, había un alto porcentaje de sujetos con debilidad mental. Comprueben los magníficos resultados de Goddard: judíos, 83 %; húngaros, 80 %; italianos, 79 %; rusos, 87 % de débiles mentales. Increíble, ¿no? Había que cerrarles el paso como fuera. Bueno, eso sí, quedaba confirmada la hipótesis de los intelectuales y nobles rusos, quedaba patente la debilidad del alma eslava.

PRUEBE USTED EL TEST DE INTELIGENCIA DE TERMAN. ¿SE ATREVE?

Los mosqueteros pensaban que sus pruebas medían la inteligencia genética, pero no tenían en cuenta factores como el aprendizaje, la cultura, la educación o las condiciones sociales. Stephen Jay Gould, el genio de la biología evolucionista, dedicó un libro a la medición de la inteligencia, a este tipo de falsa medida. En uno de los capítulos, Gould nos cuenta que intentó resolver algunas de las preguntas del test de inteligencia de Terman... ¡y fracasó miserablemente! Es decir, el problema planteado en el test tenía tela marinera.

El planteamiento que debe usted resolver (y Gould no pudo) es el siguiente: «Un indio llega por primera vez a una ciudad y ve a un hombre blanco en la calle. Al verlo pasar, dice: "El hombre blanco es perezoso, camina sentado". ¿En qué medio de transporte iba el hombre blanco?». Stephen Jay Gould contestó «caballo». Respuesta incorrecta, según Terman. Tampoco valen coche o silla de ruedas. Entonces, ¿cuál era la única posible respuesta correcta en el test de Terman?

Siguiente cuestión: «Mi vecino ha recibido visitas extrañas. Primero, llegó un médico; luego, un abogado; después, un sacerdote. ¿Qué cree usted que pasó allí?». Aparentemente, esta es fácil, pero Terman era muy meticuloso, no aceptaba ninguna alternativa. No valían ni matrimonio, ni divorcio ni combinaciones de ambas. ¿Respuesta correcta? Sí, un fallecimiento. Lo siento mucho: si nos interceptaran los psicólogos en la isla de Ellis, a nosotros también nos echarían para atrás.

BUSCANDO NOMBRES PARA LOS DÉBILES MENTALES

Henry Herbert Goddard decidió organizar un poco la terminología. Ante la avalancha de débiles mentales, consideró que era necesario acuñar un nuevo término para designar a los más peligrosos. Rebuscando, encontró una palabra griega que significaba «tonto». Todos los adultos que tuvieran una edad mental inferior a doce años serían denominados *morons*. El *moron* o *débil mental* era un adulto de muy baja inteligencia y conducta desviada. Su debilidad mental se debía a la herencia de un árbol familiar deficiente.

Ya existían los términos *idiota, imbécil* y *débil mental*.

- Idiotas: su CI está entre 0 y 24. Tienen una edad mental inferior a 3 años. Raramente aprenden a hablar. Son incapaces de abrocharse el traje o los zapatos y no pueden realizar los más sencillos procesos intelectuales.
- Imbéciles: CI entre 25 y 49. Aprenden a hablar, pero su vocabulario es muy limitado. Pueden vestirse por sí mismos y realizar tareas sencillas, pero tienen mucha dificultad para adquirir conocimientos escolares elementales. Edad mental entre 3 y 7 años.
- Débiles mentales: tienen un CI entre 50 y 69. Con mucho esfuerzo, pueden adquirir conocimientos escolares. Edad mental de un niño entre 8 y 12 años.

Estos últimos eran los *morons*, los más peligrosos para la raza, pues estaban cerca de la normalidad. Podían realizar trabajos y formar una familia, por lo que, al poder reproducirse, contaminaban la raza norteamericana.

LA FAMILIA KALLIKAK, LA OBRA MAESTRA DE GODDARD

En la primera década del siglo XX, Goddard fue nombrado director de una residencia para la educación de jóvenes con debilidad mental. En su Residencia Hogar de Vineland, en Nueva Jersey, Goddard se fijó en una chica llamada Deborah Kallikak.

El caso de Deborah era muy interesante, pues estaba relacionada con una serie de clanes familiares que Goddard calificó como «una raza de degenerados defectuosos», que en su mayoría eran borrachos y ladrones. Goddard envió a sus asistentes, la mayoría chicas estudiosas y de buena familia, a las zonas rurales para identificar a estos Kallikaks malos. Las pobres asistentes lo pasaron muy mal, sumergidas en ambientes agrestes y empobrecidos. Por suerte, identificaban con rapidez a los débiles mentales, estaban bien entrenadas por su maestro. Había una razón adicional: para Goddard las mujeres tenían una capacidad intuitiva muy alta, lo cual les permitía diagnosticar la debilidad mental a simple vista, incluso sin necesidad de pasar el test de Binet. La mejor detective era *miss* Kite, que estaba habituada al espectáculo de la miseria. Cuando regresaba, derrotada y sudorosa, hacía informes clarificadores para el señor Goddard. Tras refrescarse con un vaso de agua, empezaba la descripción:

> Los niños se agitaban en un amasijo, como si fueran animales, con zapatos desemparejados. El padre se regodeaba en un rincón, probablemente empapado en alcohol, con la mirada de un chiquillo. Al poco rato apareció otra figura a la puerta, la madre, revestida de ropas sucias y absolutamente desorientada, sin saber qué decir.

Para su sorpresa, descubrieron que aquellos desharrapados estaban emparentados con una rama familiar Kallikak que llevaba una vida honesta y estaban bien integrados en la comunidad. Rastreando el árbol genealógico, Goddard encontró el inicio de esta degeneración en un héroe de la guerra de Independencia llamado Martin Kallikak. Cuando regresó de la guerra, este héroe se dejó llevar por la lujuria, tuvo relaciones ilícitas con una tabernera y dio origen a varias generaciones de débiles mentales. Después, Martin se reintegró en la comunidad formando una familia y contribuyendo a la prosperidad general. Los hijos que tuvo en el seno de su matrimonio,

Bisnietos del viejo Sal, niños de la familia Kallikak.

esos sí, se convirtieron en abogados y médicos, pastores y maestros. Las criaturas que descendían de la tabernera, una chica con clara debilidad mental, se habían desviado de la rectitud moral y su vida se diluía en la miseria. En resumidas cuentas, este árbol familiar se dividía en dos ramas muy distintas, una buena y una mala. Para Goddard, esto demostraba la existencia de un gen responsable de la inteligencia normal (presente en la esposa de Martin) y un gen para la debilidad mental (presente en la tabernera).

Goddard concebía la inteligencia como una entidad única determinada por los cromosomas. Esta cantidad fija de inteligencia se mantenía constante durante la vida y se transmitía a los descendientes. Este valor único condicionaba la conducta del ciudadano. Cuando estaba por debajo de la media los individuos no tenían la capacidad de controlar sus emociones desordenadas, caían en la delincuencia o eran víctimas de adicciones. Se trataba de un ejemplo nítido de herencia mendeliana. Los guisantes de Mendel tenían genes dominantes o recesivos, los Kallikaks malos portaban el gen de la idiotez. Goddard escribió sobre una familia: «La descendencia de la mujer débil y de este hombre débil eran tres niños débiles y otros dos que murieron en la infancia. Un hijo ilegítimo de esta mujer es de mente débil y un criminal».

EL CATÁLOGO DE LOS HORRORES

El sistemático Goddard organizó a los pacientes por enfermedad o tipo de vicio en un libro sobre la herencia de la debilidad mental. En 1911 analizó y codificó a las familias creando una especie de alfabeto de las desgracias con las siguientes categorías: *A*, alcohólico. *B*, ciego. *C*, criminal. *D*, sordo. *Dwf*, enano. *E*, epiléptico. *F*, débil mental. *I*, loco. *M*, migrañoso. *N*, normal. *Sx*, delincuente sexual grave. *Sy*, sifilítico. *T*, tuberculoso. *W*, vagabundo.

Considerar la inteligencia como una substancia fija, inmutable, que puede ser medida con precisión por un test, es uno de los errores conceptuales más extendidos. Otro error es considerar la inteligencia como una variable lineal que sigue una línea recta que va desde la inteligencia muy baja a la inteligencia genial. En realidad, la habilidad intelectual mejora con la práctica y puede revestir muchas formas distintas, como propone la teoría de las inteligencias múltiples.

El estudio sobre los Kallikak puede considerarse como un catálogo de errores científicos y no son errores menores. Empecemos por el más clamoroso, siguiendo el análisis de Gould. Goddard pasó por alto los efectos de la pobreza y la desnutrición en las zonas más desfavorecidas. Las pésimas condiciones de salubridad creaban un caldo de cultivo para enfermedades. Había muchos factores que afectaban negativamente al desarrollo cognitivo de los niños y Goddard pudo haber detectado con facilidad la falta de escolarización, el aislamiento social y problemas crónicos de salud. Algunos niños, hijos de padres alcoholizados, nacían dañados por el síndrome alcohólico fetal. ¿Cómo permanecer ciego a tales evidencias?

Un error menos evidente está relacionado con el procedimiento. Las pudientes asistentes del pulcro Goddard fueron enviadas a sufrir en caminos de tierra. Sumergidas en una nube de polvo y mosquitos, las pobres chicas intercambiaban algunas palabras en el porche con los niños encaramados en las hamacas. Acostumbrados a su rudo lenguaje, los niños apenas entendían lo que aquellas listillas les preguntaban. Luego, indudablemente, debían ser débiles mentales. La segregación era la solución ideal para los nativos americanos que resultaran ser imbéciles. Un ejemplo de colonia de imbéciles era su residencia de Vineland y Goddard pensaba que:

Varias generaciones creciendo en un entorno de pobreza.

251

Si se crearan tales colonias en número suficiente para ocuparse de todos los casos claramente débiles de la comunidad, ocuparían en gran medida el lugar de nuestras actuales casas de beneficencia y cárceles y disminuiría en gran medida el número de locos en nuestros hospitales.

FRANCIS GALTON, EL PRIMO LISTO DE DARWIN

La teoría de la evolución abrió la puerta a algunas previsiones catastrofistas. Las especies no tienen por qué evolucionar hacia la excelencia, sino que es el azar, son las variaciones coyunturales del medio, las que pueden conducir a un resultado u otro. Por tanto, el peligro estaba ahí, la raza humana podía degenerar con rapidez. Desde las primeras muestras de escritura, las arcillas babilónicas, esta idea se repite cíclicamente. Los sumerios ya pensaban que los jóvenes eran perezosos y que las nuevas generaciones llevarían a la ruina de su civilización. A principios del siglo XX se propuso como solución la mejora de la dotación genética, la *eugenesia*. La eugenesia positiva pretendía detectar individuos superdotados en cuanto a su inteligencia y promocionar su desarrollo.

En la guerra de los Boers, el poderoso Imperio británico se enfrentó a un puñado de granjeros de origen flamenco. El resultado fue una completa y humillante serie de derrotas de los *casacas rojas* a manos de los piojosos granjeros. La ineficacia del ejército británico quedó en evidencia. El joven oficial Winston Churchill regresó de la guerra bastante desanimado y muchos pensaron en Gran Bretaña que lo mejor sería impulsar un programa de *eugenesia negativa*. Esto significaba esterilizar a las personas con retraso o debilidad mental, así se cortaba el problema de raíz, se suprimía el suministro de «personas defectuosas».

Francis Galton era primo de Darwin, y fue el principal abanderado de la eugenesia. Siguiendo la estela de Francis Galton, los psicólogos Yerkes y Goddard estudiaron diversas soluciones dentro del programa de eugenesia: la segregación, internando a los débiles, la prohibición del matrimonio, la promoción de la esterilización y la mejora de condiciones sociales y ambientales. A partir de 1930, en muchos estados americanos se empezó a esterilizar a personas con presunta debilidad mental.

TRES GENERACIONES DE IMBÉCILES
SON SUFICIENTES

En el Tribunal Supremo de los Estados Unidos reinaba Oliver Wendell Holmes, el sabio más prestigioso de la jurisprudencia americana, un liberal, un filósofo, un jurista y un héroe, herido y condecorado en la guerra civil. Esta lumbrera, amigo de William James, era una garantía de imparcialidad. Sin embargo, el mejor escribano echa un borrón... En 1927, el Tribunal Supremo de los Estados Unidos emitió un dictamen en un caso de apelación proveniente de Virginia. El estado de Virginia pretendía esterilizar a Carrie Buck y esta mujer apelaba a la corte. Todos esperaban la decisión del juez Holmes.

Carrie y Emma Buck, 1924.

En Virginia tenían sobrados motivos para esterilizar a Carrie Buck, puesto que era una mujer blanca «de mente débil», recluida en una residencia psiquiátrica de Lynchburg para epilépticos y débiles mentales y tenía un niño «ilegítimo», para colmo de males. La madre de Carrie había sido prostituta y también débil mental. La ley de Virginia establecía con claridad que estos eran motivos suficientes para la esterilización. El estado prescribía la operación para promover la salud de la «paciente» y el bienestar de la sociedad, así se evitaban formas hereditarias de imbecilidad y de locura. El estado de Virginia lo tenía claro: «Carrie Buck es la probable madre potencial de una descendencia socialmente inadecuada, también afectada, que puede ser esterilizada sexualmente sin perjudicar su salud general».

El caso consistía en la protesta de Carrie Buck contra las leyes de Virginia, pero, en realidad, no habían preguntado a Carrie Buck, ella no sabía nada de esta apelación. La verdad es que eran los directores del psiquiátrico quienes querían constatar si la esterilización era legal. Para ello, contrataron dos abogados y, en teoría, uno de ellos «defendía» los derechos de Carrie Buck. Todo era un chanchullo. Si el Tribunal Supremo les daba la razón, la residencia esterilizaría a Carrie sin más impedimentos. De hecho, el supuesto abogado de Carrie Buck ni siquiera la conocía. En el informe aportado por la residencia se podía leer su perfil psicológico: «La mujer presenta graves déficits mentales. A sus 18 años, tiene una edad mental de 9 años, según la revisión de Stanford de la Prueba Binet-Simon. Carrie Buck tiene antecedentes de inmoralidad, prostitución y falsedad. Nunca se ha ganado la vida por sí misma y ha tenido un hijo ilegítimo, con unos seis meses y se supone que tiene un retraso mental...».

Al final, la sentencia del señor Holmes declaró su conformidad: «Es mejor para todo el mundo si, en lugar de esperar a ejecutar crías degeneradas por el crimen o dejar que se mueran de hambre por su imbecilidad, la sociedad intenta evitar que aquellos que son manifiestamente no aptos continúen con su especie». Es más, en el futuro sería deseable que las multitudes de *morons* que vivían fuera de las instituciones psiquiátricas fueran también esterilizados. De forma perentoria, había que cortar las trompas de Falopio de Carrie Buck. El señor juez del supremo concluyó con una frase lapidaria: «Tres generaciones de imbéciles son suficientes».

LA AUTÉNTICA VERDAD DE CARRIE BUCK

En realidad, ni Carrie ni su madre habían sido prostitutas. Emma Buck, su madre, se había casado y había tenido su bebé, nuestra Carrie. Después, se separó y dejó a su niña en adopción a una familia, los Dobbs. Carrie fue a la escuela con normalidad hasta llegar a sexto, con buenas calificaciones. La joven vivía en paz, asistía la iglesia y cantaba en el coro, pero a los 16 años fue violada por un sobrino de los Dobbs, alojado temporalmente en la granja.

A partir de este momento se convirtió en una apestada. La niña pobre y embarazada fue enviada a una institución para débiles mentales, la residencia Lynchburg, donde nacería Vivian, su niña, la tercera generación de imbéciles. Allí la visitaba un señor muy atento, el director Goddard, que le hacía preguntas y asentía de vez en cuando. Después, a lo largo de su vida, Carrie se casó varias veces, debido a que enviudó. Le gustaba leer y tenía un carácter tranquilo. Desgraciadamente, su hija Vivian falleció a los ocho años tras una escolarización normal. En el fallo del juez Holmes no figura ninguno de todos estos detalles de la vida real de Carrie, todos ellos datos que indicaban una buena integración social.

Formando parte del mismo programa de mejora racial, la hermana de Carrie también fue operada y tampoco a ella le explicaron nada, la engañaron diciendo que iban a extirparle el apéndice. Con posterioridad, ella y su marido buscaron con ahínco un hijo. Misteriosamente, el hijo deseado jamás llegaba. En 1980 la mujer descubrió la verdad, alguien lo había decidido por ella sin consultarla. Desde muy joven, había sido esterilizada. Al saberlo, la hermana de Carrie Buck rompió a llorar. ¿Qué más se puede decir? Tres generaciones de eugenistas son más que suficientes.

BIBLIOGRAFÍA

Greenwood, J. (22 de mayo de 2017). *Psychologists Go to War*. Recuperado de https://behavioralscientist.org › psychologists-go-war

Gould, S. J. (2003). *La falsa medida del hombre*. Barcelona: Crítica.

Mira y López, el cometa errante que partió de Barcelona

Emilio Mira y López se licenció en medicina en la Universidad de Barcelona en 1917. Tras realizar el doctorado, ocupó las cátedras de Psicología y Psiquiatría. Hasta la irrupción de la guerra civil, la actividad de Mira fue muy intensa. Además de la docencia, desarrolló su trabajo clínico y dirigió muchas investigaciones en el laboratorio del *Institut D´Orientació Professional* (IOP). Tocaba todos los palos: psicología industrial, jurídica, experimental, clínica... En Sant Just Desvern tenía una clínica para enfermedades mentales. Su consulta estaba atestada y, entre otros, atendía al hijo de Lluís Companys, presidente de la Generalitat. En 1922 realizó el primer trabajo experimental de psicología realizado en España, *Las correlaciones somáticas del trabajo mental*.

Su prestigio no se circunscribía al ámbito doméstico, también participaba en congresos internacionales. En Cambridge fue nombrado representante de España para el Instituto de Psicología Industrial. El siguiente congreso internacional de psicología se iba a celebrar en Madrid y Mira iba a ser su presidente por aclamación, era la cara visible de la psicología en España.

La familia Mira era una familia «bien», integrante de la burguesía barcelonesa. En mayo de 1936 los Mira, que ya tenían tres hijas, celebraron la comunión de la pequeña Monserrat. En su piso de la Rambla Catalunya, número 35, se preparó una gran fiesta. Muchos de aquellos niños estaban destinados a convertirse en figuras importantes de la sociedad catalana. La niña pasó unas horas inolvidables, revolcándose con sus amigos en una alfombra de confetis, serpentinas y globos.

EL CONGRESO DE ZURICH: «¿GUERRA CIVIL EN ESPAÑA? ¡PARA NADA!»

Las hijas mayores ya eran dos señoritas de 15 y 16 años. Al llegar el verano, el doctor Mira las invitó a acompañarle a Zúrich, donde se celebraba el Congreso de Alienistas y Neurólogos de Lengua Francesa. El 15 de julio de 1936 salieron hacia Suiza. Emilio Mira «estaba en la higuera», confesó en una entrevista realizada años después en Argentina. En la cena de gala del congreso alguien le dio la noticia y no podía creerlo, se quedó helado: «¿Guerra civil? ¿En España? No, nada de eso, no puede ser. Yo acabo de venir, se lo aseguro… ¡y no había guerra ni nada semejante hace tres días!». No obstante, Mira abrió un periódico y leyó el titular: «La guerra civil española». En otro diario se leía «Barcelona en llamas». Allí habían quedado su madre y la hija menor, la pequeña Montse. Dejaron la cena, rellenaron las maletas y tomaron un taxi hasta la frontera. La guardia civil les dio el alto. Dos guardias llevaban las guerreras desabrochadas. Eran los jóvenes del pueblo, con escopetas prestadas, pantalones de pana y tricornios terciados.

—¿A dónde van ustedes? ¿A entrar? —les preguntaron.

—¿Cómo va usted a meter a las niñas en este horror? —insistió uno de los milicianos del tricornio.

Mira no podía creerlo, todo el mundo huía de España. Ellos iban en la dirección contraria. Algo muy grave había ocurrido. Es cierto, pensó Mira, «cuando el guardia civil deja el tricornio en otra cabeza, además de haber perdido la suya, significa que España ha variado el rumbo». Un pensamiento certero. La puerta que se abría supuso un punto de inflexión en la historia de España y marcó a todo el país durante varias generaciones.

CABALLOS MUERTOS EN PLAZA CATALUNYA

Entre tanto, en su piso de Barcelona la pequeña Monserrat ha quedado al cuidado de Dominica, la asistenta. Escuchan disparos. Al día siguiente, la muchacha la lleva a dar un paseo. En la plaza de Cataluña aún permanecen tendidos los caballos muertos. Conocemos muy bien los detalles de la vida familiar durante esta época gracias a los recuerdos de Monserrat Mira.

Al llegar, los Mira vivieron un momentáneo alivio con el reencuentro familiar. En los días siguientes, los acontecimientos irían a peor. Una mañana Monserrat estaba jugando con su prima cuando los cañonazos de los destructores empezaron a caer sobre Barcelona. Las niñas se refugiaron bajo la cama. Los bombardeos aéreos se sucedían con frecuencia. Desde las ventanas de los edificios de enfrente, los saqueadores tiraban cuadros y crucifijos. En una iglesia cercana, habían sacado a la vía pública los féretros de las monjas con las tapas abiertas. Durante varios días dejaron los cadáveres a la intemperie, para su contemplación pública. Monserrat Mira atribuye este tipo de escenas a la FAI (Federación Anarquista Ibérica). El caos crecía y las bandas anarquistas prendieron fuego a la clínica de Mira, de la que solo quedaron unas pocas cenizas.

Emilio Mira comenzó a colaborar en el esfuerzo de guerra de la República. Su instituto psicológico se ocupaba de adaptar a las trabajadoras para desempeñar roles que dejaban libres los hombres que partían al frente. En 1938 Mira fue nombrado jefe de los Servicios Psiquiátricos y de Higiene Mental del Ejército de la República. Su cargo, Teniente Coronel. Desde este puesto, Mira analizaba cómo prevenir problemas psicológicos y cómo curar a los afectados por trastornos. Organizó cursillos de higiene mental del combatiente, hizo folletos, dio conferencias… De forma paradójica, notó que durante la guerra disminuían los trastornos mentales en sus formas menos graves (hipocondría, neurastenia, histerias cotidianas…). Las supersticiones banales desaparecían, incluso aumentaba el valor… La gente se habituaba a lo extraordinario. Llegó un momento en que los ciudadanos ni siquiera bajaban a los refugios durante los bombardeos. La curiosidad era superior al miedo, querían ver alejarse la cola de los cazas, sentir el alivio de su huida. El fragor mordía el aire cuando remontaban el vuelo y se apagaba después, pasando de largo, perdiéndose entre las nubes.

Durante la guerra, la vida cotidiana de la ciudad descubrió aspectos del comportamiento humano antes ocultos. Mira los anotaba, asombrado, mientras su niña dibujaba aviones en sus cuartillas. Frente a los almacenes, las jóvenes eran capaces de esperar 12 horas en pie para obtener un cuartillo de aceite y, a renglón seguido, se inscribían en los cursos del Instituto de Mira. La población se mantenía unida en el esfuerzo colectivo. Poco a poco, el gobierno republicano fue haciéndose con el control de la situación en Barcelona y remitieron los desmanes de las bandas incontroladas.

CAMINO DEL EXILIO

A finales de 1938, tras un largo día de trabajo, Don Emilio llegó a su piso cuando ya había anochecido. No necesitó subir las escaleras. En la puerta de la calle, las cinco mujeres de la familia lo esperaban sentadas en el bordillo. Una bomba había explotado, destruyendo los cristales y agrietando los muros del edificio. A principios de 1939, el frente del Ebro se hundió. A partir de este momento, la derrota de la República estaba cantada. Gran parte de la élite intelectual española, vinculada a la República, tuvo que preparar las maletas del exilio. Don Emilio, optimista incurable, todavía creía en la resistencia de la República. Una tarde, su madre le dijo a la niña: «Mete en tu maleta lo que quieras llevar, Monserrat». La señora Mira repartió medio litro de aceite entre seis o siete vecinas que acudían a despedirse, equitativamente, gota a gota. Las tropas de Franco avanzaban sobre Barcelona. El doctor Mira se quedaría en Barcelona unos días más para dirigir la evacuación de las clínicas, sería de los últimos en abandonar el barco.

De madrugada, un 24 de enero se formó el convoy, utilizando los coches oficiales de varios médicos amigos. Atravesaron Girona y se refugiaron en Figueres, atestada de coches. En aquel momento, quedaban allí restos de la administración de la *Generalitat*. Las niñas de la familia Mira estaban muertas de miedo. Atrapadas en mitad de un atasco monumental, eran un blanco perfecto. El rumor de motores que tan bien conocían se acercaba por el cielo. Al salir de Figueres, los cazas se lanzaron en vuelo rasante y ametrallaron la caravana. Los fugitivos corrieron a esconderse en la cuneta. Para proteger sus tímpanos, las niñas se colocaban un palito entre los dientes. Cuando por fin divisaron los Pirineos, la familia sintió cerca la salvación. Todavía de noche, la familia llegó a Port Bou cuando estalló una fuerte lluvia. A sus más de 70 años, la abuela iba con un brazo ensayado. Tuvieron que pasar la noche en el coche, junto al chófer. Apenas durmieron, sobresaltadas por el repiqueteo del agua sobre el techo metálico. La gente, enfadada por carecer de refugio, les tiraba piedras. En aquellos días, muchos niños murieron debido al frío. Por la mañana, un gendarme le arrebató a la jovencita Pilar una gramola portátil y la estrelló contra el suelo.

—Vosotros, los españoles no necesitáis diversión —se justificó, malhumorado.

No eran bien recibidos. El grupo se dividió. Una vez en Perpiñán, las más vulnerables tomaron un tren a París. Monserrat, la más pequeña, la madre y la abuela llegaron las primeras. Después, se reunieron con ellas las dos hermanas adolescentes.

DON EMILIO ABANDONA ESPAÑA: «ÉXODO DE UN MILLÓN DE PERSONAS...»

Mientras tanto, el chófer había regresado a Barcelona para recoger a Mira. A los pocos días, al fin pudieron abrazarle en París. La pequeña Monserrat recordaría toda su vida esta imagen de su padre. Después de muchas penalidades, parecía otra persona. Envejecido, plagado de canas, flaco como un esqueleto, agotado moralmente. No necesitaba verbalizarlo, lo llevaba escrito en la cara. La República estaba liquidada, ya no existía. Años después, hacia 1950, en una entrevista publicada en la revista argentina *Nuestros hijos*, le preguntaron a Mira:

—¿Cuál es su recuerdo más vívido?

—Mi recuerdo más vivo... —Mira bajó la voz—. La salida, el éxodo, el éxodo brutal de casi un millón de personas por los Pirineos al perderse la guerra en el frente catalán en 1939...

Hasta el último segundo, Mira mantuvo la fe en el triunfo de la República. De un día para otro, todo se derrumbó. Un éxodo incontenible se dirigió a la frontera con Francia. La presencia del ejército de África, de los moros, causaba terror. Todos habían oído hablar de venganzas y represalias contra poblaciones indefensas. La gente lo intuía, el odio había sustituido a la piedad. Por todos los medios imaginables, Mira y otros responsables trataban de detener la marea humana.

—Muchas personas intentábamos convencer a la gente de que no había ningún peligro —recordó Mira—. No habían tenido participación en el movimiento. Creíamos que las promesas del ejército de Franco se cumplirían.

Los argumentos de Mira no tuvieron ningún éxito. La huida fue espantosa. Nadie podía contener la desbandada. El 15 de febrero, Mira cruzó la frontera de los Pirineos y se refugió en Francia. En este momento de la entrevista, Mira se quedó pensativo. «Por sus ojos bondadosos —escribió el periodista— pasa una sombra de tristeza». Hasta que se repone y continúa…

—La avalancha de medio millón de personas creaba un problema a la administración francesa. Los españoles no pretendíamos ser alojados en cómodos hoteles, pero… por supuesto, tampoco el ensañamiento. Los franquistas propagaron la especie de que todos los refugiados eran comunistas, despertando el odio de cierta clase de personas. No perdían la oportunidad de hacer a los refugiados de la República más víctimas aún.

MIRA EN EL CAMPO DE CONCENTRACIÓN

Le asignaron un pueblo cerca de París, Lagny-sur-Marne. El pueblo francés nos dispensaba la mayor cordialidad, recuerda Mira. La gente humilde era amiga nuestra, nos prestaba ayuda y agasajo; los que no nos comprendían eran los de la *Sureté Générale*. Muchos hombres respetables por su condición científica sufrieron vejaciones y a mí me prontuariaron. En el prontuario pusieron: «Sin profesión conocida». Para los franceses, éramos refugiados molestos. Los campos de concentración son una invención diabólica. El que no ha estado en uno de ellos, no puede hacerse una idea de los horrores que allí se padecen.

Las gestiones de los científicos ingleses hicieron que Mira pudiera trasladarse a Londres y terminar sus investigaciones interrumpidas. Cuando acabó su estancia en Londres, la familia Mira se trasladó a los Estados Unidos. Nada más salir de la costa inglesa, un submarino alemán les interceptó. El torpedo no dio en el blanco. El destructor de la *Royal Navy*, donde viajaban, soltó una carga de profundidad. Al estallar la carga, el barco saltó como una langosta y todo el pasaje entró en pánico. Una gran mancha de aceite se extendió sobre el mar. Al llegar a puerto, supieron que el submarino había sido hundido. La familia llegó a la Habana, a Méjico y Chile. A pesar de contar con amigos influyentes, Mira no logró establecerse en el ámbito anglófono, aunque su prestigio internacional le permitió impartir conferencias en Norteamérica y Centroamérica. Iba camino de transformarse en una estrella errante, en un cometa.

PERSEGUIDO POR LAS ACUSACIONES DEL FASCISMO

Toda estrella errante tiene asteroides parásitos. Estando todavía en Francia, Mira fue informado de que circulaban rumores acusatorios contra él. Y bastante feos: el doctor Mira había participado en interrogatorios y torturas a prisioneros políticos en las cárceles republicanas. Según los rumores, era la versión española de Mengele (*avant la lettre*, y en un *tour de force*). Desde Milán recibió una carta del padre Agostino Gemelli, una figura de primer orden en la Italia de Mussolini. A Gemelli le habían llegado escritos desde España. El italiano daba credibilidad a las personas que firmaban el documento de acusación. Ni corto ni perezoso, Gemelli le trasladó las acusaciones. Don Emilio Mira había dirigido la construcción de prisiones durante las *checas* rojas. ¡El profesor Mira era un diseñador de cárceles! Exhibiendo su gentileza, Gemelli daba la oportunidad a Mira de defenderse, siempre que aportase pruebas de su inocencia.

En aquellos momentos, gracias a la ayuda de los psicólogos británicos, Mira se encontraba en Londres, donde pudo perfeccionar su test de psicodiagnóstico miokinético (PMK), su obra más conocida. En septiembre de 1939, Mira aprovechó un hueco y contestó a Gemelli: todas las acusaciones eran falsas. Él no había participado en ningún interrogatorio, a él le repugnaba utilizar la violencia. Se había limitado a velar por la atención psiquiátrica a los prisioneros de una clínica militar en Sant Boi de Llobregat. Cuando algún militar le pedía consejo, Mira le respondía siempre lo mismo, que no existía ningún método para asegurar la sinceridad de los testimonios.

Tras recibir estas alegaciones, el padre Gemelli alzó una ceja. No creyó a Mira. En lugar de publicar la réplica de Mira, los italianos publicaron todas las acusaciones contra él en una revista italiana, el *Archivio di Psicologia*. En este escrito se exponían las pruebas del delito. Un jesuita, el padre Ledit, había visitado las checas de Barcelona y había tenido la oportunidad de charlar largo rato con la gente. Los albañiles testimoniaban que Mira había hecho los planes para las checas. Además, en algunos opúsculos de la propaganda *nacional* se afirmaba que Mira había construido un pabellón de aislamiento en mitad del jardín de un convento, «de acuerdo con métodos psicotécnicos». Sí, Mira era un sofisticado, maquiavélico diseñador de salas de tortura. El padre Gemelli se santiguaba. Las checas designaban instalaciones donde, tras los interrogatorios, se procedía a juicios sumarios y ejecuciones. La palabra proviene de la expresión rusa *Chrezvycháinaya Komíssiya*. Así se denominaban las «Comisiones Extraordinarias» creadas por los bolcheviques en 1917 para liquidar actos y personas contrarrevolucionarias.

La denuncia recibida por Gemelli establecía de forma taxativa que el doctor Emilio Mira y López había intervenido como técnico psicológico, ideando la manera de hacer el interrogatorio, con el fin de provocar la confesión mediante la sugestión. Sus experimentos previos en prisioneros tenían el propósito de determinar hasta qué punto era posible intensificar el dolor en los tormentos sin provocar la muerte del paciente.

LA CARTA DE LOS PSIQUIATRAS CATALANES: SARRÓ, PORTABELLA, GUASCH, TORRAS...

Gemelli se basaba en una carta abierta de conocidos psiquiatras españoles. En esta, se pedía que Mira no representase a la nueva España en ningún congreso científico internacional. «*Non è spagnuolo...*», proclamaban; «si bien ha nacido desgraciadamente en España». (En realidad, Mira había nacido en Cuba). A los médicos firmantes les dolería saber que Mira representaba a España; alguien como el señor Mira, que se había manchado durante el periodo bolchevique, una orgía de ladrones y de asesinos, con toda suerte de delitos; él, que como un vulgar delator denunció; que se prostituyó, organizando tormentos refinados para diversas células de las cárceles rojas...

Participar en torturas es la peor acusación que se puede hacer contra un psicólogo. Según los psiquiatras que escribieron a Gemelli, los científicos debían ser fieles servidores de la verdad, la justicia y la bondad. Esta carta estaba firmada por psiquiatras catalanes, la mayoría del área de Barcelona, como Taure, decano de la Facultad de Medicina; Escardó Monte, Ramón Sarró, Arturo Galcerán Gaspar; Torras, director del instituto Mental de la Santa Cruz, de Barcelona; Juan Guasch, Juan Alzina y Melis, J. Fusler y Pedro Portabella Duran y Mussons...

Mientras tanto, el cometa Mira, perseguido por la cola de los infundios, recorría América del Sur. Mira fue invitado por tres psiquiatras argentinos, tres reyes magos, Coronel, Melgar y Guitarte. En enero de 1940, con ayuda del gobierno argentino, Mira arribó a

Buenos Aires. Llegó absolutamente encendido con esas acusaciones. De inmediato, respondió a Gemelli, exigiendo que, esta vez, publicase su refutación. Las acusaciones eran un montón de falsedades. Él no era quien debía demostrar que era inocente, era Gemelli quien debía demostrar sus «fantasías idiotas». Al parecer, las habitaciones de las celdas se habían decorado con cuadros cubistas, lo que los jesuitas italianos consideraban «tormentos psicológicos» ideados por Mira. Por fortuna, Mira tenía una carta en su mano. Había escrito un manual de psicología jurídica, donde presentaba su opinión contraria a la violencia y su rechazo total a obtener testimonios mediante procedimientos de tortura. Además, Mira no había publicado ningún artículo ni investigación sobre los límites del dolor humano. Mira llegó a proponer al padre Gemelli y a su colega italiano Ponzo una reunión en un país neutral para defenderse de aquella conspiración contra él.

En sus declaraciones, Mira fue tajante:

> He dedicado toda mi vida a demostrar que, con procedimientos mecánicos, con la violencia, en una palabra, no se puede arrancar a viva fuerza la verdad. ¿Acaso podría haberme pronunciado después contra mis propias convicciones científicas? Sería absurdo concebir tal cosa y solo me explico que surjan tales patrañas porque no desconozco que si cayera en manos de mis enemigos no tardarían en hacerme papilla…

No es necesario leer entre líneas, resulta patente en esta declaración que Mira había mirado al odio a la cara, y el odio le había devuelto la mirada, le seguía los pasos.

CARA A CARA CON LOS ACUSADORES

Una década más tarde, en un congreso en Berna Mira se encontró con Ponzo, uno de sus difamadores. Ponzo parecía asustado; su rostro enrojeció. Mira lo tomó del brazo y lo condujo tranquilamente hacia un pasillo para conversar a solas. Ponzo se excusó, las informaciones le habían intoxicado, las presiones políticas del momento…

Quedaba una cuenta pendiente. El psiquiatra Ramón Sarró Burbano había prosperado bastante en la posguerra española.

En 1957, ambos iban a participar en un congreso en Zúrich, casi 18 años después... Sarró buscó un mediador para concertar una entrevista. Según Sarró, había recibido amenazas para firmar el escrito de acusación. Don Emilio desconfiaba de estas excusas y la charla estuvo llena de tensión. En 1961, Mira volvió a reunirse con Sarró en el congreso de Caracas y la reconciliación fue más sincera.

MIRA Y UNA POSIBLE MÁQUINA ESPAÑOLA DE LA VERDAD

¿Cuál había sido el origen del infundio? En su libro *Psicología jurídica*, Mira exponía métodos de peritación para evaluar testimonios en procesos judiciales. Al tratarse de un manual, Mira exponía los métodos existentes en la época, empezando por el detector de mentiras. También proponía un método propio, basado en la misma idea: «El sujeto debe ejecutar un movimiento rítmico durante las preguntas; se le van haciendo preguntas neutras y se van intercalando preguntas comprometedoras. Si se observa una alteración del movimiento, ello puede reflejar una alteración en los pensamientos del sujeto». Después, la policía había hecho un informe específico, basándose en este capítulo de Mira. Por consiguiente, si, durante algún interrogatorio, los responsables policiales alegaban que estaban aplicando los métodos científicos del doctor Mira, esto bastaba para justificar las acusaciones.

Incluso entre sus amigos y colaboradores circulaba otro rumor, *sotto voce*. Mira había experimentado con pentotal, el suero de la verdad, en los interrogatorios. En unas vacaciones, Mira, empujado por la nostalgia, se embarcó en un crucero que tocaba el puerto de Barcelona. Desde la cubierta pudo contemplar el perfil de la ciudad, algo cambiada, como él. Entre la bruma, sobresalían las agujas de la Sagrada Familia, idénticas y enhiestas. No se atrevió a bajar a tierra. Aún podía sentirlo, el miedo se removía en su interior. Su buen amigo, el doctor Soler Dopff, subió al barco y se reencontraron con un abrazo. Mira, una vez más, tuvo que justificarse. Lo único que había hecho era redactar un informe sobre el uso del pentotal en Estados Unidos. Los americanos lo usaban para detectar a sujetos simuladores.

EL COMETA FUNDA UN HOGAR EN BRASIL

Muchos sabemos de la inmensa pena que supone verse lejos de la patria, teniendo que empezar de nuevo a vivir en condiciones deprimentes y adversas. Su consuelo está en su nuevo suelo, al que precisa trasplantar su íntegra personalidad (Mira, 1940).

En Uruguay, conoció a Alice Galland, una enfermera que se convirtió en su colaboradora. La relación con su mujer se había enfriado. Mira se divorció e inmediatamente se casaron Emilio y Alice, muy enamorados. No se separó de Alice hasta su muerte. En 1964, un primer infarto lo avisó en Argentina, en pleno trabajo. El cometa errante, barcelonés de Cuba, regresó a Brasil, donde finalmente se había asentado. Murió en la ciudad de Petrópolis. Allí, junto a Alice, había sido muy feliz: «En efecto, quien de veras ama a ese dulce conjunto de recuerdos, los lleva consigo y, por tanto, impone sus características en cualquier suelo que pisen sus pies...», escribió Mira. En su obra, Mira defiende una actitud humanista, una postura de «serenidad eficiente», que aúna la empatía y la eficiencia de lo científico. En su vida, fue un cometa que ardió lleno de energía y comprensión hacia las «criaturas humanas palpitantes de anhelos, seres temporalmente desvalidos o vencidos». Hasta que la llama se agotó en una tierra lejana y cálida, donde su vida había florecido de nuevo.

BIBLIOGRAFÍA

García, E., Arbulu, L. y Carpintero, H. (1992). Las acusaciones contra Emilio Mira y López. Un episodio lamentable en la historia de la psicología. *Revista de Historia de la psicología, 13* (2-3), pp. 459-470.

Mira, M. (2010). Mi infancia, Guerra y Exilio. En *Traumas. Niños de la Guerra y del Exilio* (pp. 93-112). Associació per a la Memòria Històrica i democràtica del Baix Llobregat.

LOS CABALLEROS DE LA
CAMA REDONDA

TAT, el test que nació del amor

El psicólogo americano Henry Murray creó el test de apercepción temática (TAT), una conocida prueba de tipo *proyectivo*, donde se invita al sujeto a contar una historia basándose en una imagen sugerente que se le presenta en ese momento. Es una alternativa breve a las técnicas del psicoanálisis. Hoy, Murray figura como el único autor de este test que, sin embargo, originalmente fue ideado por una pareja formada por el propio Murray y Christiana Morgan, su colaboradora y amante, obsesionada con la psicología de Jung. Casi desde el principio, la figura de Christiana ha sido eliminada como autora del TAT. Ella se ha desvanecido en la historia, aunque cada vez hay más intentos de recuperación con biografías y novelas basadas en su historia de amor. Especialmente, Claire Douglas ha explicado el viaje de Murray y Christiana Morgan, surcando la obscuridad.

En paralelo a sus respectivos matrimonios, los dos se involucraron en una relación amorosa que duró casi toda su vida, unos cuarenta años. Ambos concebían su relación como una unión espiritual, un experimento psicológico al que llamaron la *diada*. La diada era un tipo de pareja creativa, una unión que fomentaba el autoconocimiento. En esta experiencia participó de forma decisiva el psicoanalista suizo Carl Gustav Jung.

EL GRAN MURRAY, EL PRIMO DE GATSBY

Henry Murray nació en New York, muy cerca de la Quinta Avenida. Era el segundo hijo de un matrimonio burgués de la costa este. Su vida estaba orientada a la biología y la medicina. Transcurría entre sus cenas románticas con pajarita y las óperas del Metropolitan, las regatas de Harvard y sus juergas bañadas en ron, como si Murray fuera una copia viva del gran Gatsby. El gran Murray resultaba un tipo atractivo, elegante, con el encanto casual de los caballeros ricos de Nueva Inglaterra. Tras casarse con Josephine, cuya familia pertenecía a la clase alta de Boston, Henry tuvo su vida encarrilada. Como premio, recibió una beca para investigar la evolución biológica de los embriones de los pollos.

Una noche en la ópera, su hermano menor le presentó a una bella joven, Christiana Morgan, aficionada a la psicología de Jung. Henry quiso lucirse haciéndose el intelectual, aunque recibió una respuesta cortante. Al poco tiempo Christiana invitó a cenar al matrimonio Murray y en su casa, desde su posición de anfitriona, atacó a Murray: «¿Quién te gusta más, Jung o Freud?». Murray no supo qué decir, esquivando la pregunta, masculló que dependía, que... en fin, se propuso leer algo más del tema. «Yo prefiero a Jung», afirmó Christiana sin rodeos.

Henry Alexander Murray.

Christiana Morgan se había graduado como enfermera. Se casó con un héroe que regresaba del frente de la Primera Guerra Mundial y dio a luz un hijo. Inteligente y atractiva, había sufrido fuertes depresiones toda su vida. Una mañana, Murray y ella se encontraron por la calle de forma casual y descubrieron que tenían muchos intereses comunes. Pasearon entre los rascacielos de Manhattan y discutieron acerca de *El sentimiento trágico de la vida*, de Unamuno.

LA PANDILLA PIJA DE CAMBRIDGE

El matrimonio Morgan, Henry Murray y Josephine, junto con su hermano Mike y su *partenaire* Verónica formaban una pandilla muy intelectualizada. Las tres parejas decidieron afincarse en Cambridge para terminar su especialización universitaria. Mientras los caballeros estudiaban, las mujeres cuidarían de los niños, haciéndose mutua compañía. Jóvenes, ricos, guapos, modernos de posguerra, un plan perfecto para todos, o casi...

En Cambridge, Christiana Morgan y su marido alquilaron una casita de piedra. Ella estaba liberada sexualmente. Había tenido varios amantes ocasionales, como Mike Murray o un político judío, Chaim Weitzman, que sería el futuro presidente de Israel. No obstante, estas relaciones no la llenaban, ella parecía siempre triste. La vida que llevaba no la satisfacía en absoluto, ni los roles tradicionales de madre o esposa. Las mujeres se veían desplazadas, pues los hombres disponían de los espacios físicos e intelectuales de relumbrón. Por su parte, el matrimonio Murray eligió una gran mansión que había pertenecido a un espiritista, Myers, amigo de Conan Doyle. Henry y Christiana tenían largas conversaciones sobre Jung. Al principio se veían como medio hermanos, aunque pronto se dejaron tentar por la idea de una atracción misteriosa e insobornable. Algo brotaba en Christiana, algo que sugería una planta oscura que brotaba del subsuelo, y él podía percibir su deseo.

Christiana había sufrido mucho durante su adolescencia y Murray podía comprenderla porque, aunque él no albergaba ningún sentimiento edípico ni odio hacia sus padres, había sentido cierto desapego, la incierta sensación de ser el hijo del medio, nacido entre su hermana mayor, Virginia, y su hermano menor, Mike. Ello le proporcionaba sensibilidad para comprender el sufrimiento. Cuando jugaba con su hermana, ella hacía el papel de reina de las amazonas, que sojuzgaba y torturaba al pequeño Henry. No es que fuera gran cosa como experiencia traumática, pero algo es algo. Ella necesitaba sufrir; él, compadecerse.

De forma simultánea, ambos iniciaron la lectura de *Pierre*, una novela de Herman Melville. En la obra, el protagonista siente un deseo por una misteriosa mujer, Isabel, y se siente atraído con fuerza hacia ella, pero tiene miedo de caer en sus brazos. Esta historia les permitió poner las cartas sobre la mesa. Henry y Christiana discutieron las consecuencias de su mutua atracción, de una aventura extraconyugal. Jung, cuya opinión valoraban tanto, pensaba que la libido conllevaba una carga de energía vital que iba más allá de lo sexual. La sexualidad es incontenible, se expande e inunda el arte, la cultura, la mitología, los pensamientos, el folklore, la personalidad...

Ellos se reconocían en un arquetipo de Jung: el *héroe*. El héroe encarna un hombre o mujer joven luchando por el futuro, por completarse. Según Jung, cada hombre guardaba en su inconsciente un símbolo, el ánima, que representaba a la mujer. El ánima era fruto de experiencias ancestrales grabadas en el inconsciente. Dentro de uno mismo también residía la *sombra*, lo desconocido. La *sombra* vivía en el inconsciente, rechazada por el yo. Y ellos sentían que tales análisis los describían, como si Jung los conociera a fondo, como si les hubiera echado una ojeada por dentro a ambos. En aquellos momentos, Murray sentía la presencia del ánima y la oscuridad de la *sombra*. Ambas crecían en su interior, parásitos amigables.

EL MAGO DE ZÚRICH

Aprovechando unas vacaciones de primavera, Murray viajó a Zúrich para visitar a Jung, donde le confesó su atracción hacia Christiana. Jung lo vio por el lado positivo: ella podía resultar inspiradora, una musa, pero le aconsejó que no se involucrase demasiado... Jung dejaba siempre una rendija abierta. De todas formas, Jung le confesó a su vez que él también tenía una amante joven, Toni Wolf. «Ve a verla», le propuso, «que ella te cuente». Toni recibió a Murray descalza, cubierta por una cazadora, con una cortesía fría, típicamente suiza. No fue un encuentro muy formal. Después de varias semanas con Jung, Murray salió «renacido». Durante esos días, Murray había buceado y había descubierto su propio inconsciente y, a partir de este momento, se decantó en exclusiva por la carrera de psicología en la Universidad de Harvard, dejando atrás la biología, la medicina y los embriones de pollo.

Poco después, también Christiana viajó para ser psicoanalizada por Jung. Ansiosa ante el encuentro con su gran referente vital, ella preparó un resumen autobiográfico que relataba todas sus penalidades durante la infancia. Frente a él, sintió una profunda emoción, como si pudiese el viejo Jung hablar directamente a su alma, llegar al núcleo de su espíritu; como si este viejo mago hubiera despertado corrientes de antiguos ancestros.

Jung quedó impresionado por sus cualidades. Christiana se sinceró, estaba iniciando una relación con Henry o «Harry» Murray paralela a su matrimonio. A «Harry» lo veía con dudas. Según Jung, los hombres que no se involucraban en un amor físico no habían aceptado su libido; por eso, se refugiaban en una visión idealizada de la mujer. No reconocer la sexualidad equivalía a no aceptar la vida tal como es, con sus sombras y humedades. El ánima se halla en la carne, en la vida… Para vivir de verdad, hay que hundir los hombros en el barro; solo así se consigue forjar la unión del cuerpo y la mente.

UNA SACERDOTISA PARA ATRAVESAR LA VIDA

El sentido de la vida está en uno mismo, pero a veces uno, aislado y ensimismado, no puede lidiar con el vasto y oscuro caos que se encierra dentro. A veces uno tiene miedo y no logra atravesar la substancia de la vida propia, pero hay que tirarse a la piscina, no queda más remedio. Había que sumergirse en ese magma, le dijo Jung, penetrar hasta el núcleo del sinsentido de la vida. Sumergirse para salvarse, para emerger o renacer de nuevo. Allí se escondía el sentido profundo, descender a los infiernos resultaba imprescindible. Si se pierden en su impotencia, los hombres necesitan una sacerdotisa que los ayude a transitar por las zonas oscuras. La sacerdotisa Diotima le mostró a Sócrates los misterios del amor físico y espiritual. Beatriz guio a Dante por los paisajes del paraíso.

Como había hecho con Murray, dando una de cal y una de arena, Jung previno a Christiana, pues no le gustaba pillarse los dedos. La vida de Murray era inestable, lo que podría volverse contra ella. No obstante, Christiana estaba dispuesta a darse el batacazo, ella jamás renunciaba a la llamada de una aventura. Henry Murray era la respuesta a su búsqueda de pasión, belleza, sentido… «Tú y yo debemos ser, ahora lo comprendo mejor que nunca, la puerta hacia la vida el uno para el otro», le escribió.

Su gran miedo se debía a que él tal vez no pudiera seguirla, ya que era más convencional o más prudente, y Henry se preocupaba por sus respectivas parejas. En otro orden de cosas, su carrera incipiente debía ser protegida de los escándalos. Otros rumores ya habían causado antes dolor y alejamiento a grandes científicos, torres muy altas habían caído. Si Christiana le dejaba la iniciativa a él, la responsabilidad moral lo detendría. Ella tendría que poner toda la carne en el asador. Su misión era sacrificarse para introducir al caballero inmaculado en los placeres prohibidos. Y así lo decidió ella: bajaría donde él estaba, hasta el purgatorio, escondida en una nube de flores, y así se lo llevaría con ella, igual que había bajado Beatriz para guiar a Dante.

Para acabar con la ronda de consultas, intervino la tercera en discordia; al final, la esposa de Murray también visitó a Jung. Aunque ella lo ignoraba, ya casi todo estaba decidido, sería la última en

Torre de Bollingen, construida por Jung, Lago de Zúrich.

enterarse, como pasa siempre. Jung sugirió dar una vuelta por el lago, saliendo de la torre de Bollingen. Tenemos una parte animal, le dijo Jung. El matrimonio había sido perfecto para Murray, pero esta fase había pasado. No debía preocuparse, el amor por su esposa sería duradero; no obstante, ahora Christiana era muy importante para Murray. Según Jung, se trataba de una vieja historia: el animal oculto en el hombre buscaba algo más, necesitaba algo más. Josephine pensó que había perdido tiempo y dinero con aquel viejo sucio. Ella, por sí misma, tendría que sobrellevar la situación con humor y dignidad.

La pandilla hizo un viaje por Alemania, los Murray junto a los Morgan y otro matrimonio, distrayéndose con bosques y óperas y copas de Riesling. Al llegar a Nuremberg, Josephine se derrumbó. Christiana charlaba sobre Jung, ¡cómo no, entre risas!, con Alfred, el otro marido que las acompañaba. Las dos esposas afectadas se levantaron y se fueron, enfadadas. La coquetería de Christiana era insufrible, qué desfachatez, aquella mujer las avergonzaba sin parar y no se inmutaba ni un ápice.

CÓMO VIAJAR POR EL INCONSCIENTE

Las sesiones psicoanalíticas de Jung y Christiana, en junio y julio, se centraron en los sueños. Christiana había visto un pavo real en la espalda de un hombre. Jung lo vio claro: «Tu carrera es crear a un hombre, crear a Murray». ¿Se supone que el pavo real era el alma de Murray? Ella se quedó sorprendida con la clarividencia de Jung, su habilidad para interpretar los sueños. Pero, antes de «crear» a Murray, ella tendría que entenderse a sí misma.

Jung confirmó que Christiana estaba consumiendo su espiritualidad en una pira de fuego masculino, de racionalidad. Ella había desarrollado su masculinidad a costa de eliminar el lado maternal. Era tan inteligente que había reprimido su lado emocional y arcaico, sus rasgos místicos y animales. El intelecto aplastaba la creatividad, cada pensamiento se estiraba en el intento de abarcar el sentido de su vida entera, quebrándose después. A duras penas, su cuerpo sostenía el peso de tal cabeza. Decidieron trabajar las emociones de Christiana, pero cuando ella hablaba de sus sueños Jung se mostraba descontento.

—Sus visiones son muy vagas, así no puedo decir nada. No intente retener la imagen, ni alejarla de usted, ni conservarla, limítese a mirarla... —le pidió a Christiana.

—¿Cómo?

—Aférrese, introdúzcase en ellas y vea dónde la llevan, cómo van cambiando. Usted se debe convertir en uno de los actores de la escena.

Jung había empleado muchos años sumergido a la búsqueda de imágenes internas y habían sido años muy felices:

—Cuando yo empecé a hacer esto veía paisajes. Aprendí a colocarme dentro del paisaje y las figuras querían hablar conmigo y yo les respondía... La gente me dice que era por mi temperamento artístico. Pero solo era mi inconsciente, que me estaba equilibrando. Aprendí a actuar en este drama, tan suelto como en el drama de la vida exterior. Y ya nada puede dañarme.

Jung enseñó a Christiana a potenciar su crecimiento produciendo imágenes en un proceso activo. Ella debía prestar atención a todo lo que brotaba del inconsciente, captando los mensajes de la profundidad. Ella lo intentaba y volvía después con los resultados.

—Son aún tenues, llenas de repeticiones. Les falta calor y fuego, deberían ser más ardientes... —insistía Jung—. Necesita aguantar dentro más tiempo. Usted será su propio yo, su parte crítica, consciente, pero no desde fuera, sino permaneciendo entre las imágenes, guiándolas con juicios y críticas...

EL MÉTODO DE JUNG PARA CONTROLAR LOS SUEÑOS

Jung había trabajado mucho para conocer su parte inconsciente, ante todo observando las imágenes que cruzaban sus sueños. (Hay gente que usa un truco, se deja una libreta en la mesita de noche para anotar y que no se le escape nada). Christiana no sabía cómo hacerlo y Jung accedió a explicar más detalles sobre cómo había construido él su propio libro de imágenes. A partir de 1914, Jung escribió su libro de sueños, *El libro rojo*, un manuscrito encuadernado en cuero rojo ilustrado con sus fantasías y ensoñaciones. La letra gótica le daba un aire de manuscrito medieval. El método de la *imaginación activa* de Jung se inició un día en el que un sueño afortunado le enseñó a penetrar en el territorio del inconsciente.

—Aquella vez estaba escribiendo en mi libro cuando vi a un hombre de pie, mirando por encima de mi hombro. Uno de los puntos dorados que ilustraban mi libro levantó el vuelo y se introdujo en su ojo. El hombre pidió ayuda, me preguntó si se lo sacaría de allí. Le dije que no, a menos que me dijese quién era.

—¿Por qué se negó y lo retó? —preguntó Christiana.

—Si hubiese hecho lo que me pedía, entonces se hubiese hundido en el inconsciente y yo me hubiese perdido el propósito de todo aquello, es decir, por qué había aparecido desde el inconsciente. No quise dejarlo escapar.

Christiana comprendió que Jung tomaba una actitud activa, provocadora, retando a su inconsciente a revelar sus secretos e intenciones. Jung terminó de relatar su historia.

—El hombre se negó a decir quién era. Verá, yo ya sabía que él diría eso. Y me mantuve firme. Finalmente, él tuvo que ceder y me dijo que me contaría el significado de ciertos jeroglíficos que se me habían aparecido unos días atrás. Una vez lo hubo hecho y habiéndome explicado sus secretos, yo cumplí con mi palabra. Con cuidado, le quité la mancha de su ojo y él se desvaneció.

Como refleja esta historia, Jung aprendió a soñar despierto y logró domesticar sus sombras. Christiana comprobó que, en el transcurso de sus sueños lúcidos, Jung había llegado muy lejos en el dominio de las imágenes y que otras personas dotadas también podrían conseguirlo.

—Ahora —le propuso a Christiana—, cuando puedas hacerlas tuyas, pinta las visiones tan bellamente como puedas y guárdalas en un libro preciosamente encuadernado. Estas imágenes serán tu iglesia, tu catedral, los lugares silenciosos donde tu espíritu encontrará renovación. Serán la materia prima de tu vida. Así te librarás de su poder, pues serás tú quien posea el poder sobre ellas. Podrás tomar el libro y recorrer sus páginas, allí estarán las imágenes disponibles.

Perfecto, Christiana tenía trabajo por delante. Antes de irse, Jung le dio un último consejo.

—Si alguien le dice que es morboso o neurótico y usted le presta atención, entonces perderá su alma, porque en ese libro está su alma.

Todo esto puede parecer esotérico o místico. En realidad, Jung le estaba diciendo, en su florido lenguaje, que nosotros podemos transformar muchas emociones violentas en creaciones artísticas. Es una forma de terapia. En el lenguaje freudiano, esta forma de canalizar las pasiones, mutándolas en creativas imágenes, se denomina *sublimación*. De hecho, el creativo Jung había avanzado mucho por este camino. Podía aprovechar su propia experiencia para guiar a nuevos discípulos y hacer que recorrieran este sendero de la iluminación, sobre todo aquellos pacientes más dotados para la creación artística. La iluminación es una antigua técnica que data de la Edad Media. El verbo «iluminar» hace referencia no solo a dar luz. También significa ilustrar un pergamino con bellas imágenes, con símbolos que alumbren el camino del conocimiento.

CREANDO EL LIBRO

Mientras creaba su libro, las instrucciones de Jung resonaban en la mente de Christiana: «Nunca debe intentar hacer que las visiones vuelvan. Piense acerca de ello en su imaginación y trate de pintarlo». Ella se aplicaba con firmeza, seguía pintando sus visiones y las enviaba al viejo de Zúrich, que las publicaba en su revista. Eran acuarelas o bocetos garabateados en agendas y las imágenes desarrollaban episodios narrativos. Sobre un decorado, se movían animales mitológicos y figuras humanas, que parecían salir de una pesadilla. Cris dibujaba también muchos animales: toros, ranas, serpientes y pájaros, vacas doradas, esfinges, escarabajos…

En algunos dibujos, se veían representaciones de metamorfosis y trascendencia. Casi siempre los protagonistas eran figuras arquetípicas: una figura femenina ascendía hacia la iluminación, un sabio viejo aparecía de vez en cuando, un joven rondaba a la mujer… En una de las estampas, Satán y Cristo se fundían en una figura masculina. Un Cristo satánico se ocultaba al acecho detrás de la máscara de Dios. En otra, unas serpientes cruzaban un círculo y se dirigían hacia un bebé en una postura fetal. Casi todas sus creaciones contenían símbolos alucinatorios, de una fuerza contenida, neutralizada, detenida, como si formaran parte de una baraja del tarot. Estas imágenes conformarían el texto sagrado, la biblia de la diada.

Por las tardes, Jung tenía la costumbre de compartir una cerveza con un grupo de alumnos.

—Christiana… ¡Esta mujer es mi Olimpo! —les decía—. Sus visiones tienen gran claridad como símbolos.

Jung comparó su trabajo con las imágenes de Hildegard de Bingen, una mística del siglo XII. Le parecía el más hermoso ejemplo de proceso iniciático. Jung usó las visiones lúcidas de Christiana en sus conferencias, explotando el arquetipo de mujer herida. Entre otras cosas, sirvieron a Jung para sus «Seminarios de la visión», que impartió entre 1930 y 1934. «Tú siempre serás una realidad viva para mí, mientras otros pacientes caen en el olvido, sombras en el Hades», le confesó a Christiana. Con las imágenes que había pintado, él tendría material para los siguientes doscientos o trescientos años. Jung se frotaba las manos.

LA DIADA SE CONSOLIDA: EL FUEGO DE LA SEXUALIDAD ALIMENTA EL ESPÍRITU

Ahora, el viejo Jung la apoyaba en la relación. Él la persuadió de que tenía el poder de crear a un hombre, de que tenía el alma de Henry gestándose en su espíritu. Daría a luz el alma de un hombre, era *une femme inspiratrice*. Aunque tuviera dificultades con Henry, merecía la pena: «Eres Brunilda, nunca profanada, necesitas a Sigfrido, que rompa el anillo de fuego y te convierta en una mujer», le decía Jung.

Los Murray y los Morgan, los dos matrimonios regresaron a Estados Unidos. Vivían cerca y mantuvieron las apariencias. Christiana se convirtió en colaboradora Murray. Durante el día, en la clínica ambos debían comportarse con distancia y cortesía. Aunque Henry Murray se ponía celoso cuando ella aparecía con otros amigos, la formalidad abría un espacio entre ellos. Él tenía varias vidas. Por las tardes, Henry se reunía con Christiana en un coqueto apartamento que había alquilado cerca de Harvard. Simplemente, él la llamaba y ella iba. Durante las vacaciones de verano, Harry, como lo llamaban familiarmente, se dividía entre su mujer Jo y su amante Cris. Jo era confortable, previsible, alegre. Cris, fuego e iluminación.

Como explica Douglas en su biografía, Henry Murray se fue comprometiendo cada vez más con la *diada*. Su esposa Josephine se sentía sola en casa. Él percibía el contraste entre Cris, una *inspiratrice* decidida a explorar el inconsciente, y su mujer, una mujer doméstica, inconsciente de que tenía inconsciente. La pareja de amantes cobraba nueva fuerza. La mejora de la experiencia sexual reflejaba la profundización de Harry en la dimensión espiritual del amor. Su amor era irracional, súbito, compulsivo, incontable. Le permitía arrojarse al fuego de la vida.

Crearon una serie de fases para consolidar la pareja y alcanzaron la plenitud. El amor suponía una nueva síntesis basada en un crecimiento peldaño a peldaño. Surgió un sentimiento de completa unión y euforia creativa gracias a la fusión de consciente e inconsciente. Podían rozar la verdad universal. Cris se sentía por fin llena, armonizando todos los efluvios de su ser. Alegre y completa, había llegado a su individuación, libre del pecado original. En este momento, Cris quiso que él, Harry, comprendiera su misión fundamental como pareja. Ella escribió «La creación de una estrella», una especie de «testamento de amor», para reflejar su historia. La estrella es el símbolo arquetípico de la perfección.

Por primera vez, Harry reconoció la autoridad espiritual de la sacerdotisa: «Tú eres el centro de mi mundo y la brújula de todas mis esperanzas», aseguró Harry. Apoyándose en ella, Harry se sentía capaz de todo: «No sé si alguien ha intentado algo tan grande nunca, pero yo me siento capaz de hacerlo contigo. Nuestro propósito es la creación de un trance épico», declaró Harry, totalmente convencido, «tú determinas el clima de mi vida, eres el principio director, vivo gloriosamente cuando entro en tu visión, mantenme en el centro, llévame hacia el libro».

Para contribuir, él quiso registrar la vida de Christiana y analizar la historia en sus aspectos psicológicos. Se imaginaban como los fundadores de una nueva religión. Cuando dos se hacen uno: dentro y fuera, masculino y femenino, ni macho ni hembra... Desde las alturas, ella podía notar el vértigo: «Mi amor, esto es peligroso, estoy absolutamente aterrorizada», le escribía. Algunas veces, el placer exigía que ella sufriera como prerrequisito. Una fina grieta en la estrella, un arañazo en la esfera perfecta.

LA INVENCIÓN DEL TEST DE APERCEPCIÓN TEMÁTICA

En esta época dorada, Murray logró desarrollar un trabajo muy creativo con la publicación de su libro *Exploraciones de la personalidad*. La investigación de múltiples variables de la personalidad se llevó a cabo liderando un amplio equipo, que desarrollaba diversas técnicas, enfocadas hacia el estudio de las reacciones individuales. La contribución de Christiana Morgan, con ideas y análisis fue muy importante para la elaboración de este libro y de otras obras de Murray, como su *Estudio clínico de los sentimientos*. Pero la obra más famosa de Murray sería un test.

Una alumna que asistía a las clases de Murray llegaba con frecuencia tarde y con signos de ansiedad. Un día, esta alumna, llamada Cecilia Roberts, reveló a todos sus compañeros el motivo. En aquella clase, Murray estaba comentando el tema de las fantasías y le pidió a Cecilia que se explicara. Su hijo estaba enfermo y ella lo dejaba en casa mientras sufría la convalecencia, dejándole unas revistas con muchas fotos, caras y dibujos, para que se entretuviera. «Al llegar a casa», relató la mujer, «el niño me explicaba historias que había fantaseado al ver las imágenes, mezcladas y transformadas por el sueño febril». «¿Serían estas imágenes procedentes del inconsciente?», preguntó la mujer al profesor Murray. ¡Hum! Es posible... Henry Murray quedó pensativo.

La semilla germinó y empezó a trabajar junto a Christiana para utilizar imágenes. Podrían trabajar con los pacientes de una forma análoga a la que Jung había trabajado con Cris. Enseñarles a usar la imaginación activamente. Cris seleccionó dibujos y empezó a realizar entrevistas. Había que hacerlo con delicadeza para poder sortear las defensas. Ella era muy hábil con los pacientes, modulaba la voz con dulzura, mostrándose empática y amigable.

El test proyectivo TAT consta de una serie de dibujos con escenas ambiguas. El sujeto debe elaborar una historia sobre el dibujo: ¿qué está ocurriendo aquí? Según Murray, cuando una persona interpreta la escena nos va a decir mucho sobre él mismo y sobre lo que ocupa su mente en ese momento, así como sus tendencias inconscientes. La persona está indefensa, ya que cree que está describiendo algo objetivo, una imagen. Entonces, el terapeuta le interroga acerca de cómo ha llegado a esa idea, en qué detalles se ha fijado.

Murray se dio cuenta de que los sujetos proyectaban sus biografías en las historias que contaban. Algunos experimentos mostraban que el estado emocional afecta a los juicios que hacemos sobre otras personas; por ejemplo, los individuos con miedo veían intenciones maliciosas en los otros. No obstante, la mayor utilidad era la emergencia de fantasías inconscientes. El hombre sabe cosas que no es capaz de contar. Con el TAT se podría romper la fina capa que cubre la superficie de la personalidad.

El TAT tuvo un gran éxito como prueba proyectiva. Resultaba de fácil aplicación y permitía obtener mucha información de los sujetos. En su vida social, Henry Murray era un tipo entusiasta y muy jovial, un anfitrión encantador, un príncipe blanco de la psicología. En las conferencias lo daba todo y seducía a su público. Harry era la parte luminosa de la *diada*. Él nunca había conocido la ansiedad ni la depresión, como ella. Ella temía ser relegada, demorada, ser irreal. Este temor fue *in crescendo*. La musa *inspiratrice* había cumplido ya su papel. A través de las imágenes, podemos intuir las sombras del inconsciente. El Murray real, el Murray público, monopolizó la creación del nuevo test basado en las imágenes. La sacerdotisa pertenecía al mundo subterráneo, solo podía florecer en el mundo onírico. La profecía, el temor de Cris, se cumplió muy pronto.

LA PROFECÍA DE LA DESAPARICIÓN DE CHRISTIANA

En 1935, Christiana Morgan y Henry Murray publicaron en una revista de psiquiatría su nuevo test TAT en un artículo: «Un nuevo método para investigar fantasías...». El primer autor del artículo, el autor principal, era Morgan. Después, la historia oficial borró el rol de Christiana en la invención, en la paciente forja del test de imágenes. Su nombre aparecía en la primera edición del TAT, pero luego desapareció como si fuera una paloma en un truco de magia. Sus dibujos, aquellos dibujos que habían fascinado a Jung, fueron eliminados.

Tras la Guerra Mundial, el clima en Harvard se fue enrareciendo para las mujeres, a medida que regresaban los hombres. Aunque en el equipo de Murray los jóvenes reconocían la habilidad de Morgan en las entrevistas clínicas, en los análisis de personalidad y en las discusiones de casos, ya no era suficiente. Empezaban a verla como una figura decorativa, sin títulos, como el elegante florero del jefe. Ella se empeñó aún más en el trabajo clínico, pero la figura de Cris, delineada con leves pigmentos a la acuarela, se diluyó con rapidez. Los tintes sutiles, las aguadas, cuando se exponen a la luz, desaparecen de los libros sin dejar rastro, dejando una huella muy pálida. La estrella se apagaba y la sacerdotisa se eclipsaba. En el departamento clínico, muchas chicas jóvenes desembarcaban y asumían el papel que ella había desempeñado, incluso deslumbrando a Harry. También arribó por aquella época a Harvard el brillante David McClelland, un teórico de la motivación humana, y se convirtió en la mano derecha de Murray.

Sin embargo, la mujer real no dejaba de existir. Ella no podía borrarse bajo la luz. Christiana Morgan continuaba caminando. Cuando aparecía acompañada por algún nuevo amigo, Murray se ponía celoso. Durante su vida, Christiana vivió con libertad, según sus propias normas. Tuvo otras relaciones amorosas con el escritor Lewis Mumford y con el filósofo Alfred N. Whitehead, a los cuales también inspiró creativamente. Ellos se reconocieron en la brillantez de su mente. La bebida fue afectando a su labor, conforme el sentimiento de pérdida se iba apoderando de ella. Los jóvenes le iban con el cuento a Murray; a sus espaldas, muchos la tachaban de ninfómana. En Harvard suprimieron su nombre definitivamente de las nuevas ediciones del TAT.

La mujer de Murray, Josephine, murió y él se quedó viudo. Aún era un hombre lleno de vigor y de perspectivas, sobre todo para terminar varios libros. Él se involucró en la construcción de una nueva casa, rodeado de pintores y carpinteros. Por su parte, Cris instaló en la suya, a la que llamaba su Torre, unas grandes cristaleras formando un colorido tríptico. El vínculo que los unía se había aflojado y Cris se fue deteriorando bajo los efectos del alcoholismo. Su comportamiento se volvió errático. Se paseaba por el pueblo con un taburete plegable, para sentarse cuando se cansaba. Su voz salía quebrada de la garganta, envuelta en toses que olían a tabaco.

SUMERGIÉNDOSE EN EL TRIÁNGULO DE LAS BERMUDAS

En 1967 Christiana Morgan se encontraba en las Islas Vírgenes, en la playa de St. John. Christiana cruzó la arena con paso lento, se introdujo en las olas y se fundió con el gran océano. A sus 69 años, murió ahogada en el mar Caribe (no sabemos si eligió el simbolismo del número a propósito). Como nota para leer después de su muerte, junto a su tumba, dejó un poema para ser leído:

«¡Oh, dulce tierra limpia, de quien procede la brizna verde! Cuando estamos muertos, mi bendita amada y yo, nos abrazamos tan bien, que (...)».

¿En quién estaría pensando? Esa «bendita amada» parece referirse a un alma amiga y querida. Un alma a la que ella había alumbrado. Un alma amada y abrazada. Cuando lo entrevistaron, quizás lavando cierto sentimiento de culpa, él no tuvo reparos en reconocer la sinergia que lo había unido a Cris. Ella y él se habían amado, habían visto las cosas de la misma forma. Eran seres afines. Él seguía siendo un hombre muy equilibrado. También a ella le habían preguntado anteriormente algo parecido y siempre salía a relucir el tema de la relación con Henry Murray. Sí, confesó, ella lo había dado todo por amor. Todo lo que era posible dar, lo había dado. Pero, dijo, no tenía mérito, ni había lugar para arrepentimientos. No habría podido ocurrir de otra forma, había sido su única opción, ella siempre había sido una mujer apasionada. Él vivía en su mente; ella vivía en su cuerpo.

Su gran amor, el famoso psicólogo Henry A. Murray, continuó con su vida hasta 1988. Una neumonía se lo llevó a los 95 años, casi un siglo de vida. Es lo que tiene el equilibrio, que no produce heridas graves en ningún costado. (Por cierto, ¿saben qué significa la inicial «A»? Olvídenlo, no es demasiado importante). Lo esencial es

Beatriz desciende envuelta en flores para mostrar el cielo a Dante.

que Cris, en este poema, recordaba su gran amor, el día en que ella había bajado a rescatarle al purgatorio, donde él vivía. El poema de Cris continuaba así:

«(...) nos abrazamos tan bien, que podemos descansar para siempre, haciendo subir la hierba y las flores al cielo».

Ella había descendido escondida en una nube de flores, lo había tomado y habrían de ascender de nuevo. Ese navío de flores tendría que conducirlos hacia lo alto, para que ella le mostrara el cielo. Sí, las almas se abrazan en un presente eterno y se elevan juntas, envueltas en su nube. Cuando su querida y pura Beatriz se le aparece a Dante en el canto XXX de la *Divina Comedia*, viaja en el mismo medio de transporte, una nube de flores: «...*cosí dentro una nuvola di fiori...*». Flores que unas manos de ángeles iban haciendo surgir en tanta cantidad que se desbordaban por todos lados. Es decir, en este poema Christiana se aproxima al amor platónico de Dante por Beatriz. Resulta curioso... ¡La *femme fatale* y sensual pensando en la eternidad del amor! ¿Se imaginan a Marlene Dietrich o a Mae West llorando como magdalenas? ¿Y por qué no?

Beatriz muestra a Dante las estrellas.

Cris seguía pensando en un amor más puro. «Nuestro amor no es terrenal, porque este sentimiento es tan inmenso que no lo supera el amor de Dios por la humanidad», decía Dante, rozando la hoguera. En este aspecto, Christiana pensaba igual que Dante, ambos unidos a su amada alma gemela por toda la eternidad. En el caso de Christiana, era el alma de Murray, que había cruzado los sotos de su vida con presura, como le había pasado antes a san Juan de la Cruz. En esto, ella le daba la razón a Jung, el amor no hay que esconderlo.

El sexo significaba algo más, un paso más, conllevaba una energía inmaterial. Y, durante su vida, ella lo había demostrado de sobra. A través de la pasión sexual, ella había buscado transmutarse en espíritu, fundirse para formar parte del universo, de las estrellas. Un sentimiento de unión amorosa casi religioso: «mil gracias / derramando, / [...] con sola su figura, / vestido los dejó de / hermosura», escribió San Juan de la Cruz. De alguna forma, ella había vestido a Murray con su hermosura. A lo mejor, Cris no solo había leído en su juventud a Unamuno, sino también *El Cántico Espiritual*.

Me gustaría poder añadir que Henry A. Murray dejó escrito en su testamento que dispersaran sus cenizas sobre las olas del Caribe, en las Islas Vírgenes, donde murió Christiana... que Henry A. Murray quedó purificado y dispuesto a subir a las estrellas, acompañando el alma de su amada... Sin embargo, según la Wikipedia, no consta que un hombre tan equilibrado pensara tales cosas.

BIBLIOGRAFÍA

Douglas, C. (1997). *Translate This Darkness: The Life of Christiana Morgan, the Veiled Woman in Jung's Circle.* Princeton University Press. Princeton.

Morgan, C. D. y Murray, H. A. (1935). A method for investigating fantasies: the thematic apperception test. *Archives of Neurology & Psychiatry, 34,* pp. 289–306.

Volpi, J. (2012). *La tejedora de sombras.* Planeta. Barcelona.

Wonder Woman *y la máquina de la verdad*

¿HUBO UNA SEMIDIOSA GRIEGA DESCONOCIDA POR HOMERO?

En Grecia, en la isla de Temiscira, nació una niña que tenía los ojos profundos y la belleza de Afrodita. Esta joven adquirió la sabiduría de Atenea y, a los 17 años, ya ganaba en la carrera a Hermes y doblaba el brazo de Hércules cuando se echaban un pulso. En sus primeras incursiones en New York se calculó que podía correr a 95 km/h, romper puertas de acero y saltar desde un rascacielos cayendo sobre las puntas de los pies. Extrañamente, esta mujer maravillosa había permanecido oculta a los ojos de Homero y del resto de rapsodas griegos.

Por fortuna, las hazañas de la princesa Diana de Temiscira fueron descubiertas en el siglo XX. En el año 1941, el psicólogo William Moulton Marston la rescató del olvido y cantó sus proezas. Para ello, utilizó un cómic y llamó a su heroína *Wonder Woman*. Casualmente, este psicólogo había colaborado en la invención del detector de mentiras. También casualmente salió a la luz la historia de la *mujer maravilla*, pues, según Marston, todo empezó cuando un piloto de caza americano, Steve Trevor, se estrelló en la remota isla de las amazonas. Diana fue la amazona encargada de devolver a Steve al mundo real, por entonces enfrascado en la Segunda Guerra Mundial. Para luchar contra los villanos del siglo XX, la princesa Diana adoptó la nueva identidad de Diana Price, una enfermera del ejército americano. En la batalla la amazona se desenvolvía bien, el único problema de Diana era que, cuando tomaba notas, sus superioras la regañaban:

—¿Has escrito esto con letras griegas?

—Para nada —decía Diana—, ¡no es griego, sino idioma *amazónico*!

A pesar de estos problemas lingüísticos, la princesa inmigrante fue integrándose en la sociedad americana. Gracias a sus armas secretas —su tiara, sus brazaletes y un lazo de la obediencia—, Diana salió triunfante de muchas aventuras. Su único punto débil eran sus brazaletes, si se fundían ella perdía todo su poder; también las cadenas, ya que si era encadenaba por un hombre podía sucumbir con facilidad. En fin, cosas de amazonas.

BODA CON SADIE, LA MUJER FELINA

En la universidad, el psicólogo William Marston fue el atleta de su promoción, y se casó a los 22 años con una compañera, Sadie. ¿Un nombre premonitorio? A él no le gustaba el nombre, suponemos que le recordaba a Sade. A ella sí, le sonaba *Zaidee*, que en la lengua oriental significa «madre tierra». Ella fue la primera mujer americana en estudiar en un *college* y una de las pocas chicas que estudiaban en Harvard, en un clima muy conservador. Una mujer decidida, de firme carácter, que estudiaba derecho. En la foto, él la sostiene y ella parece volar etérea sobre el fondo de la playa.

William Marston y su mujer Sadie.

En la pareja, los papeles estaban bien repartidos. Él la adoraba, sumiso y encantador. La felina Sadie despreciaba al esclavo Bill Marston, cuando llegaba con sus aceites, interrumpiéndola mientras ella leía a Safo de Lesbos y subrayaba sus versos favoritos:

«Dulcemente hablas
y encantadora sonríes.
Mi corazón en mi pecho se arrebata;
apenas te miro no puedo
decir palabra…

Se espesa mi lengua
y un fuego sutil corre bajo mi piel,
y mis ojos no ven y un zumbido llena mis oídos,
 y un frío sudor me invade y toda entera
me estremezco, más pálida que la hierba»

WILLIAM MOULTON MARSTON, EL HEREDERO DEL CASTILLO DE LAS MUJERES

Por alguna misteriosa razón, ambos jóvenes parecían destinados a contraer matrimonio. La madre de William Moulton Marston, heredera de una antigua estirpe normanda, vivía en el castillo de Moulton con cuatro hermanas. La familia esperaba un varón y, por fin, cuando Alice Marston tenía 34 años dio a luz un varoncito. ¡Era el heredero! Se crio estupendamente, algo mimado, es verdad, pero muy bien atendido por su madre y sus cuatro tías.

En la orilla opuesta del Atlántico, en la Isla de Mann, vivían los Holloway, una familia muy masculina. Durante cuatro generaciones, solo habían nacido varones bien bragados. El abuelo Joseph Gross salvó al rey de España cuando cayó al mar desde la borda del yate Queen Victoria y lo nombraron caballero. Cuando llegó por fin la niña Sadie Elizabeth, todos se quedaron boquiabiertos. ¡Era la heredera! Por una casualidad, la vida los reunió pronto. El niño nacido en el castillo de las mujeres y la niña de la isla de los hombres se conocieron en el colegio, cuando estaban en 8º grado. En 1916, al llegar a la universidad, Sadie y William Marston celebraron sus esponsales. ¿Fueron felices y comieron perdices?

Sí, aquí debería acabar el cuento, pero no hay tutía. Diez años después, el profesor Marston inició una relación con Olivia Byrne, una de sus estudiantes de Psicología. ¿Se puede querer a dos mujeres a la vez y no estar loco? Marston, como Antonio Machín, pensaba que sí. Le salió (casi) todo redondo, pues los tres empezaron a vivir juntos, formando una familia unida frente al mundo. Marston tuvo hijos de ambas mujeres y, después de su muerte, las dos mujeres continuaron viviendo juntas. Este hombre vivió una comunidad poliamorosa, adelantándose a su tiempo. Creemos que el poliamor es un invento del siglo XXI, pero lleva mucho tiempo —¿desde la prehistoria, desde los neandertales?— entre nosotros. Al menos, como veremos, desde mil novecientos veintitantos, la década de los 20, los *Happy Twenties*. Mientras tanto, a Marston le dio tiempo a construir una teoría de la personalidad, a desarrollar el polígrafo para uso policial y a crear a una heroína de cómic, *Wonder Woman* o Mujer Maravilla, también llamada Diana Prince o Diana de Temiscira.

INVENTANDO LA MÁQUINA DE LA VERDAD

El mentor de Marston en la universidad, Hugo Münsterberg, se interesó por aplicar las técnicas psicológicas a la detección de la mentira. En su tesis doctoral, Marston utilizó la medida de la presión sanguínea para detectar señales fisiológicas de engaño y adaptó la manera de formular las preguntas, basándose en el método de la *asociación libre* ideado por Jung.

Sus innovaciones fueron fundamentales para la creación del primer detector de mentiras, aparato que se denomina *polígrafo*, ya que proporciona un gráfico de distintas mediciones. El detector se consolidó como invento forense con posterioridad, cuando se añadieron un mayor número de variables fisiológicas. Además de la presión sanguínea, el polígrafo actual mide la conductancia eléctrica de la piel, la tasa cardíaca y la respiratoria. En esta época, Sadie colaboraba codo con codo en el laboratorio de Marston, era una mujer fuerte que había estudiado por sus propios medios, a pesar de la carencia de ayudas sociales y familiares. No pudo doctorarse en Psicología porque estaba prohibido en Harvard para las mujeres.

EL PRIMER CASO DE ASESINATO SOMETIDO A LA MÁQUINA DE LA VERDAD

Durante la Primera Guerra Mundial, Marston aplicó su test a personas sospechosas de espionaje o deserción. En el año 1922, se ofreció para probar sus técnicas de detección del engaño en un caso de asesinato. El acusado era un hombre negro, James Frye, que había confesado primero y luego se había retractado. Marston utilizó algunos aparatos médicos sencillos para medir la tensión y la respiración, como un fonendoscopio y un esfigmomanómetro. Según sus pruebas, el acusado era inocente, pues sus variables no se alteraban al responder. El juez no legitimó su informe porque la técnica no estaba validada aún. A partir de entonces, el Tribunal Supremo de Estados Unidos consideró que las pruebas científicas debían estar ampliamente consensuadas entre los expertos en el área, de modo que el acusado fue declarado culpable.

Marston hacia 1938.

A pesar de esta decepción, la policía estaba muy interesada en utilizar técnicas científicas en los interrogatorios. August Vollmer, un policía de California, se ocupó de divulgar métodos científicos para la policía de Los Ángeles. Después, otros psicólogos desarrollaron el detector de mentiras tal como lo conocemos hoy y lo perfeccionaron para lograr un aparato más manejable, el polígrafo. El detector de Marston había sido la avanzadilla.

LA TEORÍA DE LA PERSONALIDAD DISC

Como psicólogo, William Marston quería estudiar la energía de una persona normal, no le interesaban las desviaciones y trastornos que apasionaban a los psicoanalistas. Para él, lo importante eran los vectores que permitían evolucionar a un individuo normal. En 1928, publicó sus teorías en el libro *Emotions of Normal People*. Enmarcó el desarrollo de los individuos en cuatro dimensiones de la personalidad, que conformaban su modelo DISC. Las personas normales se podían caracterizar por su nivel en el *Dominio* (riesgo, rebeldía), la *Influencia social* (extraversión), la *Sumisión* (calma, paciencia) y la *Conformidad* (normas). Luego añadió una quinta dimensión, el autocontrol emocional.

El concepto de energía en cada dimensión era importante para Marston. Una persona con gran intensidad en uno de los ejes podía pasar de ser asertivo a ser autoritario. Si bajaba la energía, podía pasar de muy amable a excesivamente sumiso. Es decir, Marston seleccionó, entre todas las características que pueden darse en una persona, aquellas que le parecieron más determinantes. Esto se parece mucho a la teoría de la personalidad más difundida actualmente, el modelo *Big Five*, que propone cinco factores básicos (apertura a las experiencias, extraversión, amabilidad, responsabilidad y neuroticismo/inestabilidad emocional).

Durante el trabajo con su detector, había llegado a la conclusión de que las mujeres mentían menos y tenían mejores capacidades para soportar la presión. Sus presiones sanguíneas eran muy variables porque dejaban libres las emociones, y estaban más predispuestas a la sumisión, a la conciliación, evitando la confrontación y la agresividad. Por consiguiente, en ellas el amor era una forma de comunicación.

OLIVE, UNA HUÉRFANA QUE ENCONTRÓ A SU MADRE Y SE ALEGRÓ MUCHO

A mitad de la década de los veinte, William Marston conoció a Olive, una estudiante peculiar, alegre, vivaracha e inteligente. La joven obtuvo hasta cuatro calificaciones de A (sobresaliente) en las clases del profesor Marston. Pronto, Bill se interesó por ella.

Olive era sobrina de Margaret Sanger, una conocida activista que defendía los derechos de las mujeres. Margaret Sanger y su hermana Ethel Byrne fundaron la primera clínica de control de natalidad de los Estados Unidos. Debido a ello, acabaron en la cárcel en muchas ocasiones. Margaret había salvado la vida de su sobrina cuando ella era un bebé. En 1904, el padre de Olive la arrojó a la nieve en mitad de una borrachera, molesto por los llantos, cerró la puerta y continuó bebiendo. La tía Margaret la recogió y la envió a una familia que la acogió y la devolvió al poco tiempo, no se sabe por qué. Al final, enviaron a un orfanato a los dos hijos de Ethel Byrne, a la pequeña Olive y a su hermanito.

En 1914, Margaret Sanger comenzó a divulgar sus ideas en el periódico feminista *Woman Rebel*. Para ella, el principal derecho de una mujer consistía en poder ser madre sin permiso de la Iglesia o el Estado. Margaret fue acusada de obscenidad por introducir el término prohibido «control de la natalidad» y tuvo que escapar a Inglaterra. Algún tiempo después, las dos hermanas, Margaret y Ethel, fueron arrestadas por distribuir folletos con información sobre su clínica en Brooklyn. Ethel inició una huelga de hambre. Para salvar la vida de su hermana, Margaret Sanger buscó la simpatía pública. Corrió al convento de Rochester, en Nueva York, donde Olive, la hija de Ethel, residía ajena a todo este maremágnum. Olive sonrió, sorprendida. A los diez años, se alegró de saber que tenía una madre y una tía, lo más parecido que conocía a una familia real.

MENUDO EXPERIMENTO: ¡UN HOMBRE EN LA FIESTA DE PIJAMAS DE LAS CHICAS!

A los 22 años, Olive recorría el campus universitario con su aspecto andrógino. El cabello al estilo Eton, de moda entonces, imitaba el peinado de los chicos de colegios de pago. Como Josephine Baker,

Olive llevaba sus caracolillos alisados sobre la sien con *Brylcreem*, las patillas largas y alguna guedeja suelta bailando en la frente. Esta chica moderna introdujo al profesor Marston en las fiestas de pijamas de las hermandades femeninas. En su libreta, él se entretuvo haciendo observaciones muy interesantes sobre la dominación. Las chicas de primer año eran conducidas por un pasillo oscuro con los ojos vendados y los brazos atados a la espalda. Las *sophomores*, estudiantes de segundo año, las golpeaban con varas. Las chicas cautivas le confesaron que en esos momentos sentían una excitación placentera; se referían a esta sensación como la «emoción del cautiverio». En su libro *Emotions of Normal People*, Marston utilizó muchos datos sacados del trabajo de doctorado de Olive.

CLASES DE POLIAMOR EN LOS FELICES AÑOS VEINTE

El amor en el que creían los Marston no se encontraba en el matrimonio tradicional. Ellos asistían a talleres en Boston, donde se hablaba de un tipo de amor más amplio, más libre, que podía compartirse entre varias personas adultas. Una especie de *poliamor*, o amor libre *avant la lettre*. Marston iba a los cursillos junto a su mujer y una amiga que tomaba notas. Allí aprendieron que la «unidad del amor» más evolucionada, según la maestra del amor, se componía de tres personas: un *Líder* del amor, una *Amante* o *Ama* y una *Joven*. Estos roles eran flexibles. Si las mujeres exponían sus cuerpos, podrían crear en los hombres sumisión hacia ellas. Una vez fuertes y dominantes, «las amantes podían ya someterse con pasión a los hombres».

Un objetivo de los talleres era cimentar los derechos sexuales de la mujer, a menudo sojuzgados. Las mujeres debían sentirse libres para explorar sus cuerpos. En el matrimonio típico, el hombre solo estimulaba el interior de los órganos femeninos. La estimulación sexual debía dirigirse más a las zonas externas, permitiendo así que la energía concentrada se liberase y fluyese de forma más natural. Marston estaba convencido de ello, las mujeres tenían mayor capacidad para captar estímulos sexuales y traducirlos a emociones, ya que su abanico de sentimientos era más amplio. Además, ya lo había comprobado en sus experimentos con el tensiómetro. Marston, como si fuera un aprendiz de Sade o de Grey, salía encantado de las sesiones.

De fiesta en fiesta, de investigación en investigación, William Marston cayó en las redes del amor y propuso a Olive irse a vivir con ellos, con él y su esposa. ¿Por qué no llevar la teoría a la práctica? Obtuvieron la aprobación de Sadie con muchas reservas. A partir de este momento, la huérfana Olive había encontrado una familia, una fuente de amor a raudales. Se formó un grupo familiar con dos madres y cada una tuvo dos hijos de papá Bill. En privado, celebraron una ceremonia en la que Olive se casó con ambos, con William y Sadie, recibiendo unos brazaletes de plata en lugar del tradicional anillo. Pero los acuerdos y contratos implícitos solo eran válidos de puertas para adentro, de cara al exterior Olive era la asistente doméstica.

Esto no complació a la élite bien pensante que dirigía la universidad. Algo se olían, de modo que Marston perdió su trabajo como profesor. Sadie, la del nombre premonitorio, tuvo que ponerse a trabajar en diversas empresas del mundo editorial y legal. Con el tiempo, se fue consolidando como secretaria del director ejecutivo de *Metropolitan Life Insurance*. Mientras Sadie mantenía económicamente a la familia, Olive permanecía en el hogar cuidando de los niños.

NACIMIENTO DE WONDER WOMAN

Marston colaboró con movimientos pioneros que defendían los derechos de la mujer en ámbitos como el aborto, el sufragio universal y la igualdad de oportunidades. Por aquel entonces eran muy conocidas Emma Goldman, Emmeline Pankhurst y Margaret Sanger.

En una entrevista de la revista *Family Circle*, firmada por una redactora llamada Olive Byrne, Marston defendió el poder educativo de los cómics, lo que atrajo la atención de los editores americanos. Pero, preguntaba Marston, ¿por qué todos los héroes eran personajes masculinos? Las niñas no podían verse reflejadas en los roles pasivos que les reservaban en las historietas, siempre ocupando un segundo plano. La enérgica Sadie le dio la idea y, en 1941, Marston propuso a la editorial crear un nuevo personaje, una princesa amazona, *Wonder Woman*.

Marston buscaba un arquetipo femenino caracterizado por la fuerza, que aunara el poder, la belleza y la bondad. Hoy la llamaríamos una mujer empoderada. Marston reconocía que su personaje era propaganda psicológica para el nuevo tipo de mujer que, según él, debía gobernar el mundo futuro mediante métodos más amorosos. En algunos episodios, *Wonder Woman* aparecía en primer plano y mordía con sus dientes la cadena que la atenazaba: «¡Estoy harta de estar atada!», gemía. «¡Sufriente Safo!», gritaba, en lo que parecía un clamor de libertad bastante cargado de reivindicaciones. La rabia la impulsaba a destrozar con sus manos los eslabones de la cadena de hierro. En este tipo de escenas, *Wonder Woman* recuerda a las sufragistas que se encadenaban a las rejas del nº 10 de *Downing Street* en Londres.

En el cómic, *Wonder Woman* utiliza el lazo de la verdad, un arma similar al polígrafo. Enrollado en su cintura, ella llevaba este lazo con poderes mágicos, que utilizaba para obligar a los villanos a obedecerla sin rechistar, sometiéndolos a sus deseos. Olive Byrne era fibrosa y morena y solía usar unas llamativas pulseras de plata, una

Wonder Woman y su lazo de la verdad.

africana y otra mexicana, que relumbraban mientras cruzaba los pasillos. En el cómic, los brazaletes de Diana de Temiscira, la mujer maravilla, eran un recuerdo de la dominación de las amazonas por parte de Hércules. A Marston, las pulseras le recordaban la unión del amor.

Marston siempre incluía algunas gotas de erotismo en las historias. Al tener que atar a sus enemigos, masculinos o femeninos, *Wonder Woman* creaba situaciones de dominación erótica. En sus andanzas aparecían con frecuencia situaciones de esclavitud, donde se prodigaban los azotes. Como la vida da muchas vueltas, unas veces Diana imponía su dominio, mientras otras se daba la vuelta a la tortilla y era sojuzgada. Marston reconocía que disfrutaba mucho imaginando a sus chicas atadas y cargadas de grilletes, gozando con la sensación de poder. Era un narrador omnisciente y *voyeur* omnipresente. A veces, al final de sus aventuras, ocurría que la pobre *Wonder Woman* encontraba consuelo, sobre todo cuando alguna de sus amigas amazonas la rescataba. El afecto fluía desbordándose con la gota de un simple beso. Entonces el sufrimiento se desvanecía, diluido en oleadas de placer y sororidad. En ese momento, Safo dejaba de sufrir.

Para que no le faltara de nada, Marston otorgó a Diana un paquete de poderes parapsicológicos, el ESP, que incluía telepatía, proyección astral y control de la electricidad somática. El modelo físico fue Olive, más espigada; el modelo psicológico fue Sadie, a la que sus hijos llamaban «un paquete de energía». A pesar de su eterna sonrisa, no sabemos si Olive lo pasó siempre bien. Algunos amigos que visitaban la casa pensaban que era el «ama de llaves». Cada uno de los hijos contaba la historia de forma distinta, según les había ido en la feria. Hasta que fueron mayores, los de Olive no supieron quién era su verdadero padre.

LA SEGUNDA VIDA DE LAS DOS *WONDER WOMAN*

En una cosa el tiempo dio la razón a Marston, las mujeres son más fuertes y fiables. En las fotos en que se perfila hacia el polígrafo, el contorno abdominal de Marston se despliega de forma abundante y presiona la correa de los pantalones. En las últimas fotos familiares, él aparece con el cabello blanco y coloca sus manos sobre el vientre, disimulando su prominente cintura. En otras imágenes, se cuela en ropa interior, sosteniendo un vaso de whisky. De forma prematura, en la primavera de 1947, Marston falleció consumido con apenas 53 años, con lo que la pobre *Wonder Woman* quedó viuda, en poder de la editorial, encadenada. A partir de aquí, su andadura reivindicativa cambió de rumbo, la mujer maravilla se alejó del personaje de rebelde —a medias ama, a medias esclava—, y acabaron convirtiéndola en una heroína convencional, más aseada.

Por su parte, tras la muerte de William Marston, Olive y Sadie continuaron unidas o entrelazadas. En total, ambas pasaron más de sesenta años de mutua compañía. ¡Toda una vida! En 1985, Olive Byrne fue hospitalizada, muy enferma, y allí, en el mismo hospital, Sadie, la de los pies ligeros, se rompió la cadera de forma fortuita y fue ubicada en otra habitación. Cuando le comunicaron que Olive había muerto, separada por paredes cercanas, Elisabeth recitó unos versos de Tennyson.

«Crepúsculo y estrella de la tarde, una clara llamada para mí.
Y no haya quejas en el estrecho, cuando me adentre en el mar».

Pertenecían al poema *Crossing the Bar*, escrito por Tennyson después de que el poeta superase una grave enfermedad. Sadie, la mujer maravillosa, sobrevivió casi una década más. Murió el 27 de marzo de 1993, hace tres días y medio como aquel que dice, cuando tenía cien años. De hecho, yo creo que podría haber inspirado el personaje de *Iron Woman*. No sé a ustedes, a mí me convence mucho más que Robert Downey Jr.

BIBLIOGRAFÍA

Lepore, J. (2014). *The Secret History of Wonder Woman*. Knopf. Nueva York.

Pérez, F. (2010). William Moulton Marston: polígrafos, comics y psicología de la normalidad. *Revista de Historia de la psicología, 31* (2-3), pp. 151-166.

Lyons, C. (2006). *Suffering Sappho! A Look at the Creator & Creation of Wonder Woman*. Recuperado de https://www.cbr.com/suffering-sappho-a-look-at-the-creator-creation-of-wonder-woman/

La energía orgónica de Wilhelm Reich

Aquel joven y fogoso estudiante de medicina de pelo alborotado prometía mucho. En la facultad de Viena no había ninguna asignatura de sexología, por lo cual, ni corto ni perezoso, el chico se presentó en casa de un célebre neurólogo que vivía en la calle Bergasse. Sigmund Freud le abrió la puerta y se sintió complacido viendo que los jóvenes recurrían a él y se interesaban en la sexualidad. Charlaron un buen rato y prestó al jovencito Wilhelm un libro sobre los instintos y el inconsciente. Cuando asentía, el cabello ondulado de Wilhelm aleteaba dándole un aire de pájaro tropical.

Por aquel entonces, el movimiento psicoanalítico iba viento en popa, constituía un método revolucionario, una psicoterapia liberadora para el pueblo. Las corrientes socialdemócratas imperantes en Alemania pretendían crear nuevas condiciones para las clases obreras. El centro de Europa olía a libertad y progreso, y las nuevas generaciones de psicoanalistas, preocupadas por ideales de igualdad, podían adaptar el método para trasladar consignas más directas a los pacientes, limando las sutilezas. Una primera clínica psicoanalítica se abrió en Berlín y desde entonces, en cierto modo, Freud era visto como un reformador social.

Animado por el encuentro con Freud, el impetuoso Wilhelm inició el psicoanálisis de Annie Pink, una joven estudiante de medicina. Una cosa fue llevando a la otra y, cuando la energía sexual de Wilhelm subió hasta cotas elevadas, decidió interrumpir el análisis y casarse lo antes posible. Annie tuvo que seguir su análisis con Anna Freud, la hija del jefe supremo. En el verano de 1922, Reich se graduó como doctor en Medicina. Formaba parte de la Sociedad Psicoanalítica y analizaba pacientes. Un día, mientras terminaba la consulta con un paciente, se dio cuenta de que llegaba tarde a la graduación. Se presentó en la universidad con su traje de lino blanco; con horror, comprobó que todos los compañeros iban de etiqueta rigurosa, con traje negro de gala. Desde el principio, Reich iba a contracorriente.

Sigmund Freud abrió en Viena un ambulatorio psicoanalítico y contrató al sexólogo Reich. En lugar del lujoso diván que Freud utilizaba, forrado de alfombras persas, en el ambulatorio los divanes eran camillas con patas de hierro. Reich y los jóvenes idealistas realizaban el trabajo de forma pasional, sin remuneración, creyendo que estaban cambiando el mundo, derribando los criterios morales que constreñían a las clases populares. Entre ellos, había un joven médico catalán, Ramón Sarró, que quedó gratamente impresionado

El sexólogo Wilhelm Reich.

por la intensa vocación de Reich, su entusiasmo y su gran corazón. Reich pretendía que las gentes del pueblo se liberaran de sus represiones sexuales gracias al psicoanálisis.

Al ambulatorio llegaban casos desesperados, comparándolos con los estándares de la burguesía que Freud trataba. Había muchos jóvenes con intentos de suicidio, chicas anoréxicas y huérfanas. Reich empezó a atender a pacientes impulsivos, con las zonas erógenas muy activas desde épocas tempranas de la vida. Muchos de estos chicos le confesaban su deseo de viajar a países lejanos, llenos de sol, querían llevar allí una vida errante y nómada. Reich los comprendía perfectamente.

¿CÓMO LIBERAR LA ENERGÍA SEXUAL?

Por entonces, Reich se consideraba un ortodoxo freudiano, no dudaba del dogma: la causa de la neurosis era la represión sexual. El sexo era su especialidad, sin duda. En cuanto llegaba al ambulatorio un caso complicado con connotaciones sexuales, se lo adjudicaban. Enviaba artículos a las revistas de sexología con títulos bastante ilustrativos: «El coito y los dos sexos», «Sobre la especialidad de las formas de onanismo», «El tic psicogénico, equivalente a la masturbación», y todos por el estilo… Se colocó en una posición prominente en poco tiempo. Tenía tanta experiencia terapéutica, tanta responsabilidad hacia sus obligaciones clínicas, que Freud confiaba en que pudiese escribir un libro, adaptando la técnica del psicoanálisis a procedimientos estandarizados que pudiesen ser aplicados a todo el mundo.

Muy pronto, Reich se hizo una idea de dónde radicaba el origen de los problemas, y trazó un esbozo de su propia teoría. La represión sexual devenía en una tensión física de tipo muscular y producía dolores de cabeza. Si no te relajas, si no te liberas, te anquilosas. Así se creaba una coraza muscular cuya rigidez condicionaba la vida del individuo. Reich pretendía analizar no solo los síntomas aparentes, sino todo el carácter de la persona. Por ejemplo, los nazis sufrían un envaramiento y agresividad artificial fruto de este proceso. Cada vez que desfilaban exhibiendo su agresividad, en realidad estaban siendo marionetas de sus complejos sexuales, eran como cocodrilos faltos de desahogos sexuales, faltos de cariño.

LOS MASAJES DESTRUYEN LA CORAZA MUSCULAR

La solución era romper esta coraza artificial formada por músculos esclerotizados. El terapeuta debía iniciar el proceso dando un masaje al paciente. Con esta manipulación, la energía sexual se liberaba. En ocasiones Wilhelm Reich notaba el efecto y las olas del placer atravesaban el cuerpo del paciente. Era el reflejo orgásmico. Este tipo de terapia, basada en el masajeamiento, no era más que un sustitutivo del mejor remedio, el sexo. Los jóvenes debían practicar relaciones sexuales. La receta de Reich: jugar a los médicos. En las clínicas se repartían preservativos, como se hace hoy día. Solo se adelantó cien años. No es extraño que Reich se convirtiera en un icono para la contracultura de los años sesenta, los hippies, Jean Seberg, Brigitte Bardot y los intelectuales de mayo del 68.

En 1927, Reich explicó su punto de vista en su libro *La función del orgasmo*, en alemán *Die Funcktion des Orgasmus*. Él entregó personalmente a Sigmund Freud el libro como regalo de cumpleaños y, apoyado en el quicio de la puerta, Freud prometió leerlo. En respuesta a la deferencia de Reich, Freud se mostró afectuoso, complaciente, sin discutir las ideas de fondo: «Querido doctor Reich... Su trabajo parece ser demasiado extensivo y poco organizado...».

AGITACIÓN SOCIAL Y REVOLUCIÓN SEXUAL

En 1927, Reich se encontraba en una pequeña ciudad de Austria, participando en una asamblea socialista. Un grupo fascista disparó contra la muchedumbre, matando a un veterano de guerra y a un niño. En julio, los asesinos fueron absueltos en el juicio y se organizaron protestas. Durante la represión, los policías actuaron como autómatas enervados por las órdenes de disparar. Murieron cerca de un centenar de manifestantes. Por ello, Reich tuvo que aplazar el encuentro con Freud, que tenían previsto aquella semana. «Dada la incertidumbre en los próximos días», le dijo Freud en una carta, «sería más sabio y seguro posponer el encuentro hasta finales de agosto, si el mundo todavía sigue existiendo después de todo». Viena ardía en llamas, cuyo origen parecía estar en el palacio de Justicia. Grupos militares barrían las grandes avenidas empujando a los huelguistas hacia la universidad.

En los seminarios de psicoanálisis, muchos colegas de Reich se oponían a sus innovaciones de forma sutil, le veían como un radical. Freud trató de animarlo de una manera cariñosa, restando importancia a los críticos: «Usted no debería tomarse las cosas tan a pecho y podría empezar a relajarse». En la misma carta, Freud apoyaba su labor didáctica: «Nadie en Viena puede hacerlo mejor». El chico de las ondas encrespadas no perdía su dinamismo.

Reich se estaba pasando de frenada y adelantando al padre Freud por la izquierda. Freud no las tenía todas consigo, sobre todo porque Reich se involucraba de lleno en la transformación social, que Freud consideraba propaganda bolchevique. Freud, como buen burgués, no acababa de ver claro aquello de liberarse del todo, completamente, de los fantasmas sexuales. Los fantasmas se encierran en los armarios, es su ecosistema natural. El mundo no cambia de la noche a la mañana. De nada sirvieron los arrumacos del padre Freud, Reich decidió abandonar Viena, donde tenía muchas enemistades.

LA DESPEDIDA DE FREUD EN LA MONTAÑA

Al final del verano, ya decidido a irse, se despidió de Sigmund Freud, que se encontraba veraneando en Grundlsee, un paraje de las montañas austriacas. A Freud le acompañaban varias mujeres de la familia, cuya situación parecía muy acomodada. Las damas lucían sus vestidos inmaculados, llenos de lentejuelas y bordados, sin que faltaran plumas en el sombrero ni paraguas a juego. Hechas las salutaciones de cortesía, en la despedida quedó patente que ambos disparaban desde posiciones muy alejadas. Reich, a su manera directa, planteó la idea de que, para superar la neurosis, se requería ir más allá de la familia tradicional, basada en la coerción. Había que fundar nuevas formas de relación basadas en el amor. Las damas de la familia Freud le miraban con aire distraído desde su lejanía, mientras descansaban en la terraza del hotel.

—Este punto de vista no tiene nada que ver con el psicoanálisis —contestó Freud.

—Lo siento, pero es lo que creo, es mi convicción —insistió Reich—. Si usted quiere prevenir la neurosis, si usted desea eliminar la miseria...

—No es nuestro propósito, ni el fin de nuestra existencia, salvar el mundo.

Reich abandonó el pintoresco pueblecito. Sus posturas eran irreconciliables, y veía claro que aquel hombre maduro, responsable, irónico, estaba encadenado al mundo victoriano y a las normas morales convencionales. No estaba interesado en la transformación sexual de la sociedad, ni mucho menos en derribar las estructuras burguesas. En fin, Freud no se encontraba tan a disgusto parapetado detrás de sus represiones. Como si, tal vez, el viejo Freud tuviera alguna forma de superarlas en secreto. Por lo que había oído Reich, el viejo tenía sus líos, pero a buen recaudo y bajo siete llaves. Dos damas muy empingorotadas le seguían por todos lados, luciendo sus encajes en caminos de cabras. Siempre andaba con su mujer y su cuñada, y esta última no se despegaba ni un ápice del patriarca. Por algo sería. Pero, para Reich, no se trataba de tolerar los juegos de tapadillo ni los pellizcos bajo la mesa. Resultaba esencial alcanzar una nueva etapa, conquistar un escalón más evolucionado y menos encorsetado para la sexualidad humana.

En el otoño de 1930, Reich se trasladó a Berlín, junto a su mujer Annie y dos hijas pequeñas. Durante su estancia en Berlín, la brecha con el padre Freud se agrandó. Reich pensaba que los impulsos

Freud de vacaciones en la montaña.

de muerte eran un fenómeno secundario, producto de la agresividad del sistema capitalista. Freud se mostraba cada vez más reticente a publicar tales herejías. Con su cabezonería, Reich se estaba convirtiendo en un incordio para el movimiento psicoanalítico. Los comunistas no se lo pensaron tanto y lo expulsaron del partido de inmediato, ante su insistencia en la liberación sexual. En tiempos de revolución, estas frivolidades solo servían para distraerse del auténtico objetivo, la lucha de clases. En una manifestación antinazi, Reich conoció a una chica que podía iluminar con su sonrisa tres calles de Berlín puestas en fila. Provista de una olla de engrudo, esta muchacha pegaba carteles contra Hitler en los muros. Consecuente con sus ideas de amor libre, mientras vivía en Alemania Reich se lio con esta bailarina, llamada Elsa.

LA GESTAPO BUSCÓ A REICH POR TODO BERLÍN

Lógicamente, los nazis también lo amenazaron. Reich tenía la habilidad de convertirse en blanco de todas las persecuciones. Nada más acceder Hitler al poder, en 1933, se produjo el incendio del Reichstag en Berlín y se dio el pistoletazo para la represión masiva de cualquier disidente. Sus libros sobre la revolución sexual no gustaban nada a las juventudes nazis, pues Reich era considerado un corruptor, un degenerado, un nombre marcado en rojo. La Gestapo registró su domicilio y Reich tuvo que esconderse en varios hoteles, cambiando de paradero cada noche.

Primero huyó a Dinamarca, luego a Suecia y Noruega. De todos estos países norteños fue invitado a salir por una razón u otra. En Dinamarca, escribió un artículo sobre nudismo y a los políticos no les gustó su lenguaje pornográfico. Criticó a los pequeñoburgueses y mencionó la palabra *wipfi* («colita» en alemán). Los nudistas iban con la *wipfi* al aire, proclamaba el alegre Reich. Con estas cosas no hacía muchos amigos. Por fin, lo echaron de la sociedad psicoanalítica internacional acusándolo de desequilibrado. Durante estos años dio publicidad a obras como *La revolución sexual* o *La lucha sexual de los jóvenes*, con un claro programa libertario y social. Y si estos libros no gustaban a los nazis, peor aún recibieron el siguiente: *La psicología de masas del fascismo*.

A Reich lo habían echado de todas las asociaciones y partidos en Europa, como si fuera Groucho Marx. Al igual que Groucho, Reich no aceptaría jamás formar parte de un club que incluyera a individuos como él. Cruzó el charco hacia el nuevo paraíso, la tierra de las oportunidades, de la libertad. No contaba con los puritanos, que habían desembarcado en la isla de Manhattan algunos siglos antes que él.

LA CAZA DEL ESCURRIDIZO ORGÓN

El transatlántico Stavanger Fjord fue el último barco que partió hacia Estados Unidos, antes de que comenzara la guerra. El 19 agosto de 1939 salió del puerto de Oslo, con Wilhelm Reich a bordo, y poco después arribó a Nueva York. En aquellos momentos, en la vieja Europa, Hitler se disponía a invadir Polonia a principios de septiembre. Reich se había separado sentimentalmente de Annie Pink, la madre de sus hijos. Elsa, la bailarina de Berlín, también tuvo que dejar a Reich, porque él la seguía por todas partes. El señor Reich se colaba hasta en los ensayos, muerto de celos, para comprobar si Elsa tenía un *affaire* con su profesor de piano. Pero la soltería no le duró mucho, Reich no servía para vivir sin pareja. Al poco de llegar a Estados Unidos se casó con Ilse Ollendorff, una mujer de 30 años, también separada, que sería su compañera en la aventura americana y la búsqueda del *orgón*.

En julio de 1940, Reich y su flamante esposa Ilse decidieron pasar unas vacaciones en la zona de Nueva Inglaterra. Cargaron el coche con una tienda de campaña, unos sacos de dormir y los hornillos. Vagabundeando al azar, acampaban en la ribera de los arroyos, inundados por la lluvia de New Hampshire. Luego, buscaron zonas más confortables y condujeron hasta las Montañas Blancas de Maine, donde se alojaron junto al lago Mooselookmeguntic. Habían llegado a un lugar difícil de pronunciar pero también mágico, la atmósfera del lago era extraordinariamente seca y una paz silenciosa impregnaba el bosque, como si estuviera atrapada entre los altos pinares... Reich tomó unos prismáticos y, por primera vez, pudo detectarlos con claridad... ¡Ya los había encontrado! Eran los *orgones*... ¡Los *orgones* azules flotaban en el aire!

No tardó ni un segundo en decidirlo, allí se establecerían. Compraron una cabaña y a su residencia la llamaron Orgonon, como no podía ser de otra manera. En la lengua *reicheana*, este nombre debía significar algo así como la Casa del Orgón. Pero, antes de seguir, hay que responder a una pregunta: ¿Qué era eso del *orgón*?

Desde hacía tiempo, su afán científico llevó a Reich a comprobar una idea primigenia de Freud. La energía sexual, la libido, era una energía física y, por consiguiente, podía detectarse mediante aparatos. Posiblemente fuera una forma de electricidad o una substancia química. Esta energía se liberaba durante el orgasmo en forma de *orgones*, nuevas partículas que él, Reich, había llegado a ver en el microscopio. Los orgones eran de color azul, y también se podían ver estos orgones en el cielo mediante un telescopio espacial. En realidad, pululaban por todas partes.

EINSTEIN INVESTIGA LOS ACUMULADORES DE ENERGÍA ORGÓNICA

La idea más afortunada, más genial, de Wilhelm Reich fue también la más simple: una caja de madera que absorbía los orgones flotantes. Esta caja *atrapa-orgones* estaba forrada por planchas metálicas que repelían los orgones, impidiendo que, una vez atrapados dentro, se le escapasen. El aparato servía para almacenar la energía orgónica. Había que patentar el invento. En primer lugar, Reich construyó pequeños prototipos donde podía realizar sus experimentos, por ejemplo introduciendo ratones con cáncer. Al poco tiempo de ser sometidos a la radiación orgónica, los ratones se curaban. Visto el éxito, Reich e Ilse construyeron un acumulador más grande y se turnaron para introducirse en el aparato. La temperatura era más alta en el interior debido a la concentración de energía, como había previsto Wilhelm.

Excitados por el descubrimiento, Reich e Ilse no paraban de hablar de sus implicaciones, una energía fácil de obtener, buena para curar, bonita y barata. Este momento *eureka* le decidió a escribir al profesor Albert Einstein. Reich cargó en su coche un acumulador de pequeño tamaño y llegó a Princeton al mediodía. El físico lo recibió cordialmente en el porche; examinó con curiosidad el aparato y conversaron largas horas, hasta que se hizo tarde y Reich tuvo que regresar. Le dejó a Einstein un *orgonoscopio*, un microscopio preparado por Reich para hacer visibles los minúsculos orgones. Einstein se comprometió a estudiar el fenómeno.

—Sobre todo —insistió Reich—, observe la diferencia de temperatura entre el interior del acumulador y el exterior.

—Lo haré. Si esto es cierto, será una bomba —prometió Einstein.

Reich regresó a casa entusiasmado. No solo habían pasado un buen rato, recordando su vieja y animada Berlín, al fin alguien comprendía las consecuencias de su descubrimiento. Apenas pudo dormir. Discutía acaloradamente las posibilidades que se abrían, podría dirigir junto a Einstein un Centro de Estudios Avanzados dedicado a la energía orgónica. Durante algunas semanas, el profesor Einstein pudo estudiar con detenimiento la misteriosa caja de madera. O eso pensaba Reich cuando, a principios de febrero, se pasó por Princeton para recoger sus aparatos orgónicos. De nuevo, Einstein se mostró interesado y agradablemente acogedor.

¿Había encontrado algo? Al principio, Einstein vio que la temperatura en la parte interna del acumulador era más alta que en el exterior. Luego, concluyó que la distribución normal de temperaturas dentro de la habitación producía estas diferencias. Llegar a esta conclusión le llevó apenas unas pocas horas, si no minutos. Escribió una carta cortés a su amigo Reich, que se empeñó en realizar nuevos experimentos, meticulosamente planificados. Publicó un artículo refutando las conclusiones de Einstein. Einstein, incomprensiblemente para la familia Reich, nunca contestó, por lo que Reich sufrió una decepción terrible. La conspiración del mundo científico contra su trabajo lo estrangulaba. Con su resiliencia habitual, se repuso pronto. Lo atribuyó a un rechazo personal por parte de Einstein. El pequeño alemán tenía celos de Reich…

NEW YORK: UN MERCADILLO DE BARRIO PARA VENDER LA ENERGÍA SEXUAL

Los Reich buscaban una casa adecuada para instalarse en Nueva York y encontraron una esquina en Forest Hill bastante amplia. Instalaron los microscopios y rayos X en el comedor y habilitaron una mezcla de oficina y sala de estar en el recibidor. Ilse recordaba aquellos días, que debían haber sido ilusionantes, con amargura.

El destino parecía empeñado en no dar tregua a Reich. En diciembre de 1941, mientras conducían, la radio del coche anunció que los japoneses habían bombardeado Pearl Harbor y Estados Unidos entraba en guerra. Regresaron a Forest Hill. Dos agentes del FBI golpearon la puerta y arrestaron a Reich, sin permitirle telefonear a su abogado o vestirse a solas. Como emigrante germánico, era sospechoso.

El sexólogo y psicoanalista Reich, metido a inventor, intuyó que vendrían tiempos mejores. Después de la guerra, el negocio despegó en su casita de Forest Hill. Para absorber la energía orgónica, los pacientes tenían que desnudarse y pasar unas horas dentro de la caja instalada en el salón. El nombre de Wilhelm Reich ya era conocido, le granjeaba bastante publicidad. Entre tanto, había comprado una granja en Maine donde construía cajas con destino al mercado americano. Las cosas empezaban a ir bien para los Reich. Pero, como en los mejores folletines, cuando el protagonista logra un triunfo, el destino conspira contra él. Intuyendo la carnaza, la prensa americana se cebó con Reich de forma mordaz.

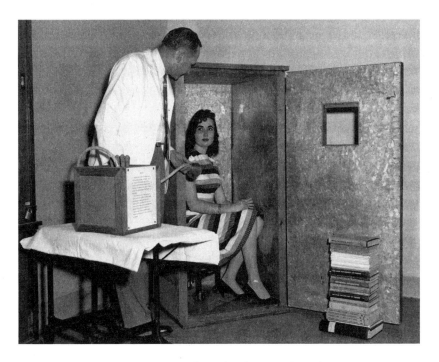

Máquina para acumular y absorber energía orgónica.

UN PSICÓLOGO ENTRE REJAS,
CIEN AÑOS DESPUÉS DE SADE

La lluvia fina de críticas acabó calando en las instituciones. En 1947, la FDA le acusó de fraude. En 1954, un juez ordenó la destrucción de 250 acumuladores de energía orgónica. En mitad de la batalla legal, Reich redactó un extenso escrito en respuesta al juez, donde protestaba y negaba que los jueces tuvieran derecho a interferir su investigación científica y médica. Según él, luchaba contra una conspiración comunista oculta detrás del Gobierno de EEUU. A su favor, Reich alegaba que las leyes universales estaban por encima de las erróneas leyes americanas. Este alegato fue desechado por el juez, porque no concordaba con los procedimientos legales. La corte confirmó la orden de incinerar sus libros, revistas y publicaciones en su editorial Orgone Institute Press.

Todo lo que va mal, puede ir a peor. En 1955, Peter Mills, un abogado que había participado en la fundación orgánica, impulsó una acción legal contra Reich. Asqueado, Reich no deseaba descender a este dichoso nivel legal, un asunto menor y mezquino. Entre otras cosas, se acusaba a la fundación de proseguir con la venta fraudulenta de acumuladores orgónicos. Al parecer, uno de los médicos del grupo, algo necesitado de *cash*, había sido el responsable de seguir vendiendo. Ante la corte, Reich se presentó solo, renunciando a

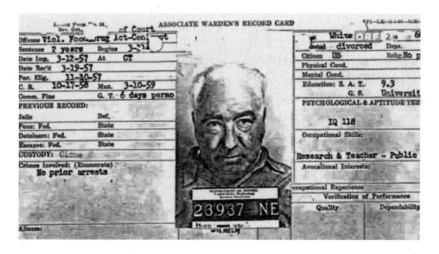

Ficha de registro de Reich, indicando dos años de condena.

los abogados. Confiaba en su facilidad de palabra, en su magnética oratoria.

Fue condenado por el jurado a dos años de cárcel en una prisión federal. En 1957, con 60 años, Reich fue encerrado en la penitenciaría de Danbury, donde recibió tratamiento psiquiátrico. Reich le explicó al psiquiatra que todo se debía a una conspiración de Moscú. Aunque, por suerte, los Rockefeller le enviaban aviones para sobrevolar la cárcel y protegerlo de los comunistas. La evaluación psiquiátrica consignó que Reich padecía esquizofrenia paranoide. Después fue trasladado a la prisión de Lewisburg, donde los psiquiatras emitieron un dictamen más favorable, declarándolo sano y entero emocionalmente.

Avanzado el otoño, faltaban ya pocos días para que Reich, el eterno rebelde con causa, finalizara su condena. Estaba pronto a obtener la libertad condicional y, contando ya las horas, Ilse lo esperaba fuera. Una madrugada fría del mes de noviembre un funcionario lo encontró muerto en su celda. Según el informe forense, había sufrido un ataque al corazón.

BIBLIOGRAFÍA

Frigola, C. (6 de julio de 2013). *Cartas de S. Freud a W. Reich: El ambulatorium de Viena, el seminario técnico y el nacimiento del análisis del carácter.*

Ollendorff, I. (1969). *Wilhelm Reich: A Personal Biography.* St. Martin's Press. Ann Arbor.

Ramón García, R. (1971). *Psicoanálisis y sociedad: apuntes de freudomarxismo* (tomo I). Anagrama. Barcelona.

PSICÓLOGOS EN GUERRA II

Las palomas bombarderas de Skinner

El psicólogo B. F. Skinner es conocido por su imagen radical. Durante su vida divulgó los principios del conductismo más puro, lo que le valió algunos rechazos. Su pureza metodológica fue vista como un extremismo. Tampoco despertó las simpatías de los defensores del sueño americano cuando escribió *Walden Two*. En esta novela Skinner narra la utopía conductista, en la que todas las necesidades del ciudadano son satisfechas por la tecnología de la ciencia conductual. En esta sociedad futura, los individuos trabajan pocas horas al día, dedican el tiempo libre a sus vidas privadas y cuidan a los niños

Burrhus Frederic Skinner hacia 1950.

en común. Aquí desaparecen las desigualdades, lo que, sospechosamente, se parecía mucho a una utopía comunista.

La caricatura usual muestra a Skinner como un individuo frío y calculador. Para controlar la vida humana, basta con prestar atención a los estímulos, sobre todo a los premios y castigos. Muy por encima de las intenciones del individuo, los estímulos son los que condicionan nuestro destino vital. Y todo lo demás —la mente, el libre albedrío— forma parte de un limbo vago y subjetivo, poco determinante, una nube de conceptos filosóficos que flota más allá, envolviendo y disimulando los factores relevantes.

¿ENCERRÓ A SU HIJA EN UNA CAJA DE SKINNER?

Se divulgó el rumor de que había tratado a su hija Deborah como si fuera un conejillo de indias, introduciéndola en una *caja de Skinner*. Esta era la caja que usaba para sus experimentos con ratas. En realidad, había construido una especie de cuna tecnológica, muy bien acondicionada, para tratar de asegurar la seguridad y las comodidades de la niña. Según el rumor, la hija de Skinner se había suicidado; otra versión suponía que se había perdido y ocultado, traumatizada. Al leer el libro donde se criticaba a su padre, Deborah Skinner escribió una carta al diario *The Guardian* y desmintió el rumor: «Yo no fui una rata de laboratorio». «Y no me he suicidado, creedme», le faltó añadir.

A pesar de este estereotipo, Fred Skinner era un científico muy imaginativo, él creía que debían fomentarse las ideas locas. «La psicología académica es demasiado tímida», decía. Durante la guerra, concibió el Proyecto Pigeon, en el cual, con el fin de evitar los bombardeos indiscriminados, se propuso adiestrar a unas palomas para guiar un misil hasta los aeropuertos enemigos.

LA FRIALDAD DE SKINNER: EL DÍA QUE ENGAÑÓ A TODOS LOS NIÑOS DEL PUEBLO

Los psicólogos americanos pensaban que B. F. Skinner era un tipo muy frío, excesivamente cerebral, cosa que él mismo reconocía. De niño, destacaba mucho por sus habilidades mecánicas para construir artilugios. Un día su madre les dejó una nota, regañándoles a él y a su hermano porque no colgaban sus pijamas en el armario. Él buscó una solución, adaptando un gancho para hacer la tarea más sencilla. Siendo Fred adolescente, su único hermano murió de una hemorragia cerebral a los 16 años. Sin embargo, Skinner apenas pudo llorar. Tiempo después, esta frialdad emocional lo atormentaría.

En sus primeros años en la universidad, Skinner fue una especie de gamberro a lo James Dean. Junto a un compañero, pegó carteles anunciando la llegada de Charles Chaplin para una charla. Se generó una gran expectación en la prensa local. Las familias de la localidad acudieron con sus hijos a la estación del ferrocarril, esperando ansiosos a la estrella de cine… y sufrieron una decepción morrocotuda. No sabían que esas eran las bromas de Skinner.

Fred Skinner quería dedicarse a la literatura, aunque era demasiado inexperto. Gastó un año de su juventud en escribir una novela, contra el criterio de su padre, un respetable abogado. Valoró como un fracaso este tiempo perdido, su «año oscuro». Le faltaban cosas interesantes que decir. Su carácter cerebral y su destreza mecánica encontraron mejor camino en la ciencia psicológica. Así superó la única «crisis de identidad» que tuvo en su vida, como él explicaba con cierto humor.

ANIMALES EN GUERRA: MURCIÉLAGOS INCENDIARIOS Y FOCAS ANTIMINAS

Durante la Primera Guerra Mundial, los británicos entrenaron a las gaviotas para detectar submarinos alemanes. El entrenamiento era muy sencillo. Al salir del puerto, los submarinos de su majestad iban soltando comida y, de este modo, las gaviotas aprendieron a seguir a cualquier submarino en cuanto lo divisaban desde lo alto. Como es lógico, las gaviotas no sabían distinguir si el aparato era británico o alemán. Cuando los ingleses veían una aglomeración de gaviotas excitadas cerca de la costa, podían sospechar la presencia de un *U-boot* alemán.

Otra loca idea era lanzar murciélagos de fuego sobre una ciudad enemiga, cada uno provisto con una pequeña bomba incendiaria. Los murciélagos se refugiarían, como es su costumbre, debajo de los tejados y miles de pequeños incendios estallarían a la vez. Al otro lado del mundo, los rusos adiestraron perros para volar tanques. También se decía que los suecos estaban entrenando a focas para acercarse a los submarinos, llevando minas magnéticas que se pegarían a los costados de las naves. En la idea más descabellada, los rusos habían enseñado a leones marinos a cortar los cables de las minas.

En 1939 Skinner y el resto del mundo quedaron impresionados cuando la fuerza aérea alemana destruyó Varsovia. Inmediatamente, Skinner pensó en un método de defensa para frenar a los bombarderos. Un misil tierra-aire, guiado por palomas, fue una de sus primeras ideas. Un día apareció en la universidad un militar que buscaba un psicólogo animal, porque quería instalar perros en torpedos antisubmarinos. Cuando los perros, con su fino oído, oyeran las señales acústicas de los submarinos enemigos, guiarían el torpedo hacia su objetivo. Skinner le contó su preferencia por las palomas, muy por encima de los perros.

TOP GUN: PILOTOS CON PLUMA, PICO Y PATAS

En la primavera de 1940, Skinner se encontraba trabajando en la Universidad de Minnesota. La Navy apostó por el proyecto y Skinner se puso manos a la obra. Sus animales favoritos, con diferencia, seguían siendo las palomas. Aunque el robótico B. F. Skinner no lo confesaría jamás abiertamente, algo de amor encubierto había en su frío corazoncito.

Empezaron a entrenar a las palomas para seguir con su pico a objetivos que descendían rápidamente. La idea era situar a estas palomas como pilotos en el morro de un pequeño avión cargado de explosivos. Inmovilizó a las palomas en su puesto de piloto utilizando chaquetas y arneses. Con la cabeza y el pico libres, las palomas podían obtener granos de comida si pilotaban bien. Skinner y su equipo se trasladaron a la planta superior de un antiguo molino de harina. Desde allí querían corregir algunos problemas que tenían las palomas, pues tardaban en responder a pequeños desplazamientos de objetivos lejanos. La nueva estrategia consistía en situar el blanco en el centro de una pantalla. Cada vez que picoteaba la diana, la paloma era reforzada. Al seguir el blanco, los picoteos corregían las desviaciones del aparato.

«Entrenamos palomas para seguir una variedad de objetivos terrestres y marítimos, para ignorar las grandes áreas blancas de las nubes y para que se concentren en un solo objetivo», escribió Skinner satisfecho. Skinner comprobó que una paloma podía mantener el rumbo del avión y llevarlo hasta un cruce concreto de calles, en una ciudad determinada. Cuidadoso con las relaciones internacionales, Skinner no reveló el nombre de la ciudad. ¿Berlín? ¿Washington?

EL RATÓN MARIAN

Lumbrera de su promoción, Marian Kruse empezó a colaborar con apenas 18 años en el laboratorio de la Universidad de Minnesota. La familia, de origen alemán, la llamaba *maus*, y este «ratón» se convirtió en una ayudante imprescindible para Skinner. Colaboraba en los experimentos, estudiaba cada renglón y hasta hacía de canguro para el señor Skinner. Cuando B. F. Skinner publicó su libro clásico, *El comportamiento de los organismos*, una de las personas que obtuvo una copia para corregir las galeradas fue Marian, y ella guardó este libro como un tesoro.

Un día, el ratón Marian estaba realizando un estudio con ratas. Para lograr que colaboren, los experimentadores suelen reforzarlas con bolitas de comida, pero solo si ejecutan la conducta deseada. Antes del experimento, los roedores de dientes afilados se encuentran en un estado canino. Una rata confundió el dedo de Marian con su desayuno y Marian echó a correr asustada y dolorida. Desesperada, gritaba llamando a un sanitario o lo que fuera… En el pasillo, la atendió un doctor muy amable que la tranquilizó y la llevó al botiquín, donde lavó la herida y vendó la mordedura. El doctor se presentó, pero no era médico sino psicólogo. Se llamaba Keller, Keller Breland. Era un tipo muy alto, coronado por una gran mata de pelo.

PROYECTO PIGEON: SARGENTOS, DROGAS Y CAÑAMONES PARA LOS RECLUTAS

Desde el primer momento, el proyecto Pigeon contó con dos ayudantes, Norman Guttman y Keller Breland, el chico del pasillo con su pelazo. Más tarde, se unieron W. K. Estes y Marian Kruse, la ratona de biblioteca. Con la inyección de más fondos, el equipo *skinneriano* al completo perfeccionó la instrucción del escuadrón avícola. Empezaron a estudiar refuerzos especiales. A las palomas les encantan las semillas de cáñamo, pues contienen gran cantidad de minerales y oligoelementos, vitamina E y proteínas. El profesor Skinner iba a por todas, por lo que llegó a probar los efectos de drogas energizantes, confesando que él entrenaba a sus palomos como si fueran atletas. Con estos incentivos, las palomas podían ser inducidas a picotear con tanta energía que la base del pico se inflamaba. A algunas les tenían que implantar electrodos de oro en el pico.

Las palomas de Skinner serían un comando de élite. El entrenamiento se reforzó para incluir circunstancias imprevistas y adiestraron a las chicas con plumas para soportar temperaturas extremas, cambios de presión, aceleraciones centrífugas, fugas de dióxido de carbono, vibraciones prolongadas y... cualquier imprevisto imaginable. En el colmo de la previsión, las entrenaron para superar ruidos de disparos en la cabina. Tal vez pensaban que algún palomo se podía poner chulo y provocar un motín. A pesar de las dificultades, las aves mantuvieron un comportamiento estable y estaban preparadas para la prueba final. De nuevo, las palomas se comportaron maravillosamente, disciplinadas como auténticos espartanos. Con alumnas así, da gusto.

¡SEÑOR, EL ALPISTE, SEÑOR!

En febrero de 1943, Skinner fue invitado a presentar sus resultados en Washington. Proyectó una filmación que resultó un éxito y, ya en junio, tenían un contrato para desarrollar el dispositivo. Las palomas tenían que pilotar el Pelican, un planeador en desarrollo, avión que los ingenieros de la compañía *General Mills* diseñaron con un sistema de señal gradual. Cuando el avión se dirigía al centro del blanco, la paloma picoteaba una placa, las válvulas se equilibraban y el avión continuaba en la dirección correcta. Si el blanco se desplazaba, la paloma picoteaba y las válvulas variaban la dirección hasta volver a colocar el avión en rumbo de impacto.

Skinner diseñó una cabina para admitir tres palomas, cada una con su placa. El sistema de dirección promediaba la señal de los tres pilotos. Skinner se dio cuenta de que este sistema de guía múltiple era más exacto. Ideó un sistema democrático, ya que para impactar sobre un barco enemigo al menos dos palomas debían estar de acuerdo, mientras el informe minoritario era desechado.

Skinner se preparó para entrenar aves en masa y para alojar las tripulaciones formadas en un palomar militarizado mientras esperaban sus misiones. Algunos escuadrones debían especializarse en localizar y hundir barcos, mientras que otros comandos operativos debían ser entrenados para destruir objetivos específicos. Seis meses después, en diciembre de 1943, «estábamos listos para el examen definitivo», escribió Skinner. Todo iba a echar a rodar.

EXAMEN FINAL EN WASHINGTON

En el último instante, un ingeniero del MIT descubrió que había una inconsistencia en los datos y el ejército rechazó el proyecto. ¡No podía ser! Sin duda, había un malentendido, por lo que Skinner pidió una oportunidad. Revisaron todos los cálculos y descubrieron que, cuando la imagen se desviaba cerca del borde, la paloma daba un golpe más de reojo. Como soldados, eran demasiado fogosas. Corrigieron el error, con un parche electrónico. Los resultados de las palomas superaron en precisión a los radares de la marina.

Dos días después, el equipo de Skinner rindió cuentas al comité de militares e ingenieros. El ingeniero que había estado desde el principio en contra no cejaba. Presentó su informe, de nuevo desfavorable, explicando las inconsistencias. Skinner protestó, se habían corregido los fallos. Otros hablaron en favor de Skinner. El comité estaba indeciso, había un empate técnico. Todo dependía de una paloma excepcional.

LA PALOMA QUE VENCIÓ AL PENTÁGONO

Como era su costumbre, Skinner no se rindió. Quiso hacer una demostración en vivo, por lo que había traído consigo su mejor paloma, que llevaba enjaulada 35 horas. Para la demostración, la introdujeron en una caja negra que tenía una ventana redondeada y translúcida en un extremo. Con un proyector de diapositivas se superpuso sobre la ventana una fotografía de Nueva Jersey, el objetivo. La paloma debía picotear la imagen manteniéndola en el centro de la pantalla. «Cada científico tenía que mirar por el orificio», anunció Skinner. «No», le dijeron, «no tenemos tiempo para ir de uno en uno. ¿Puede usted abrir la tapa? Así lo veremos todos a la vez». La pantalla translúcida se inundó de luz. El objetivo apenas se veía y Nueva Jersey era una sombra, así ninguna paloma podría tener éxito.

Los ingenieros acercaron sus grandes y amenazantes cabezas sobre la caja. ¿Se imaginan examinarse con doce señores jueces mirándole fijamente a los ojos? La paloma mantuvo el tipo. La ciudad se mantenía fija en el visor y el simulador en el rumbo correcto. Uno de los tipos interceptó el proyector con muy mala idea. A ver qué hace ahora... La paloma se detuvo. El tipo retiró la mano y, cuando de nuevo apareció el objetivo, en una fracción de segundo el picoteo se reanudó a un ritmo constante. Skinner suspiró, le daban ganas de besar a su paloma.

Pasado el trago, volvieron al hotel con su amiga, oficialmente diplomada como *Top Gun* (por supuesto, una paloma es mil veces más guapa que Tom Cruise, no lo nieguen). «¿Qué va a ocurrir ahora?», se preguntaba Skinner. «¿Por qué no sales y te emborrachas?», le contestaron. La respuesta oficial llegó pronto: proyecto Pidgeon rechazado. No fue favorable porque el ejército tenía en proyecto otras armas y no podía distraer fondos ni esfuerzos. Skinner había querido convencer al comité científico de que el comportamiento de una paloma es controlable. Al final, una paloma le convenció de que un comité científico es incontrolable.

ORCON, EL FINAL: LAS PALOMAS SE LICENCIAN

Con el proyecto amputado, Skinner se sentía muy decepcionado. En su adolescencia, cuando tenía 15 años, un día sufrió una crisis de pánico. Al despertar, creyó que le faltaba el brazo izquierdo y lo buscó desesperado por todos lados. Al final, lo encontró pegado al cuerpo todavía, solo se había quedado aprisionado bajo el cuello y, sin circulación sanguínea, parecía desaparecido. Habían sido momentos de angustia y ahora sentía algo parecido a aquello, una amputación.

Con fines de investigación, retuvieron en el campamento a una treintena de palomas. Skinner se preguntaba cuánto tiempo retendrían las aves lo aprendido. Resultó increíble, mucho más de lo esperable. Después de seis años de inactividad, las palomas golpeaban de inmediato un objetivo entrenado con anterioridad. El equipo se maravilló de la eficacia del entrenamiento. Tras la decepción, con el cierre del proyecto, Skinner pudo elaborar sus conclusiones. Los bombardeos selectivos, guiados por palomas, podían fijar un objetivo, un aeropuerto militar, un arsenal o una planta petrolífera. El ejército, tristemente, prefirió desarrollar armas de destrucción masiva. Un año y medio después, los resultados se vieron en Hiroshima.

A los ojos del mundo, Skinner se había vuelto loco. En lugar de apostar por la respetabilidad y la cautela, Skinner defendió la imaginación: «Project Pigeon fue, según lo veo, altamente productivo». Gracias a esa tecnología de conducta, desarrollada durante el proyecto de educación masiva de palomas, Skinner pudo extrapolar sus innovaciones al aprendizaje humano. En los años 60, muchos colegios pusieron en marcha sistemas de enseñanza individualizados que permitían atender a cada alumno según su propio ritmo. En quinto grado, los profesores de Matemáticas repartían fichas de refuerzo y de ampliación de conocimientos, y así aprendieron muchos niños de los 60 la teoría de conjuntos, de moda entonces. Skinner quería contribuir a un mundo en el que no hubiera necesidad de misiles guiados. El mundo que imaginó en *Walden Two* era una utopía de convivencia basada en sus principios científicos. Cuando le acusaban de refugiarse en un mundo de fantasía, Skinner respondía: «Llámalo una idea descabellada si quieres; nunca he perdido la fe en el mundo».

MÁS IDEAS CHIFLADAS: LAS PALOMAS SON SUPERSTICIOSAS

En sus años de plenitud, el habilidoso ingeniero mecánico que era Skinner perfeccionó sus famosas cajas, ya que investigar la conducta animal resultaba mucho más sencillo con ellas. Las cajas disponían de todo tipo de accesorios para avisar, estimular o castigar en diversas formas a los individuos. Por desgracia, en un experimento psicológico los animales tienen que ser motivados previamente para que colaboren. Normalmente, esta motivación se consigue haciéndoles pasar hambre. Así que Skinner tomó a sus ocho palomitas escogidas al efecto y empezó a trabajar. La idea era suministrar comida a intervalos regulares, sin que esto influyera en el comportamiento de las aves.

Lo que ocurrió al día siguiente fue de locos y Skinner llamó a sus ayudantes para que vieran el *show*. En cada jaula se producía una danza misteriosa. Una paloma apoyaba su cabeza contra una esquina, otra sacudía la cabeza sin parar, otra iba por su caja dando vueltas y otra caminaba hacia atrás... ¿Se habían vuelto majaretas? ¿Qué les pasaba? A Skinner se le ocurrió una hipótesis: le daba la impresión de que las palomas eran supersticiosas. Si les caía la comida en el preciso momento en que levantaban una pata, las palomas creían que era estupendo levantar la pata. De hecho, se pasaban el día con la pata levantada. Levantar la pata, al parecer, daba mucha suerte.

EL CONEJO AHORRADOR Y EL PATO PIANISTA

En 1941, la ratoncita Marian Kruse y el espigado Keller Breland se casaron. Él siempre la llamó *Mouse*. Al finalizar la guerra, el matrimonio decidió aplicar todos los conocimientos adquiridos en el entrenamiento a un nuevo negocio. Se hicieron con una granja en Minnesota y fundaron una academia para adiestrar animales. Skinner quiso disuadir a sus dos mejores estudiantes para que no abandonaran la universidad. Un compañero de promoción se apostó con Marian diez dólares a que fracasarían.

En su granja, los Breland entrenaron todo tipo de animales, desde mapaches y cerdos hasta delfines o loros. Al principio, entrenaron a una cerdita para protagonizar los anuncios de una empresa de piensos. La cerdita Priscilla aprendió a pasar la aspiradora y a comprar en el supermercado y, por supuesto, los televidentes la adoraban. La siguiente estrella de la televisión americana fue un conejo, *Buck Bunny*, que se reveló como un ahorrador compulsivo. El conejo cogía las monedas y las echaba en su hucha, que llevaba la marca del Banco Federal de Ahorro. Los ejecutivos del banco se frotaban las manos, pensando en la cantera de niños ahorradores que el simpático conejo les granjearía.

Los Breland eran optimistas. Con Skinner, habían aprendido a eliminar los castigos de los adiestramientos. Gracias al refuerzo positivo, no había límites y podían condicionar a cualquier especie animal para que ejecutase cualquier conducta. En su zoológico *IQ*, los mapaches machacaban canastas como Michael Jordan, los patos tocaban *Claro de luna* como James Rhodes, los gallos bailaban como Fred Astaire, y los pollos andaban por una cuerda, haciendo equilibrios como Pinito del Oro. Marion reclamó al compañero de la universidad su cheque de diez dólares, había ganado la apuesta. No solo enmendaron la plana al típico listillo de la facultad, sino que, tras su experiencia, los Breland se atrevieron a desmentir a Skinner y lo publicaron en su libro *Las malas conductas de*

Breland adiestrando a los chicos.

los organismos. ¿En qué se había equivocado Skinner? No se podía enseñar cualquier conducta, porque se interponía el instinto. Cada especie tiende a determinadas conductas que les resultan más sencillas de aprender, mientras otras cosas son muy complicadas. Ni el pato sabía meter canastas, ni al cerdito se le daba bien el claqué, y así sucesivamente... Skinner había pasado por alto que el aprendizaje tiene sus límites.

Los Breland ya no eran serios y fríos conductistas, se divertían con los animales de la granja *IQ* y se comportaban todo el tiempo como aquellos chiflados con sus locos cacharros. Con tanta chifladura, se cargaron el conductismo, o al menos abrieron nuevas vías. Fred Skinner ya se lo había dicho a ella: «No seáis tímidos». Por la noche, en la biblioteca de su granja, Marion sacaría el libro de Skinner, la prueba de imprenta que le había dejado el viejo Fred para que ella la revisara cuando aún era una estudiante novata. Y luego volvería a colocarlo en la estantería, pasando la mano por el lomo descolorido, lleno de grietas. Por estas brechas pudo colarse, pocos años más tarde, toda la psicología cognitiva. Nadie lo sabe, pero las chifladuras de Skinner también contribuyeron a abrir la caja negra.

BIBLIOGRAFÍA

Breland, K. y Breland, M. (1961). The misbehavior of organisms. *American Psychologist, 16*(11), pp. 681-684. doi: https://doi.org/10.1037/h0040090

Gillaspy, J. A., Jr. y Bihm, E. M. (2002). Obituary: Marian Breland Bailey (1920-2001). *American Psychologist, 57*(4), pp. 292–293. doi: https://doi.org/10.1037/0003-066X.57.4.292

Skinner, B. F. (1960). Pigeons in a pelican. *American Psychologist, 15*(1), pp. 28-37. doi: https://doi.org/10.1037/h0045345

Psicoanalizando a Hitler y otros experimentos sociales bastante siniestros

La OSS, la Oficina de Servicios Estratégicos, encargó un informe confidencial sobre la personalidad de Hitler. Antes de la CIA, esta agencia se encargaba de la inteligencia estadounidense. Fue creada por Franklin D. Roosevelt en 1942 para reunir información y realizar operaciones secretas. En primer lugar, necesitaban conocer al enemigo. Analizar a Hitler les permitiría comprender la psicología del típico nazi y, por extensión, la mentalidad predominante en el pueblo alemán. Decidieron encargar su perfil psicológico a un psicólogo experto en personalidad. Pero ¿a quién?

El panorama no era muy alentador. ¿Marston, el de la máquina de la verdad? Había trabajado para el ejército y sonaba mucho por entonces, pero había dilapidado su prestigio con su afán de protagonismo. Era demasiado efectista, un día anunciaba maquinillas de afeitar en los periódicos y, al día siguiente, se metía en un cinematógrafo y comparaba las emociones de chicas rubias y morenas. Allí les proyectaba una película de Hollywood y medía los cambios fisiológicos. ¿Acaso quería saber si era más emocional Bette Davis o Joan Crawford? El todopoderoso J. Edgar Hoover lo consideraba un farsante. De hecho, el FBI lo estaba investigando por mentir sobre la máquina de la verdad en su anuncio para las afeitadoras Philips.

¿Los gestálticos? Eran todos alemanes, no podía uno fiarse de ellos. ¿Y Köhler, no era estonio? Sí, eso mismo, medio alemán y un estirado. ¿Los conductistas? Watson estaba trabajando para empresas de pañales infantiles y revistas femeninas. Skinner era más un especialista en ratas y palomas, igual que Hull y Tolman. Todos ellos eran los psicólogos más prestigiosos de EEUU, pero no sabían nada de la personalidad humana. ¿Qué podían saber de un demonio des-orejado con patas como Adolf?

Luego estaba Henry A. Murray, el psicólogo de la Universidad de Harvard, un tipo astuto, uno de los nuestros. ¡Ah, y además era amigo de Jung! ¡Adjudicado!

HUMILLACIONES Y COMPLEJO DE INFERIORIDAD

El informe sobre Hitler, su personalidad y su vida, fue realizado a conciencia. Comprende 250 densas páginas redactadas por el equipo psicológico de la OSS. Para elaborar el perfil principal, Murray consultó las fuentes disponibles, pero la mayoría eran indirectas. La más

Adolf Hitler en la primera infancia.

directa era *Mein Kamptf,* confesiones escritas por el Führer durante su estancia en prisión, tras su golpe fallido en Múnich. Según Murray, algunas humillaciones tempranas habían herido su autoestima. En ocasiones, Adolf había realizado grandes esfuerzos para vengar injurias e insultos que pisoteaban su orgullo. Las tendencias dominantes de su carácter eran la superioridad, la agresión y la venganza, por lo que reprimía los sentimientos de amor y conformidad y proyectaba en otros los elementos criticables del propio yo.

Este proceso se había iniciado de forma temprana. Al ser injustamente humillado, se habían reprimido todos los rasgos de inferioridad, timidez, sumisión... los había enterrado. No se permitía la más mínima muestra de debilidad y la condenaba en otros. Para disimular, para compensar los sentimientos de inferioridad, había elegido algunos elementos de superioridad, como la fuerza bruta, la pureza de sangre y la fertilidad. ¿De dónde provenía la sensación de inferioridad reprimida? Nunca hizo trabajos físicos ni destacó en los cuatro años que pasó en el Ejército austríaco durante la Primera Guerra Mundial. Al contrario, se comportó de forma servil con los mandos. Hacia el final del conflicto sufrió un grave brote neurótico con episodios de ceguera histérica, gritos y llantos. Según un informante, se quedó «tonto y sordo». Esta crisis nerviosa se maquilló, convirtiéndola en secuelas de un ataque francés con gas mostaza. Oficialmente eran «heridas de guerra».

Otra fuente de humillación fue el arte. En Viena, Adolf Hitler se presentó a un examen de la Escuela de Arquitectura para dedicarse a la pintura, pero los profesores estimaron que le faltaba talento y lo suspendieron. Pero él nunca olvidó sus sueños artísticos. Al llegar a la jefatura del estado, su obsesión megalómana fue construir un nuevo Berlín, a imitación de la antigua Roma, proyectado junto al arquitecto Albert Speer.

LA INFANCIA Y SUS TENDENCIAS
HOMOSEXUALES REPRIMIDAS

Como buen discípulo de Jung, Murray aplicó la lupa a la infancia. El padre de Hitler era un hombre corpulento y rudo, que había sido un hijo ilegítimo, muy promiscuo y casado por tres veces. La madre era una humilde doméstica. La familia era una mezcla de razas con un abuelo judío incluido. Hitler temía y respetaba a su padre, y quería y despreciaba a su madre. Había sido un niño muy frágil y dependiente de la figura materna, según Murray. Por ello, su vida es un intento de emular el poder masculino del padre y ocultar la sumisión y debilidad de su madre.

Pero, ¿qué hubiera hipotetizado Freud de haber sido elegido para el informe? Su teoría central del Edipo propone que Hitler quería imitar a un padre odiado y odioso. Imitar sus posturas de chulo de arrabal y su agresividad con los débiles (por ejemplo, su madre). Resulta muy reveladora la foto del Adolf niño, mirando a la cámara con fingida superioridad, medio labio levantándose despreciativo.

Los psicólogos de la OSS buscaron más pruebas, repasaron las filmaciones de los reportajes previos a la guerra y les llamó la atención que Hitler tenía un componente femenino en su constitución. En

Hitler niño.

la página 87 del informe, describieron como femenina su forma de caminar cuando no estaba en un desfile militar. Sobre todo, añadieron, tiene gestos afeminados cuando mueve las manos, que les recordaban la «peculiar ineptitud y falta de gracia de una chica jugando al béisbol». Sus manos eran muy finas y expresivas, en contraste con sus inexpresivos ojos grises.

Al final, Murray estaba seguro, Hitler ocultaba tendencias homosexuales. Les llegaron informaciones que lo confirmaban. A uno de los peores asesinos de su camada lo llamaba *Bubi,* algo así como «chiqui». Por las noches, tenía pesadillas de terror homoerótico. No se había casado. Según los testimonios, era incapaz de alcanzar la consumación sexual de forma normal. Murray subrayó una frase del informe con su máquina de escribir: «Hitler es impotente». En el campo de la sexualidad, era completamente masoquista, aunque Murray no quiso entrar en más detalles, mostrándose recatado: «No es necesario describir sus peculiares características aquí...».

Lo importante, lo que interesaba recalcar, era la necesidad de compensación de Hitler. «Incapaz de demostrar el poder masculino ante una mujer, se vio impulsado a exhibir un insuperable poder ante los hombres de todo el mundo», concluyó Murray. Por ejemplo, en *Mein Kampf* Hitler comparaba Alemania a una mujer.

CRISIS HISTÉRICAS DE HITLER: MORDÍA LAS ALFOMBRAS DEL NIDO DE ÁGUILAS

Siguiendo las ideas de Jung, Murray comparó a Hitler con un chamán, encarnación de la voz de la multitud, de las necesidades de la gente común. Cuando hablaba ante una masa, Hitler estaba *virtualmente poseído*; en contraste, cuando presidía un desfile, parecía una máscara inexpresiva, la cáscara vacía que Jung observó en un acto y que tanto le impresionó: sin la voz de la masa, Hitler desaparecía.

En aguda contradicción con su imagen pública, Murray encontró muchos testimonios de la debilidad interior del personaje: «Cuando falla la coraza de superioridad, el individuo débil pierde su confianza y se derrumba», explicaba Murray. En efecto, había muchas filtraciones sobre el comportamiento histérico de Hitler en privado. Sus ataques típicos consistían en los siguientes pasos: 1) empezar con gritos, maldiciones y acusaciones de traición; 2) llantos y lástima de sí mismo; y 3) tirarse al suelo, abrir la boca y morder las alfombras. Freud hubiera estado encantado de saberlo, pues anduvo un tiempo buscando a un hombre afectado por la histeria para psicoanalizarlo. Y esto ocurría siempre en presencia de los más cercanos. Además, sufría períodos de depresión profunda y caía en largos episodios de ansiedad y mutismo. De hecho, su estado habitual se describía como malhumorado y apático. A menudo, sufría pesadillas y estados de hipocondría. Los americanos conocían de sobra estas debilidades. Casi todo el tiempo, Hitler temía que lo envenenasen o sufrir un cáncer de estómago.

Tenía evidentes síntomas paranoides y cumplía todos los requisitos para un diagnóstico de esquizofrenia paranoide: celos irracionales, delirios de persecución, mesianismo, ataques de pánico... «¿Cómo Hitler ha podido escapar al confinamiento como psicópata peligroso?», se preguntaba Murray, que resumió sus conclusiones de forma palmaria: «Hitler es un histérico y esquizofrénico». Sin

Hitler, su novia Eva Braun y su fiel pastor alemán.

embargo, Adolf logró dominar sus tendencias psicóticas y utilizarlas en beneficio de sus fines, lograr el poder. Al final, pudo imponer su visión delirante de la realidad al pueblo alemán. El mundo del delirio se convirtió en real, la enfermedad se hizo salud. Al menos de forma efímera y en apariencia, consiguió perpetuar la farsa durante cinco largos años.

MURRAY PROFETIZÓ EL FINAL DE HITLER

En cuanto a las predicciones, Murray no renunció a jugar el papel de vidente y acertó bastante. Murray supuso que Hitler, siempre al filo de la esquizofrenia paranoide, podría ser empujado al vórtice de la enfermedad en cuanto los reveses se acumularan y, una vez dañado su prestigio, caería en manos de los aliados.

Lo último que Hitler quería era caer prisionero. Para evitar esta humillación, Hitler podría suicidarse si intuía que sus planes fracasaban. Y si lo hiciera, predijo Murray, sería «en el último momento y de la forma más dramática posible». Según Murray, se retiraría a su refugio en el Berghof y podría acabar con su vida de cuatro formas distintas. Como si se tratase de una ópera de Wagner, haría explotar la montaña con dinamita. Se lanzaría sobre una pira funeraria, como si fuera un rey vikingo, o se tiraría desde el parapeto. Por último, también podría matarse con una bala de plata. Y esta última predicción fue la que se acercó algo más a su auténtico final: la bala de una pistola horadó su cráneo y una mancha de sangre impregnó el suelo de su refugio en Berlín. Junto a él, acabaron también sus vidas su novia Eva Braun y su fiel pastor alemán, su mejor amigo. ¿El único?

LO QUE NO PUDO SER: CÓMO TRATAR
A HITLER SI CAÍA PRISIONERO

Para acelerar el proceso de deterioro mental de Hitler, Murray proponía algunas técnicas psicológicas. Por ejemplo, arrojar caricaturas de Hitler que le mostraran huyendo ridículamente del frente ruso. Otra idea era hacer caricaturas de Hitler suicidándose, traicionando al pueblo, y arrojarlas cerca de lugares donde Hitler pudiera verlas. Murray proponía que se consignase en los panfletos una condición. Todos los líderes nazis serían ejecutados excepto Hitler, que sería trasladado a Santa Helena para purgar sus pecados. Para dirigirse a Hitler proponía términos como *Falso Profeta*, *Satán* o *Criminal N.º 1*. En estos consejos al ejército, Murray se mostraba maquiavélico.

Uno de los escenarios contemplados en el informe era la posible rendición de Alemania, una vez traicionado el Führer por alguna facción moderada, con lo cual Hitler habría caído prisionero de los norteamericanos. Murray aconsejaba destruir la leyenda del personaje. Lo mejor sería internar a Hitler en una residencia psiquiátrica, en un módulo especialmente construido para él. Sin su conocimiento, se podría filmar a Hitler y así podrían grabar sus berrinches, sus condenas a todo bicho viviente, incluido el pueblo alemán. También, seleccionar fragmentos de sus declaraciones, donde Hitler diera muestras claras de su desequilibrio. Para eliminar la épica, Murray sugería filtrar fotografías de su rutina entre rejas. Así, la gente llegaría a aburrirse del mito.

EXPERIMENTOS SOCIALES: JUGANDO CON FUEGO

Muchos experimentos de psicología social exigen ocultar información, incluso mentir a los participantes. A veces, al final de las pruebas, pueden aflorar sentimientos de decepción, humillación o resentimiento. De una forma u otra, las personas se sienten manipuladas.

En el siglo xx, importantes experimentos han sido cuestionados por su falta de ética. En una de sus investigaciones, Stanley Milgram presionaba a los sujetos para aplicar castigos a un supuesto «estudiante». Los sujetos tenían que aplicar corrientes eléctricas bastante fuertes cada vez que el «estudiante» se equivocaba. Aunque las descargas eran simuladas, el sujeto que aplicaba el castigo no lo sabía. Después del experimento, el bienintencionado participante salía con la impresión de haber hecho daño a otro ser humano. Tras los crímenes nazis, Milgram pretendía comprobar en qué medida la conformidad con la autoridad facilita que se produzcan comportamientos dañinos hacia otras personas.

En la Universidad de Stanford, Philip Zimbardo quiso reproducir la experiencia de una cárcel. Los participantes adoptaban el rol de carcelero o prisionero. Tras varias semanas, el experimento se aproximaba mucho a la realidad: los carceleros se volvían más sádicos, los prisioneros más sumisos y la cárcel más tenebrosa. Mientras, cómodamente instalado en su despacho, Zimbardo se atusaba la perilla y olisqueaba el perfume del mal, apuntando cada detalle en su libreta.

En colaboración con agencias de inteligencia como la OSS y la CIA, Henry A. Murray realizó varios experimentos peligrosos, en el límite de lo admisible o incluso traspasándolo.... Su objetivo era estudiar cómo reacciona la gente ante la presión. Lógicamente, para realizar el experimento, Murray necesitaba implementar diversas formas de presión. Los experimentos de Murray se realizaron en dos momentos, durante la Segunda Guerra Mundial y durante la postguerra, en el periodo de la Guerra Fría. Los experimentos permanecieron durante mucho tiempo clasificados como alto secreto. El periodista Alston Chase ha investigado a fondo, en varios artículos y libros, la colaboración de Murray con la CIA.

OPERACIONES CLANDESTINAS DE LA CIA

Desde 1943 hasta 1948, Murray sirvió en el Ejército. Al final de la guerra tenía el grado de teniente coronel, siendo galardonado con la Legión de Mérito en 1946. Es decir, podría haber sido un candidato al premio al psicólogo con la graduación militar más alta.

Según Chase, todo empezó cuando el general *Wild Bill* Donovan telefoneó a Henry Murray. El general quería que le ayudara, necesitaba algún sistema para evaluar a los candidatos que se presentaban a la agencia *Office of Strategic Services* (OSS), que luego se convertiría en la archiconocida *Central Intelligence Agency* (CIA). Para servir en la CIA no valía cualquiera, el sistema tenía que seleccionar a hombres adecuados para llevar a cabo operaciones clandestinas, normalmente en el extranjero. Hombres duros y sagaces que pudieran fingir e ir por delante de los pensamientos del enemigo, hombres capaces de leer las mentes. Murray preparó uno de sus concienzudos informes y se puso el sistema en marcha. Las entrevistas de selección de personal no eran las habituales.

¿CÓMO SE PRESIONA A UN ESPÍA?

El candidato baja a un sótano, donde un foco de luz le apunta hasta dejarle ciego por un momento. Fuera del haz de luz, la habitación está oscura por completo y detrás de los focos brota una voz. En tono brusco, el interrogador ordena al candidato que se siente y, al hacerlo, la intensidad del foco golpea directamente su retina.

Todo está maquiavélicamente planificado. Al principio, se hacen las preguntas en una forma tranquila, conciliadora... La voz suena empática, sembrando confianza... Pasados unos minutos, sin embargo, de forma súbita, el examinador sube el tono en un crescendo muy agresivo. El candidato empieza a notar la presión. Si se equivoca, si aparece una mínima inconsistencia, la voz ruge con afilado sarcasmo, arremetiendo contra el candidato. Los insultos le alcanzan de forma directa: «Eres un mentiroso», le espetan, iniciando un creciente fusilamiento verbal.

El sistema es eficaz para detectar debilidades, ya que no todos pueden aguantar. La presión se incrementa para ver si son capaces de aguantar sin parpadear, si tienen la habilidad de mentir de forma descarada o, en una palabra, si permanecen enteros. Si los chicos se derrumban, abandonan el interrogatorio y corren a refugiarse en su cuarto, acarreando una punzante humillación y sentimientos de fracaso. A muchos los encuentran más tarde llorando al borde de la cama.

PROYECTO MK ULTRA: DROGAS Y LAVADOS DE CEREBRO

Después de la guerra, Murray seguía interesado en las reacciones típicas de cada personalidad. Murray era discípulo de Jung, experto investigador de los tipos psicológicos. Desde los últimos meses de 1959 hasta 1962, Murray continuó realizando experimentos que hoy se considerarían poco éticos, en los que utilizó como sujetos a veintidós universitarios de Harvard.

Según Chase, estos experimentos formaban parte del Proyecto MK Ultra, una serie de investigaciones financiadas por la CIA para diversos fines. En esta época de tensión entre bloques, la CIA pretendía conocer los efectos de las drogas alucinógenas. Otro de los objetivos consistía en desarrollar técnicas de lavado de cerebro y presión psicológica. En este campo, les interesaba especialmente la eficacia de la hipnosis y la sugestión post-hipnótica.

Según los testimonios, escritores y bohemios participaron encantados, porque les suministraban drogas psicodélicas gratis, como LSD y psilocibina. El novelista Ken Kensey, que luego escribió la novela *Alguien voló sobre el nido del cuco*, se sometió a este tipo de ensayos en California.

TED, EL MATEMÁTICO QUE SE INSCRIBIÓ EN LOS EXPERIMENTOS

En 1958, Ted Kaczynski, un chico agradable, un poco tímido, llegó a Harvard con apenas 17 años para estudiar matemáticas. Excepcionalmente dotado para los números, había adelantado varios cursos en detrimento de su integración social, casi siempre se le veía solo. Le convencieron con facilidad para participar en un experimento de psicología, un famoso profesor quería estudiar la personalidad y pagaba en metálico.

Entre sus objetivos, Murray buscaba medir las reacciones individuales ante el estrés extremo. ¿Cómo se relacionaban sus respuestas con sus características de personalidad? El proyecto era muy ambicioso. Durante un curso completo, Murray planificó la aplicación de todo tipo de test. Por supuesto, les administraba el TAT y el Rorschach, la archiconocida prueba de las manchas de tinta; e iban seguidos por exhaustivos inventarios de personalidad e infinidad de cuestionarios sobre todos los aspectos vitales imaginables. Quería saberlo todo respecto a los sujetos, nutrición, razonamiento, conducta sexual...

En cambio, a los participantes casi no les daban información. Aunque hubieran dado su consentimiento, no podemos afirmar que fuese muy «informado». Eran precisas unas dos horas semanales para responder a los ítems. En los cuestionarios, la gente debía confesar información personal muy detallada desde su primera infancia. Se veían obligados a abrirse en canal, vertiendo su intimidad en el altar de Murray. Si se chupaban el dedo hasta los ocho años, si odiaban a su padre, si se masturbaban... ¿cuándo, cómo, con qué frecuencia...?

CIENTOS Y MILES DE PÁGINAS
CON DATOS PERSONALES

Según los testigos de Chase, cada estudiante pasó unas 200 horas ocupado en la investigación. Proporcionaron a Murray cientos de páginas donde figuraba información acerca de sus creencias, su pasado, su desarrollo personal, su entorno familiar y su vida universitaria; sobre sus fantasías, esperanzas y sueños. Con todos estos datos, Murray disponía de material de sobra para alimentar las estadísticas. Podía rastrear la relación entre múltiples variables «para los próximos doscientos o trescientos años...», como había dicho Jung.

La segunda fase era similar a los interrogatorios de selección de agentes secretos durante la guerra. La planificación era meticulosa y sutilmente graduada. Se les pedía que escribieran una breve redacción acerca de sus valores en la vida. Más tarde, el sujeto era informado de que iba a confrontar sus puntos de vista con un joven orador que expondría sus propias opiniones.

Entonces venía la prueba de fuego, el enfrentamiento estresante. Cuando Murray quería cogerlos por sorpresa, los bajaba a la habitación de los focos equipada con un espejo unidireccional. La sesión se grababa mediante una cámara oculta y rodeaban los cuerpos con pegajosos electrodos para monitorizar las reacciones fisiológicas. Un polígrafo registraba las constantes vitales, la respuesta cardíaca, la respuesta electrodermal, etc. El oponente, un hábil esgrimista, había sido adiestrado para lanzarse a la yugular. Al principio, la víctima intentaba explicar sus posiciones sobre la vida, exponiéndolas con tranquilidad. Cuando se veían sobrepasados por su contrincante, los chicos se salían de sus casillas, y Murray aprovechaba para registrar los picos, todas las variables a punto de estallar: la tasa cardíaca al galope, la tensión sanguínea golpeando las arterias, la conductancia eléctrica incrementándose con el sudor en las palmas de las manos...

LA ENTREVISTA MÁS DESPIADADA:
QUEBRANDO LA INTIMIDAD DEL CANDIDATO

En estos debates, los universitarios fueron sometidos a ataques vehementes, arrolladores y abusivos. Murray jugaba con las cartas marcadas. Había acumulado datos sensibles sobre los veintidós estudiantes. Según Chase, se diseñaron a la carta pullas, agresiones y sarcasmos. Así penetrarían profundamente en cada personalidad, impactando de lleno en cada una de sus creencias. Con ello, Murray y sus colaboradores se aseguraban un alto nivel de estrés y angustia. Un año después, llamaban a las víctimas y les mostraban las filmaciones. Lo que veían no era agradable, puesto que, en el fragor de la discusión, se veían con la cara alterada, farfullando frases sin sentido entre gestos de rabia. Muchos jóvenes experimentaron gran angustia, ira y sentimientos de soledad y alienación. Otros, simplemente, se vieron avergonzados.

Cuando el periodista Alston Chase publicó su artículo en *Atlantic Weekly* relatando los experimentos de Murray, el periódico recibió decenas de cartas, y muchas eran testimonios de participantes en el experimento de Murray. En concreto, una estudiante no recordaba la experiencia de forma negativa, aunque había pasado unas pocas horas de tensión emocional. La mayor parte del tiempo lo pasaron rellenando aburridos cuestionarios y, según ella, Murray era «una persona educada y compasiva» en realidad.

A partir de aquí, renació la polémica sobre la ética del experimento. Chase planteó la tesis de que los experimentos pudieron contribuir a desequilibrar a estudiantes especialmente vulnerables. En uno de los casos, el proceso de desequilibrio fue tan destructivo que, décadas después, se convirtió en un terrorista, denominado *Unabomber*, que puso en jaque a las fuerzas policiales de los Estados Unidos.

UN UNIVERSITARIO ENVÍA BOMBAS POR CORREO

En 1978, un terrorista desconocido empezó a enviar cartas bomba a universidades y líneas aéreas. En la década siguiente llegó a remitir 16 cartas, causando tres muertes y más de una veintena de heridos. Durante 17 años, la policía estadounidense y el FBI estuvieron noqueados, enredados en una búsqueda estéril, hasta que el escurridizo fantasma cometió un error. El terrorista escribió una carta a *The New York Times* donde decía que, a cambio de cesar su actividad, solicitaba la publicación de un manifiesto contra la sociedad industrial. Un lector del periódico, tras leer la forma de expresarse y los giros peculiares del terrorista, se detuvo en una frase: «No puedes comerte la tarta y seguir teniéndola». Esta era una expresión típica que usaba su hermano Ted, por lo que alertó al FBI, que montó el operativo y detuvo al sospechoso. Se trataba de un ermitaño matemático que vivía solo en una cabaña de Montana. Sobre el detenido cayeron ocho condenas de cadena perpetua y fue encerrado en una cárcel de máxima seguridad. Desde la cárcel, Ted Kaczynski ha seguido manteniendo correspondencia con cientos de personas de todo el mundo, con las que intercambia ideas sobre el futuro de la sociedad tecnológica.

¿MURRAY CREÓ A *UNABOMBER*?

Chase sostiene que la universidad americana contribuyó a estimular en muchos estudiantes una visión nihilista de la sociedad, sobre todo en aquellos más vulnerables y desfavorecidos, como Ted Kaczynski, el solitario estudiante superdotado para las matemáticas. Ted, al inscribirse en los experimentos con idea de obtener ingresos, experimentó la manipulación de las instituciones académicas. De alguna forma, lo habían menospreciado y humillado.

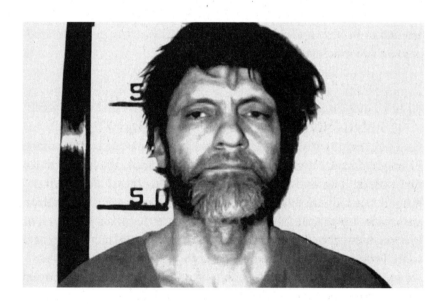

Kaczynski detenido.

Después de aquello, Ted se hizo profesor universitario en Berkeley, California, aunque continuó siendo un solitario. Increíblemente, renunció a su plaza pasados dos años. No es sencillo que un profesor universitario renuncie a su plaza, pero Ted quería vivir en contacto con la naturaleza. Buscó información sobre plantas comestibles y se refugió en una cabaña aislada entre bosques. Chase, el periodista, se sentía identificado con el matemático Ted Kaczynski, ya que también se retiró de la vida académica, desencantado, e inició una existencia en plena naturaleza.

En los años 70, Kaczynski escribió un ensayo explicando su filosofía anarquista. En su escrito, Ted se muestra como una persona llena de ira contra la sociedad norteamericana. Tras la guerra, tras el lanzamiento de dos bombas atómicas, las instituciones sociales constituyen una amenaza para el ser humano, incluidas las instituciones académicas. Kaczynski proponía métodos de sabotaje contra la gente que intentara profanar la naturaleza. Progresivamente, el eremita se fue radicalizando y deslizando cuesta abajo.

No todos están de acuerdo con la vinculación entre los experimentos de Murray y la actividad terrorista de *Unabomber*. En unas supuestas declaraciones, Kaczynski quitó importancia al proyecto MK Ultra. Por otro lado, muchos estudiantes pasaron por la experiencia y no se radicalizaron. Para llegar a este extremo no basta una sola experiencia estresante, se requiere la contribución de otros factores, ya sean trastornos de personalidad, psicopatía o psicosis. En este supuesto, la experiencia de Murray habría sido un desencadenante entre muchos otros.

JUNG, ¿ESPÍA DOBLE O FILONAZI?

El mejor escribano echa un borrón. En los años 30, Jung publicó una serie de opiniones cercanas al movimiento nacionalsocialista. A Jung le fascinaba el folklore germánico, del que los nazis se habían apropiado. En particular, los nazis se veían representados por el dios Wotan. Este tipo de opiniones y esta fascinación hicieron recaer sobre Jung sospechas de una simpatía excesiva hacia Adolf Hitler.

En 1939, Jung dio una entrevista a un periodista americano. En ella, describía el carácter del dictador, se trataba de un dictador de tipo chamánico. Hitler absorbía los susurros del pueblo alemán, el ruido profundo del inconsciente germánico. El Führer seguía el dictado de esta voz y obedecía, el Führer poseía la mirada clarividente de un demiurgo. Todas las energías de la psique alemana se unían para formar el espíritu de Wotan, un dios furioso que desencadenaba tormentas, que convocaba batallas... Para el analítico Jung, los simpatizantes del nazismo eran poseídos por Wotan, formaban parte de él. Tratándose de una entrevista, no puede asegurarse que las afirmaciones sean textuales, pero coinciden con otras declaraciones y escritos. Por aquellos años, Jung dejó su opinión reflejada en diversos lugares, donde decía que el éxito de Hitler radicaba en que vehiculaba el resentimiento colectivo de gran parte de Alemania desde la rendición en la Primera Guerra Mundial. Su voz, su poder, provenía del inconsciente de setenta y ocho millones de alemanes.

En un principio, Jung fue el favorito de Freud, después sería su mayor decepción. Sin embargo, esta ruptura no explica en absoluto su presunto antisemitismo. «Los judíos eran una raza vagabunda», escribió, «poco dada a asentarse» y «necesitaban una civilización más arraigada que actuara como huésped». A pesar de estas afirmaciones, Jung rechazaba las acusaciones de racismo. Consideraba estas opiniones como puras elucubraciones teóricas, filosóficas, en ningún caso ligadas a la política. Por otro lado, Jung reconocía la capacidad del alma judía para reconciliar consciente e inconsciente, el gran logro del espíritu oriental. Después de la guerra, reconoció que se había equivocado al no reconocer desde el principio la maldad del nazismo.

En una ocasión, asistió a un desfile y pudo observar a Hitler y Mussolini de cerca. De Hitler, le asombró su expresión de autómata, su rostro malhumorado, sin signos de humor o humanidad. Ello le confirmó sus hipótesis chamánicas: con Hitler sientes que no estás ante un hombre, estás con un dios o un mito. Con Hitler tienes miedo, allí no hay nadie, está vacío, es un colectivo, una nación entera.

LOS NAZIS, PELIGROSOS COMPAÑEROS DE VIAJE...

En 1930, la Asociación Alemana de Psicoterapia nombró presidente honorario a Jung, lo cual no ayudó mucho a su prestigio posterior. También fue nombrado director de una revista de psicología, la *Zentralblatt fur Psychotherapie*. En esta asociación, los miembros debían reconocer el libro de Hitler, *Mi lucha*, como fundamento intelectual. Entre otros objetivos, esta sociedad psiquiátrica iba a preparar al pueblo alemán para lo que viniera: «La sociedad pretende colaborar en la obra del Führer, educando al pueblo alemán hacia una convicción heroica orientada al sacrificio».

Según los indicios, Jung no fue consultado ni aprobó tales declaraciones. Después, Jung se defendió argumentando que no quiso abandonar el barco, que necesitaba estar allí y desde su cargo le sería más fácil defender a los médicos judíos bajo el poder nazi. Tenía muchos amigos entre los doctores alemanes y no quería abandonarlos. Sin embargo, ni la tripulación ni el capitán del barco resultaban muy tranquilizadores. En aquel momento, la Asociación Alemana estaba presidida por M. H. Goering, un primo psiquiatra de Hermann Goering, el ministro y colega de Hitler.

Al igual que pasó con Jung, muchos intelectuales podrían haber sido seducidos por un discurso de poder y orden, sobre todo en los

Jung y sus ambivalencias.

momentos iniciales. Sucedió en todos los países, aunque, con la deriva hacia el caos, la violencia y el espanto, resultaba cada vez más difícil identificarse con los estallidos que incendiaban el mundo. Por tanto, existe la posibilidad de que las opiniones cambiasen con el curso de la guerra. Llegó un momento en que resultaba difícil mirar para otro lado, pues el horror llegaba con pasos ligeros pero alcanzaba a todos. Jung sabía que Freud había tenido que huir a Londres junto a su familia más cercana y su mascota. Desgraciadamente, las hermanas de Freud y sus familias tuvieron que quedarse en Viena y confiar en su suerte. Según un testigo que sobrevivió al holocausto, una de ellas, antes de entrar a la cámara de gas, gritaba: «Aquí hay un error, yo soy la hermana de Sigmund Freud».

LA CAZA DE BRUJAS

En 1946, acabada la Guerra, Winston Churchill visitó Suiza. En una ceremonia celebrada en la Universidad de Zürich, pidió a Jung que se sentara a su lado y lo mismo ocurrió en una cena oficial en Schlob Allmendingen, cerca de Berna. Algunos autores han señalado que este hecho es significativo, porque si Churchill hubiera considerado a Jung como nazi no le hubiera dado tantas prerrogativas. Por otra parte, también podría tratarse de un gesto magnánimo, muy propio de Churchill. Después de la guerra, la política europea no podía demonizar a todos los que hubieran mostrado algún tipo de simpatía con los nazis. Se juzgaba solo a las jerarquías, era la época de la reconstrucción.

Por otra parte, lo mejor sería tener a Jung de su lado. No en vano, Churchill era un profesional de la diplomacia y no se dejaría llevar por rencores ni mezquindades, ahora que los enemigos eran otros. Fuera cual fuera el motivo de Churchill, no había evidencias sólidas en el caso contra Jung, como hemos visto. Ruego el sobreseimiento, su señoría. Lo mismo le había ocurrido a Martin Heidegger y a tantos otros, como Céline, Marinetti, Jünger, Pound y, en menor medida, D.H. Lawrence y T. S. Eliot, intelectuales que habían caído en el lado equivocado. Al menos, Jung había reconocido su error. En suma, Churchill no era propenso a la caza de brujas y los americanos reservarían este deporte para los comunistas, sus antiguos aliados.

CAMBIO DE BANDO: ¿JUNG ESPÍA ALIADO?

Otros biógrafos sugieren una hipótesis alternativa. Churchill tenía motivos para estar agradecido, ya que Jung había jugado un papel secreto durante la guerra. Los datos de inteligencia nunca son aireados públicamente, lo máximo que puede esperar un agente secreto es un reconocimiento simbólico, oculto y soterrado. ¿Cómo dar a entender el valor de Jung como espía aliado? Churchil decidió sentar a Jung a su derecha, que todo el mundo lo viera y sacara sus consecuencias.

Las pruebas de que Jung fuera espía de los aliados son circunstanciales. En algunas cartas privadas dirigidas a una discípula, Yolanda Jacobi, las opiniones de Jung ya no parecen tan laudatorias, y ahí él describía a Hitler como un niño eterno, cómico si no fuera peligroso. Se mostraba pesimista, Alemania sería arrastrada de forma impredecible. La nación estaba sumergida en una burbujeante caldera de brujas. ¿Había cambiado Jung de opinión viendo el cariz que tomaba el conflicto o estaba revelando su verdadero pensamiento?

Según esta hipótesis, Jung nunca habría sido un partidario convencido del fascismo, como se justificó después. Solo intentaba ayudar a los perseguidos por los nazis, siendo un topo incrustado entre el enemigo. ¿Y quién lo habría reclutado como agente doble? Nada menos que el jefe de la inteligencia estadounidense, Allen Dulles. Durante la Primera Guerra Mundial, Dulles había estado casualmente destinado en Suiza.

Un día, se celebraba una reunión en casa de Jung y una de sus pacientes, bastante acomodada, como todas, andaba por allí. Le presentaron a un americano, el señor Dulles. Entonces se rumoreaba que Jung viajaba a Berlín para atender a Hitler. Mary, la paciente curiosa, quiso que Dulles le confirmara el rumor.

—¿Es cierto lo que se dice?

—En absoluto —sonrió Dulles—. No es más que una leyenda.

La paciente era la periodista Mary Bancroft, por lo que su curiosidad era profesional. Quedaba claro, no obstante, que Dulles y Jung tenían una estrecha relación. Hacia el final de la guerra, Jung tenía correspondencia frecuente con Dulles. El Ejército aliado ya había desembarcado Europa. En las cartas, el psiquiatra aconsejaba cómo enfocar la propaganda hacia el pueblo alemán. Según Jung, los folletos tenían que hablar en un lenguaje llano, el lenguaje del pueblo. Jung constaba en los archivos de la agencia norteamericana de inteligencia con el nombre de Agente 488.

A pesar de las insistentes preguntas de la periodista, un espía nunca revela sus fuentes. Como mucho, Dulles dejó caer que Jung tenía una gran antipatía hacia los nazis. Al igual que Churchill, buscó algunas formas discretas de resarcir a Jung de posibles agravios. Por ejemplo, Dulles comentó que *nadie sabría nunca cuánto había contribuido Jung a la causa de los aliados.* Luego parece que algo sabía Allen Dulles. Su carrera en la inteligencia le llevó a ejercer como director de la CIA desde 1953 hasta 1961, que no fueron malos tiempos para los espías.

OTROS TIPOS AMBIVALENTES SE AUTOPSICOANALIZAN: EL CASO DE HENRY A. MURRAY

Jung no fue el único psicólogo ambivalente —amigo/enemigo de Freud, amigo/enemigo de los nazis—. Su discípulo más importante en Estados Unidos, Henry A. Murray, presentaba esta misma habilidad para ponerse de perfil. Un hombre tan educado sometía a los estudiantes a lo que Murray denominó ataques «vehementes, arrolladores y abusivos» para estudiar el estrés. En su caso, la ambivalencia se extendió a su vida personal. Aunque tuvo una relación amorosa de larga duración con Christiana Morgan, nunca la reconoció públicamente. Si bien ella colaboró en sus libros y aportaciones, Murray se distanció de su deuda y negó a Morgan (como san Pedro). Es cierto, reconoció que eran «seres afines».

Después de una relación de cuarenta y tantos años, alguna afinidad debía haber. Le costaba destacar la contribución de Cris, muy evidente en el TAT. Ella, es verdad, había creado dibujos y entrevistas, haciendo gran parte del trabajo de campo. Cris participó como coautora en otros libros fundamentales de Murray, como *Estudio clínico sobre los sentimientos* y *Exploraciones de la personalidad.* No obstante, Murray prefirió subrayar otras influencias en su creación del TAT. Incluso aludió a un capítulo de *Moby Dick* donde los marineros juegan en cubierta con un doblón de oro y cada uno debe decir qué le sugieren las imágenes grabadas en la moneda. Según escribió Melville, «esa imagen devuelve, como un espejo, el propio yo». Melville, antes que Morgan.

Al morir la esposa de Murray, Cris esperaba casarse, pero él se alejó. En 1969, dos años después de la muerte de Cris, Murray volvió a casarse con una psicóloga, Nina C. Fish (no sabemos si la fecha tiene un significado simbólico). Aunque Murray era reservado para sus sentimientos profundos, utilizó un subterfugio. De sus múltiples proyectos inacabados, solo terminó uno, su autobiografía. En lugar de confesar abiertamente que hablaba de él, creó un personaje, el señor Murr. El truco le permitía dar explicaciones y justificarse, explayándose dentro de lo que cabe. En su obra *El caso Murr*, Murray podría asomarse a su lado oscuro.

EL ALMA DE MURRAY SE DESNUDA AL FIN

Murr no era tan frío y equilibrado como se pensaba, anidaba pasiones y odios, agresividad y deseo. En su infancia, Murr tuvo sus complicaciones, sus sufrimientos, y cierto poso de melancolía que siempre lo persiguió. La relación con su madre se fue tensando cuando él no cumplió todas sus expectativas, tiñéndose con tintes de traición mutua. Sin embargo, Murr/Murray se protegió ocultando a los demás su yo más expansivo y emocional, su parte inconsciente, faceta que se liberaba cuando estaba con Cris, su amante. Él describió esta parte de su personalidad como un «exceso sanguíneo». Pero su yo consciente y racional siempre conseguía tomar las riendas y mantener bajo control al yo más animal. Implícitamente, podemos intuir en Murray una atracción irrefrenable hacia el misterioso abismo. Toda la vida, Murray admiró al novelista Hermann Melville y se identificó con sus personajes, divididos entre la contención y la atracción por una mujer oscura.

En un esfuerzo de sinceridad, a los 94 años Murray dio una entrevista. Ya no pudo disimular más y recordó a su amada Cris: «Como veíamos las cosas igual, podía amar el trabajo, a mi amada y a las teorías, todo formaba un conjunto». En este periodo de esplendor en la hierba, Murray y Cris pretendían unir las ideas de Jung, Freud y Adler, los tres gigantes del psicoanálisis. Aunque la apuesta era demasiado alta y aunque no llegó a fraguar, mereció la pena. Gran parte de lo que Murray concluyó (test, libros, estudios), lo había hecho junto a Cris Morgan. Más adelante, Murray se embarcó en otros proyectos, pero todos se le atragantaban y se demoraban. Al

morir dejó once libros sin terminar, como si la energía de las estrellas lo hubiera abandonado.

Es gracias a su biógrafo Robinson que conocemos su historia de
amor con Cris Morgan. La biografía se titula *La historia de amor
contada: vida de H. A. Murray*. Faltaba añadir: contada, sí... ¡por fin!
¡Al fin descubierta! Y pudo ser escrita solo con la condición de confidencialidad. Por ello, se publicó en 1992, cuando ya habían muerto
todos los protagonistas, Jo, Cris Morgan, Henry Murray....

BIBLIOGRAFÍA

Bair, D. (2003). *Jung*. Little Brown. Nueva York.
Chase, A. (junio del 2000). *Harvard and the Making of the
Unabomber*. Recuperado de https://www.theatlantic.com/
magazine/archive/2000/06/harvard-and-the-making-of-the
unabomber/378239/
Chase, A. (2000). *Harvard and the* Unabomber: *The Education of an
American Terrorist*. Book News. Portland.
Jaffe, A. (1967). *Personalidad y obra de Carl Gustav Jung*. Monte
Ávila. Caracas.
Morgan, W. J. (1957). *The O.S.S. and I*. Nueva York: Curtis Books.
Murphy, K. y Davidshofer, C. (1998). *Psychological testing: Principles
and applications*. Prentice Hall. Nueva Jersey.
Murray, H. A. (1943). *Analysis of The Personality of Adoph Hitler
with predictions of His Future Behavior and Suggestions for
Dealing With Him Now and After Germany's Surrender*. O.S.S.
Confidential.
Noll, R. (2002). *Jung, el Cristo Ario*. México: Ediciones B.
Robinson, F. G. (1992). *Love's Story Told: A Life of Henry A. Murray*.
Harvard University Press. Cambridge.

Turing y la manzana de Blancanieves

La vida de Turing se ha convertido en una leyenda de nuestros días. En ella se incluye épica bélica, contraespionaje, homosexualidad, rarezas de carácter, un final trágico y, como quería Byron, un bello cadáver. Su muerte nos dio, posiblemente, uno de los iconos de la era digital, la manzana de los computadores Apple.

UN NIÑO SUPERDOTADO

La señora Sara Turing estaba sorprendida por la inteligencia de su segundo hijo. Antes de aprender a leer, el bebé ya se fijaba en los números. Alan inventaba muchas palabras: si en la playa las gaviotas graznaban, peleándose por las migajas, estaban haciendo *quockling*. Cuando las ortigas le causaban erupciones en la piel, el niño preparaba brebajes para calmarlas. En clase de matemáticas, le enseñaron a hacer raíces cuadradas y, cuando su madre fue a repasar los deberes, Alan ya había deducido por sí mismo cómo se hacían las raíces cúbicas. Mientras los chicos jugaban al hockey sobre hierba, él se quedaba mirando la forma de las margaritas que crecían en la línea de banda. Y, además de todo esto, tenía cara de angelito anglosajón.

Su primer día de clase en la *public school* se había convocado una huelga general en Inglaterra. Había unas 60 millas desde su casa en Southampton al colegio de Sherborne y no pasaban autobuses. Cualquier otro lo hubiera dejado pasar, pero Turing tomó su bicicleta y llegó tiempo a las primeras clases. En los primeros meses, los informes de los profesores sobre él no eran buenos. El chico pasaba mucho tiempo dedicándose a matemáticas avanzadas, pero se desentendía de las tareas del programa oficial y al final la presentación de sus trabajos era desastrosa.

ALAN «POTTER» PREPARABA POCIONES Y TEOREMAS

El director del colegio le llamaba «el alquimista». Al abrir la puerta, su habitación olía de una forma peculiar. Sobre el alféizar de la ventana había colocado dos velas y una cazuela, estaba preparando un brebaje. El vapor caliente entraba en ignición y desplegaba un oscilante abanico de colores. Turing contemplaba el espectáculo maravillado, como si hubiera creado una aurora boreal en miniatura. El profesor O'Hanlon alzaba las cejas, empezaba a hartarse del endiablado muchacho. En Sherborne Turing encontró a su mejor amigo, Cristopher Morcom, un muchacho muy dotado para las matemáticas. Aunque Cristopher murió prematuramente de una tuberculosis, su espíritu lo acompañó toda su vida.

En la Universidad de Cambridge la habilidad de Alan para demostrar teoremas matemáticos sorprendió a sus profesores. Con 22 años, trabajó en un problema sobre las mediciones científicas y Turing observó que seguían una curva típica, la curva de campana. Luego, por la mañana, contó en clase su descubrimiento. Entonces, el profesor le explicó a Alan que aquel problema ya estaba resuelto hacía años, así que… ¡él había redescubierto la solución! Si quería hacer algo útil, tenía que informarse antes, así no perdería el tiempo de forma tan miserable… A pesar de esto, no dejaban de asombrarse con Turing. Fue nombrado miembro del *Kings College*, con lo cual los envidiosos inventaron una cancioncilla:

Turing debe ser un seductor
para lograr tan rápido un don.

De haberla oído, podría haber respondido «ladran, luego cabalgamos», suponiendo que le hubieran preocupado tales chismes. Turing y su tutor jugaban en otra liga, andaban enfrascados en un problema poco común llamado el *entscheidungsproblem*. Solo con escuchar el nombre, uno ve que no es un problema sencillo, de esos a los que solemos dar vueltas durante la ducha.

AL EDIFICIO DE LAS MATEMÁTICAS LE SALE UNA GRIETA LLENA DE PARADOJAS

A principios de siglo xx, los matemáticos se mostraban muy optimistas, empezando por su príncipe, el alemán Hilbert. En los próximos cien años se resolverían todos los problemas de las Matemáticas. Si quedaba algún problema, se buscaría la solución y si esta existía se encontraría, era cuestión de tiempo.

Bertrand Russell, un matemático inglés aficionado al senderismo, solía dar paseos por los Alpes subiendo con sus *piolets* por caminos envueltos en la niebla. Al llegar a la cima, superando las nubes encajonadas en los valles italianos, Russell se admiraba al contemplar tanta belleza. Por regla general, en la ladera opuesta se erigía un palacio renacentista con sus agujas, pináculos y frontones. Así es el edificio de las matemáticas, pensaba Russell, un bello edificio, completo en todas sus plantas, consistente y firme.

No obstante, no ocurrió así, porque el palacio se derrumbó y el cuento de hadas se convirtió en papel mojado. Russell descubrió una enorme grieta que amenazaba con destruir el edificio. En esta grieta, como gusanos, se multiplicaban toda clase de paradojas matemáticas. Todas estas paradojas podrían sumir al bello edificio en la ruina más absoluta. Había teoremas que podían a la vez ser ciertos o no serlo. Había conjuntos que se incluían a sí mismos, pero que, al mismo tiempo, no pertenecían a su propia categoría. Los matemáticos se sentían tan desconcertados como Groucho Marx: «Yo nunca sería miembro de un club que admitiese a individuos como yo». Lo dicho, una auténtica ruina.

LA MÁQUINA QUE NO SE CANSA DE CALCULAR

Antes de restaurar la grieta, había mucho que pensar. Cuando intenta resolver un problema, la mente humana se fatiga en poco tiempo. Y, si el problema es largo o excepcionalmente complejo, la solución reside en las máquinas. Había que construir una máquina que pudiese resolver las paradojas, que calculase todas las posibilidades matemáticas y decidiese, al final, si un teorema era verdadero o falso. La primera máquina este tipo la imaginó el mallorquín Ramón Llull; la segunda, el filósofo Leibnitz. Luego, en el siglo xix, Charles Babbage llegó a diseñar una máquina de calcular inspirándose en los telares ingleses, que funcionaban con tarjetas perforadas. Ada Byron, la hija de Lord Byron, aportó sus ideas sobre cómo debía funcionar la máquina de cálculo. Más adelante, Leonardo Torres Quevedo, un ingeniero cántabro, ideó un autómata.

Todos ellos habían allanado el camino para construir una máquina capaz de cálculos largos y tediosos. Al final de estos cálculos, el autómata podría decidir si una expresión matemática era verdadera. La máquina iría descubriendo si los datos eran coherentes y ayudaría a reparar el edificio de las matemáticas. La dificultad consistía en cómo comunicarse con la máquina, cómo escribir todos los pasos que la máquina debía dar en cada situación posible. Finalmente, la máquina emitiría un veredicto: verdadero o falso. Y ya no serían necesarios los matemáticos...

Pero ¿cómo debía ser una máquina así? ¿Qué lenguaje hablaría? Turing corría por las praderas que rodean Cambridge, donde las vacas y las rollizas ovejas pacían manteniendo un orden geométrico, como si estuvieran pintadas sobre una tabla holandesa. Alan se tumbó en la hierba, miró el cielo cubierto por nubes grises y siguió la línea plateada que pespunteaba los bordes. Y entonces encontró la forma de imaginar la máquina. El pensamiento se podía dividir en partes simples, en unidades mínimas, y se podía reproducir mediante símbolos tan sencillos como unos y ceros. Su investigación sobre una máquina capaz de computar le valió una beca en Princeton, universidad donde ya habían acogido a Einstein. Al regresar a Inglaterra, se inscribió en un curso de criptografía, ciencia que podría resultar muy útil para descifrar las comunicaciones del ejército alemán. La Segunda Guerra Mundial amenazaba al mundo.

BLETCHLEY PARK, EL CLUB DE LOS DESCIFRADORES

Bletchley Park era un edificio aristocrático en mitad del campo, al norte de Londres, en un cruce de caminos entre Oxford y Cambridge. El Ministerio de la Guerra ubicó allí los equipos encargados de códigos y análisis criptográficos. Reclutaron a cuatro matemáticos de Cambridge y les asignaron una casa baja, *The Cottage*. Turing se alojó en la taberna del pueblo y, desde allí, se desplazaba en bicicleta hasta Bletchley Park durante los años que duró la guerra.

El principal desafío era decodificar los mensajes que los alemanes encriptaban utilizando una máquina diabólica, llamada Enigma. Los equipos de matemáticos se dividieron en distintas cabañas de madera para realizar distintas tareas de descifrado, y también reclutaron a un campeón de ajedrez y a un escritor. Había una mujer, Joan Clarke, con la que Turing estuvo comprometido un tiempo breve. Al principio utilizaron un método que habían descubierto los criptoanalistas polacos para detectar repeticiones de letras. Eran los puntos débiles del código cifrado, a los que llamaban «hembras». Mediante tarjetas perforadas hacían coincidir posiciones y letras. Cuando se movían las tarjetas y los agujeros coincidían, había una posible decodificación. Construyeron un decodificador, una máquina llamada *bomba*.

¿ERA DE VERDAD UN TIPO TAN RARO? REVISANDO SU PRESUNTO ASPERGER

Las contestaciones «extrañas» de Turing, ateniéndose a la literalidad, sorprendían a los militares británicos. Cuando se alistó en una milicia local, le preguntaron: «¿Comprende usted que ahora al alistarse queda bajo la jurisdicción militar?». Todo el mundo respondía «sí», pero Turing dijo que no y esta respuesta se veía como extraña. Vista desde hoy, ¿cuál es la respuesta más lógica? Tal vez, no quería comprender esta extraña lógica que tomamos por normal.

En películas y reportajes, se han exagerado las rarezas de Turing presentándolo como un caso de Asperger. En realidad, las informaciones sobre su comportamiento poco social durante la guerra, en Bletchley Park, proceden de habladurías. Todos veían que hacía cosas muy raras. Al final del día, Turing encadenaba la taza de té al radiador. Turing iba en bicicleta al trabajo, pero con la cara cubierta por una máscara antigás. La bicicleta era un armatoste viejo y la cadena se salía, pero, en lugar de arreglarla, Turing contaba las vueltas que daba la rueda y se paraba antes de que la cadena saltara. Turing, en sus ratos libres, se ponía a tejer. También descuidaba la higiene, llevaba las uñas largas y había días que no se afeitaba.

Sin embargo, si se examinan estos chismes con detenimiento, obtenemos la imagen de un tipo independiente, muestran a un hombre ocupado en su trabajo, que centraba su atención en un objetivo. Las charlas cuarteleras de los grupos masculinos no le atraían en absoluto. En las pandillas al uso, en la interacción social, se perdía el tiempo, todos repetían lugares comunes que no le interesaban y, como es habitual, al no participar en los cotilleos, recaían sobre él. Hicieron correr rumores poco contrastados, decían que se sujetaba el pantalón con una cuerda y que llevaba el pijama debajo del traje.

Pero sus conductas no obedecían a manías, sino a necesidades del momento, tienen una explicación lógica, como sugiere su biógrafo Leavitt. En el contexto de la escasez, una taza se convierte en un objeto valioso y el único consuelo frente al frío extremo de las naves de Bletchley Park. En el campo, la temperatura caía sin remedio hasta la congelación. El rocío invadía los recovecos. En algunas restauraciones recientes, se ha descubierto una costumbre de los empleados de Bletchley Park. Los matemáticos reutilizaban las notas de sus cálculos para tapar huecos por los que entraba el aire frío, de forma que los techos y esquinas de las casas están llenas de notas manuscritas, a pesar de la estricta norma que exigía destruir todos los documentos criptográficos. Si Turing llevaba el pijama debajo, sería por algo.

Las fotos de carné que se hizo muestran una divertida serie donde Turing pone caritas: la mirada seria, la interesante, de soslayo, la risa franca, la sonrisa contenida... En ellas, Turing hace un alarde de expresividad y coquetería, quedando bastante lejos de la imagen estereotipada que presentan los rumores.

Turing sonriendo.

DESCIFRANDO ENIGMA: MÁS MÁQUINAS Y MÁS ROTORES

Los alemanes no lo pusieron fácil; añadieron dos rotores a Enigma, por lo que Turing contratacó construyendo una máquina decodificadora de dos metros de altura y una tonelada de peso. Tenía 90 rotores, por lo que simulaba el funcionamiento de 30 máquinas Enigma. Al ponerla en funcionamiento, los rotores traqueteaban sacudiendo los cables que unían las bobinas y el aceite salpicaba el suelo. El enorme monstruo mecánico tenía vida propia y, a veces, cuando los analistas se acercaban, les arreaba un chispazo malhumorado.

En conjunto, la inteligencia aliada y especialmente los equipos británicos de Bletchley Park demostraron estar muy por encima de la inteligencia alemana, muy confiada en su tecnología y bastante funcionarial en su día a día. Uno de los equipos construyó una gran computadora llamada *Colossus* para descifrar un tipo específico de mensajes. Turing proyectó una máquina para encriptar voces llamada *Delilah*. Se calcula que la guerra se acortó considerablemente gracias al contraespionaje de los aliados, consiguiendo salvar millones de vidas.

Después de la guerra, Turing fue a trabajar a la Universidad de Mánchester, donde aplicó sus conocimientos a un nuevo reto. Quería construir un ordenador que pudiera pensar por sí mismo, alcanzar una verdadera inteligencia. Turing decidió que lo más práctico sería diseñar una máquina parecida a la mente humana, pero con una gran diferencia: el cerebro es una sustancia gelatinosa, con la consistencia de un plato de gachas, y su máquina sería un engendro electrónico. Y, sin embargo, debían parecerse en una cosa, ambas servirían para un propósito general, universal, para resolver cualquier tipo de problema.

EL ORDENADOR QUE FINGÍA SER UNA CHICA

Pero, ¿de verdad eran inteligentes estas máquinas? ¿Iguales a un ser humano? Para comprender la inteligencia artificial, Turing pensó en un juego de imitación. Participaban dos personas, A y B, un hombre y una mujer. El jugador principal se situaba en una habitación aislada y hacía preguntas a A y B. El juego consistía en averiguar cuál era el hombre y cuál la mujer. El hombre y la mujer intentaban que el jugador se equivocara. El hombre, por ejemplo, respondía que llevaba el pelo largo, intentando despistar; la mujer podría decir: «No le hagas caso, tonto, la mujer soy yo». Estas respuestas, por supuesto, se daban por escrito. Entonces, Turing propuso una vuelta de tuerca. ¿Y si sustituimos a una de las personas, al hombre, por un ordenador? ¿Sería capaz el ordenador de ser tan hábil como el ser humano para responder, para fingir? El ordenador, en este caso, fingiría ser mujer: «Tengo las uñas pintadas, llevo falda, etc.». Después, las preguntas y las respuestas se harían más sutiles.

Y, ¿podrá darse cuenta el jugador de que se trata de una máquina? Si no lo consigue, si es tan eficaz como un ser humano, podemos asumir que la máquina es inteligente, que es capaz de pensar y de engañarnos. Esta es la interpretación más frecuente del *juego de imitación* propuesto por Turing. Posteriormente, se ha simplificado, eliminando la cuestión de sexo: el jugador solo debe distinguir entre un ordenador y un ser humano. Hoy se conoce como test de Turing.

Se podría ahondar en las razones de Turing para introducir la variable sexo al escribir un artículo que trataba sobre inteligencia artificial. La propuesta original del juego proponía que un ordenador finge ser un hombre; y que este hombre finge ser mujer para engañar al otro. Freud hubiera encontrado aquí bastante material para un análisis. El reto consistía en *jugar a ser hombre* y la máquina que lo intentaba disponía solo de recursos lógicos y su limitada capacidad de aprendizaje.

¿POR QUÉ CREEMOS COSAS RARAS? TURING CREÍA EN LA TELEPATÍA

La propuesta inicial de Turing fue más bizarra todavía, llegó a plantearse que un jugador humano podría tener poderes psíquicos y, si el jugador fuera clarividente, podría identificar inmediatamente a una máquina gracias a su poder de adivinación. Turing mostraba un lado esotérico. Se le ocurrió una única solución, encerrar a los participantes en habitaciones a prueba de telepatía. Una mente analítica, capaz de dividir un problema complejo en sus partes más simples, se tomaba en serio temas como la telepatía. No ha sido el único. Isaac Newton era aficionado a la alquimia y Arthur Conan Doyle, el padre de Sherlock Holmes, creía en el espiritismo.

Después de la guerra, los norteamericanos, con John von Neumann a la cabeza, construyeron una computadora muy rápida y eficaz. Los ordenadores crecieron al principio con lentitud, como gigantescos y pesados dinosaurios. Luego, la cibernética se aceleró de forma exponencial, hasta convertirse en un *tsunami* tecnológico. Turing profetizó que las máquinas pensantes se conectarían en el futuro y juntas podrían crear una inteligencia que, quién sabe, controlaría el mundo. Turing participó en una emisión de la BBC en la que varios científicos debatían sobre la inteligencia artificial y, en tono de humor, predijeron que en el futuro habría un programa en el cual varias máquinas discutirían si los humanos pueden ser inteligentes.

UNA TARDE EN EL CINE, UN ROBO Y UN MORDISCO A LA MANZANA ROJA

Bajo la lluvia de Mánchester, Turing trabajó en la idea de un ordenador basado en tubos catódicos. En esta máquina se encendían y se apagaban las luces, sus unos y ceros. Sobre el papel, los signos del código que más se repetían representaban los unos: //////////// ... Curiosamente, las gotas de la lluvia también trazaban líneas inclinadas sobre los cristales del salón hexagonal, en la planta baja de la casa. En Mánchester, las tardes suelen ser nubladas y oscuras.

Allí Turing vivía solo, acompañado únicamente por su pequeña máquina computadora, a la que llamaba «el bebé». Otros prefieren adoptar un gatito. Por las tardes, tenía la ayuda de una asistenta con la que se llevaba bien. Una tarde, al salir del cine, conoció a Arnold, un chico al que llevó a comer a casa. Al parecer, pasaron unas noches juntos. Para pagar algunas deudas, Arnold le pidió unas libras y luego otro pequeño préstamo... Un día, mientras trabajaba en la Universidad, entraron en casa de Turing. No fue gran cosa, pero decidió romper relaciones con Arnold y denunciar el robo. Durante la investigación, los policías se tropezaron con un delito que no buscaban. Turing tenía contacto con otros hombres, una grave indecencia contra la moral pública. Las mismas leyes que habían servido para encarcelar a Oscar Wilde condenaron a Turing. A cambio de la pena de cárcel, le ofrecieron la castración química. Con el tratamiento hormonal, Turing, el atleta, el corredor de fondo que había cartografiado con sus zancadas las praderas de Cambridge, engordó y vio crecer sus pechos.

Cuando llegó por la mañana, la asistenta se extrañó, la luz de la casa seguía encendida. Lo encontró tumbado en la cama junto a una manzana mordida. La asistenta avisó a la policía y, posteriormente, los análisis determinaron que la manzana estaba impregnada en cianuro. Según Leavitt, este suicidio parece inspirado por una película de Walt Disney.

Algunos años antes, Turing había visto su película favorita, *Blancanieves y los siete enanitos*. En una escena clave, la madrastra sumerge la manzana en un brebaje envenenado y deja que la «muerte durmiente», el veneno, se filtre en la fruta. A continuación, la piel de la manzana se torna rojiza, más apetitosa. Entonces, la reina explota en carcajadas maléficas y el cuervo huye asustado. «Cuando Blancanieves rompa la suave piel de la manzana, su sangre se congelará», se oía en la pantalla de los cines, y los niños sentían el escalofrío.

El escritor y biógrafo David Leavitt ha sugerido algunas hipótesis sobre la causa del suicidio. Tal vez bajo los efectos de la medicación, Turing había empezado a fantasear con la posibilidad de que su espíritu pudiese unirse con el amor platónico de su adolescencia, Cristopher Morcom. Leavitt se basa en un texto escrito por Turing en su juventud. Cuando supo que Cristopher había muerto, escribió a su madre: estaba seguro de que volverían a encontrarse en algún lugar y hacer cosas juntos. Turing creía que, cuando el cuerpo fallece, el espíritu debe encontrar un nuevo cuerpo «a veces de forma inmediata». Turing fantaseaba con la idea de que los espíritus pudieran vivir libres y comunicarse en su forma espiritual.

Según la leyenda urbana, aquella manzana mordida sobre la cama de Turing sería el logotipo que eligieron Steve Jobs y Wozniak para Apple Computers, un homenaje subliminal. No existe confirmación de los diseñadores; en aquella época cambiaban mucho de idea, andaban descalzos y desayunaban de todo. A la vez, también coexistieron esbozos en los que figuraban Newton y su manzana, otra candidata a musa de Apple. Incluso hubo, por un tiempo, una manzana vestida con los colores del arco iris, que se supone procedía de la zona de San Francisco. Nunca podremos saber con seguridad si la manzana de Apple es la misma que la de Turing y Blancanieves.

No obstante, podemos estar seguros de que Turing inauguró una nueva era. La psicología cognitiva necesitaba un andamio al que agarrarse. Los programas de las máquinas de Turing demostraban que los procesos de pensamiento podían ser especificados y programados en una máquina física. Por tanto, a partir de Turing, la psicología cognitiva dispuso de un armazón para construir modelos de la mente.

BIBLIOGRAFÍA

Leavitt, D. (2007). *Alan Turing. El hombre que sabía demasiado.* Antoni Bosch. Barcelona.

PERSONAS, HUMANISTAS
Y PERSONAJES

Perls, el psicoanalista que conquistó California

KURT LEWIN, UN HÉROE DE GUERRA Y PAZ

Kurt nació en una familia de granjeros judíos del este de Alemania, cerca de Poznan. Para dar oportunidades de estudio a los hijos, la familia se trasladó a Berlín. Nada más obtener su doctorado en la universidad de Berlín, Kurt se enroló en el Ejército del káiser Guillermo II. Durante la guerra alcanzó el grado de teniente, sufrió una herida y fue hospitalizado. Sin salir de la camilla, Kurt Lewin escribió su primer artículo, que tituló «Paisaje de guerra». «Vivimos en un extenso campo vital, donde nos separamos de lo negativo y nos acercamos a lo positivo. Encontramos muchos obstáculos, pero siempre nos guía una meta final», escribió entonces. Lewin era un especialista en extraer aspectos positivos en la desgracia.

Después de la Primera Guerra Mundial, con el exilio de Guillermo II, el palacio del káiser fue transformado para albergar la facultad de Psicología, donde Lewin fue nombrado profesor con el cargo de *Privatdozent*. Su lado humano se evidenciaba en su actitud hacia las mujeres estudiantes, que no podían cursar el doctorado en la mayoría de las universidades. Lewin acogió como tutor a muchas estudiantes rusas que deseaban realizar sus tesis doctorales. En Estados Unidos le ofrecieron un puesto en la Universidad de Iowa. Como docente continuó siendo muy cercano a las inquietudes de los estudiantes y, después de las clases, se reunía con ellos en un club, el «club del aire caliente».

Con ocasión de la Segunda Guerra mundial, asesoró a la OSS (Oficina de Servicios Estratégicos) y a la armada americana, la *Navy*, pues era un experto en el liderazgo y la mejora de las relaciones en los equipos. Con frecuencia viajaba a Washington, por lo que se desataron envidias y cuchicheos en el campus de Iowa, pero Lewin no se inmutó, estaba muy centrado en su trabajo. Desarrolló un centro para investigar la dinámica de grupos, que se ubicó en el MIT (*Massachusetts Institute of Technology*). Impulsó proyectos de investigación sobre múltiples temas relacionados con productividad y comunicación en grupos, ajuste individual y roles, percepción social...

Se convirtió en una figura respetada, en uno de los padres de la psicología social. Un día, antes de cumplir los 57 y sobrecargado por su agenda, llegó a cenar a casa, pero se sentía fatigado y se retiró. Su esposa avisó a un médico que diagnosticó un amago de infarto. Antes de ser hospitalizado, un segundo ataque acabó con su vida. A mediados del siglo xx, resulta sorprendente la cantidad de psicólogos que fallecían a causa de ataques cardíacos a una edad temprana.

A todo esto, la guerra larvada entre los gestálticos y los conductistas no cesaba. Un estudiante de Iowa recuerda cómo se enteró de la muerte de Lewin. Una mañana, un profesor de Iowa interrumpió la clase y anunció que había muerto el profesor Kurt Lewin, el segundo gran psicólogo de la Gestalt que moría en Estados Unidos. Todos esperaban unas palabras de condolencia, sin embargo, el conductista sonrió y dijo: «Dos caídos. Ya van dos a cero», como si fuera una partida de bolos entre conductistas y gestálticos. En efecto, en aquellos momentos ya habían muerto dos figuras de la Gestalt.

Los conductistas esperaban que cayesen todos los bolos del equipo rival. Sin embargo, no sabían lo que les esperaba, pues estaba por llegar el auténtico *enfant terrible* de la Gestalt. No podían saberlo aún, ni siquiera lo sospechaban, no contaban con el último psicólogo gestáltico, también especializado en psicología de los grupos, como Lewin. Un hombre tan salvaje y heterodoxo que dejaría al mismísimo Wilhelm Reich a la altura de una zapatilla. Un hombre que encajaría en la psicodelia de los años sesenta como un guante. En las universidades los conductistas iban ganando, en las calles y en las playas triunfaría el nuevo mesías de la Gestalt, que estaba al caer.

FRITZ PERLS Y SU DICTATORIAL PADRE

El padre de Fritz no respondía al prototipo cariñoso. Cuando se dirigía al pequeño Fritz, lo llamaba «pedazo de mierda». Afortunadamente, aquel buen señor pasaba mucho tiempo vendiendo sus vinos por los pueblos y liándose con las clientas. El preadolescente Fritz, que no era tonto, sabía de sobra que engañaba a su madre. Su padre era un hipócrita, además de orgulloso, violento y francmasón. Con este tipo de vivencias, Fritz fue un niño que llegó a acumular grandes cantidades de rabia. A los diez años, se atrevió a profanar el cuarto secreto de su padre, donde el hombre guardaba su material masónico. Le robó una moneda de oro y la gastó en comprar estampas de Cristo, que regaló a un amigo. A continuación, se escapó de casa y aguardó varios días, esperando escapar al castigo.

Tanto se lo decían que Fritz se sentía identificado con la etiqueta de niño malo, un auténtico gamberro especializado en amargar la vida a sus padres. En el instituto, interceptaba las notas y falsificaba las firmas de sus padres. Su madre, una judía de gran cultura, se pasaba el día muy ocupada cuidando de una hermanita mayor que era ciega, pero tampoco era un hada madrina ni nadaba en la bondad. Cuando Fritz hacía una de las suyas, mamá Amalia le golpeaba con los atizadores de alfombras hasta romperlos. El niño, atrapado contra la pared, se escabullía como podía de la lluvia de golpes y, cuando se veía a salvo al otro lado de la puerta, le hacía burlas a la buena señora. Se sentía como un auténtico demonio, chapoteando en una infancia de guiñol, mitad víctima de una pesadilla, mitad títere de cachiporra. En el colegio, Fritz se sumergía bajo las faldas que veía, tal vez buscando protección.

PRIMERA Y TRAUMÁTICA EXPERIENCIA SEXUAL

Los amigos de Fritz estaban a tono con el resto de la historia. Su mejor amigo, bastante espabilado, le daba clases de masturbación y, cuando superó este nivel, contrató a una prostituta. En pago a sus servicios, le darían un dulce. Convencieron a la muchacha para dirigirse a un bosquecillo de las afueras, donde tendrían mayor intimidad. Primero, la mujer se ocupó del amigo, pero cuando le tocaba a Fritz entrar en escena se puso muy nervioso y no podía alcanzar el orgasmo. Impaciente, la mujer lo empujó a un lado, sin la más mínima consideración por sus tribulaciones. Su amigo lo miraba riéndose, lo que aumentó la sensación de humillación de Fritz. Por algún motivo, su padre decidió enviarlo a trabajar a una pastelería.

El teatro fue su primer amor. Tras recorrer varios institutos, fue sucesivamente expulsado de todos ellos hasta que encontró su lugar al sol. Se enamoró del teatro bajo la protección del creativo director teatral Max Reinhardt. De algún modo, el teatro era lo más parecido a la vida tal como la conocía, era una forma de exorcismo. A pesar de todo, Fritz no saldría indemne. Durante mucho tiempo, le quedaron secuelas de aquel periodo demoníaco. Durante la edad adulta, jamás le abandonó una resistente compulsión para mirar y tocar los genitales femeninos, según él mismo confesó, y toda la vida tuvo una penosa necesidad de autoafirmación.

LA GUERRA DEL GAS VENENOSO

En la Primera Guerra Mundial se inscribió como voluntario. Debido a su debilidad física, fue enviado a la frontera para servir refrigerios y cafés a los soldados que regresaban del frente belga. Después se enroló en un batallón *Luftschiffer* que trabajaba con zepelines. Cuando vieron que era estudiante de medicina, lo trasladaron a una unidad que realizaba ataques con gas. Estas unidades se especializaban en asaltar las trincheras y machacar con sus porras las cabezas de los ingleses adormilados por el gas.

Para Fritz, el enemigo no solo estaba enfrente. Los comandantes eran antisemitas y lo mandaban de un sitio a otro. Esperaban que algún tirador inglés acabase con el pequeño judío. Si es que no acababan antes con él el frío y la humedad de las trincheras o los mordiscos de las ratas. Casi todo lo que podía ocurrir, ocurrió: fue herido, sufrió daños en los pulmones debido a los gases y contrajo la gripe. Toda la infraestructura era un desastre. Él se ocupaba de distribuir las bombonas de oxígeno a los soldados, pero las máscaras antigás no funcionaban correctamente y todos los hombres se ahogaban. Los depósitos de oxígeno eran pequeños e insuficientes, agotándose en poco tiempo y los soldados se agolpaban ante Fritz, implorando más bombonas. Fritz no daba abasto, solo quería arrancarse la máscara y dejarse morir.

Un día, un gerifalte le dio la orden de avanzar hasta la línea de fuego, tenía que unirse al oficial médico en la trinchera tres. Un ataque estaba previsto para esa noche. A la hora prevista, en la oscuridad, se inició el ataque con gas. Durante varias horas tuvieron que soportar las andanadas de los británicos. Un fragmento de proyectil rebotó e impactó en su frente. Fritz supo que la muerte lo llamaba, pero no llegó finalmente, se había salvado por poco. La trinchera tres había sufrido varios impactos directos y quedó destrozada. Todos habían muerto, incluidos los tres médicos de la unidad. Todos, menos Fritz. El destino lo llamaba. ¿Para qué?

Después de episodios como este, el soldado médico Fritz Perls perdió toda sensibilidad y quedó entumecido. Durante el resto de la campaña, actuaba como un robot, ajeno al miedo. La guerra estaba ya terminando y podía olerse la derrota de las potencias centrales, de los prusianos. Su compañía estaba atrincherada en una estación de ferrocarril, donde caían sin cesar las bombas, pero no le importaba. Fritz atendía a los heridos ajeno a la muerte que se desataba a su alrededor. Le otorgaron la cruz de hierro y le ascendieron a subteniente médico. Con el armisticio, Fritz tuvo que regresar andando con su batallón, marchando veinte horas al día. El único consuelo de los soldados era el tabaco. Durante el resto de su vida, Fritz se empleó en «fumar y envenenarme a mí mismo». Todas estas penalidades se habían quedado grabadas en su mente.

PERLS SE HIZO PSICOANALISTA
PARA MEJORAR LA MEMORIA

Perls estudiaba medicina y se sintió muy atraído por el psicoanálisis. En aquella época estaba convencido de que su memoria había quedado muy dañada, a causa de la excesiva masturbación. El sistema de Freud sería un buen método para alcanzar la curación a sus problemas sexuales, o eso le pareció a él. Además, el procedimiento psicoanalítico tenía la ventaja de que requería, desde el principio de la terapia, estimular los recuerdos vitales y, de esta forma, Fritz reactivaría su memoria. Había un requisito previo: antes de empezar, los psicoanalistas tenían que hacerse su propio psicoanálisis para identificar sus demonios interiores y así estos flecos no interferirían en las terapias posteriormente.

Cuando empezó a pensar en psicoanalizarse, le aconsejaron a Wilhelm Reich, el único que, quizás, pensaron ellos, podría entender al complicado Fritz. Por fortuna, no se equivocaron. Reich le cayó muy bien, era su alma gemela, un tipo rebelde y vital. Antes de llegar a Reich, Perls fue psicoanalizado por dos mujeres, Karen Horney y Clara Happel, y un hombre, Eugen Harnick. Con este bagaje se sintió preparado para casarse con su novia, Lore Posner, con la que tuvo dos hijos muy pronto, aunque a estas dos criaturas no les hizo nunca demasiado caso.

FRITZ Y FREUD: AMOR IMPOSIBLE

Fritz fundó una consulta psicoanalítica en Johannesburgo, que atendía junto a su esposa Lore. Un día, ya trabajando en Sudáfrica, regresó a Viena para asistir a un congreso. Aprovechando un descanso, se dirigió a visitar al gran maestro, llamó al timbre y una mujer que parecía la hermana de Freud le hizo pasar. Fritz Perls comentó que había volado miles de kilómetros desde Johannesburgo

Perls psicoanalista.

para ver al gran padre, no podía irse sin saludarle. Claro que sí, avisarían al profesor Freud. La sombra de un hombre mayor ocupó el marco de la puerta sin salir de la zona de penumbra. Perls le repitió que había viajado muchos kilómetros para llegar a Viena y saludar al gran Sigmund Freud.

—¿Y cuándo se marcha? —le preguntó Freud, sin salir del marco, apenas un perfil de barba canosa y ojos apagados tras las lentes.

Hablaron muy pocos minutos más. Al menos lo había visto en persona. La casa estaba cargada de objetos y antigüedades adquiridas en los viajes veraniegos, había estatuillas romanas y egipcias. En el congreso le comentaron que Freud se encerraba en su despacho, donde lo había recibido y donde hibernaba, y allí escribía y escribía sin cesar, produciendo una obra que cambiaría a la humanidad. Luego, se enteró de más intimidades. Las mujeres que vivían con él eran su mujer Martha y su cuñada Minna. Con la edad, ambas habían engrosado sus perímetros abdominales y a la gente les costaba distinguirlas, como si se hubieran aproximado a una sola individualidad. ¿Y no le habían llevado a la zona opuesta de la casa? Allí estaba lo mejor, amigo Fritz.

Cuando la pequeña Anna Freud se hizo mayor dejó su dormitorio de niña, ubicado junto al de sus padres. En el piso de la familia Freud, en Berggasse 19, la única forma de acceder a esta habitación era desde el dormitorio del matrimonio. Algo lógico en el caso de una niña pequeña. Al quedarse el cuarto libre, fue ocupado por Minna, la cuñada y niñera de Freud. ¿Se imagina usted, Fritz? Cuando Freud terminaba de escribir, a las cuatro de la mañana, adormilado y cansado, disponía de la cama de Martha como primera opción. Pero si se equivocaba, si daba unos pasos más, podía acceder al cuarto de su cuñada y encontrar allí reposo. (Si examinamos un plano del piso vienés de Freud, se puede comprobar que los cotilleos no mentían. La ubicación de la habitación de Anna Freud, en primer lugar, y de Minna Bernays después, no permitía otro acceso que no fuera a través del dormitorio del matrimonio Freud).

Dejando aparte los cotilleos, en el congreso tampoco le fue mejor a Perls, pues hubo bastantes discrepancias con sus posturas. Cuando regresó a Sudáfrica, Perls publicó una revisión total de la terapia psicoanalítica, firmada junto a su mujer Lore Perls. A uno de sus libros le puso por título *Ego, hambre y agresión*, todo un ajuste de cuentas con su pasado, tan miserable. Lore colaboró bastante escribiendo varios capítulos del libro.

AMÉRICA, PARAÍSO REENCONTRADO

En su infancia y adolescencia, Perls había recibido todas las heridas, el desamor y la humillación, el hambre y la muerte, aunque la guadaña había pasado a su lado distraída, como si lo despreciara, como si no hubiera visto al pequeño judío. Cargado con los tics del tabaco y la obsesión sexual, prosiguió su existencia. Solo le quedaba vivir para limpiarse él y para ayudar a otros a desprenderse de sus viejos pecados, instintos y traumas. Necesitaba encontrar la forma de liberar los humos que quedaban encerrados dentro.

El siglo xx fue muy cruel con sus hijos y las penalidades no habían acabado del todo. En la década de los 30, muchos intelectuales judíos tuvieron que salir despavoridos de Alemania, entre ellos Wilhelm Reich. También el matrimonio Perls se trasladó desde Johannesburgo a Nueva York buscando nuevas experiencias. De este modo, Wilhelm Reich y Fritz Perls volvieron a encontrarse en un congreso celebrado en los Estados Unidos. Desde la última vez, habían transcurrido diez años y lo que vio Fritz le asustó. El dinámico Reich había sufrido una transformación, se veía enormemente gordo, como un gran batracio con la cara cubierta por un eczema. Reich no se andaba con cortesías, ni siguiera dio muestras de reconocer al viejo Fritz. Sin mediar palabra, preguntó a Perls si tenía noticias del orgón, su último descubrimiento. Sí, algo había oído...

UN LUGAR IDEAL PARA MATAR
A TODOS LOS PADRES

Pero, ajeno al orgón, Perls ya andaba por otros derroteros, transitaba senderos que Reich había dejado atrás. Los Perls empezaron su experiencia de terapia Gestalt en Nueva York después de algunos años en Sudáfrica, donde revisaron a fondo la terapia psicoanalítica, cambiándola de arriba abajo. Intentaban sobre todo tomar conciencia de la necesidad de cada persona, situándose en el presente, en el aquí y ahora.

Fritz necesitaba una nueva teoría. Tenía que matar a todos los padres, incluido Freud. El psicoanalista Perls dio un giro de guion a la historia, digno del señor Hitchcock. Cerró la puerta en las narices del gran padre y la sombra de Freud se hundió en su despacho, tragándose su puro. Y así, un buen día, nació la nueva criatura, la teoría que resumía sus ideas. Fritz Perls fundó la terapia Gestalt después de leer unos pocos artículos de los viejos maestros gestálticos, Wertheimer, Köhler y Lewin.

Oficialmente, Perls ni siquiera estaba formado en la psicología de la Gestalt, solo era un actor, un fantaseador, un rapsoda que recorría todas las cortes. Sin embargo, su carisma lo convirtió en un gurú de voz profunda, siempre rodeado del humo de sus cigarros. Su mujer lo definía como mezcla de profeta y vagabundo. Después de su experiencia teatral, había adquirido una gran habilidad para atraer a gente alrededor de sus ideas. Tal vez se tratase de una destreza genética, ya que su padre fue un vendedor ambulante de gran éxito.

MEZCLANDO EN LA BATIDORA LOS INGREDIENTES DE LA TERAPIA GESTALT

El éxito de Perls se debió mucho a su encanto personal, imbuido del papel de druida gamberro. En la batidora, también introdujo porciones de filosofía zen, psicodelia y yoga. Perls animaba al paciente a sentir lo que le ocurría por dentro, conduciéndolo con sus preguntas hacia su auténtica necesidad. Una vez la encontraba, le enseñaba a no temer a sus emociones. Sencillamente, hay que cobrar conciencia plena de ellas, pues lo importante es explorar cómo ve uno mismo la realidad.

Para entrar ahí dentro, primero hay que derribar las resistencias. A diferencia de Freud, Perls consideraba que las resistencias no solo están en la mente, porque se van enquistando y calcificando hasta que forman una coraza muscular que hay que diluir. Las resistencias de la mente se convierten en las callosidades del cuerpo. El contacto físico directo con el cuerpo es importante para abolir las constricciones, el lenguaje corporal era el principal indicador. El masaje revelaba dónde el músculo se enquistaba como un fósil coriáceo. Aquí se leían todas las autojustificaciones y autoengaños del sujeto. La terapia consistía en destruir la armadura y soltar los sentimientos. Además del masaje, en la terapia de grupo encontró el marco más adecuado para experimentar y jugar diferentes roles. Los juegos de interpretación nos ayudan a conocernos mejor e integrar las distintas partes de la personalidad, algunas ocultas. Fritz y sus amigos se llamaban a sí mismos *psiconautas*, exploradores del espacio interior.

La terapia Gestalt estaba en marcha. En Estados Unidos lo saben bien, nada se vende en un gran mercado sin una imagen atractiva de marca. El pobre Reich había sido arrastrado por la prensa, ridiculizado. ¿Cómo pretendía vender el sexo a unos puritanos? Fritz Perls consiguió vender las ideas de Reich, pero ahora empaquetadas en bonitas cajas y les puso una etiqueta de prestigio, la Gestalt, algo así como el Louis Vuitton de la psicología. En cada envase, Perls suministraba una dosis equilibrada de liberación de energía sexual, expresión libre de emociones y juego de rol.

LA TERAPIA GESTALT EN EL MERCADILLO *HIPPIE*

Había realizado un buen estudio de mercado. En lugar de intentar colocar el producto en un mercado de pijos, sería mejor probar en los mercadillos de la contracultura. Tras su paso por Nueva York, Perls se dedicó a viajar por todos los Estados Unidos. Dejó el centro de Nueva York a cargo de Lore Posner. Incorporó otras influencias con el fin de añadir la autoconciencia y el psicodrama de J. L. Moreno. Esta técnica se basaba en representar escenas de la vida personal para volcar las emociones. Los participantes debían improvisar su actuación en una especie de juego de rol. Junto a un grupo de siete intelectuales y psicoanalistas, Perls fue sentando las bases de su método. Publicó un libro fundamental, *Terapia Gestalt: excitación y crecimiento de la personalidad humana*, junto a Paul Goodman, un escritor de ideología anarquista, y un tercer autor. Los 63 años son una buena edad para dejarlo todo atrás y empezar de cero, así que Fritz se separó de su mujer y se fue a Miami, donde disfrutó de hongos, drogas psicodélicas y una treintañera, su nueva pareja. Con 72 años realizó una especie de vuelta al mundo, un viaje de estudios con un poco de retraso. En Japón, se impregnó de la filosofía zen en un monasterio, buscando la iluminación típica del budismo. En Israel se reencontró consigo mismo y con sus raíces.

Al final recaló en California, totalmente renacido. En las comunas *hippies* encontró un caldo de cultivo ideal para sus experimentos grupales. Una de estas comunidades alternativas era Esalen, que se convirtió en un crisol de terapias donde confluían las enseñanzas de los chamanes y del Tao. Uno de los directores del centro de Esalen, Dick Price, era un psicólogo seguidor de Perls. Dick Price no le hacía ascos a las experiencias con LSD o MDMA, vivía la vida como una experiencia digna de ser exprimida minuto a minuto. Como había sufrido crisis psicóticas, su vida era un continuo proceso de innovación terapéutica. En el centro de terapia gestáltica de Esalen se celebraban reuniones, encuentros y estancias de investigación. Al principio, el flamante terapeuta Perls congregaba a cuatro o cinco personas. Se reunían en una edificación circular de madera, «la casa de la media luna», al borde de un acantilado. Experimentaban con la sexualidad sobre una alfombra confortable, llena de colillas de porros y quemaduras de cigarros, aunque el pobre y viejo Fritz casi no podía caminar a esas alturas. El muchacho enclenque, al que las balas no detectaban, había engordado, se había anquilosado y tenía el corazón fatigado. Por suerte, halló una buena fisioterapeuta, Ida Rolf, que lo puso en forma de nuevo.

Con la llegada de mayo del 68, el movimiento *hippie* experimentó un vigoroso crecimiento. Los talleres del viejo gurú se atiborraban de estudiantes. ¿Cómo eran las terapias típicas de la Gestalt? Hay muchos testimonios. Se les pedía a los asistentes que verbalizasen sus sentimientos libremente. En una sesión de grupo, un hombre dijo que se sentía aplastado por la vida y el terapeuta ordenó a los hombres del grupo apilarse encima. «Ahora», le dijo, «estás aplastado. ¿Sientes la necesidad de escapar a la presión?». El hombre hizo lo posible por salir de la montaña humana. El testimonio no cuenta si a continuación salió también corriendo del centro terapéutico.

LA CAJA DE PANDORA Y LA SILLA CALIENTE: TERAPIAS DE ALTA TEMPERATURA

Había unas sesiones muy señaladas que llamaban «la caja de Pandora». En ellas, exploraban el miedo de las mujeres acerca de su sexo. Las mujeres podían exponer sus genitales y el resto de participantes podía *asomarse al abismo*, o sea que podían mirar y acercarse sin restricciones. Luego, el grupo procesaba conjuntamente las emociones, pensamientos y deseos que hubieran surgido. Este tipo de experiencias o similares han sido puestas en práctica en la actualidad. Un ejemplo son las reuniones que organiza la activista Betty

Dodson, que imparte talleres de masturbación en su casa. Al poco de llegar, el grupo de mujeres se observan con un espejo y le ponen nombre a su vagina. Desnudas y apoyadas en grandes almohadones, se masturban en círculo. Con fines terapéuticos, por supuesto. Y todo por el módico precio de 1.200 euros. En 2018, la periodista de *Harper's Bazaar* Suzannah Weiss asistió al taller de Betty (que, por cierto, supera los 90 años) y confesó que había obtenido el mejor orgasmo de su vida. La experiencia es un grado, sobre todo en el caso de Betty.

En Esalen, volviendo a los orígenes, una variante muy utilizada era la *silla caliente*. Uno de los participantes se sentaba al lado del terapeuta, normalmente Fritz Perls, y conversaba con él. El resto se identificaba con el sujeto, participando así de forma indirecta en este proceso de autoconocimiento. Era una terapia con público en la que Perls se desenvolvía como pez en el agua. En cualquier caso, aclaraba Perls, cada uno es responsable de su propio camino, enfocando su vida en la dirección que desea. Para ilustrar su punto de vista, en un momento de inspiración escribió una especie de poema:

Yo hago lo mío, y tú haces lo tuyo.
No estoy en este mundo para satisfacer tus expectativas,
y no estás en este mundo para cumplir mis expectativas.
Tú eres tú y yo soy yo.
Si nos encontramos el uno al otro, está bien.

Le faltó añadir: «si no nos encontramos, no pasa nada». Pero ¿hacia dónde dirigirse? La dirección vital se dirige hacia las potencias humanas, como proponía el famoso psicólogo Maslow, aunque, para no coincidir, Perls renegó del concepto de Maslow de autorrealización. La meta de la terapia era experimentarse a uno mismo de forma libre, percibir libremente el mundo. Nada más y nada menos.

Para favorecer el diálogo emocional de los pacientes con personas o partes conflictivas de sí mismo, J. L. Moreno utilizaba una silla vacía donde la persona imaginaba que se sentaba esa parte ausente. Perls hizo un uso muy frecuente de esta técnica para afrontar situaciones traumáticas. Daba mucho juego, porque permitía que el participante cambiase de rol, se sentase en la silla vacía y se contestase a sí mismo, adoptando otro punto de vista. Todo un ejercicio de desdoblamiento.

CÓMO ESCUPIR EXABRUPTOS A LAS ESTRELLAS DE HOLLYWOOD Y SEGUIR CAYENDO SIMPÁTICO

Mientras estaba en California, Perls triunfó a los 75 años, una edad buena para que no se te suban los humos a la cabeza. Su enfoque adquirió una gran popularidad. Progresivamente, la llamada terapia *Gestalt* fue extendiéndose gracias a las dotes taumatúrgicas del patriarca. A la vez, su fama fue creciendo y atravesando los valles hasta Los Ángeles y San Francisco. Por el centro de Esalen pasó Joan Báez y otras *celebrities*. Los *hippies* montaban campamentos en los alrededores y la revista *Life* lo coronó como el rey del movimiento *beatnick*. Fritz Perls empezó a recibir invitaciones a fiestas en Hollywood. Al borde de la piscina, las actrices doradas le contaban sus sueños para que Fritz los interpretara. Rodeado de oropel, Fritz no pudo evitarlo, regresó a su papel favorito, el que mejor se le daba, reapareció el gamberro y *enfant terrible* de sus años mozos. Con su sahariana y su puro, soltaba las *boutades* del barquero. A Natalie Wood le espetó: «Eres una niña egoísta y malcriada». No consta si Perls le soltó alguna perla a Robert Wagner, su marido.

La diplomacia no era la mejor virtud de Fritz Perls, es lo que tiene ser uno mismo, no ocultarse. Uno dice lo suyo y a lo mejor resulta que no le gusta a los otros. Llegó un día en que Perls entró en conflicto con los directores del centro de Esalen, sobre todo con Dick Price. Entre otras cosas, le gustaba disfrutar de la vida. No se cortaba un pelo y, cada vez que podía, se daba baños de aguas termales con las jovencitas liberadas de los 60. Tras sus experiencias bélicas, quién se lo iba a decir, al fin disfrutaba como un niño en un *jacuzzi*. Podía gozar de lo que nunca se habría atrevido a hacer el estirado burgués que era Freud, ni siquiera el esquizoide Reich, al que habían acusado en Viena de abusar de varias pacientes.

DESENMASCARANDO A LOS FALSOS PROFETAS DE NUEVA YORK

Todo iba sobre ruedas, pero pronto se sentiría como el príncipe destronado, porque entonces llegó a su reino el hermanito pequeño y el nuevo favorito. Con él, llegaron los celos. En Nueva York había empezado a destacar un psicólogo llamado Abraham Maslow que hablaba de crecimiento personal, autorrealización y experiencias cumbre. A todos los iniciados, esto les sonaba a gloria, menos a uno... Fritz le tomó una terrible tirria. Ante el nombre de Maslow, sentía crecer el desprecio, lo odiaba con toda su alma. Este es el problema de soltarse el pelo; tarde o temprano, surgen también la agresividad y la hostilidad. «Maslow, el que os engatusa a todos, es un nazi revestido de azúcar», dijo. Bajo su aire suavón, Maslow escondía una tendencia a manipular y repartir ideas prefabricadas. Según Fritz, les daba gato por liebre, recetas en lugar de verdades.

No soportaba que el melifluo Maslow invadiera su guarida, el centro de terapia de Esalen, en California, vendiendo su filosofía paniaguada. El neoyorkino era un engreído investido de soberbia. Los directores de Esalen tenían la desfachatez de invitarle a dar charlas. Cuando Maslow aparecía por allí, asomando sus narices sucias, Fritz se enfurecía. Le explicaron que Maslow había contribuido a fundar el centro de Esalen y por ello era muy respetado. Tenía derecho a hacerlo y, de hecho, lo visitaba varias veces al año, manteniendo el contacto. Fritz soltó su risa sarcástica. Maslow era un falso profeta, carente de profundidad, sus ínfulas de superioridad apestaban. Todo el trabajo que Perls había realizado para fomentar la autonomía de los pacientes se iría por el sumidero.

EL DÍA QUE PERLS LE PEGÓ
UN REVOLCÓN A MASLOW

Expectantes, todos aguardaban con auténtica veneración a la eminencia de Nueva York. Llegaba el ídolo para la mayoría, un becerro de oro para Fritz. En cuanto Maslow empezó a hablar, Fritz Perls empezó a burlarse de lo que decía sin ningún disimulo: «¡Vaya mierda!», se oyó en toda la sala. La voz de Perls era inconfundiblemente bronca, la de un hombre que tenía ya cerca de 70 años. «Esto es como la escuela», gritó Fritz con mucha sorna, «aquí está el maestro y están los alumnos dando las respuestas correctas». Maslow, con parsimonia y disimulando su aire de superioridad, fingió ignorar esto. Entrar en discusiones no era lo suyo, prefería tener debates amistosos de alto nivel sobre psicología humanista. Jugaba en otra liga, o eso pensaba el pobre...

Fritz no iba a rendirse tan fácilmente, al fin y al cabo estaba en un escenario lleno de gente, en su elemento, el teatro. Y entre el público estaban los suyos, así que jugaba en casa. En este terreno no iban a hacerle morder el polvo. Confiado, Maslow continuaba hablando sobre uno de sus temas más queridos, sobre el ser del lenguaje. Su encantadora sonrisa de vendedor de automóviles sobrevolaba la audiencia. El tipo adoptaba los trucos de los *late night* de la televisión, un telepredicador aficionado a los dentífricos. Tendría que torpedearlo, antes de que fuera tarde.

De pronto sonó un estruendo, un bulto cayó de la silla y empezó a deslizarse hacia el suelo. En unos segundos, todos los asistentes volvieron la cabeza y observaron sorprendidos que el voluminoso cuerpo de Perls se arrastraba por el suelo hacia el filósofo de Nueva York. Aquella masa extendía un brazo suplicante hacia Maslow y le solicitaba lastimero: «Abraham, ven aquí con el resto de nosotros. Baja aquí, con nosotros, desciende con la gente común». Maslow quiso contrarrestar al espontáneo. Pero, en ese momento, hiciera lo que hiciera, había perdido la iniciativa ante el lobo feroz. Con suficiencia, Maslow le espetó a Fritz que estaba siendo infantil, comportándose como un niño. Y así lo hizo Fritz, al pie de la letra. Se sumergió en un rol infantil, al típico estilo Gestalt, que consistía en «soltar los sentimientos y darlo todo». El viejo Perls se arrastró por el suelo, lanzó un gemido y abrazó las rodillas de Maslow, sin abandonar los aullidos, el llanto... Fritz recuperaba su papel favorito, volvía a ser un niño abandonado y demandante de amor.

«Este hombre está loco», pensó Maslow. «Esto comienza a parecer una enfermedad», dijo cautelosamente, solicitando ayuda al público, a los directores. En el comedido Maslow, esta suave reacción equivalía a un ataque de furia. En efecto, Maslow estaba desencajado y amenazó con irse, ya lo habían sacado de quicio. Subió y se encerró en su habitación, negándose a continuar la charla. Perls lo había conseguido, lo había derrotado. A base de presionar los botones y tocando todas las teclas posibles, le hizo perder el equilibrio, había llevado a Maslow a su territorio, al psicodrama: amar y gritar, agitar a la gente, incendiar el aire, llorar y reír, que no pare la música... Maslow también se había convertido en un niño que había perdido su juguete.

VANCOUVER: EL CONQUISTADOR
SE ACERCA AL POLO NORTE

Con su actuación, Perls había demostrado que una nueva técnica prevalecía sobre el resto. En Esalen, el reino de Perls, el psicodrama estaba más vivo que todas las viejas teorías desecadas en los libros, que apestaban ya como pescados muertos. Los soberbios y listos de la capital, como Maslow, habían mordido el polvo. Al día siguiente, Perls bajó a desayunar con una amplia sonrisa y a saludar a sus súbditos. *The show must go on.*

El éxito de la terapia Gestalt sigue vigente. La hemos visto en infinidad de películas americanas y documentales. El profeta Perls no lo fue en su tierra, en Europa, pero sí fue el profeta de la ruta 66, de las comunas y las primeras muchachas nudistas, de Ginsberg y Kerouac. Mucho peores eran otros que andaban por allí cerca, asaltaban las mansiones y cultivaban un violento satanismo. O los que se encerraban en una granja con un harén de esposas sumisas. Él no, era el profeta de la liberación personal, mitad filósofo, mitad payaso. Perls había superado los pecados del hambre, el sexo y la agresión, logrando hallar una vía de liberación.

A lo largo de su vida, fundó institutos de terapia Gestalt en Nueva York, en California y, finalmente, cuando lo echaron de Esalen, en Vancouver. Al final, el viejo vagabundo Perls tuvo que irse a fundar una nueva colonia en las tierras del norte. Iba camino del Yukón, tras los pasos de Jack London. Compró un viejo hotel a orillas del lago Cowichan, donde prohibió la entrada a niños y perros, que, como es sabido, dan mucho la lata y no lo dejan a uno tiempo para el autoconocimiento. Allí, durante algunos años, renació y fue feliz.

En febrero de 1970 un infarto lo condujo a un hospital de Chicago, el Weiss Memorial, donde Lore Posner visitó al viejo *clown*. En marzo de ese año, su corazón ya no quiso seguir latiendo. Uno de sus antiguos seguidores, Paul Goodman, protagonizó un hecho insólito. Lo criticó abiertamente en el entierro por haber dividido el movimiento original de la terapia Gestalt. Según Goodman, Fritz Perls había convertido en un circo el movimiento gestáltico. Muchos amigos se escandalizaron y organizaron una nueva ceremonia en la costa californiana. A buen seguro, Perls no se hubiera molestado tanto: un buen psicodrama nunca está de más.

Para un hombre de teatro, una buena farsa, con sus cachiporrazos y sus polichinelas, constituye todo un disfrute. Allá donde esté, no sabemos si dispondrá de jacuzzis para disolver las contracturas, si las tiene aún, o si andará buscando todavía faldas bajo las que refugiarse. *The show...*

BIBLIOGRAFÍA

Perls, F. S. (1975-1942). *Yo, Hambre y Agresión.* Fondo de Cultura Económica.

Shepard, M. (2015). *Fritz Perls. La Terapia Gestalt.* Ediciones La Llave. Barcelona.

El doctor Masters y Miss Johnson, los reyes del sexo

VIDAS PARALELAS EN MISSOURI

Recientemente, un libro y una serie popular han reavivado la fama de estos dos pioneros de la sexualidad, William Masters y Virginia Johnson. Bill Masters era un chico enfermizo y frágil, que no tuvo una infancia feliz. Su padre lo llamaba al dormitorio y, por el lado de la hebilla, le azotaba con el cinturón hasta que sangraban sus nalgas de niño huesudo.

—Seguiré azotándote hasta que te arrodilles y pidas clemencia.

Desafiante, Bill permanecía en silencio, ignorando los motivos de las palizas que nunca cesaban. En la vida familiar, el padre se comportaba como un tirano que debía aprobar previamente todo lo que hacía la madre, incluso a quién debía votar. Para más inri, Bill sufrió una infección que le causó una leve desviación ocular. El chico estudió medicina, se especializó y empezó a trabajar en la Universidad de Washington, en Saint Louis, Missouri.

Por su parte, Virginia Johnson pasó su juventud en un pequeño pueblo de Missouri donde a las niñas ni siquiera les explicaban lo que era la menstruación. A los 16 años, plantó a su novio y dejó su hogar paterno para estudiar música en la ciudad, ella quería ser algo más que una simple granjera. A los treinta años, Virginia se había casado y divorciado dos veces, tenía dos hijos y estaba sin trabajo. Formando parte de la compañía de su marido rockero, Virginia había cantado muchas noches en clubes, hasta que se hartó y se fue con la música a otra parte. Entonces no le quedó otro remedio que hacer el camino de vuelta y pedir ayuda a sus padres. Había vivido mucho, pero continuaba sin tener colmadas sus ambiciones personales como mujer. Quería obtener una licenciatura en la universidad y ahora necesitaba un trabajo compatible con los estudios. Una mañana de frío invernal, cuando todos habían salido de vacaciones, cruzó el campus helado para realizar una entrevista de trabajo. En la facultad de Medicina había una plaza de ayudante.

A falta de formación académica, Virginia tenía experiencia vital y aplomo de sobra, y eso que el doctor Masters imponía bastante, parapetado tras la mesa del despacho. Mientras entrevistaba a la candidata, el rostro del doctor Masters parecía una máscara de hielo fabricada para ocultar cualquier brizna de emoción. Sus labios, apenas una línea, no se despegaban, y sus ojos, ligeramente desviados, escrutaban cada detalle, como si pudieran ver a través de tu cuerpo. El doctor hablaba poco, pero, en cualquier caso, la mujer lo convenció. Para lo que él quería, ella sería una buena ayudante, la chica ideal.

SEXO SOLO PARA TUS OJOS

La investigación del doctor Masters era un secreto. Por todo el campus corrían rumores llenos de veneno, pero nadie sabía nada a ciencia cierta. El primer pionero del sexo, el doctor Kinsey, había muerto de un infarto, dejando su investigación inconclusa. Kinsey había utilizado voluntarios reclutados en cárceles y Masters no quería sufrir críticas durante su proceso de investigación, necesitaba gente normal.

Por algún motivo, Masters se había especializado en ginecología, tal vez le gustaban los niños, la maternidad. «Nunca se aprende demasiado», le había dicho un antiguo profesor y, por eso, él se consideraba un profesional meticuloso. El doctor estaba preocupado por la ausencia de conocimientos sobre la conducta sexual humana. Cuando algún matrimonio le confesaba en voz baja alguna duda sobre el sexo, sobre el dolor coital, sobre la ausencia de orgasmo... no había ninguna respuesta que dar. Su especialidad, la obstetricia, solo se ocupaba de la parte intermedia, la gestación, y la parte final, en la que venían los niños al mundo. En la primera parte —cómo se produce la fecundación—, la ciencia no tenía nada que decir, la sexología no existía. En el ámbito de la conducta sexual no se había avanzado ni un centímetro, la puerta de entrada estaba bloqueada por un tabú. Adentrándose en un reino desconocido por completo, Masters tenía que explorar el vacío, la Antártida, como Scott y Amundsen. El pionero Kinsey había movido los goznes de la piedra que tapaba la caverna y había mirado por la rendija. A través de sus encuestas, había sacado a la luz comportamientos que, supuestamente, no existían. Bajo la superficie, la gente tenía relaciones extramatrimoniales, se masturbaba con frecuencia e, incluso, tenían experiencias homosexuales. El anonimato de los cuestionarios permitió descubrir la parte sumergida del iceberg.

¿EL VERDADERO MOTIVO POR EL QUE WATSON FUE DESPEDIDO?

En 1920, John B. Watson fue despedido de la Universidad Johns Hopkins por su relación extraconyugal con Rosalie Rayner. Desde 1974 circulaba una hipótesis alternativa, según la cual el verdadero desencadenante habría sido otro: una investigación clandestina sobre la sexualidad humana que se consideró inaceptable. Watson, siempre aventurero, se dio cuenta de lo poco que sabemos de las reacciones fisiológicas durante las relaciones sexuales. Tal vez lo utilizó como una razón, tal vez como una excusa, para una aventura con Rosalie Rayner. En un momento dado, alrededor de 1918, conectaron sus cuerpos a varios dispositivos e hicieron el amor en el laboratorio de Watson, donde generaron una buena cantidad de datos. La esposa de Watson descubrió el pastel y confiscó los datos como pruebas para el juicio de divorcio.

Según esta versión, existía una foto de los instrumentos que Watson usó en su investigación sexual. La hipótesis de la investigación sexual se extendió por muchos libros de texto hasta que, recientemente, el investigador histórico Ludy Benjamin ha revisado el caso, sin encontrar ninguna evidencia. Es más, existían cientos de rumores sobre relaciones de Watson con diferentes mujeres. El historiador Benjamin supone que todo lo referido al sexo vende y que nadie se resiste a una historia picante. El rumor sobre la investigación sexual se parece tanto a la historia de Masters y Johnson que hace sospechar que se trata de una fotocopia del modelo original. En los años 70, Masters y Johnson se habían convertido en un mito. Así que algunos cortaron su historia y se la pegaron al difunto Watson.

¿QUIÉN DIJO QUE NO HABÍA RIESGOS? PRIMEROS EXPERIMENTOS, PRIMEROS ACCIDENTES

Virginia Johnson se dedicó a reclutar mujeres entre veinte y treinta años que quisiesen colaborar, a las que aseguraba confidencialidad y remuneración. Las cosas debían hacerse con mucho tiento. La voluntaria entraba en la sala de experimentación vestida con una bata y una funda de almohada, que cubría su cabeza para evitar ser reconocida. Se recostaba en un sillón y se introducía un cilindro de plexiglás dotado con una lente óptica en el extremo. El objetivo era documentar la reacción de la vagina ante la penetración.

Antes de nada, la voluntaria se conectaba mediante una serie de cables a un conjunto de aparatos y monitores, un complejo polígrafo sexual para medir todas las respuestas fisiológicas. Había cables que conducían la señal eléctrica cerebral para alimentar el electroencefalograma. Desde el pecho, los conductores transmitían los cambios del ritmo cardíaco. Con perspicacia, Virginia Johnson se adelantaba en detalles que otros dejaban de lado. Estaba en todo: traía una toalla tibia y húmeda, envolvía el aparato antes de empezar la sesión y, así, conseguía mayor predisposición por parte de la chica.

En sillas de oficina, los experimentadores se ubicaban frente a las piernas abiertas de la participante y desde allí se involucraban a fondo en la observación. Aquello no dejaba de tener su peligro y a veces ocurrían accidentes. En una ocasión, el objeto fálico golpeó la cara del absorto Masters cuando la estudiante procedió a retirarse el aparato, una vez finalizada su práctica.

CÓMO CAZAR A UN HOMBRE SIN QUE HUYA DESPAVORIDO

El curso anterior, el doctor Masters se había pasado meses contratando prostitutas, la opción más sencilla. Escondido tras el armario, tomaba notas del intercambio sexual. Ahora, la mayoría de las voluntarias eran estudiantes de la universidad. Gracias a Virginia Johnson, Masters contaba con una excelente reclutadora de voluntarios, profesional y diestra en las sutilezas sociales. Por los mentideros del hospital se hablaba mucho de los devaneos del doctor Gilpatrick durante las guardias nocturnas. Debía ser algo así como el personaje que ha interpretado George Clooney tantas veces. A un ejemplar así, vendría estupendamente reclutarlo, y para esto no había protocolos. Pero Virginia sabía cómo plantear este tipo de propuestas, era única y tenía gancho, esa pizca de gracia, la proporción justa de tacto y descaro.

Lo logró con él y con muchos otros, lo que tuvo gran mérito. Sabido es que ellos son más remisos que ellas para estas cosas. Algunos aspectos, es verdad, producían mucho sonrojo. Un investigador se tenía que aproximar con una cinta métrica al voluntario, con objeto de medir el órgano sexual en reposo. Y, más difícil todavía, se tomaron medidas de 80 miembros en estado de erección. En algunos casos se pedía al voluntario que se manipulara él mismo, en otros la medición se hacía durante el coito. La voluntaria esperaba en una cama doble, sobre sábanas verdes, con una bolsa cubriendo la cabeza. Introducido por Virginia, el voluntarioso doctor Gilpatrick hacía su entrada vestido con su bata de hospital y con su funda en la cabeza. Gilpatrick se empeñaba a fondo para mantener su brío durante todo el proceso. Al poco rato, se quitaban las fundas que les ahogaban y continuaban. Gilpatrick era un actor entregado y altruista. Mientras duraban las embestidas, Virginia les suministraba indicaciones para que no se desprendiesen los cables. A su lado, Masters tomaba medidas de la actividad eléctrica del útero. El trabajo fue concienzudo y, como regalo, consiguieron algunas voluntarias muy valiosas, nunca antes observadas: mujeres embarazadas. En total, utilizaron más de trescientos hombres y cerca de cuatrocientas mujeres. En una proeza de la ciencia inductiva, pocas veces igualada, registraron más de diez mil orgasmos obtenidos individualmente o en pareja. Si alguien se pregunta «¿hubo alguna vez once mil orgasmos?», ya tiene la respuesta. Masters y Johnson se acercaron bastante.

LA EDUCACIÓN SEXUAL DE BILL:
MUCHOS GRITOS Y UN HELADO

Cuando Bill Masters alcanzó los catorce años, una tía abuela le pagó la matrícula para estudiar en la Lawrenceville School, la residencia de Nueva Jersey donde iba a internarse. En un gesto inusitado, el padre de Bill se ofreció a acompañarlo hasta la residencia.

De camino, pararon en Nueva York donde invitó al jovencito a una obra de Broadway y a varios restaurantes de postín. Cuando se aproximaban a la residencia, yendo en el vagón del tren, su rostro enrojeció de pronto, porque Bill iba a recibir su primera clase de educación sexual.

«Los maridos y las mujeres hacen algunas cosas privadas que muy pocas personas comprenden o conocen bien», informó el padre a Bill, sudando profusamente. Una mujer viajaba en un asiento cercano acompañada por su hija. Le pidió que se callase, por favor; sin hacerle caso, el padre continuó vociferando. Cuando llegaron a la localidad, el padre lo invitó a un helado. Declaró con solemnidad que, a partir de aquel momento, acababan sus responsabilidades como padre. Bill debía apañarse como pudiese con la asignación de la tía abuela, su benefactora.

La infancia y adolescencia de Bill fueron solitarias. Virginia fue una joven más precoz, creció rodeada de afectos y tuvo experiencias muy diversas, tanto en su pequeño pueblo como en los ambientes mundanos de la ciudad. Todos los detalles han sido divulgados por Maier en su libro sobre la vida de Masters y Johnson.

DIFUNDIENDO LOS RESULTADOS: ¡QUÉ PELIGRO!

Masters no pudo comunicar los resultados de su investigación en el congreso oficial de ginecología. Los organizadores le explicaron que el rechazo se debía a Virginia Johnson, ya que carecía de un título oficial. Nadie se creía que ella hubiera aportado soluciones en cuestiones sexológicas. Era una mujer que se presentaba como fuerte y segura, así que esta puesta en escena sugería una relación con Bill. Y fue dada por supuesto.

¿La había incluido como firmante de los trabajos porque era su pareja? No, no era por eso, era realmente colaboradora en las investigaciones; pero sí, la relación profesional devino en personal. Al principio fue intermitente, y muchos veían esta relación como parte del compromiso científico, parte de las observaciones. ¿Observaciones participantes? Se rumoreaba que el doctor Masters se lo había propuesto a ella. De todas formas, al final, la relación personal se sobrepuso a la profesional.

LA ESPOSA DE BILL LOS PILLA CON EL CARRITO DEL HELADO MIENTRAS ESTÁN DE GIRA

En el fondo, sucedió porque tenía que suceder. Bill y Virginia viajaban juntos con frecuencia para divulgar los resultados, que se esperaban con expectación. En los hoteles, reservaban habitaciones separadas. En una ocasión, la mujer de Masters se quedó en casa para cuidar a los dos hijos de Virginia Johnson. Cuando llamó a su marido a la habitación para ver cómo había ido el día, fue Virginia quien descolgó el teléfono. La esposa conocía bien su voz, *sí, dígame...* Durante algunos segundos, el silencio se hizo sólido al otro lado.

En 1964, los descubrimientos se publicaron en el libro *La respuesta sexual humana*. En los años 60, con el descubrimiento de la píldora anticonceptiva, la sexualidad se convirtió en un ámbito de libertad, un paraíso perdido que había que disfrutar. Y el libro de Masters y Johnson se convirtió en el mapa del tesoro, en la llave de El Dorado. La importancia de esta investigación radica en que, por vez primera, los datos fueron obtenidos de forma directa y registrados objetivamente, utilizando una amplia muestra de personas normales. El máximo experto en sexualidad hasta entonces, Alfred Kinsey, había obtenido sus datos a través de entrevistas personales. En lugar de elegir los participantes al azar, el método para elegir su muestra era la selección personal del propio Kinsey.

Revisando la bibliografía, el panorama tampoco era alentador. Las visiones científicas todavía se basaban en las hipótesis de Freud. Solo el orgasmo vaginal se consideraba esencialmente femenino. Según Freud, el orgasmo clitoridiano constituía una manifestación de la envidia del pene. Por tanto, la mayoría de las mujeres mostraban una sexualidad subsidiaria frente al modelo masculino. El viejo modelo aún perduraba, aunque se basaba en las creencias y autobservaciones de Freud, cuya muestra era más reducida y selecta que la de Kinsey: su mujer y los relatos de las pacientes (a lo que se añadía, según se rumoreaba, su cuñada). En definitiva, la sexualidad humana era tan desconocida como la cara oculta de la luna. A pesar de los pesares, Masters y Johnson tuvieron un éxito espectacular. Las observaciones de los psicoanalistas no podían competir con las fotografías en color, las elucubraciones sucumbían frente a las gráficas. A partir de *La respuesta sexual humana*, las revistas de sexología disponían de su libro sagrado particular. Nada más nacer, se convirtió en un manual tan clásico como *Anatomía de Grey* o el *Kamasutra*.

VALE, BUENO, AHORA SÍ... ¡VAMOS CON LOS RESULTADOS! LAS FASES DEL SEXO

Por primera vez en la historia, se describieron de forma detallada las fases de la respuesta sexual humana: excitación, meseta, orgasmo y resolución. Los hombres jóvenes podían pasar del reposo a la erección completa en 3 segundos, casi tan rápido como un Ford Mustang. Las mujeres mostraban rápidamente señales de excitación en sus aureolas y la lubricación surgía en un lapso de 10 a 30 segundos. Los voluntarios mayores mostraron que estas respuestas podían enlentecerse con el paso del tiempo y debilitarse en algún momento, pero no desaparecían del todo. La respuesta sexual se llegó a contemplar, con toda su plenitud, en un sujeto de 80 años. Un tabú se derrumbaba, el primero de los muchos que estaban por caer.

En cuanto al acoplamiento de los genitales, Masters y Johnson descubrieron que la pared vaginal se retrasaba y ascendía, se formaba una tienda de campaña vaginal y el útero se ensanchaba. En los primeros minutos del coito, se producía una acomodación de la cavidad vaginal al miembro masculino, demostrándose que se podía adaptar a cualquier tamaño. Para ello, utilizaron un paradigma de coito artificial y vieron que, para cualquier tamaño de pene artificial, el acoplamiento se producía con la misma eficacia. Por primera vez, detectaron que el hombre segrega una substancia en la fase de meseta. En ambos sexos, todo el pecho y el rostro se cubre de manchas rojizas indicando el flujo de sangre. Este *rubor sexual*, como lo definió Masters, aparecía primero en la barriga.

En el momento del orgasmo, las pulsaciones y la respiración se aceleran, coincidiendo con una sensación subjetiva irreversible. Ya no hay marcha atrás, esto ocurre en pocos segundos. Otra verdad demostrada científicamente por primera vez: para que se produzca el orgasmo femenino se necesita más tiempo. Cuando llegaba, se producían entre 4 y 8 contracciones vaginales, separadas por un intervalo de 8 décimas de segundo, coordinadas con las contracciones expulsivas del hombre. En el periodo refractario, las diferencias son notables. En el caso del hombre, el pene regresa al estado de reposo en breve tiempo, y solo si continúa aparcado en la cavidad vaginal mantiene una parte de la erección. Hasta que pasa una hora, no es posible regresar a la actividad. En la mujer, este periodo no fue fácil de observar, pues en algunos casos las voluntarias podían repetir la actividad a voluntad, como si no les afectase el periodo refractario.

Registraron casos de voluntarias que podían tener seis orgasmos de forma continuada y cada uno era más placentero que el anterior. Esta era una tendencia muy extendida entre las voluntarias. Masters pensaba que era la tendencia general entre las féminas, lo que constituía un descubrimiento digno del Nobel.

No fueron buenas noticias para los hombres. Como había mostrado el esforzado doctor Gilpatrick, el hombre es un francotirador, dispone de una sola bala de plata y la dispara lo antes posible esperando dar en el blanco. La mujer dispone de una ametralladora con potencia multiorgásmica. Las descripciones de Masters intentaron ser neutras y técnicas, suavizando el golpe. Darwin había derribado al ser humano de su pedestal, devolviéndolo a la selva junto a sus congéneres animales. Masters y Johnson despojaron al macho humano de su frágil y artificiosa superioridad.

EL PENE, UN ÍDOLO DERRIBADO

Llegó la revolución de la sexología. De una vez por todas, se ponían en el mismo plano ambas respuestas fisiológicas, ambas armonizadas por la naturaleza, ambas fruto de instrumentos que interpretan la misma sinfonía. Algunos conceptos fueron puestos en cuarentena, como la frigidez. La investigación sugería que era un producto de las presiones religiosas y moralidades estrictas.

El tamaño del pene fue otro ídolo arrasado. Por debajo de su terminología médica, se intuía el goce de Masters al destruir la primacía fálica. *Falacias fálicas*, las llamaba él. Para simplificar, como si fueran espárragos, dividieron los penes en dos grupos: los de categoría inferior, entre 7,5 y 9 centímetros; los de categoría superior, entre 10 y 11,5 centímetros. Los investigadores descubrieron que cuando los inferiores entraban en erección doblaban su tamaño, en cambio los superiores solo aumentaban un 75 %. Un ejemplar de 7 centímetros se incrementó en un 120 %. Masters se resistió a incluir el dato más demandado por la prensa, el tamaño medio, que quedó reservado: «Jamás lo revelaremos», declaró cerrando con celo su libreta.

En conjunto, quedaron expuestas las limitaciones de la respuesta fisiológica masculina. Con la edad, la erección se ve dificultada y sufre disminuciones variables. Además, el control de la eyaculación es muy escaso, porque la excitación masculina es unidireccional, como un vagón empujado cuesta abajo y sin frenos. El retrato que hizo del pene lo presentaba como una criatura más bien tímida. Cuando los voluntarios oían ruidos o instrucciones técnicas, o debía recolocarse algún electrodo, la pujanza desaparecía y les costaba mantener la investigación en marcha. Para volver a reproducir el coito, era necesario controlar al milímetro la excitación del hombre. Si se excitaba mucho, todo conducía al descarrilamiento del expreso. Por el contrario, las mujeres mostraban su capacidad para detener la experiencia orgásmica y continuar después si se lo pedían.

EL TRIUNFO DE LA MARCA M&J Y DE LA INSUFICIENCIA SEXUAL HUMANA

El niño tímido que lloraba por las noches y la chica segura de sí misma habían revolucionado la ciencia de la sexualidad humana haciendo experimentos y observaciones nunca vistas. El libro fue

Portada de Masters y Johnson en la revista Time.

un éxito comercial y concedieron muchas entrevistas divulgativas, por lo que la sociedad occidental se hizo más receptiva. Las revistas semanales empezaron a incluir una sección de sexualidad, haciendo bocadillo entre la sección de cocina y decoración del hogar.

En 1970, publicaron el libro *Insuficiencia sexual humana*, que se convirtió en su segundo éxito de ventas. Aunque el nombre de este superventas no se refería a su primer matrimonio, este mismo año Masters se divorció de su esposa, se casó con Virginia y tuvieron dos hijos. M&J habían creado una marca de éxito y protagonizaron una serie de televisión. En los años que siguieron se dedicaron al campo de la sexología clínica, haciendo terapias de pareja. Johnson demostró su valía como terapeuta y nadie volvió a reclamarle sus credenciales.

MÁS EXPLORADORAS QUE NO SON DORAS: SHERE SE DESNUDA EN PORTADA Y HELEN AÑADE EL DESEO

Ella, Virginia, abrió el camino a muchas otras sexólogas, algunas transgresoras. Con su estilo a lo Farrah Fawcett, Shere Hite posó para *Play Boy*, participó en un anuncio de máquinas de escribir y le dio tiempo a publicar su *Informe Hite* sobre la sexualidad femenina en 1976. Criticó a Masters y Johnson por asumir mitos culturales sobre la sexualidad sin un análisis crítico. Por ejemplo, Masters pensaba que la estimulación clitoridiana durante el coito era suficiente para producir el orgasmo. Y si no se producía, se suponía que existía una disfunción sexual. De alguna forma, la sociedad occidental en aquellos momentos trasladaba la culpa de la anorgasmia a la mujer.

La sexóloga Helen Singer Kaplan modificó el modelo de M&J introduciendo una fase previa, el deseo sexual, y agrupando las cuatro fases anteriores en dos. El nuevo modelo tiene tres grandes fases: el deseo, donde se inicia el impulso hacia el sexo; la excitación, que incluye la fase de meseta; y el orgasmo, que incluye la resolución. Al incluir el deseo, se tienen en cuenta muchos factores relevantes, como la influencia de la cultura o las cogniciones.

Helen Singer nació en Viena, como si, por alguna conjunción astral, todos los grandes de la sexología tuvieran que provenir de esta zona del mundo. Emigró a Estados Unidos y estudió en Siracusa. Se casó con el psiquiatra y terapeuta sexual Harold Kaplan, tuvieron tres hijos y se separaron. Cada uno siguió su camino. Ella volvió a casarse con un empresario juguetero, Charles Lazarus, fundador de *Toys "R" Us* (tras el sexo, no lo olvidemos, vienen los niños y hay que pensar en entretenerlos), mientras Harold se fue con una actriz de telenovelas muy famosa en los Estados Unidos.

INTERLUDIO UTERINO: ¿REALMENTE HEMOS DESCUBIERTO EL SEXO EN EL SIGLO xx?

Aunque estas sean las polémicas más avanzadas del siglo xx en materia de sexología, no constituían aspectos desconocidos para los médicos del siglo xix. En esta época, el médico francés Fleury ya hablaba del clítoris como el centro neurálgico del placer femenino y de su importancia para la consecución del orgasmo. Como evidencia empírica, Fleury cita a un médico que también era sacerdote y que poseía una información privilegiada. Parece que las mujeres confiaban más en los confesores que en los médicos. Y, ciertamente, la descripción que hizo del orgasmo femenino fue muy pormenorizada, como podemos comprobar a continuación.

Según el médico-sacerdote, las poluciones de las mujeres se describen como

> ...una efusión interna o externa, una excreción o exudación de materia mucosa, producida por las glándulas vaginales, con un sentimiento más o menos vivo de placer, seguido por un movimiento espasmódico. Esta sensación consigue que el orgasmo erótico vaya seguido por un estado de reposo y alivio. La efusión interna se caracteriza por esta simple exudación mucosa en una cantidad mínima. La cantidad y la cualidad de la materia excretada son variables, dependen de las disposiciones individuales, el temperamento linfático o flemático, y la impresionabilidad de la mujer. (Fleury, pp.624-625)

El curioso cura estaba bien informado, no tenía nada que envidiar a Masters y Johnson. Es decir, en el XIX sabían de la existencia de la eyaculación femenina. Por tanto, en la época de nuestras tatarabuelas, convecinas de Isabell II, no ignoraban los descubrimientos que Shere Hite o Masters sacaron a la luz. Probablemente, Isabel II, mujer de gran vehemencia sexual, tenía también muchos datos sobre la naturaleza de la sexualidad humana, extraídos de su experiencia. Nosotros no somos los primeros, solamente *redescubrimos*. A pesar de lo cual, cada generación cree que, cada amanecer, vuelve a descubrirse la pólvora.

EL DIVORCIO DE LOS TERAPEUTAS: M. Y J. CADA UNO POR SU LADO

En el año 1992, se publicó la noticia del divorcio de la pareja M&J, que a estas alturas llevaban casados 21 años. Pusieron punto final a su convivencia debido a «diferencias entre los objetivos que ambos quieren alcanzar para encontrar el equilibrio en sus vidas». Virginia Johnson quería dedicar sus años de retiro profesional a viajar un poco por el mundo, mientras que William Masters solo estaba interesado en seguir trabajando. Al parecer, Masters acudía al despacho siete días a la semana. El director de la clínica estaba compungido ante los periodistas. Reconocía que sería difícil convencer a los pacientes, de ahora en adelante, para que evitaran la separación, le echaran paciencia y se dieran tiempo.

Tras el divorcio, continuaron su colaboración profesional un breve tiempo. Masters se fue apagando progresivamente y Virginia publicó un libro sobre las relaciones heterosexuales en tiempos del sida. La afirmación de que el VIH se *pegaba* al sentarse en un wáter público no la benefició, la atacaron desde todos lados y perdió muchos clientes. Parece que ambos funcionaban mejor en pareja, mostrando de forma prolongada su buen acoplamiento.

BIBLIOGRAFÍA

Fleury, L. (1875). Traité Therapeutique et Clinique D'hydrotherapie: L'application de l'hydrotherapie au Traitment des Maladies Chroniques: Dans les Etablissements Publics et au Domicilile des Malades. P. Asselin. París.

Maier, T. (2009). *Masters of Sex: The Life and Times of William Masters and Virginia Johnson, the Couple Who Taught America How to Love.* Basic Books. New York.

Benjamin, L. T., Whitaker, J. L., Ramsey, R. M. y Zeve, D. R. (2007). John B. Watson's alleged sex research: an appraisal of the evidence. *American Psychologist, 62*(2), pp. 131-9.

El humanismo: *Maslow,*
Seligman y la Mona Lisa

UN NIÑO CRUZA EUROPA

A principios del siglo xx, Samuel Maslow, un chico judío de 14 años, cruzó a pie toda Rusia hasta llegar a la frontera y después recorrió todo el este europeo. El chico tenía entre ceja y ceja llegar a los Estados Unidos de América. Al fin, Samuel consiguió llegar a Nueva York, donde empezó a trabajar como tonelero, reparando barriles. Desde allí, escribió una carta a su prima Rose preguntándole si quería casarse. El matrimonio se afincó en Brooklyn y este relato era una vieja leyenda familiar en la casa Maslow.

El día 1 de abril de 1908 nació el hijo mayor, que fue llamado Abraham. Luego, nacieron seis hijos más. En lugar del paraíso, los niños Maslow encontraron una cantidad considerable de miseria moral y alcohol. Las peleas eran frecuentes en el marco de un matrimonio roto. El señor Samuel ya no era el niño ilusionado que había atravesado Europa, se refugió en la bebida, las mujeres y las peleas. Cuando regresaba de sus juergas, lo pagaba con su primogénito, Abraham, al que despreciaba, tratándolo de feo y desagradable.

En Brooklyn, Abraham, el niño judío y tímido, se sentía aislado en el colegio, donde el antisemitismo florecía por los rincones. Casi siempre iba solo, con la cabeza agachada. Como no tenía amigos ni confidentes, buscaba los vagones vacíos del metro, se refugiaba en las bibliotecas y en los libros, avergonzado de su fealdad. Abraham odiaba a su padre y sentía que su madre era una criatura miserable, supersticiosa y cruel con los niños. Ella siempre favorecía a sus hermanos y amenazaba a Abraham constantemente: «Dios te castigará por tus malas conductas», le gritaba.

Corroída por el miserable sueldo del padre, la mujer había bloqueado el frigorífico con un candado. En la casa se racionaba la comida y cualquier muestra de afecto estaba prohibida. El niño crecía sin ningún tipo de cariño, sin autoestima alguna. Un día, Abraham llevó a casa dos gatitos que había encontrado en la calle, dispuesto a cuidarlos. Los bajó al sótano, donde les llevaba unos vasitos de leche a escondidas. Cuando lo descubrió, la madre se enfureció y aplastó las pequeñas cabezas contra el muro mugriento del sótano. El niño quedó devastado.

EL ADOLESCENTE QUE LO ARRIESGÓ TODO POR UN BESO

Abraham tenía un cerebro privilegiado, y este era el único tesoro que tenía, la curiosidad. Quería comprenderlo todo y estudiarlo todo. ¿Qué sentido tenía todo aquel sufrimiento envuelto en soledad? ¿Qué pintaba él en este mundo? Con el paso de los años, Abraham Maslow pudo arreglar las diferencias con su padre y, al final, lo recordaría como un buen hombre, siempre que no tuviese una botella bajo el brazo. Al menos, su padre le permitió estudiar y formarse en lo que quería; por supuesto, no quería ser abogado, como le habían aconsejado. Con su madre, no hubo paz ni olvido, nunca se reconciliaron ni por asomo.

A los 14 años conoció a su prima Bertha Goodman, también procedente de Rusia. Se ofreció a enseñarle inglés, ya que con ella se sentía capaz de hablar, y cayó enamorado. A los 19 años hizo la primera apuesta arriesgada de su vida, besar a su prima. Por suerte, ella no le rechazó y al poco tiempo se casaron. Así, Maslow logró reponer una parte de su maltrecha autoestima y rellenar el barril del afecto, hasta entonces vacío.

LA CONSTRUCCIÓN DE LA PIRÁMIDE MÁS FAMOSA, DESPUÉS DE LA DE KEOPS

Este niño triste, este adolescente ensimismado, crearía uno de los iconos más conocidos de la psicología, la pirámide de Maslow. Como si quisiera dedicar un monumento a sus perdidos cachorros felinos, a sus desgraciados hermanos, los escalones iniciales de la pirámide eran los pilares de cualquier hogar. El niño demanda en primer lugar unas necesidades fisiológicas básicas, y, a continuación, seguridad, pertenencia y amor. Todo ello ha de ser suministrado por parte de un grupo familiar.

Al llegar a la universidad, le hicieron un test de inteligencia y rompió los baremos por arriba. Alcanzó la puntuación de 195, por lo que el famoso psicólogo Edward Thorndike quedó impresionado. En la Universidad de Wisconsin, Maslow trabajó con Harry Harlow, conocido por sus investigaciones sobre la conducta social en monos. En un famoso experimento, Harlow criaba a unos monitos en el laboratorio sin su madre. En lugar de esta, colocó en la jaula a dos madres sustitutas. La primera era un armazón mecánico de alambre dotado con un biberón que suministraba leche a la criatura. La segunda «madre» era una muñeca, parecida a una mona, recubierta de peluche, algo más cálida. ¿Con cuál de estas dos *pseudomadres* pasaba el monito más tiempo? ¿Junto a la fría nodriza de metal o abrazado a la cálida muñeca?

Respecto a esta cuestión, Maslow no tenía dudas y rechazó tratar a los niños como proponía John B. Watson, modelando de forma fría su comportamiento y sus emociones. Si seguimos el programa de Watson, los niños no reciben abrazos ni afecto. Los premios y castigos son los únicos estímulos que guiarán su conducta hasta que se conviertan en lo que deseemos los adultos.

EL DOMINIO DEL SEXO: EN BUSCA DEL TIEMPO PERDIDO

Animado por Harlow, Maslow empezó a investigar la conducta sexual de los primates. Le llamó la atención un aspecto, la conducta sexual en los monos era muy frecuente, estaban todo el tiempo involucrados en ella, mucho más tiempo del necesario para procrear. Maslow pensó que estas conductas perseguían la dominación. Con ellas, buscaban sentir el poder. La actitud social dominante se traducía luego en el acceso a relaciones sexuales de dominio. Las hembras dominantes tendían a ser extrovertidas y más dispuestas a ser sexualmente aventureras. Tenían gran predisposición a tener relaciones sexuales y mayor frecuencia de masturbación.

Abraham Maslow regresó a Nueva York para ocupar un puesto en la Universidad de Brooklyn. Como profesor, destacaba por su cariño y atención hacia los estudiantes. Allí continuó con sus investigaciones sobre la sexualidad, pasando de los monos a los humanos, y entrevistó a sus compañeras de la universidad. Al preguntarles sobre su vida sexual, sus hipótesis se vieron reforzadas. El sentimiento de dominancia era muy importante: sentirse importante, poderoso, se reflejaba luego en las actitudes sexuales. El joven Maslow, inexperto en cuestiones de cortejo y seducción, se sentía sumergido en un mundo secreto cuando aquellas mujeres le hablaban de sus experiencias sexuales, como si tuviera permiso para mirar por la cerradura dentro del serrallo de un sultán. Se trataba un tema tabú para la época, por lo que no tuvo demasiada repercusión. Fue un viaje a medio camino.

En esta época de su vida, Maslow aún se mostraba muy tímido, aunque hacía progresos. Si examinamos las fotos de entonces, Maslow sonreía de medio lado, apenas podía desplegar los labios cuando la cámara lo enfocaba. En estas imágenes sin sonrisa, parece que fuera la Mona Lisa con un ataque de melancolía. ¿Acaso espera que contraten una orquesta para animarle? ¿Quiere arrancar a sonreír y no puede debido a su timidez?

¿QUÉ SE VE DESDE LA CUMBRE DE LA PIRÁMIDE? LAS VIVENCIAS MÁS INTENSAS

A partir de 1935, en la *New School for Social Research*, Maslow conoció a grandes científicos y figuras de la psicología que venían de Europa huyendo del nazismo. Entró en contacto con los psicoanalistas Adler, Erich Fromm y Karen Horney, con Kurt Goldstein y la antropóloga Margaret Mead, todo un lujo de sabiduría que absorbió como una esponja.

Especial devoción sintió hacia Max Wertheimer y Ruth Benedict. Eran dos personas maravillosas y de alta inteligencia, Maslow las adoraba y quería entender qué hacía tan diferentes a estas personas del resto. No solo habían resuelto las cuestiones básicas de la vida, habían llegado a un escalón más alto, ellos se habían proyectado más allá de sí mismos y, con ello, habían transportado a la humanidad un paso por encima de los estadios que él conocía.

Decidió estudiar este proceso de crecimiento personal, escalón tras escalón, aunque al principio se sintió frustrado. No podía hacer experimentos de laboratorio para comprobar su teoría. La *autorrealización* se produce en un rico contexto vital, de manera que no puede reproducirse artificialmente. Para llegar a esta realización personal, se requería vivir intensamente. Maslow anhelaba arribar a esas vivencias intensas, o *experiencias cumbre*, como él las llamaba. En estos ámbitos espirituales el ser humano trasciende, allí es donde un individuo encuentra el sentido del universo. No obstante, se tranquilizó pronto, asumiendo con naturalidad las limitaciones. Muchos fenómenos significativos de la vida humana no prosperan en condiciones artificiales, solo pueden ser observados en la propia realidad. La vida en sí misma es un gran laboratorio, ¿por qué no aprovecharlo?

En general, Maslow derrochaba optimismo, incluso acerca de las capacidades humanas de autodeterminación. Las limitaciones pueden ser superadas por la motivación y el libre albedrío. Por tanto, en cuanto a métodos, objetivos y temas a investigar, Maslow fue de los primeros en enmendarle la plana seriamente al *establishment* conductista. El chico tímido se les subía a las barbas a Watson y Skinner. Mientras esta batalla se daba en el plano académico, con otras figuras la pelea se hizo carne.

UN MOTEL EN LA NOCHE Y UN LIBRO QUE SE MULTIPLICABA

Un verano, Maslow se fue de vacaciones a California para recorrer la costa junto a su mujer, Berta. Maslow conducía despacio, disfrutando del sol y la espléndida vegetación. Se hacía de noche cuando decidieron parar en un motel viejo que se veía desde la carretera. En una gran estancia, un grupo de personas estaba leyendo un libro titulado *Hacia una psicología del ser*. En este libro, Maslow exponía sus ideas sobre la existencia humana en una línea humanista, lo que influyó mucho en los movimientos culturales de los años sesenta. Maslow quedó gratamente sorprendido, cada persona tenía su propio ejemplar como si fuera el evangelio. ¡Se había convertido en un gurú! Murphy, el director del motel, había comprado un ejemplar para cada residente.

En realidad, no se trataba de un motel, sino de una comunidad llamada Esalen. En este lugar se había fundado una comunidad psicológica de vanguardia que combinaba el tratamiento, la rehabilitación y el crecimiento personal. Estaba dirigida por el psicólogo Dick Price y su socio Murphy, que se hicieron amigos de Maslow y le pidieron que impartiera talleres para los residentes.

EL DÍA QUE MASLOW SE TROPEZÓ CON UN SANTA KLAUS DEMENCIADO

Durante aquellos años, cuando el trabajo de Nueva York se lo permitía, Maslow hacía visitas periódicas a sus amigos de Esalen. Habitualmente, se situaba en su atril e impartía sus seminarios. Como figura de la psicología humanista, sus palabras eran absorbidas con veneración. Esa noche, Maslow empezó su charla armado con su sonrisa característica de tímido encantador. Al fondo había un hombre mayor, con aspecto de indigente, que parecía aburrirse y mascullaba palabras. Normal, en Esalen había gente con problemas psicológicos.

—¡Vaya mierda! ¡Qué aburrimiento! —el viejo rezongaba, revolviéndose en su asiento.

Maslow intentaba no distraerse, consciente de las dificultades de una parte de su auditorio. El viejo se tiró al suelo y gateando se acercó a una de las mujeres, mientras cantaba.

—¡Tú eres mi madre! ¡Quiero a mi madre! —le decía a la muchacha, tal vez bajo algún tipo de síndrome alcohólico o, quizá, víctima de alucinaciones.

Maslow se fijó en el hombre, en su barba blanca y su prominente nariz enrojecida. Sin duda, no andaba bien de la cabeza. Maslow miraba a los responsables, exigiéndoles que retiraran al viejo. Los directores, impotentes, abrían los brazos y aún más los ojos. Más tarde, le pidieron disculpas y le contaron que el individuo trastornado era Fritz Perls, el *enfant terrible* de la terapia Gestalt. Intentarían hacer algo, el tipo se estaba volviendo incontrolable, tal vez debían convencerle para fundar algún nuevo centro al otro extremo del mundo.

LA SONRISA DEL MONO ABRAHAM

Abraham, el ratoncito de biblioteca, se convirtió, junto a Carl Rogers y Gordon Allport, en el fundador de una importante corriente, la psicología humanista, una alternativa a los grandes paradigmas que dominaban la psicología. El conductismo insistía en aspectos prácticos y en el control de la conducta; el psicoanálisis se había especializado en bucear en la infelicidad y explicar el origen de los trastornos mentales. Caminando en la dirección contraria, el niño infeliz había querido crecer, escalar hacia los paisajes más positivos del ser humano.

En las fotos de madurez, lo vemos sonreír abiertamente con frecuencia. De hecho, Maslow es uno de los psicólogos que se muestra más feliz en las imágenes, como si no se cansara de reír y sonreír, como si tuviera prisa por recuperar la felicidad que le robaron durante la niñez, como si él mismo fuera aquel monito de Harlow

La sonrisa de Abraham Maslow.

que abrazaba a la madre de peluche antes que a la madre gélida de alambre. Maslow volvía a ser niño, recuperaba la afectividad abierta y ancestral de los bonobos, aquellos simios que le habían enseñado a no temer al amor, ni a los besos ni caricias que unen al grupo. Los más dominantes y aventureros, los que más arriesgan, entre los bonobos y los humanos, son los que más emociones afectivas disfrutan.

Su vida fue provechosa, ahora se sentía satisfecho, querido. Acumuló autoestima y hasta se veía «mono», los insultos de sus padres habían quedado atrás. En 1967, al filo de los 60 años, murió de un ataque al corazón. Este final ha sido el más común entre los psicólogos del siglo xx. Mientras que en la antigüedad los filósofos griegos parecían empeñados en morirse de formas muy diversas e imaginativas, los psicólogos occidentales resultan previsibles y aburridos. El Tánatos, la muerte, ocupa un lugar previsto de antemano. Por regla general, el final del camino aparece hacia los 60 años en forma de ataque cardíaco, y este final rutinario se repite en James, en Perls, en Maslow, en Reich, en Kurt Lewin, en Mira y en tantos otros. En cambio, en todos ellos el Eros resulta mucho más creativo, nos ofrece una amplia paleta de colores y muy diversas formas de satisfacción.

SELIGMAN Y LA PERCEPCIÓN DEL SUFRIMIENTO

El propio Seligman ha relatado cómo ocurrió todo, un día de su niñez. Le mandaron a dormir a casa de su mejor amigo, Jeffrey. El padre, un abogado en la cuarentena, en la cúspide de su carrera profesional, lo llevó en su automóvil. Antes de llegar a su destino, papá Seligman tuvo que detenerse en el arcén. Permaneció unos minutos en silencio y, traspasado por el miedo, confesó que no sentía la parte izquierda del cuerpo.

En casa de su amigo, Martin Seligman durmió inquieto. Al despertar, intuía que algo no iba bien, mientras recorría las pocas calles que lo separaban de su casa. Oculto detrás de un árbol, observó la escena, bajaban a su padre en camilla y el hombre respiraba con dificultad. La ambulancia lo trasladó al hospital, donde sufrió más ataques. A partir de entonces, sufrió secuelas que lo condenaron a la inmovilidad y graves heridas emocionales. Cuando lo visitaba en el hospital, Martin veía en los ojos de su padre la señal de la tristeza y el desvalimiento más absolutos, la mirada de un hombre derribado.

LOS PERROS QUE RENEGABAN
DE LOS EXPERIMENTOS

En la década de los 60, Martin estudió filosofía en Princeton y después llegó al laboratorio de psicología experimental del psicólogo conductista Richard L. Solomon, un reconocido experto en aprendizaje animal, con la intención de terminar su doctorado. El delgado y alopécico Solomon se paseaba como un alma en pena por los compartimentos donde los perros del laboratorio permanecían tendidos. «¿Qué anda mal por aquí?», preguntó Seligman. Un ayudante le explicó que todo iba mal: los perros del experimento *debían* aprender a escapar de un choque eléctrico que se aplicaba mediante una rejilla metálica en el suelo de la caja. Para evitar el choque, los perros solo tenían que saltar una pequeña valla. Era muy fácil ponerse a salvo en el otro lado de su caja, donde no se electrificaba el suelo. Una vez que los perros aprendían a saltar y eludir el choque, venían las otras fases del experimento, pero era imposible seguir adelante con el programa. Aquellos malditos perros se echaban al suelo, gemían de forma lastimera y se negaban a saltar. Nadie entendía nada, excepto Seligman. Le impresionó la mirada de aquellos pobres perros, rendidos a su suerte, dejándose castigar por la corriente eléctrica sin oponer resistencia. Esa forma de mirar, llena de tristeza, ya la había visto antes.

Intentó hacer comprender a Solomon y a sus compañeros su punto de vista: los perros sí que habían aprendido, insistía Seligman, aunque no fuera lo que Solomon pretendía. Hicieran lo que hicieran, iban a recibir un choque, así que… ¿para qué luchar? Habían aprendido a sentir la inutilidad de sus actos, a esperar con resignación cualquier cosa que les cayera encima. Si esto era así, podía ser una forma de estudiar la depresión, un procedimiento para entender la tristeza que se prolonga más de lo debido y que conduce al abatimiento.

¿ESTÁ JUSTIFICADO INFLIGIR DOLOR A LOS ANIMALES? SELIGMAN TUVO QUE PLANTEÁRSELO

Por supuesto, para los experimentadores conductistas no merecía la pena investigar esta hipótesis, suponía imaginar demasiadas cosas y casi todas ocurrían en la mente de los animales, un territorio prohibido. Desde la época de Pávlov, este tipo de inconvenientes eran características molestas propias del carácter de los perros. Los perros demasiado nerviosos no colaboraban, así de sencillo. Desde la postura oficial del laboratorio, solo se aprendían las conductas que fueran seguidas de premios y castigos, así que nada de sentimientos de *indefensión*, este concepto no podía figurar en ninguna teoría aceptable. No obstante, Seligman no se rindió. Decidió que él investigaría aquella *actitud*. Le parecía obvio, estaba seguro de que los perros habían aprendido a sentirse indefensos. ¿Cómo aprendemos a sentirnos derrotados por la vida, por la pesada carga de las circunstancias? ¿Es posible que la dureza de algunas situaciones nos enseñe a deprimirnos?

Había una barrera importante. Seligman no era en absoluto insensible al sufrimiento. Si quería experimentar con los animales encerrados y sometidos a castigos para comparar sus reacciones con otros, necesitaría diez o más años de experimentación. Muchos animales podrían resultar dañados emocionalmente, por lo que consultó su dilema ético con un profesor versado en cuestiones éticas en el que Martin confiaba. «¿Puede estar justificado causar dolor a una criatura?», preguntó Martin. El profesor contestó con otra pregunta: «¿Es posible que esta investigación permita evitar más dolor del que pueda causar?».

LA INDEFENSIÓN TAMBIÉN SE APRENDE

Seligman diseñó uno de los experimentos más conocidos de la psicología. Dividió a los perros en tres grupos. En uno de los grupos, los perros podían controlar el dolor, ya que si apretaban un panel con el hocico el choque se detenía. En el segundo grupo, los perros recibían el mismo número de descargas, pero no tenían posibilidad de evitar el choque. El tercer grupo era de control.

Después, en la segunda fase del experimento, puso a prueba a todos los perros sometiéndolos a distintas tareas. Los que habían recibido choques *inescapables* tenían una gran dificultad para realizar nuevos aprendizajes, habían quedado tocados. Los demás animales sí que saltaban y corrían superando las nuevas pruebas. Es decir, aquel pobre perrito que había sido castigado con severidad, repetidamente machacado, no quería ya hacer otra cosa que derrumbarse en el suelo, sollozante. La situación resultaba conmovedora, confesó Seligman.

En suma, Seligman concluyó que los sentimientos de desesperanza e indefensión pueden aprenderse si la situación es lo suficientemente dura, sin remedio ni escapatoria. Esta es la teoría de la *indefensión aprendida*, que constituye un modelo científico para explicar la depresión. El estudio se publicó en una importante revista científica y recibió muchas críticas y contra-hipótesis por parte de los conductistas. Muchos discípulos de Skinner se acercaban en los descansos de los congresos y abordaban a Seligman. Lo perseguían hasta los lavabos de caballeros, frente a los retretes, y le negaban la mayor: «Esto que usted dice no puede aprenderse», le espetaban desde su propio urinario. Durante algún tiempo, Seligman tuvo que acostumbrarse a orinar en casa.

UNA NIÑA Y UN GRUÑÓN SALVAN LA VIDA A UN ARISTÓCRATA HÚNGARO EN HAWÁI

Los años 60 y 70 trajeron nuevos aires a la psicología. Un día, estando en el jardín de su casa, Nikki, la pequeña hija de Seligman, le preguntó: «Papá, ¿por qué eres tan gruñón? ¡Siempre estás enfadado!». Podría haber respondido: «¡Claro!, ¿no ves que no me dejan

Martin Seligman.

ni mear?»; pero no lo hizo. Seligman se sintió sacudido, fue un momento de epifanía, una iluminación. La psicología se centraba demasiado en estados patológicos, no prestaba atención a las fortalezas y cualidades de crecimiento personal y esto le hizo pensar en la necesidad de educar a los hijos trabajando sus capacidades positivas.

Casualmente, por aquel tiempo, en estas ideas Seligman coincidía con otro colega cuyo nombre resulta impronunciable. La vida de Seligman había cambiado mucho, ahora estaba en la cresta, considerado como uno de los psicólogos norteamericanos más prestigiosos y cotizados. Se encontraban de vacaciones en Hawái, en Big Island, alojados en un complejo de lujo, donde lujosas cabañas techadas con hoja de palma se erguían a pocos pies de la orilla, rodeadas de palmeras polinesias. Allí, la lava volcánica ha formado playas de arena negra. Cuando Martin y las niñas paseaban junto al mar, oyeron una vocecilla pidiendo auxilio, un hombre se debatía indefenso entre las grandes olas del Pacífico, a punto de ser arrojado contra las rocas. Tras unos segundos de duda, el pesado Seligman —la buena vida hace estragos en la cintura— se decidió a lanzarse en plan socorrista y consiguió arrastrar al nadador en apuros hasta la playa. El náufrago era una especie de enorme Santa Klaus con abundante pelo blanco, que escupía espuma y algas por la boca y cuya cara le resultaba familiar.

—¿Mihaly? —preguntó Seligman.

—¡Sí, soy yo!

Se abrazaron largo rato, mientras la familia de Seligman los miraba.

—Pero, vosotros… ¿os conocéis de algo?

EL ARISTÓCRATA QUE LO PERDIÓ
TODO Y TUVO QUE USAR SU *FLOW*

Llevaban años sin verse. Era él, Mihaly Csikszentmihalyi, un profesor de Ciencias Sociales de la Claremont University, conocido por tener el nombre más complicado de la galaxia, pero también por haber investigado las experiencias de *flow*. ¿Qué significa eso? Cuando la gente se ve inmersa en tareas creativas que se adecuan a su capacidad de forma exacta, el tiempo no pasa, el tiempo *fluye*. En esos momentos, uno puede *fluir*, sentir que flota en la inmensidad. (Cuando empezó a sonar su nombre, algunos han tenido que crear una regla nemotécnica. Csikszentmihalyi: *Cheeks-Cent-Mihaly*. Mihaly, el de las cien mejillas. Y que conste que no le estamos llamando gordo, sino feliz).

Mihaly también sabía mucho acerca del abatimiento y de combatir las vicisitudes de la vida. Su familia pertenecía a la aristocracia austrohúngara y, cuando Stalin tomó Europa del Este bajo su égida, su padre Csikszentmihalyi era embajador en Roma. De la noche a la mañana se vieron en la calle, sin trabajo, sin opciones de regresar a su hogar en Hungría, donde guardaban bastantes tesoros artísticos. La Italia de la postguerra era un torbellino social, un país que había de ser reconstruido desde los cimientos. A pesar de los pesares, muchos refugiados no perdieron su humor ni su actitud combativa, aunque lo hubieran perdido todo. El joven Mihaly Csikszentmihalyi estudió en Chicago y se doctoró en Psicología. Este era el Mihaly que Seligman recordaba, un estilizado atleta de pelo rojo, un joven que buscaba estudiar las capacidades positivas del ser humano.

¿CÓMO QUE EL DINERO NO DA LA FELICIDAD? UN CHEQUE DE DOS MILLONES DE DÓLARES AYUDA MUCHO A LA PSICOLOGÍA POSITIVA

A finales del siglo XX, Seligman era el presidente de la todopoderosa APA y recibió un misterioso correo: «¿Por qué no vienes a verme en Nueva York?». La firma eran unas iniciales que correspondían a un abogado. Representaba a una fundación filantrópica, *Atlantic Philantropies*. Un billonario estaba interesado en iniciativas de éxito para mejorar la vida de la gente. Seligman le habló de su nuevo proyecto, la psicología positiva. Al parecer, el señor Charles Feeney quedó convencido y de inmediato envió a Seligman un cheque de siete dígitos. Con un par de millones de dólares, Seligman se sintió más reconfortado. Esa tarde decidió jugar con su hijita un buen rato.

Aquel día en Hawái, Seligman, el hombre del par de millones, y Mihaly, el hombre de las cien mejillas, se separaron en la playa tras un largo abrazo y varios días de confidencias compartidas. Tiempo después, Seligman alquiló una casa en Yucatán y llamó a varios colegas. Allí, según ha dejado constancia Seligman, ya en serio, tomaron unos papeles y unos lápices y, tras algunas tardes trabajando, sentarían las bases de una nueva corriente, la psicología positiva, la nueva ciencia de la felicidad.

En esta nueva aventura, Seligman ha encontrado adversarios, acantilados de lava negra, mareas y controversias. Algunos han considerado que la psicología positiva es una moda, una hábil estrategia de marketing del hijo de un abogado, mientras otros la ven como una opción atrayente. Aunque la nueva corriente sigue levantando ampollas, esta visión positiva de la vida nunca ha sido ajena al pensamiento psicológico.

Históricamente, el primero en usar este término, esta denominación de origen, fue Abraham Maslow, psicólogo que también buscaba ir hacia una *psicología positiva* y se quedó a medio camino. No pudo llegar a cruzar él solo un continente entero, aunque recorrió un buen trecho de bosques y desiertos. Al menos, gracias a esta perspectiva positiva, Maslow logró superar su timidez y sonreír abiertamente, superando aquella melancolía de Mona Lisa que había impregnado su adolescencia.

BIBLIOGRAFÍA

Cullen, D. y Gotell, L. (2002). From Orgasms to Organizations: Maslow, Women's Sexuality and the Gendered Foundations of the Needs Hierarchy. *Gender, Work & Organization, 9*, pp. 537 - 555. doi: 10.1111/1468-0432.00174.

Frager, R. (1991). La influencia de A. Maslow. En *Abraham H. Maslow, Motivación y personalidad*. Díaz de Santos. Madrid.

Lupano, M. y Solano, A. (2010). Psicología positiva: análisis desde su surgimiento. *Ciencias Psicológicas, 4*, pp. 43-56. doi: 10.22235/cp.v4i1.110.

Seligman, M. (1990). *Aprenda optimismo*. Random House Mondadori.

Seligman, M. (2003). *La Auténtica Felicidad*. Ediciones B. Barcelona.

Osho y sus oseznos: devorando el tarro de la miel

OSHO, LA REENCARNACIÓN DE FRITZ PERLS

Si ustedes han sacado la conclusión de que Fritz Perls era un gamberro, están muy equivocados. Si lo comparamos con Osho, Perls se queda a la altura de Bambi. En los años 60 viajaba por la India un tipo, Rajneesh, que era un volcán como orador y cuyo fuego crítico abatía a todos los ídolos, sin dejar títere con cabeza. Disparaba contra Gandhi, contra las religiones oficiales de la India, contra el poder político, contra... Gandhi era un triste, un tipo masoquista que amaba la miseria; la política y la religión eran tóxicas, etc. Osho Rajneesh, con su barba de vagabundo, sus prominentes ojos saltones y su calva reluciente, disimulada por una bandana de colorines, cautivaba a las audiencias.

En su infancia, Osho había sido el primogénito de once hermanos, así que lo mandaron a criarse con sus abuelos a una pequeña aldea de Madhya Pradesh, en el centro geográfico de la India. Vivió allí de forma libre en contacto con la naturaleza. Muy joven conoció la vida, el sexo y la muerte: murió su abuelo, su novia y un querido primo, todo ello durante su adolescencia. Un astrólogo le confeccionó la carta astral y predijo que moriría joven, por lo que Rajneesh decidió comprobar si la muerte lo deseaba. Durante una semana esperó que llegara, pero esperó en vano. Un día, Rajneesh —apodo que le dieron en su juventud— se sentó bajo un árbol en Jabalpur y experimentó un éxtasis espiritual.

Rajneesh estudió filosofía y se hizo profesor. A este primer apodo («Rajneesh»), él mismo añadió el sobrenombre de Osho muchos años más tarde. Cuando nació sus padres lo habían llamado Chandra, decisión que parece que tuvo poca influencia en Osho. Por comodidad, hoy casi todo el mundo utiliza este último nombre. Los seguidores del maestro Osho se denominan *sannyasins* y repiten este patrón, les gusta cambiar de nombre. Cuando suben un escalón espiritual, realizan una ceremonia en la que se bautizan con un nuevo nombre. Esto suele dar bastantes problemas a las comunidades de *sannyasins*; ya es suficientemente complicado aprenderse los nombres... ¡como para ponerse a cambiarlo a cada rato! Luis Martín Santos, un pionero de la comuna de Osho en Oregón, se llama ahora Charna.

Osho Rajneesh (aunque todavía no se llamaba Osho) no tardó en convertirse en un profeta, un maestro espiritual que congregaba en torno a su lengua florida a multitud de discípulos. Predicaba el amor y, sobre todo, el sexo como fuente de placer, autoconocimiento y autoconsciencia. Defendía las fortalezas humanas más sencillas, más básicas: la celebración de la vida, el humor, la creatividad... Casualmente, coincidía con las virtudes que la psicología positiva de Seligman quería potenciar. Desarrolló un método de meditación dinámica y, si querían seguirlo, sus seguidores debían adoptar un nuevo nombre, vestimentas anaranjadas y un collar de cuentas con su fotografía colgada. Siguiendo la norma del cambio de nombre, se hizo llamar «Bendito Señor Rajneesh».

Con el crecimiento de su fama y la llegada de algunas benefactoras, hijas de comerciantes ricos que se prendaban de él, Osho compró una casa en Pune, en el estado de Maharashtra, donde fundó una nueva comunidad espiritual, un *ashram*. En este parque temático de filosofía oriental, los discípulos podían meditar desde la cinco de la madrugada y participar en terapias grupales en las que podían dar rienda suelta a sus tendencias. En esto continuaban con lo que había propuesto Perls en Esalen, pero esta vez los instintos se desataban a lo bestia, fueran sexuales u hostiles. Cuando les visitó Richard Price, uno de los fundadores, lo encerraron en una habitación llena de gente con palos y salió de la terapia con un brazo fracturado. Les explicó a los *sannyasins* que lo habían entendido mal, que lo que proponía Perls era «jugar a ser violento», expresar la emoción en un contexto de juego y dramatización. Pero no se trataba de desahogarse de verdad repartiendo guantazos.

Circulaban drogas, se rifaban noches de amor y alguna que otra red de prostitución aprovechó la coyuntura. Con tales atractivos, la escuela se llenó de occidentales deseosos de conocer la espiritualidad hindú de Osho. Uno de ellos era un escocés llamado Hugh Milne que acabaría siendo su guardaespaldas personal durante muchos años. Osho ya era conocido como el gurú del sexo, porque hablaba mucho de orgasmos en sus conferencias y porque, además, también era *vox populi* que se acostaba con las seguidoras. Las sesiones espirituales se denominaban *dharsans*. Él programaba *dharsans* especiales con sus fieles chicas a las cuatro de la mañana. Se ve que tenían problemas de insomnio.

Milne lo ha confirmado, él esperaba encontrar un líder sabio, amable, un guía amoroso por el camino espiritual de la bondad. Nada más llegar Milne (junto a su novia) a la comunidad, Osho lo mandó a realizar trabajos bajo el sol, mientras él mantenía relaciones sexuales con la nueva chica. Según Milne, en aquella época pensaba que esto era parte del proceso, pues la gente que entraba en la secta era muy abierta sexualmente. Como premio a sus servicios, Osho lo nombró miembro privilegiado y su guardia de corps. ¿Y para qué lo necesitaba? A Osho no le gustaba que lo manosearan y tocaran en sus apariciones públicas. Al final, Milne puso un título revelador a sus recuerdos: el Dios que falló. Entre tanto, el jefe Osho iba cambiando de secretaria personal cada cierto tiempo, lo que resulta más cómodo que divorciarse de una esposa. «Contrató» a una chica llamada Ma Anand Sheela, mientras lo cuidaba otra chica, Ma Yoga Vivek, con lo cual disfrutaba de dos por el precio de una.

En los años 80 se trasladó a Estados Unidos y fundó una nueva comunidad espiritual en torno a sus enseñanzas. La excusa para el viaje fue una hernia discal que le fastidiaba y que podía ser tratada en Nueva Jersey. El nuevo *ashram* se ubicó en el estado de Oregón, donde Osho y sus secretarias compraron un rancho de nombre idóneo: «The Big Muddy Ranch», el gran rancho del barro, de modo que allí podrían revolcarse a gusto, en su modesta comunidad de agricultura orgánica. A partir de un momento dado, la secretaria Sheela quiso monopolizar al gran líder siendo ella su única intermediaria. Osho ya no hablaba con sus fieles, se paseaba por la finca en un lujoso Rolls Royce mientras los aprendices, los *sannyasins*, lo veneraban desde las polvorientas cunetas apartándose para no ser arrollados por el coche. Sin embargo, el jefe apenas disponía de unos 90 vehículos de esta marca, nada más. Para asegurar que Osho tuviera cubiertas sus necesidades, propusieron comprar un Rolls-Royce para cada día del año, hasta juntar una colección de 365 automóviles. Él justificaba estos dispendios como una provocación contra el capitalismo más materialista, era una *perfomance* contra el consumismo. A simple vista, se asemejaba al típico oso del cuento que se abalanza sobre cualquier tarro de miel que encuentra, sin importarle nada más. En este caso, Osho devoró el tarro de la «psicología», tal como él la entendía, y se entretuvo en chuparse los dedos. Entre tanto, los enfrentamientos con la cercana población local americana eran frecuentes y violentos.

En su desmesurado crecimiento, la comunidad religiosa se convirtió en una población de 7.000 habitantes con restaurantes, policía local y servicio de bomberos. El crecimiento provocó que la comunidad se convirtiera en el municipio de Rajneeshruram. Para hacerse con el poder en el condado y con la oficina del sheriff, alguien en la dirección de la comuna pensó en reclutar *homeless* de todos los Estados Unidos, pagarles el viaje, empadronarlos y obligarles a votar a los candidatos fieles a Osho. A estos pobres les prometían una cama caliente en una casa con calefacción y sin tener que trabajar, una oferta tentadora y un fraude electoral en toda regla.

Como había entrado con visa de turista y para operarse, Osho tuvo que tramitar un nuevo permiso de residencia. ¿Profesión? ¿Qué ponemos?, le preguntaron. Líder religioso. En realidad, es una idea muy original y no admite críticas. Imaginen que le preguntan a su nieto: «¿Tú que quieres ser de mayor?». «¡Líder religioso!». Cualquiera

Los seguidores y el Rolls-Royce.

le lleva la contraria. Ante esto, no vale el típico «eso tiene pocas salidas». En fin, en la India se trata de una buena ocupación y, en el Palmar de Troya, pues tres cuartos de lo mismo.

¿Por dónde íbamos...? ¡Ah, sí! El bendito señor Osho, para reforzar su imagen de profeta, pronosticó que el mundo se destruiría por una guerra nuclear en los años 90. Por fortuna, se equivocó. Para ser un buen líder nada mejor que anunciar desastres y, cuando se produzcan, ya lo tienes todo hecho. Pero, ¿y si no estallaba esta hipotética tercera guerra mundial? A Osho le daba igual, de todas formas había profetizado que moriría por el sida más de la mitad de la población mundial. Como él había promocionado el sexo a tutiplén, introdujo una nueva normativa en Oregón. Para hacer bien el amor había que ponerse guantes de goma, condón reglamentario y evitar los besitos.

Por aquel entonces, Osho, aislado y sin cariño, había caído en varias adicciones, aparte del sexo, entre ellas la afición al diazepam y al óxido nitroso, un anestésico que le daba su dentista. Al final, se cansó de la controladora Sheela y decidió volver a tomar el mando. Dio una conferencia pública, en la que acusaba a esta malvada mujer y a su camarilla de haberle manipulado y de haber participado en actos delictivos para hacerse con el poder. Como Nixon, Sheela había realizado escuchas ilegales dentro de la comuna, había intentado asesinar al médico de Osho y, lo peor de todo, había intentado exterminar a los habitantes del pueblo más cercano, The Dalles. Esta acusación era muy grave, un ataque terrorista usando medios biológicos. Los *sannyasins* habían introducido *Salmonella* en los suministros del pueblo buscando la muerte masiva. En septiembre de 1984, el año orwelliano, enfermaron más de 700 personas con síntomas de una gastroenteritis aguda. Para ser una comunidad basada en el amor, dio mucho que hablar.

Al principio, la policía no se lo creía. No obstante, investigó y encontraron en la comuna manuales para fabricar armas bacteriológicas y explosivos. Habían usado un *modus operandi* poco sofisticado. Elaboraron una asquerosa sustancia líquida de color marrón oscuro, a la que llamaban «la salsa» y, provistos con esta delicia, se paseaban por los *buffets* y restaurantes de los alrededores, vertiendo chorreones sobre las ensaladas de pasta. Era el primer ataque de bioterrorismo en los Estados Unidos. Además, Sheela quería matar a la cuidadora personal de Osho por celos. El FBI detuvo a Osho en el último momento, cuando pretendía huir a Bermudas para escapar del juicio. Acusado de más de 30 delitos distintos, lo enviaron en secreto a una cárcel de Oklahoma bajo el nombre falso de Sr. David Washington. Lo condenaron por un delito menor de todos los posibles: haber conspirado para concertar matrimonios falsos con la finalidad de que sus discípulos pudieran residir en Estados Unidos. Como ocurrió con Al Capone, un pacto permitió que tuviera una condena menor, solo 5 años de libertad condicional, y se le permitió regresar a la India.

En la India, el lenguaraz Osho se desquitó a gusto. Los Estados Unidos eran un país monstruoso, acabarían con el mundo si se les dejaba hacer. Los indios lo recibieron como a un héroe al principio. Al poco tiempo, Osho empezó a comportarse como una grulla con el GPS averiado. En su avión particular, viajó por todo el mundo buscando un nido. En ningún lado lo admitían, tal vez asustados ante los antecedentes. Nepal, Grecia, Suiza —buen sitio para los Rolls Royce—, Suecia, Inglaterra, Canadá, Irlanda... Y en ningún lugar del mundo querían acoger al gurú del sexo...

Un momento, retrocedamos unos días hasta el aeropuerto de Londres: como no podía pernoctar allí, utilizó un truco ingenioso, se compró un billete de vuelo para el día siguiente esperando que la policía británica le dejara dormir en la sala de espera. No se lo permitieron y, amablemente, lo invitaron a dormir en una celda. En Irlanda, abrigó la esperanza de ser acogido en España. Intentó tramitar los permisos. Al final, le fueron denegados, no era un personaje querido. Su última esperanza, el Río de la Plata. En Uruguay, el presidente Sanguinetti le concedió un año de residencia y Osho brindó con champán. Necesitaba hacer escala en Madrid, en el aeropuerto de Barajas y, por si acaso se le ocurría salir del avión, la guardia civil rodeó el aparato. Llegó a instalarse en Punta del Este, cerca del mar Atlántico. Sanguinetti tuvo que retractarse de su promesa porque los norteamericanos le prohibieron acoger al profeta del sexo.

Al final, Osho tuvo que regresar a la India, a sus orígenes. En Pune intentó reanudar sus labores de líder religioso dando charlas por las tardes sobre los principios del zen. Fue en este momento cuando decidió llamarse Osho, en lugar de Rajneesh. Se aproximaba a los 60 años y su salud tenía muchas averías. Se fatigaba muy pronto, le dolía todo y sentía ganas de vomitar, es decir, un cuadro muy parecido a la *fibromialgia*. Sobre todo, notaba que los síntomas aparecían en el lado derecho del cuerpo. El abogado Philip Toelkes, letrado de la religión sin religión del bendito Osho, acusó a los americanos de haberlo envenenado. Como Osho había dormido en las cárceles de Carolina, Oregón y Portland, seguramente allí le habían inoculado el veneno. La policía había colocado algo en su colchón. Osho estaba convencido de que su cama había sido fumigada con talio.

Como consecuencia, Osho no hablaba ya en las reuniones vespertinas, se limitaba a permanecer en silencio mientras los demás cantaban y meditaban vestidos con túnicas blancas. Con buen criterio, a estos grupos los denominaron «Hermandad de las Túnicas Blancas». Sin embargo, el hombre anteriormente llamado Rajneesh seguía empeorando, y ahora el abogado sospechaba que alguno de los discípulos le enviaba energías malignas que afectaban a sus delicados nervios. A pesar de tales maldades, Osho se negaba a enviar radiaciones negativas de vuelta al público. Sorprendentemente, murió a los 58 años, en enero de 1990, con insuficiencia cardíaca. Aunque él no pensaba de la misma forma: «Osho nunca nació, nunca murió, solo visitó el planeta tierra entre 1931 y 1990», escribió en su epitafio. Tal vez no fue tan sorprendente su muerte temprana, si hacemos caso del astrólogo que hizo su carta astral. Se podría decir que murió relativamente joven, aunque, pensándolo mejor, después de tanto trote no es tan raro que le fallara antes de tiempo el músculo del amor. Lo había usado en exceso.

La secretaria a la que acusaron de urdir los atentados de Oregón, Sheela, dirige hoy una residencia de la tercera edad. Vive en Suiza (si les interesa una plaza, me mensajean por privado y les doy la dirección). Hugh Milne, el guardaespaldas, abandonó la secta y tuvo que recuperar su salud mental en un psiquiátrico con secuelas típicas de los ex de muchas sectas. Tras la cura, se fue a vivir a California, lugar soleado muy atractivo para los *hippies*.

CLAUDIO NARANJO, EL HOMBRE QUE SE SENTÓ EN LA SILLA VACÍA

Cuando Fritz Perls se cansó de California, de Esalen y sus tejemanejes, dejó su silla vacía. Alguien tenía que ocuparla y varios psicólogos se fueron alternando como sucesores, entre ellos Dick Price, el fundador, y un psiquiatra/psicólogo chileno que había estudiado en Harvard. En los años 70, tras una tragedia familiar, la muerte de un hijo, Claudio Naranjo se retiró al desierto de Arica, en Chile, donde fundó una comunidad terapéutica que dio origen al Instituto SAT. Utilizaban técnicas muy variadas de forma ecléctica: la meditación y la música, la terapia Gestalt y otras... Para estudiar la personalidad, aplicaron el *eneagrama*, un sistema de clasificación de la personalidad que puede ser usado para el autoconocimiento y el crecimiento personal.

Naranjo y su colega boliviano Óscar Ichazo pensaban que cada persona tiende a focalizar su atención en una serie de aspectos de forma inconsciente. Por ello, el individuo podía anclarse en una serie de hábitos automáticos que le impiden crecer. Por tanto, el objetivo sería auto-observarse, comprenderse, transformarse. El *eneagrama* es un mapa y nos podemos situar dentro de este territorio como primera medida. El espacio personal que cada cual ocupa en la vida se indica en este sistema, el *eneagrama*, con un número. Están los perfeccionistas (1); los altruistas, que ayudan a los demás (2); los dependientes del éxito (3); los artistas (4); los científicos (5); los fóbicos y miedosos (6), que generalmente necesitan vivir rodeados de amigos; los epicúreos (7), amigos del placer; los líderes justicieros (8) y los mediadores pacíficos (9).

Dentro de cada categoría, el individuo puede ascender o descender para mejorar sus cualidades; por ejemplo, los artistas pueden caer en la envidia o elevarse a cumbres de creatividad. Los miedosos pueden quedarse atrás, a causa del temor, o dar un paso adelante y empatizar con quienes les rodean. Es decir, la persona puede permanecer en la zona más negativa —también la llaman «zona de confort»— o avanzar hacia un estado más sano. En la zona negativa se retoza en pecados muy conocidos, como la ira, la envidia, la avaricia o la lujuria.

EL DÍA QUE LOS OSEZNOS ENCONTRARON UN *ENEAGRAMA* MISTERIOSO SOBRE SU CAMITA

Todo el sistema está representado en un gráfico, el *eneagrama del Cuarto Camino*, redescubierto a principios del siglo xx por el ocultista Gurdjieff en Francia. Los elementos místicos y esotéricos que el eneagrama oculta se deben a su origen antiquísimo. Este mapa estelar, este símbolo del ser humano, podría remontarse a una sabiduría ancestral originaria de Oriente Medio, quizá enraizada en Sumeria. Y, por cierto, ¿quién era Gurdjieff?

Un niño nació en Oriente Medio, en el seno de una familia pobre. El padre era un carpintero armenio. Al poco de nacer, huyeron de la ciudad donde residían. De su infancia se sabe poco. Recibió la enseñanza de los doctores de la iglesia, aunque él ya parecía saber muchas cosas. En su juventud, el ambiente de resistencia frente al Imperio le empujó a coquetear con organizaciones rebeldes y sociedades semiclandestinas. Las balas lo amaban, una lo acarició y otra se enamoró de él. Quiso llevárselo con ella a su reino de muerte, pero él descubrió entonces que su reino no era de este mundo, que no se conquistaría mediante la lucha armada, sino mediante la sabiduría y el amor a todos los misterios del ser humano. Este hombre inició un viaje de autodescubrimiento por Asia, en el que recogió paisajes y conocimientos antiguos. Y, debido a los azares del viaje, un grupo de hombres lo fue conociendo y decidió seguirle. Se hacían llamar «buscadores de la verdad».

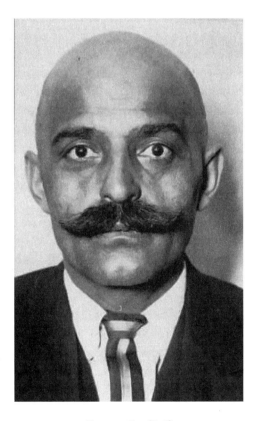

Georges Gurdjieff.

Dicho así, uno no sabe si está ante la vida de Cristo o la de Luke Skywalker, pero no se trata de ninguno de los dos. Lo cierto es que así fue cómo nuestro hombre, George I. Gurdjieff, encontró el *cuarto camino*. Los tres primeros consisten en apartarse de este mundo: el faquir busca dominar el dolor, el monje encuentra a Dios en la soledad y el yogui bucea en el control de la mente. El hombre ordinario emprende el cuarto camino, permanece en la ciudad e intenta luchar contra los demonios externos e internos. Sobre todo, resulta muy importante controlar y sublimar la energía sexual. Gurdjieff sabía que existen muchos instrumentos en el hinduismo, el sufismo, el cristianismo y en saberes esotéricos olvidados. Según Gurdjieff, el hombre no nace con alma, sino con el potencial para desarrollarla.

Para culminar esta tarea, decidió ayudarlo la condesa Julia Ostrowska, que estaba en buena posición dentro de la corte Románov, en San Petersburgo, y era prima de la zarina Alejandra Románova, cuyo monje favorito era Rasputin. La condesa apadrinaría a su propio hombre sabio; por aquel entonces resultaba más *chic* adoptar un filósofo que un chihuahua. Otras personas influyentes ayudaban a Gurdjieff, como Peter Ouspensky y el matrimonio Hartmann. En el año 1917, los acontecimientos revolucionarios en Rusia no auguraban un buen clima para este selecto grupo, ni buenos tiempos para el misticismo. Tras muchas vicisitudes y mudanzas, los buscadores de la verdad se refugiaron en un *château* cercano a París donde había vivido el abogado del caso Dreyfus. Gurdjieff presentó en Francia las ideas secretas, olvidadas, que había recogido durante sus viajes por Oriente. En el teatro de los Campos Elíseos representó un bello espectáculo, *La lucha de los magos*, basado en danzas místicas de los sufíes y derviches.

Nadie sabe a ciencia cierta dónde y cómo lo encontró, en qué camino, en qué revuelta, en qué encrucijada. El *eneagrama* es una figura misteriosa, que incluye un círculo, un triángulo equilátero y una línea poligonal que se va cruzando a sí misma y que regresa al punto de partida. Esta línea, observada a solas, parece una estrella quebrada de seis puntas. Al superponerse las figuras, el triángulo y la estrella quebrada depositan nueve puntos sobre el círculo. Este representa la eternidad y la unidad del universo, que encierra infinitas posibilidades. Dentro del círculo se incluye la Gran Octava Cósmica: siete notas más dos intervalos llenos, lo que supone un total de nueve elementos.

Su esposa murió muy pronto, a los pocos años de establecerse en París, de cáncer. Gurdjieff se trasladó a un apartamento, allí difundía sus enseñanzas y allí vivió de forma humilde muchos años más. En 1949 murió en un hospital de París a causa de un cáncer hepático. Se diría que el signo de cáncer lo perseguía. Sus enseñanzas fueron seguidas por personas interesadas por la sabiduría y el ocultismo. Pintoras como Leonora Carrington o Remedios Varo se acercaron a sus ideas e incluso intentaron plasmarlas sobre un lienzo. Nacida en Anglés, la surrealista Remedios Varo tenía un taller en Barcelona, en la plaza de Lesseps, junto a su marido y vivía rodeada por numerosos amantes, con quienes tenía una relación amistosa. Tras el asesinato de García Lorca, salió de España y recaló en México. Se interesó por todos los conocimientos místicos de Gurdjieff y los tradujo a misteriosos cuadros, que iban más allá del surrealismo, llegando a un esoterismo simbólico.

BLAVATSKY, LA *MADAME* DEL UNIVERSO

Fuera del círculo de Gurdjieff, la más famosa de las buscadoras de la verdad fue *Madame* Blavatsky. Esta mujer, Helena, cuando tenía 17 añitos se lio la manta a la cabeza y se casó con el señor Blavatsky, el maduro gobernador de una provincia armenia. Una historia típica de las hermanas Brontë. A los tres meses, Helena tomó un caballo, cruzó las montañas y regresó a casa, en Tiflis. La Bella dejó al gobernador con un palmo de narices y tan enfadada como la Bestia del cuento de Beaumont.

Helena tocaba el piano maravillosamente y tenía poderes psíquicos porque, según ella, un sabio procedente de la India la visitaba en sueños desde que era niña. Este hombre, al que ella llamaba Mahatma, le indicaba dónde debía viajar y qué aprender. En su etapa de formación, Helena dice que viajó por todo el mundo: primero visitó Turquía, Egipto, Siria, Italia y Grecia, tierras con buen poso; después, pasó por Londres, donde vivían sus padres, y allí conoció en persona al Mahatma Morya. Era, en efecto, un ser de carne y hueso. Bajo su tutela, viajó a Canadá, Estados Unidos y Sudamérica. En otra tirada, recorrió Tíbet e India, o sea, un viaje de estudios como Dios manda. Si lo hiciera hoy, acumularía muchos puntos de las compañías aéreas. Al final, todo acabó con un naufragio en el Mediterráneo. ¿Sería una señal? Por si acaso lo era, ella decidió asentarse en El Cairo durante un tiempo, allí disfrutaría de un clima más seco.

En 1875, junto a otros quince iniciados, Helena fundó la Sociedad Teosófica. Su finalidad era superar la dicotomía entre ciencia y religión, apoyándose en saberes secretos procedentes de la magia, el ocultismo, la filosofía esotérica y las religiones. Aunque seguía siendo un culo de mal asiento, al fin se estableció en la India, donde sufrió una acusación de desfalco económico y fraude intelectual por parte de sus propios correligionarios. Visto lo visto, Helena llamó a su empresa favorita de mudanzas y regresó a Europa. Al llegar a Londres, se sentía desfondada física y psíquicamente. Una y otra vez, los médicos la examinaban y la daban por desahuciada. En sueños, uno de sus Mahatmas la visitó: «Helena, puedes morir y liberarte del

Madame Blavatsky.

sufrimiento de este valle de lágrimas, o…». ¿O qué?, preguntó ella. «O, segunda opción, puedes seguir viviendo para escribir el libro de los libros, un libro donde tú, Helena, expliques la génesis del universo y del hombre». Bien, poca cosa, pan comido…

Como pueden suponer, Helena no se arredraba ante nada y eligió la segunda opción. Gracias a dos ayudantes, pudo terminar su obra magna, *La doctrina secreta*. Ya tenía el entrenamiento de un libro anterior, titulado *Isis sin velo*. Los críticos calculan que, para escribir este libro, Helena habría tenido que leer cerca de 2000 referencias. Es decir, entre viajes y sesiones de escritura, Helena parecía estar en todas partes, dotada con el don de la ubicuidad. Por fin, ella confesó su secreto, su método de trabajo: los Mahatmas o sabios la ayudaban en la escritura, mediante sus poderes psíquicos. La conciencia de estos hombres se posaba en la mente de Helena y allí depositaban su sabiduría. Era como tener un *negro* o un *ghostwriter* conectado telepáticamente.

En muchas ocasiones, se compara al científico con el habitante de una torre de marfil. No es una metáfora casual, la ciencia se ha tenido que rodear de murallas, como las ciudades de la Edad Media, como la *Ciudad de Dios* de san Agustín. Se requieren muchas contraseñas y requisitos para entrar en la ciudad de la ciencia. Hay muchos «saberes», pero la entrada al conocimiento científico solo puede hacerse desde las tres o cuatro puertas de Isthar que dan acceso a la Ciudad Prohibida. La única contraseña que abre las puertas es el método científico.

Helena Blavatsky no llegó a introducirse en la ciencia, ni usó evidencias científicas. Para visitar a Helena hemos dado un paseo extramuros. Su convento se levanta, entre ríos y huertas, a unos pocos kilómetros de la ciudad y sus murallas. Por mucho que aporree la puerta, Helena no entrará nunca en la ciudad de la ciencia. Eso sí, el paseo por la ribera resulta ameno y refrescante.

¿POR QUÉ CREEMOS LOS HUMANOS EN COSAS RARAS?

Esta pregunta la han formulado algunas mentes racionales, como Michael Shermer. Una parte del cerebro humano parece diseñada para asociar elementos dispares de forma imaginativa. Son asociaciones casuales, que ocurren cuando dos hechos coinciden por azar en el tiempo. Fruto de esta casualidad de la vida, nuestra mente puede unir ambos hechos para siempre y estas creencias se convierten en permanentes. Otra posibilidad es que los dos hechos tengan una *relación causal* (y no casual), de modo que casi siempre van a aparecer juntos, uno seguido del otro. ¿Cómo saber si estos dos hechos están unidos por casualidad o por *causalidad*? El arma secreta se denomina método científico.

El cerebro humano ha cambiado poco desde que nació el *Homo sapiens*, si creemos en el *equilibrio puntuado*, la teoría evolucionista de Stephen Jay Gould. Cuando un diseño afortunado surge en la naturaleza, esta especie triunfa y se mantiene sin modificaciones durante billones de años. El *Homo sapiens* nació afortunado, con un pan bajo el brazo: un cerebro capaz de imaginar, de construir hipótesis cada segundo, de amar y comprender a otros seres... Por si fuera poco, el *Homo sapiens* recibió un regalo inesperado, el lenguaje. Podía comunicar ideas internas mediante sonidos, escribir signos y pintar aquello que imaginaba. Esta mente, la mente del hombre que pintó los bisontes de Altamira y los caballos de Lascaux, es la nuestra. Bien afeitado, el *cromagnon* de Altamira pasaría desapercibido en el metro de Londres.

Un buen día, esta criatura se inventó el *método científico*. Ese día se dijo: para asegurarse de que un producto de la mente es real, hay que hacer comprobaciones en la realidad. Había que hacer algunas pruebas antes de darlo por válido, así de simple. Para lograrlo, para asegurar que tu conjetura es cierta, se necesita especificar muy bien lo que va a ocurrir. Esta predicción concreta es lo que llamamos *hipótesis*, y necesita ser probada. Para demostrar a la tribu que la madera flota, es necesario arrojar muchos troncos al río. Luego, otras gentes podrán comprobar si esto siempre ocurre de la misma forma, en distintos ríos y con diferentes tipos de madera. Si se especifican bien los pasos, se podrá repetir esta experiencia en muchas ocasiones hasta estar completamente seguro: la madera flota. Esta es la característica fundamental del método científico, la posibilidad de replicar un experimento. Los que lo realizan, tanto participantes como experimentadores, deben ignorar por completo cuál debería ser el resultado esperado, aquel que se busca. Y así serán neutrales, no podrán influir ni empujar hacia un lado u otro. Este método se denominó *doble ciego* y se debe a un caballo muy listo que se llamaba Clever Hans.

La capacidad para imaginar e hipotetizar aparece de forma natural en el cerebro humano y casi todas las personas disponen de ella.

Sin embargo, la habilidad para asegurarse, para comprobar de forma fehaciente que algo ocurrirá tal como yo predigo, es fruto de la cultura humana. Y estas mejoras, debidas a la cultura, no se dan en todas las personas, solo aparecen en aquellas que desarrollan su cultura científica. Es decir, los humanos, las palomas y los perros estamos equipados de serie con un cerebro que efectúa asociaciones automáticas entre distintos eventos del entorno, eventos que se repiten de forma habitual. Pero, al parecer, no estamos diseñados para realizar comprobaciones exhaustivas y recurrentes. Muchos se quedan con su primera impresión, que puede ser errónea.

El milagro ocurrió porque las neuronas del cerebro se conectan entre sí de forma espontánea y creativa. Así la mente puede acumular información sobre sus experiencias y modificarla, en función de los cambios que se van produciendo ahí fuera. Al estar abiertas al aprendizaje, las redes de neuronas están preparadas para imaginar aspectos diferentes y descubrir infinitas posibilidades. Esto abre nuevas puertas al ser humano, pues es capaz de explorar nuevos caminos, las autopistas de la ciencia, los senderos del arte... Todas estas puertas de la imaginación quedan disponibles, y cada uno puede traspasarlas siguiendo sus deseos e inclinaciones. La puerta que elegimos cruzar depende de cada individuo. La puerta de la imaginación está abierta de par en par para todo el mundo. La puerta de la investigación científica está entornada, cruzarla exige mayor esfuerzo.

En esta parte final, en el último capítulo nos hemos desviado desde la autopista de la ciencia hacia carreteras secundarias que transcurren por la filosofía, las tradiciones antiguas, el pensamiento místico y otros paisajes... Estas rutas se salen del territorio urbanizado del conocimiento científico, pero cada persona es libre de recorrer los paisajes que le apetezcan. Lo importante es saber en qué continente nos encontramos en cada momento. ¿Estamos recorriendo los canales de la ciencia o navegamos en mar abierto, surcando los océanos de la imaginación? ¿Hemos aterrizado en el mar de la Tranquilidad, donde alunizó el Apolo XI, o estamos explorando la cara oculta de la Luna? Estas precauciones son importantes. Colón iba descubriendo islas y más islas, pero no sabía qué nombre darles, ni dónde ubicarlas. Para evitar el error de Colón, lo esencial es tener un buen mapa del mundo. Echando un vistazo al mapa del conocimiento, tendremos una idea general del mundo y los universos cercanos. Sin un buen mapa, uno corre el riesgo de perderse.

LAS CONSTELACIONES FAMILIARES: BUSCANDO FORMAS ESTELARES O LA FORMA DE ESTRELLARSE

Sabemos que existen constelaciones en el cielo desde el reinado del rey Nabucodonosor II de Babilonia, que vivió más de 600 años antes de Cristo. Los astrólogos escudriñaban el cielo nocturno y se fijaron en 12 figuras que decoraban el ecuador del firmamento. Un grupo de estrellas parecía tener dos cuernos: sería una cabra, Capricornio. Otras se asemejaban a dos pinzas, como si fueran un cangrejo, llamémoslo Cáncer. Otro grupo formaba una cola curvada, como un escorpión sobre la duna, digamos Escorpio. Había también estrellas que dibujaban un arco, Sagitario, o un león, Leo... La mente humana proyectaba formas familiares en el firmamento. Esta tendencia para percibir lo cotidiano en nuevos escenarios fue estudiada por la psicología de la Gestalt.

Al igual que estas familias de estrellas, una familia humana puede formar también un dibujo u otro, según el número de miembros, según el brillo de cada uno. En el siglo xx, el psicoanalista Adler se interesó por el papel que juega cada persona dentro de su familia. En función del orden que se ocupa entre los hermanos, la personalidad puede verse influenciada. La cultura popular admite como verdades, más o menos aceptadas, estas ideas. El hijo único es caprichoso y egocéntrico; el mayor, responsable y ambicioso; el de en medio sufre por lograr una identidad propia; el pequeñito suele ser mimado e infantil... Puede que sí. O puede que no.

Adler abandonó a Freud y rechazó sus obsesivas fijaciones sexuales para investigar otros aspectos de la personalidad. ¿Cómo se forma la personalidad en el seno de una familia y una sociedad? Adler se sumergió en aguas profundas para analizar este tipo de factores tan intrincados, estas figuras tan enmarañadas. Una idea afortunada de Adler fue desenterrar nuevos complejos, como el complejo de *inferioridad/superioridad*, alternativo al complejo de Edipo de Freud. Algunos niños frágiles, maltratados, superaban sus dificultades mediante un movimiento opuesto. Para compensar la situación, los niños se escoran hacia actitudes agresivas, hacia la sobrevaloración del propio ego. A este respecto, se ha señalado a algunos dictadores sanguinarios. Han causado grandes males debido a su tendencia a compensar su inferioridad, exagerando su imagen de poder. Tras ser pisados, han experimentado la necesidad de aplastar a los demás. En su infancia estos tiranos fueron individuos enclenques y débiles, de voz aflautada, poco respetados por otros niños. Tradicionalmente, se ha citado el ejemplo de Hitler, canijo y moreno, y sus aspiraciones a consagrarse como ario, alto y rubio. Para curar su sentimiento de inferioridad, Adolf se trazó la meta de sojuzgar al mundo. De ser así, se trataría de la cura de autoestima más cara de la historia. En España existen algunos casos análogos, de voz atiplada e infancia insegura, que habrían buscado su compensación en los uniformes, los fusiles africanos y las ceremonias con el brazo en alto, cara al sol. Tal vez, Atila y Napoleón, que eran bajitos, también sufrieron *bullying* en el colegio.

Adler profundizó en las relaciones familiares. Al final del siglo XX, aparecen teorías cibernéticas que ven nuestra sociedad como un sistema global altamente interconectado. Con el auge de la *teoría de sistemas*, surgen terapias centradas en la familia como sistema, por encima del individuo aislado. Dentro de esta corriente, algunos se han especializado en buscar *constelaciones familiares*. Ponen en marcha un proceso análogo al de los astrólogos sumerios y babilonios, que vigilaban las constelaciones estelares desde la cima de su zigurat. En la terapia actual, el *constelador* invita al sujeto que va a ser *constelado* a hablar de sus experiencias familiares. Los demás miembros de la familia están ausentes, comprando en el súper, lavando el coche o criando malvas, pero se representan en la terapia mediante muñecos u objetos. Otras veces, son los restantes integrantes del grupo terapéutico los que hacen el papel del ausente, del padre, la madre, hermanos, etc. Durante las sesiones, dicho participante tiene la oportunidad de saldar muchas cuentas, desahogarse a gusto y llorar a chorros. Se analiza el pasado hasta la saciedad y, no cabe duda, resulta muy entretenido para todos. Al familiar que, ajeno a todo, espera su turno en la caja del súper, a veces le pitan levemente los oídos. En suma, se trata de una forma de psicodrama familiar, lo que asegura una buena fuente de morbo, sonrisas y lágrimas. Toda familia esconde en su seno una leyenda trágica en plan familia Trapp y una comedia musical a lo Mary Poppins. Lo que es dar juego, da juego. El espectáculo está asegurado, sobre todo para participantes extravertidos e inestables. Eugene O'Neill basaba todas sus obras de teatro en este tipo de procesos de desenmascaramiento de viejos fantasmas familiares.

En esta área, existen escasos estudios científicos que garanticen la utilidad de las dinámicas. No está muy clara la dirección que deben seguir los protocolos. El rumbo de las sesiones queda a criterio del capitán a bordo, de su olfato y su buena fortuna. Tanto se pueden producir avistamientos de paraísos como espantosos naufragios en los arrecifes que, probablemente, se ocultan bajo las olas. La historia de la navegación está llena de capitanes intrépidos, unos con estrella, otros estrellados en acantilados o devorados por caníbales.

CARTA PARA LOS NAVEGANTES DEL FUTURO

No sabemos qué ocurrirá en el futuro. Sin duda, el paradigma cognitivo-conductual seguirá generando nuevos conocimientos, ampliando horizontes. Nuevos temas y metodologías nos ayudarán a ampliar este paradigma dominante en el siglo xx. El desarrollo de la neurociencia abrirá la posibilidad de explorar un océano desconocido, el multiverso del cerebro humano.

En este libro no hemos indagado en las historias ocultas de la psicología cognitiva ni la neurociencia. No hay más tiempo, nos hemos detenido a mediados del siglo xx, casi en los estertores del conductismo radical, coincidente con los albores humanistas y las psicologías centradas en la persona. A partir de los años 60, solo hemos examinado algunas derivaciones del psicoanálisis y del humanismo. Estas ramificaciones beben en algunas tradiciones milenarias, que renacieron cerca del cambio de siglo, alrededor del año 2000. Los rescoldos de antiguos saberes todavía arden, calentando a los amantes del misticismo o de las pseudociencias. Muchos osos hambrientos y sus oseznos se han peleado por el tarro de la miel y continuarán pugnando por apurar los restos. Habrá que tener cuidado, no vayan a arrebatarnos el alma por el camino.

Como antídoto, se recomienda siempre aplicar el método científico, buscar las evidencias. En algunos casos ni siquiera será necesario, bastará con unas gotitas de observación, lógica y sentido común, aplicadas sobre el lagrimal tres veces al día. Esta solución magistral disolverá las telarañas de la mente. El sentido común es un instrumento muy válido para relativizar las clasificaciones que intentan agrupar al ser humano en categorías. Las clasificaciones tipológicas suelen ser estrechas y artificiales. Los cuatro caracteres griegos basados en humores —colérico, flemático, sanguíneo y melancólico— tienen la pretensión de organizar en solo cuatro compartimientos la gran variedad, la riqueza de las personalidades humanas «que acaecen en la rúa». Otros estudiosos han intentado reducir y sintetizar aún más la complejidad. Kretschmer era un psiquiatra alemán que creía que todos los seres humanos se pueden clasificar en tres categorías: pícnico, asténico y atlético. Por desgracia para él, muchos no encajan en ninguna de ellas, ya que la gran mayoría de seres humanos están ubicados en zonas intermedias, solapadas, en penumbra. Ojalá fuera tan sencillo clasificar a la gente. Bastaría con colocarnos en uno de los tres tipos, como si fuéramos habitantes de una colmena. En términos generales, clasificar, encontrar patrones subyacentes, es una habilidad útil. En la vida diaria, facilita mucho la toma de decisiones rápidas. Y mucha gente se siente atraída por la sencillez, por el encanto del minimalismo, que nos proporciona un entorno cómodo. Sin embargo, la simplicidad de un croquis, de un esquema, no debe confundirse con la realidad observable, con la infinita exuberancia de la biodiversidad.

Problemas similares surgen al someter a examen a los *eneatipos*. Se trata de un intento de clasificar a la gente en nueve tipos básicos de personalidad. ¿Y cuál es el problema? Con un cedazo tan amplio, los eneatipos no pueden atrapar la complejidad del ser humano, una complejidad de grano fino. Un individuo tiene etapas variables de melancolía, de cólera y de calma o flema, no está circunscrito a un contorno fijo. Las personas se mueven *entre* las categorías, gracias a los enormes huecos que dejan, más que *dentro* de ellas. Las categorías se atraen entre sí, colisionan y crean ángulos muertos. Los eneatipos son poco específicos a la hora de definir a un ser humano real. Imaginemos un tipo miedoso (6), que siente inclinación por el arte (4) y al que le gusta ayudar a los demás (2). ¿Qué número sería? Un 246... Al final, el *eneatipo* es demasiado parecido a un estereotipo rígido. Claro está, siempre nos podrán decir: «Si no le gusta la categoría que le corresponde, la puede descambiar por otra», como ocurre en los grandes almacenes.

Sin duda, uno de los retos educativos de los próximos años será distinguir entre ciencia y pseudociencia, diferenciar entre la objetividad del método científico, por un lado, y las creencias subjetivas sobre el mundo, por otro. Cruzado este paso entre Escila y Caribdis, cualquiera será libre de navegar más allá de las Azores o de regresar a Ítaca. No obstante, recuerden los consejos de rigor. Lleven consigo una buena carta de navegación, actualizada y homologada. Si transitan por los paisajes del sentimiento y la imaginación, esperen a comprobar sus hipótesis. Una vez dispongan de evidencias, podrán poner la etiqueta «conocimiento científico, denominación de origen controlada» a lo que saben, o a lo que creen saber.

Dicho esto, cualquier forma de navegar puede ser divertida, esclarecedora, incluso maravillosa, pero no todas las singladuras pueden considerarse un viaje de exploración científica. Llamemos a las cosas por su nombre. Si, antes del alba, tropezamos con pájaros nocturnos, una playa azul y unos cocoteros, por favor, no nos precipitemos. No lo llamemos Cipango, no se trata de un viaje a las Indias, créanme. No nos echemos a dormir en la orilla, como hizo Colón, con un atlas de tiempos de Ptolomeo en las manos y un puro de hoja de tabaco entre los labios. Esperen a que amanezca. Si no somos prudentes, un poquito más tarde llegará un tipo con un mapa más moderno, con coordenadas exactas, y nos dejará en ridículo, además de robarnos la cartera. Y será él quien descubra América, y será él quien sepa realmente de qué está hablando, y será él quien le ponga el nombre a las cosas.

La psicología en el cine

RECUERDA (1945) Y EL PSICOANÁLISIS

El clásico por antonomasia es *Spellbound*, de Alfred Hitchcock. Ingrid Bergman es una psicoanalista fría y autosuficiente. A la clínica llega un nuevo director, un joven y apuesto doctor, representado por Gregory Peck pero, bajo esta apariencia, esconde secretos reprimidos de una vida anterior.

La psicoanalista Bergman se enamora perdidamente y, durante la película, encuentra síntomas de ansiedad en su enamorado. Ella debe investigar los traumas ocultos del misterioso doctor y para ello analiza sus sueños. El pintor Salvador Dalí colaboró con Hitchcock en el diseño del mundo onírico. Esta película constituye una encantadora recreación del procedimiento clásico psicoanalítico, el último grito en la primera mitad del siglo xx.

EL PRÍNCIPE DE LAS MAREAS (1991) Y LOS TRAUMAS

Barbra Streisand dirigió otra película sobre la búsqueda de traumas ocultos en el subconsciente. Ella misma hace el papel de una psiquiatra que bucea en la mente de una poetisa con tendencias suicidas. Como la poetisa tiene la memoria bloqueada por la represión, entonces la psiquiatra recurre a su hermano Tom, un Nick Nolte en plena madurez, y gracias a él se irán recuperando los secretos del pasado familiar que están originando el sufrimiento de ambos hermanos.

MEMENTO (2000) Y LA AMNESIA ANTERÓGRADA

Christopher Nolan dirigió esta historia sobre un hombre que tiene un tipo de amnesia que no le permite formar nuevos recuerdos, y que se denomina «amnesia anterógrada». Es decir, lo que le ocurre es directamente olvidado a continuación, porque no se guarda en la memoria. El protagonista es Guy Pearce, un hombre que investiga el asesinato de su esposa. Debido a su trastorno de memoria, debe apuntar todo en notas escritas o utilizando polaroids.

REGRESIÓN (2015) Y LOS FALSOS RECUERDOS

Esta película de Alejandro Amenábar es una reconstrucción minuciosa del fenómeno de los recuerdos recuperados muchos años después de los hechos. Está basada en uno de los casos judiciales más largos y complejos en las cortes estadounidenses. En California, siete personas, integrantes de la familia McMartin, así como miembros del personal de la guardería, fueron acusadas de abuso de niños y práctica de rituales satánicos. Estos hechos salieron a la luz cuando un psiquiatra realizó en los 80 una terapia a una joven de 17 años. En esta terapia, basada en la recuperación de traumas del pasado, la joven recuperó reminiscencias de abusos y agresiones ocurridos en su temprana infancia.

Sin embargo, este caso desató una amplia polémica sobre la veracidad de los recuerdos recuperados. ¿Son fidedignos o están influidos y modelados por las estrategias de recuperación, puestas en marcha con la terapia? Elizabeth Loftus, entre otros científicos, ha demostrado que resulta muy fácil modelar los recuerdos o crear nuevos recuerdos, implantando lo que se llama «falsos recuerdos».

ALGUIEN VOLÓ SOBRE EL NIDO DEL CUCO (1975)

Un delincuente de poca monta, incorregible pícaro, recibe una larga condena. Se hace pasar por enfermo mental para evitar la dureza de las cárceles americanas y llega a una estricta institución psiquiátrica. Este hombre, encarnado por un inolvidable Jack Nicholson, inicia toda una revolución para socavar las estructuras represivas del hospital psiquiátrico. La película entronca con los movimientos antipsiquiátricos que se produjeron a partir de los años 60. Milos Forman dirigió esta adaptación de la novela de Ken Kesey.

SHUTTER ISLAND (2010)

Dos funcionarios policiales llegan a un hospital psiquiátrico donde se atiende a pacientes con historial criminal. Su tarea consiste en investigar la desaparición de una paciente. El ambiente del hospital es bastante inquietante, ubicado junto al mar y amenazado por grandes tormentas. La peripecia es retorcida y ominosa. Se suceden lobotomías, conspiraciones, técnicas de control mental, recuerdos de los campos de concentración... Todo un *thriller* psicológico, suspense elevado al cubo, firmado por Martin Scorsese.

Un tema clásico se oculta en el fondo de esta historia: ¿hay tanta diferencia entre médicos y pacientes? ¿Y entre pacientes y personas normales? En la vida real, un famoso psiquiatra realizó el experimento de internarse bajo otro nombre en un psiquiátrico y, una vez dentro, no tenía forma de salir de allí. Ya etiquetado como paciente, todos sus intentos y protestas para reclamar la normalidad eran interpretados como síntomas de su enfermedad, de su falta de conciencia del trastorno.

DESPERTARES (1990) Y LOS NUEVOS FÁRMACOS

Esta película se basa en la experiencia real del neurólogo Oliver Sacks. A finales de los 60, se administró a pacientes afectados por un estado *catatónico* (similar al letargo o adormecimiento) un nuevo medicamento, la L-Dopa. El joven médico, en la película un idealista Robin Williams, tiene la oportunidad de ver cómo los pacientes aletargados durante años, debido a una encefalitis, van activándose y recuperan la movilidad, la conciencia y su vida interrumpida por la enfermedad. En los años 60 y 70 se desarrollaron nuevos fármacos para combatir un amplio espectro de enfermedades psiquiátricas.

EL SILENCIO DE LOS CORDEROS (1991) Y LA SOCIOPATÍA

Enfrentarse a un psicópata o sociópata en una entrevista cara a cara resulta una experiencia impactante. Una joven investigadora del FBI, Jodie Foster, tiene que entrevistar en prisión al psicópata más célebre de la cultura popular, el Dr. Hannibal Lecter, ya indisociable de Anthony Hopkins. «Hola, Clarice» es el inquietante recibimiento de

Hannibal a la joven. Con la ayuda de este «experto», la investigadora debe atrapar a otro asesino en serie, Buffalo Bill, en activo, un tipo cruel que despelleja a mujeres jóvenes.

Lo interesante es que el *modus operandi* del asesino está basado en algunos criminales que forman parte de la historia criminal americana, como Ted Bundy, responsable de más de 30 asesinatos en los que se complacía del dolor de las víctimas, llegando al extremo de decapitar los cuerpos, guardar las cabezas y violar los cadáveres. El otro modelo fue un granjero solitario de Wisconsin, Ed Gein, que desenterraba mujeres jóvenes de los cementerios y utilizaba partes de los cadáveres para construir cinturones, máscaras, pantallas de lámparas... por ejemplo, utilizaba los cráneos para hacer cuencos.

MEJOR IMPOSIBLE (1997) Y EL TRASTORNO OBSESIVO COMPULSIVO

Una vez más, Jack Nicholson compone el personaje tierno e inaguantable de un vecino maniático, encorsetado en sus múltiples obsesiones, incapaz de establecer relaciones afectivas normales. La relación con una camarera con gran inteligencia emocional y un vecino homosexual con los pies en la tierra le ayudará a tomar conciencia de sus limitaciones personales.

BLACK SWAN (2010) Y LOS RIESGOS DEL PERFECCIONISMO

Cisne negro trata sobre una bailarina perfeccionista, Natalie Portman, que se somete a las exigencias desbordantes de un director. Las presiones que sufre llegan a un nivel muy alto. Se le pide que represente el papel del Cisne Blanco, en *El lago de los cisnes*, y también del Cisne Negro. Bajo esta tensión, la joven bailarina corre el riesgo de deformarse, tanto en el plano físico como psicológico.

Temas como el estrés, el autocastigo y la autoexigencia, la competencia y la aparición de trastornos psicológicos pueden seguirse en esta obra de suspense y «terror» psicológico.

LUZ DE GAS (1944) Y EL MALTRATO PSICOLÓGICO

Una vieja película de Hollywood, de las que veían nuestras abuelas en los cines de barrio, da origen a una expresión popular y a un fenómeno psicológico: *hacer luz de gas*, expresión que significa apartar y empequeñecer a una persona. En psicología, significa maltratar psicológicamente a la pareja, aislarla de su entorno, debilitarla y manipular su mente.

En esta película, el personaje de Charles Boyer es un marido manipulador que persigue un objetivo por encima de todo. Intenta convencer a su mujer, Ingrid Bergman, de que se está volviendo loca, escondiendo joyas o manipulando las luces de gas de la mansión, que aumentan o disminuyen de forma inexplicable. El marido es un modelo de maltratador *avant la lettre*, el tipo que utiliza todos los ardides a su alcance para destruir la autoestima de su pareja e incapacitarla.

LA OLA (2008) Y EL AUTORITARISMO

Un profesor de secundaria en una escuela alemana decide hacer un proyecto novedoso sobre el poder y la democracia. Los alumnos van a adoptar unas normas sociales distintas, más rígidas, como usar uniforme, saludar, someterse a unos rituales jerárquicos. En Alemania, esto nos recuerda inevitablemente la sombra de episodios pasados, la tentación del autoritarismo.

La película se basa en experimentos sociales que se realizaron en Estados Unidos a lo largo de la década de los 60, en Palo Alto. Un ejemplo clásico de experimento social fue diseñado por el psicólogo americano Philip Zimbardo: ¿se puede convertir a jóvenes estudiantes normales en verdugos y víctimas? Zimbardo creó un simulacro de cárcel en la universidad, asignando al azar a los estudiantes el papel de preso o carcelero, y la sorpresa llegó cuando vieron que los papeles eran reproducidos por los chicos con una voluntaria intensidad, asumiéndolos como propios.

La impresión de este libro, por encomienda de la editorial Almuzara, concluyó el 14 de enero de 2022. Tal día, de 1898, falleció Charles Lutwidge Dodgson, Lewis Carroll, matemático, lógico y escritor británico, autor de *Alicia en el país de las maravillas*.